桐城派文庫

皖江歷史文化研究

桐城派名家年譜

（第四輯）

汪長林 主编

北京师范大学出版集团
BEIJING NORMAL UNIVERSITY PUBLISHING GROUP
安徽大学出版社

圖書在版編目(CIP)數據

皖江歷史文化研究. 桐城派名家年譜. 第四輯/汪長林主編. —合肥：安徽大學出版社，2022.6

（桐城派文庫）

ISBN 978-7-5664-2420-4

Ⅰ.①皖… Ⅱ.①汪… Ⅲ.①文化史－研究－安徽－叢刊②桐城派－作家－年譜 Ⅳ.①K295.4－55②K825.6

中國版本圖書館 CIP 數據核字(2022)第 069944 號

皖江歷史文化研究
桐城派名家年譜(第四輯)　　　**汪長林**　主編

Tongchengpai Mingjia Nianpu(Disi Ji)

出版發行：北京師範大學出版集團
安 徽 大 學 出 版 社
（安徽省合肥市肥西路 3 號 郵編 230039）
www.bnupg.com.cn
www.ahupress.com.cn

印　　刷：合肥遠東印務有限責任公司
經　　銷：全國新華書店
開　　本：170 mm×240 mm
印　　張：31.5
字　　數：391 千字
版　　次：2022 年 6 月第 1 版
印　　次：2022 年 6 月第 1 次印刷
定　　價：70.00 圓
ISBN 978-7-5664-2420-4

策劃編輯：李加凱　　**裝幀設計**：李　軍
責任編輯：李加凱　　**美術編輯**：李　軍
責任校對：龔婧瑶　　**責任印製**：陳　如　孟獻輝

前言

桐城派名家年譜整理乃我校皖江歷史文獻整理桐城派文庫之一部分。桐城派發源於皖江，波及全國乃至海外，在清代文壇以至中國文學史上均屬最有影響之文學流派。其影響延及近代，至於當代亦不乏借鑒之功。近年來，桐城派已然成爲皖江文化研究之熱點。我中心作爲皖江文化研究的一個平臺，在條件允許的情況下，對桐城派文獻有計劃地進行整理和研究，使這批珍貴歷史文獻能更好地服務於傳承中華優秀傳統文化、增强中華民族文化自信心的偉大實踐。

據不完全統計，桐城派名家中有舊年譜存世者二十餘部。有鑒於此，我們依據工作計劃對其分批點校整理，以專刊之形式出版。整理原則是：以桐城派名家年譜或生平事略爲主體，與其有關之資料，如行狀、傳記、墓志銘、墓表等，酌情選擇作爲附録。校點包括以下幾項：①桐城派名家年譜及序跋；②桐城派名家年譜正文；③附録（包括譜主行狀、傳記、墓志銘、墓表等）；④校勘標點，依據皖江文獻叢書校點體例；⑤編排順序，以譜主生年先後編排。

安慶師範大學皖江歷史文化研究中心 汪長林

皖江文獻叢書校點體例

一、總則

（一）皖江文獻乃指以安慶爲中心的涵蓋長江之安徽段區域裏孕育、發展所産生并傳存於世之各種文獻。史稱皖江上控洞庭，下扼寧滬，『分疆則鎖鑰南北，坐鎮則呼吸東西』，有『長江萬里此咽喉，吴楚分疆第一州』之美稱。皖江地區不僅地勢顯耀於東南，且歷史悠久，人杰地靈，文化薈萃，爲後人留下諸多文獻資源。

（二）本叢書以皖江文獻爲主體，與其有關之資料，可酌情選擇作爲附録。

（三）本叢書校點包括以下幾項：

①整理説明；②皖江文獻原刻本序跋；③皖江文獻正文；④附録（包括皖江文獻編纂者傳記資料、墓志銘等）。

（四）本叢書包括方志叢書、桐城派文庫和其他文獻三部分。

二、校勘

（一）整理之前，盡力搜集文獻之各種傳本，并確定底本與參校本。

（二）於同一事實之載記，凡底本不誤而他本誤者，一般不出校記。

（三）底本明顯刊誤，如因形致誤之『己』『已』『巳』之類，可以依據上下文予以辨識者，徑改而不出校記。

（四）底本之訛脱衍倒，可以斷定者，於訛倒處加圓括號『（　）』標示，改正之字置於括號後；於脱漏處添補之字加方括號『［　］』標識；於衍處加尖括號『〈　〉』標明，以示删除。凡底本原缺字以空格表示者，以『□』表示；底本字迹不清、無法辨識者，以『■』表示。重要校改應出校記簡要説明理由。若疑爲訛脱衍倒，而難以確認者，則不加校勘符號，仍存原文，必要時可出校存疑。

（五）凡所載之事實，底本與他本文异，但義可兩通、難斷是非者，以校記説明。

（六）個别虚字有异而文義無殊者，仍存原文不改，可不出校。

（七）凡作者原文避本朝名諱及家諱者，一般不改，缺筆者補足筆畫。引用古書而避當朝名諱者，則據古書及原書改回，并於首見處出校説明，餘皆徑改，不出校。

（八）對書中引用之文字，要進行覆核。若引用文字與原書小异但不失其本意者，則存原文不改，亦不出校；若節引文字與原書大异且失其原意者，則出校説明。

（九）校碼用漢字數碼加六角括號置於所校字句之後，校記附於文末。

（一〇）校記力求簡短，摘引正文僅舉所校詞語，不引全句。

（一一）本書采用繁體豎排。

（一二）文中通假字、异體字一般保留。

（一三）文中如有譯名與現行譯法不同者，仍存原譯。同一譯名在文獻中前後互異者亦存其異。

三、標點

（一）標點符號使用依照二〇一一年國家頒布之標點符號用法，但具體使用時注意古代漢語特點，如標點一般不用省略號、連接號與着重號等，冒號、感嘆號、問號儘量少用。

（二）韻文一般在押韻處用句號，若爲詞曲，還應考慮譜讀。

（三）凡名詞并列而易引起誤會者，用頓號分開。雖爲名詞并列但不引起誤讀處，可不加頓號，如『漢唐』『江淮』『巴蜀』等。

（四）引文不完整，末尾不宜用句號者，引文前不用冒號。凡引文衹用引號不加冒號者，引文末尾標點放在引號之外；引號、冒號俱全者，其末尾標點放在引號之内。

（五）作者與書名簡稱連用時，用引號標示，如『班書』（指班固漢書）。書名與篇名簡稱連用時，則標書名號，如漢表（指漢書諸表）。

（六）書名號内又有書名或篇名時，裏面一層可不標明，如吴汝綸辯程瑶田九穀考之九穀考，可不再標書名號。并列關係的書名或篇名連用，按如下方法處理：賈誼傳、司馬遷傳、東方朔傳。包含關係的書名與篇名連用，按如下方法處理：漢書司馬遷傳。

（七）機構名中含有書名時，該書名不標書名號，如續三通館。

四、其他

（一）整理時，依據内容，適當劃分段落。段落劃分宜從大層次着眼，無須過細。

（二）整理説明力求簡要，最多不超過一萬字。

（三）整理者撰寫整理説明、簡介、校記時，注意下列各點：

①凡人物一般均稱名，不稱字、號或别署。如方苞，不稱方望溪等。

②凡地名一律用當時名稱，需要加注今名時用圓括號標示注文，但一般不必加注。

目録

桐城吴先生年譜

郭立志　郭崇元編纂　汪長林　吴良發點校

吴汝綸（一八四〇——一九〇三），字摯甫，安徽桐城人。爲近代著名的古文家、教育家、桐城派晚期之宗師。同治四年進士，初授内閣中書，繼官深州、冀州知州及天津府知府。歷佐曾國藩、李鴻章幕有年，其奏議多出先生之手。晚年以五品京堂銜充京師大學堂總教習，未履任而卒。有桐城吴先生全書、吴汝綸全集、桐城吴先生集及蓮池書院文獻叢刊吴汝綸全集等傳世。

先生少承父學，後師事曾國藩受古文法，與張裕釗、黎庶昌、薛福成并稱『曾門四弟子』。爲學以潔身不爲利爲本，以經世濟變、瀹民智自强、急時病爲宗。由訓詁以通文辭，自經史以至諸子百家，無不博求慎取，窮其源而竟其委，無古今，無中外，惟是之求。其好文出天性，以爲文章乃精神志趣之所寄，『不得其精神志趣，則不能得其要領』；『文章之事，緯地經天，代不數人，人不數篇』，任何勛業與之相比，『皆尋常耳』。論文宗法桐城，且主張『有所變而後大』，認爲『桐城諸老，氣清體潔，海内所宗，獨雄奇瑰瑋之境尚少』。故其爲文，既得桐城派整飭雅潔之長，又不落桐城窠臼，風格矜煉典雅，意厚氣雄，深邈古懿，使人往復不厭。

先生自以爲『無上交之才，無左右游揚之人，無冒恥干求之術』，故淡於宦情，不樂仕進。然在官即能盡心民事，而猶以『興學、開渠其最著』。主講蓮池書院十二年，倡導新學，親爲督教。且先後立英、日文學堂，延英、日名人爲教授，使書院大興，士子多以英偉識時務而著聲。又赴日考察學制，成東游叢録呈交管學大臣，以爲國家興學自强之急需。

本年譜凡四卷，前二卷據譜主詩文、尺牘及日記等述其生平歷官、游幕、講學、著述、交游及家事，且引録譜主著述頗多；第三、四卷收録吴闓生之文集箋證、詩集箋證，後附譜主著述表、門弟子表。該譜由先生弟子郭立志及其子郭崇元（吴闓生弟子）編纂，一九三三年刊行，收入雍睦堂叢書。其後諸如藝文印書館桐城吴先生全集、文海出版社中國近代史料叢刊第七十三輯、北京圖書館出版社北京圖書館藏珍本年譜叢刊、晚清名儒年譜（按二本均脱著述表、門弟子表）及廣陵書社桐城吴先生集等均據以收録。

本次整理即以雍睦堂叢書本爲底本，同時參以桐城吴先生全書、吴汝綸全集等相關資料。

桐城吴先生遺像

圖中坐者爲摯甫先生侍者爲北江公子時當清光緒二十八年先生六十三歲公子才二十四歲耳先生以績學大師往日本考求學制並遣公子負笈東遊此誠勝朝變法育才之機棙遽意先生歸國不數月竟以積勞不起今北江先生繼緒先業蔚然爲儒林山斗文采光芒後先暉暎世之覽此圖者其爲慨慕當何如也

清苑郭立志敬識

本圖來自《雍睦堂叢書·桐城吴先生年譜》

桐城吴先生年譜序

桐城吴摯甫先生主持北方文教三十有餘年，晚年主講蓮池書院尤久，士論翕然歸附。立志近接里閈，固已飫見習聞。蓋自海宇大通，新機勃發，創穹古數千年未有之奇局，政治、學術之蒸變，皆有瞬息萬里之勢，而近數十年來實爲新舊交乘之樞紐，加以國際風潮，波沸雲湧，曾無軌轍之可循，學者狃於素習，莫不目駭耳回，碭焉失其所守。

先生於五六十年前，蚤已洞矚幾先，貫穿舊籍，得其指歸，而於新學、新理之突進，復能廓其大公之量，虚己以迎納之。新編譯册，罣窮誦講，不勝其勤。與東、西國名流學子，抵掌論交，傾懷輸寫。嘗默揣推遷之大勢，而毅然有以豫爲之謀，以爲异日開新之資地。其所推闡敷陳，班班具在，壹皆切實可立見諸施行，非徒爲大言望空駕説者比。蓋先生之宏謨偉抱，所醞釀者如此，故卓然爲當代之大師、文明之先導，世人不察，徒以一代文章之宗匠目之，未足以盡先生也。

先生既没，遺書陸續刊行，獨年譜一編尚付闕如。先生門人從事編輯者數家，至今未出。立志有意於此，爰於暇日，取先生詩文、尺牘〔一〕、日記各編，擷其精微，綜其綱要，逐次排列，漸有端緒。又與先生子北江過從，得窺其家藏遺墨手稿未及刊布者，稍稍裒集，積久乃克告成。間有疑義，遣兒子崇元數從北江質問，務得當乃已。

蓋先生生平所守，非僅一家之學説，所以通中外之郵、執古今之契者爲用至宏而其端甚簡，得此而擴充之，庶幾有弘通特出之才，奮起以應未來之變，不支不懦，蔚爲通儒，則學術與世故相需，而不至有泥古拘墟之誚，是先生衷懷所希冀而隱以策厲於無窮者也。世之讀先生書者，能慨然有與於是，則先生之蘄望爲不負矣。

斯編也，雖目爲江海之蠡酌〔二〕、崇邱之累土，其亦何説之辭。編輯既竟，爰發其大意如此。

中華民國三十二年夏五月，清苑郭立志序。

〔一〕牘：底本與桐城吴先生全書該字或作『牘』、或作『櫝』，今統一規範作『牘』。下同不注。

〔二〕蠡酌：底本訛作『酌蠡』，今正。按蠡酌即『蠡酌管闚』之省。玉篇蟲部：『蠡，瓠也。』蠡酌，謂用瓠瓢來酌量海水深度，以喻見識短淺。

桐城吴先生年譜卷一

道光二十年庚子（一八四〇），公年一歲。

公諱汝綸，字摯甫。庚子九月二十日，生於桐城南鄉高甸之劉莊，莊爲公考妣所購置也。同治戊辰日記〔一〕：『今歲春，［家］大人新置廳事三間，始落成。是宅本家人舊業，先祖愛其基址，貧無以購［買］，家母出裝奩置之，誅茆植竹，居之垂四十年而廳事未作，至是始落成。』考諱元甲，字育泉。歲貢生，咸豐元年舉孝廉方正。以行義高鄉里；喜詒甫生子詩〔二〕云：『昔我先君子，文行高巍巍。蕭條四壁中，天瑞生靈芝〔三〕。長老作歌頌，以爲鄉黨規。』妣馬氏，張濂亭有吴育泉徵君墓志銘、吴母馬太淑人祔葬志，叙述懿行甚備。公兄弟四人，公次居仲；兄汝經，字肫甫，長公六歲；弟汝繩，字詒甫，少公九歲；汝純字熙甫，少公十三歲。惟詒甫筮仕山東，歷任汶上、陽信知縣。姊一人，適同邑蘇氏。

公娶汪夫人，生女四人，適無錫舉人薛翼運、桐城舉人汪應張、貴州提學使翰林院侍讀膠州柯劭忞、直隸知縣同邑王光鸞。側室歐氏，生子一人，闓生；女一人，適桐城姚永保〔四〕。孫一人，防；孫女五人，皆公卒後始生。曾孫三人：光熊、光燾、光熹。

二十一年辛丑（一八四一），公年二歲。

二十二年壬寅（一八四二），公年三歲。

二十三年癸卯（一八四三），公年四歲。

二十四年甲辰（一八四四），公年五歲。

二十五年乙巳（一八四五），公年六歲。

二十六年丙午（一八四六），公年七歲。

二十七年丁未（一八四七），公年八歲。

二十八年戊申（一八四八），公年九歲。

二十九年己酉（一八四九），公年十歲。

三十年庚戌（一八五〇），公年十一歲。

洪秀全起廣西。

咸豐元年辛亥（一八五一），公年十二歲。

日記：『某十二歲，始爲論説之文〔五〕。』

自記制義文後云：『某生二十有二年矣，自束髮受書，家君教以制義之文，學之今十年，未工也。』

二年壬子（一八五二），公年十三歲。

三年癸丑（一八五三），公年十四歲。

桐城爲賊所陷，育泉公避亂山中，公隨侍讀書。時官軍自桐城潰，育泉公以從軍之後，館於樅陽，主人懼禍，爲變姓名。家嚴慈六十雙壽徵言略：『桐城陷賊凡十年，官軍凡四至縣境，每至則〔六〕責運粮糧，聯結義故，縣人輒推家君主之。』育泉公有詩云：『平生笑我非張禄，呼馬呼牛任自嘩。』

四年甲寅（一八五四），公年十五歲。

洪秀全據金陵。

五年乙卯（一八五五），公年十六歲。

六年丙辰（一八五六），公年十七歲。

七年丁巳（一八五七），公年十八歲。

八年戊午（一八五八），公年十九歲。

九年己未（一八五九），公年二十歲。

十年庚申（一八六〇），公年二十一歲。

英、法軍入京，帝狩熱河。

是年春，公兄弟同游浮山，詒甫、熙甫皆有詩。

育泉公詩集公有注云：『庚申春，某偕家兄携繩弟、純弟登浮山。時兩弟均未讀，余戲令并作浮山詩，純高唱一絶，余與兄皆驚异久之；繩成五言短古詩一首，頗得佳趣，朋輩皆激賞焉。』

庚申、辛酉兩年，桐城被寇最甚，公亦避地他所。伍烈女傳云：『庚申冬，粤賊由廬江竄樅陽，居民奔匿,百數十里爲一空。』楊壽山先生墓[志]銘云:『庚申,官軍臨桐城,援賊大至,劫殺益横,死者枕藉。』左忠毅公畫像〔七〕記云:『庚申冬,以亂僦居公故宅,從左君質夫所求公遺書而讀之。』

十一年辛酉(一八六一),公年二十二歲。

八月,官軍復安慶、桐城。

時鄉里被賊,公兄弟奉母避亂東鄉。家貧,擷野茹爲食,拾薪煮藥奉親。育泉公爲鄉里辦賊,以軍事留西鄉,數月不相聞問。

章冠鼇傳:冠鼇『既卒之二年,余避亂至東鄉,鄉人每津津談冠鼇事,有泣者〔八〕曰:「猶記章冠鼇殺賊突圍時也。」』

同治元年壬戌(一八六二),公年二十三歲。

九月,育泉公應江西武寧翁小田大令延緒之招,課其子立德讀。

歲暮還家,延緒旋病殁。

祭翁大家文云:『大家之兄,昔官西江,賓筵我君,以其子從。』案延緒以翰林院庶吉士散館爲江西武寧知縣,卒官。立德受學後,亦成進士。見翁大家墓碣銘。

十月,大病,昏不知人,經時乃愈。既愈,作囈記,文曰:

南華子者，不知何許人，嘗以病而狂惑，爲囈語，既愈，而以爲幻也，因有味於莊子之書，遂自號『南華子』。南華子自述其囈語曰：『始吾家故貧，年二十無所知名。頗能爲文章，以貧故，冀投時好。其文不甚高，然竟以此取甲科，登金門，上玉堂，聲名通顯。得志而歸，車徒供帳，震耀鄉里。鄉里之人以爲榮，皆曰「大丈夫當如此矣」，而吾亦自念致身青雲之上以爲父母妻子光榮。迴憶曩者貧賤無所知名，何啻霄壤；下視草茅寒素之士，亦不啻鴻鵠之於鷃雀也。於時頗自喜。其後官益尊，勢益盛，人之震耀而歆羡者益衆，而吾亦自顧而嘻，以爲富貴快一時之欲耳，千秋萬世，誰復知吾姓名者？乃發憤大肆力爲文章。斯時位望既崇，無所干求於時，一意以古之立言者自期，以蘄永於後世，舉向所爲投時好、決科名之文，悉焚棄之。於是，文日有名，天下之人交口推譽，以爲古之董仲舒、賈誼、司馬遷、韓愈之徒復出，而吾亦自以爲雖古作者不吾過也。於時益自得。顧念吾一身，前既貧且賤，又無所托以不朽，而後乃富厚極於一時，文章傳於後世，志得意滿，樂可知也。吾病時大概如此。已而病稍瘥，漸覺其身故在床蓐間，又頗自疑，輒嘆曰：「吾非向所爲貴極富溢，又能以其文名一時者歟？豈病者歟？」間舉病中語示人，皆大笑。久之病已，始知吾向之所爲如是者，吾之狂惑者爲之也，非其真也，幻也。於是乃爽然自失。然而方其病也，吾不自知其病也，恍惚如夢寐間，而吾又不自知其爲夢也。人世得失之遭，顯晦遲速之數，豈皆吾病類也？玉屏居士聞其言而嘆曰：「莊子云：『必〔九〕有大覺，而後知此〔其〕大夢〔也〕。』甚哉，南華子之言之有似於南華經者也。」』遂爲之記。案公家居近玉屏山，故嘗自號『玉屏居士』。此文用意甚奇，生平學問、志業已豫定於此，而集中不載，因具録之。

二年癸亥（一八六三），公年二十四歲。

始應有司之試，與兄肫甫同案入學。

縣試，公第一，朏甫第二；府試，朏甫第一，公第二；院試，公仍第一。公生平於制科，一試輒中，無再應者。

游大觀亭故址記：『今年應試皖城，始從方先生存之游其地。』『先生曰：「必有記。」故記之。』

三年甲子(一八六四)，公年二十五歲。

六月，官軍克金陵。

十一月，江南舉行鄉試，中式第九名舉人。

曾文正公日記：『五月二十七日，閲桐城吴某〔一〇〕所爲古文，方存之薦來，以爲義理、考據〔一一〕、詞章三者皆可成就。余觀之信然，不獨爲桐城後起之英也。』案『不獨爲桐城後起之英』者，曾公知公之才，非桐城宗派所能限也。又案公祭〔方〕存之文云：『搜我篋藏，持獻相君。』知以文謁曾公，非公之本志，公之不干貴勢，方君之好賢薦士，皆可紀也。又，公未見曾公以前，學業已自成就，亦可徵之於此。

十二月二十四日，黎明，入貢院寫榜，闈墨極佳，無一卷爲庸手所能者。

祭方存之文云：

同治之初，君客始旋。吾初私學，君聞謂賢。招携觀游，試使爲文。搜我篋藏，持獻相君。學匪禽犢，有愧在顔。東南清夷，仲冬科舉。已試强我，入謁相府。用下敬上，干冒是懼。我官中書，貧不自存。相君愛士，甄録在門。弘我道義，博我藝文。沾以微禄，使榮其親。始愧且懼，卒賴之緣。追維本初，非君曷因？案是年五月，方存之已薦公於曾相，公訖未往一見，至鄉舉後始被强入謁，以曾公座主不得不見也，然亦訖無干請。至會試授職後，始入幕府。據曾公家訓云『渠以本年連捷，得內閣中書。告假出京，余勸令不必遽爾進京當差，明年可至余幕中專心讀書，多作古文〔一二〕』云云，是入幕乃曾公所勸，公亦絶無干求也。賢者立身，難進易退蓋如此。又案公生平無所師事，獨於曾、李二公稱師者，以鄉舉時曾爲江督、李則闈場監臨，皆所謂受知師也；又寶相國鋆爲乙丑座主，尺牘中稱『師』者惟此三人。至於詩文集中，亦不稱爲師也。

四年乙丑(一八六五)，公年二十六歲。

入京會試，中式第八名進士，以內閣中書用，遂入曾公幕。案賀松坡所作行狀〔一三〕云：『文端公倭仁見其廷試策而奇之，拔置一甲。先是，今湖廣總督南皮張公以第〔一四〕三人及第，其策不用當時體。先生所爲策，其體亦异，某公曰：「此有所效而爲之者，抑置三甲，以中書用。」』案先生廷對策，典實充沛，非科場所有，今在徐世昌所纂明清八大家文鈔中。所謂『不用當時體』者，舊例殿試策字數、行款及擡寫頌揚處，皆係預定格式，不能增減，公所爲文則直抒己見，不依此例。主試某公云：『前年已拔張之洞，今再拔此卷，則科場成例不能復維持矣。』遂抑置三甲。

曾公日記：

十月十五日，『吴摯甫〔一五〕來久談。吴，桐城人，本年進士，年僅二十六歲，而古文、經學、時文皆卓然不群，异材也。』案公初見曾公，曾公嘆异其材，且問何從受學，公答以『但禀庭訓，并無他師』，曾公極爲欽仰，遂禮聘公考育泉公爲公子師。事載曾公家訓〔一六〕。其後，因育泉公不樂久處，未幾遂辭去云。又案是年八月，曾公駐徐州督師勦匪，公見曾公亦在徐也，蓋自是始入曾幕，然歲晏必歸省覲，故曾公十月二十四日家訓〔一七〕有『摯甫由徐赴金陵，余擬派差官送之』之語，明年正月二十四日家訓〔一八〕又有『爾至安慶後，可與方存之、吴摯甫同伴，由六安州坐船至周家口』之語。明年，公從曾公在濟寧，見題玉露禪院文。

五年丙寅（一八六六），公年二十七歲。

公在日本答新聞記者問生平履歷云：『同治五年，山東、河南剿捻匪。六年，回河南。案『河南』疑當作『江南』。此文從日本報紙傳録，故疑有誤也。七年十一月，從曾公到京。八年，在直隸。九年，送曾文正公回江南，李文忠爲直隸總督。十年，補深州知州。十二年二月，丁外艱。光緒元年七月，丁内艱，遂入李文忠幕府。二年，復回籍起復。六年，補冀州。』

曾公日記：

十月二十三日，二更後，與吴摯甫久談，教以説經之法。説話太多，舌端蹇滯。案是年三月曾公由徐州至濟寧，六月由濟寧舟行至宿遷、桃源、清江、臨淮，八月至周家口，十月因病請開各缺，十一月奉旨令回江督任，六年正月回徐接篆，三月六日返金陵。公之踪迹，大約皆隨曾公。題玉露禪院云：『余始從曾文正公［軍］，在濟寧玉露禪院。既逾月，隨軍去。』

十一月〔一九〕初二日：閲吴摯甫所爲明堂考。案此文已佚。日記〔二〇〕：『吾少時作明堂考，頗見賞於曾文正。』

十二月初八日，與吴摯甫［等］一談。渠本日作讀荀子一首，甚有識量也。

六年丁卯(一八六七),公年二十八歲。

四月,請假歸里。

六月,復至金陵。以襄助軍務出力,由曾公奏奬加内閣侍讀銜。

日記〔二一〕:

〈六月〉初四日,清晨,簡料行李。送行者接踵而至。酉刻,拜二親出門。到船已及二更,同行者,兄肫甫、弟詒甫。

是夜大風,不敢開帆,以老母臨行堅囑『慎風波』也。

初五日,遲明,開行十餘里,風色順利。巳刻後,挂帆過竹子湖。午刻,遂至湯家溝。未及一時,舟行三十餘里。

前四月杪自金陵歸里,是湖淺不容舟,自湯溝至家,節節阻滯。五月中始得大雨,農田各已種穀。其先種旱糧者,至是亦犁去,復行(裁)栽秧。老農謂此後倘雨暘時若,則今歲唯旱穀不登,尚救得五六分收成也。今過此湖,見湖水斗長數尺,舟行快利,爲之欣然。

初九日,舟至大通。作楊伯衡尊人楊壽山先生墓志〔二二〕。

二十〔二三〕六日,戌刻抵金陵。家兄病甚。

二十七日,入署謁曾相。告兄病狀,相國許在寓侍病。

十一月十四日,侯相命校覆奏和約稿。

十五日，侯相命作靈谷寺龍神廟碑文〔二四〕。

十二月，庚辰朔，歷代都邑表成。

余見本朝言地輿之學者數家，大略皆以本朝爲主，而歷代散入之，檢閲頗難。因欲爲一書，各朝爲經，本朝爲緯，庶讀史時便於考覽；而都邑則歷代遞變，而山川、關塞、疆域、形勢之所由定也。遂先爲記之，而東晋時十六國，五代時十國，以及各朝之末，奸雄割據，皆附入焉，作都邑表。起於十一月戊寅，成於是日。

壬午，作禹貢疆域表，以禹貢錐指爲主，參之地理今釋、方輿紀要各書。

禹貢以山川紀疆域，説者以爲地理之善例，故表禹貢不得不兼載山川。

冀州表、直隸省成。

甲申，成兖、青表。

考訂錐指、今釋、乾隆州縣志各書，定冀州北界。

乙酉，改冀、兖、青作表體例。

唐孔氏從馬、鄭以來舊説，謂青州『跨海』，蔡傳以爲『據海』，余謂蔡傳是也。九州凡言『海』者三，青、徐、揚是也。徐、揚言海皆屬『據海』，青獨『跨海』，何從而知之耶？河自碣石入海，碣石以南爲兖州，濟入海即今大、小清河，濟南爲青州，自登萊至遼東，中隔兖州一州境，青乃越兖而有遼東，果何由而知之？余意碣石以北，遼東之地，皆冀州域。爾雅〔二五〕幽州之『醫無閭』分冀域也，必執醫無閭爲青域，於是不得不强經就傳矣。

丙戌，徐州表成。

丁亥，揚州表成。

庚寅，偕黎蒓齋、薛叔耘同行至書坊，遍閲各肆舊書。歸作荆州表。

辛卯，是日聞捻匪竄過六塘河，擾及揚州各屬。侯相調度，以彭宫保守上游江面，婁鎮雲慶自湖北移安慶，李提督朝斌駐守瓜洲。余謂：『賊自山東敗竄而來，其勢未盛，報者率稱萬餘人，此未必然。六塘守者言百餘匹，此亦未然。大約則守者之言，較報者爲近理，其無萬餘人可決也。法宜急調水師入運河，防其渡運西竄皖、鄂，而六塘則反守之。揚多支河，如此侯追兵至，可成擒矣。』夜成豫州表。

壬辰，聞吴觀察毓蘭截擊敗匪，頗有擒斬，私幸料事頗合。及夜，則吴報生擒賊首賴汶洸矣。成梁州表。

甲午望，雜考雍州、黑水及積石、三危諸山。

乙未，雍州表成。

癸卯夜，導山表成。

七年戊辰（一八六八），公年二十九歲。

正月丁巳，是月庚戌朔。考禹貢水道。

己未，作導水表。

癸亥,導水表成。

禹貢九水,當時治水之大綱也,欲爲詳明簡括一表,稿未即定,俟他日更爲之。

己巳,作『虞十二州』『爾雅九州』表。

辛未,作職方九州表〔二六〕。

二月己丑,是月己卯朔。考毛詩衛地。

庚子,雜考詩地理。

壬寅,命畫工爲寫小照,午後始成。

乙巳,作尚書地理表成。

禹貢别有表,此表以蔣相國地理今釋爲主。余爲地理表,各朝以一書爲主,如都邑以都邑考、宅京記爲主,禹貢以錐指爲主,爾雅以邵氏正義爲主,詩以陳石父疏爲主,不敢自立异説也。

三月己酉朔,考春秋地理。

乙亥,作朱星檻觀察之父六十壽文〔二七〕。

四月乙酉,是月己卯朔〔二八〕。吴南(平)屏來。湖南老儒也。

〈四月〉辛丑,相國有上海之行。

癸卯,與李勉林約同舟歸,覲二親。

甲辰,已刻上船。

閏月壬子,是月戊申朔〔二九〕抵家。

今歲春，家大人新置廳事三間，始落成。是宅本家人舊業，先祖愛其基址，貧無以購買，家母出裝奩置之。誅茆植竹，居之垂四十年，而廳事未作，至是始落成。案『四十年廳事未作』，以貧故也。詒甫弟新娶婦，居室得以稍寬。

辛丑〔三〇〕，爲詒甫弟生辰。

詒甫以道光己酉閏四月生，生二十年未遇閏四月，今始遇之，老母以爲難遇，又係二十初度，故命家人舉酒爲觴。余既承老母之意，又以年年奔走，歸與兄弟處蓋無幾時，是夕酣飲忘醉，家人樂甚。

壬戌，擬買棹東下，老母留之一日。

癸亥，下午〔三一〕上船，熙甫弟同行。

熙甫幼慧，長而荒於嬉，五經尚未卒業，遂決意隨余出，將欲從問讀書之大略，二親皆以爲然，遂携之東來。

甲子，至大通，晤丁筠卿。惠茶、墨，擬作一詩酬之。

庚午，行至江寧鎮。

辛未，阻風。

壬申，未刻開船，夜二鼓抵金陵水西門。

癸酉，入城。

五月丁丑朔〔三二〕，相國前贈吳南屏詩，屬和者十餘人，余來，友人迫之，乃强爲一詩，即謝丁筠卿惠茶墨題〔三三〕也。

甲午，擬復陳樸園信。

樸園名喬樅，侯官人，陳壽祺恭甫之子也。官江西。著有今文尚書考〔三四〕，此稿擬上後，頗爲相國所賞。蓋相國之不遺小善，令人心感，往往類此。

九月乙亥朔〔三五〕，閱張廉卿文。

廉卿，湖北武昌縣人，名裕釗。所爲文多勁悍生煉，無恬俗之病，近今能手也。

十四日，携季弟熙甫歸，午後上船。相國約以十月初十日以前還金陵。

十五六兩日，南風，不能開帆。

十七日早，風色稍平，遂棹舟行。

十九日，過裕溪，見彭侍郎，索畫。案索畫歸以奉親，今梅花大軸猶存。

二十四日，過竹子湖，午後抵家。家君聞仍即〔三六〕出門，大驚。老母在從姊處觀劇，七弟飯後往省。案七弟即熙甫。

是日，老父談至鷄鳴始就枕。

二十七日，雨中迎母歸。二大人略商家事，不名一錢，紛無頭緒也。

十月二日，晨起，將有去志。

記臨歸時爵相約以十月初旬到金陵，故汲汲欲出，因老母眷眷，不敢遽言。

三日，是日爲余兄生日，家人紛紛至二親前賀壽。

李勉林專差送錢子密信來，言馬制軍以九月二十六日接篆，相國擬十月望日啓節，屬余以初十前到金陵。

是日料理行裝，見老母悽然不忍别，約以北上後，仍可附番舶南旋省視，母止之曰：『汝每歸不過數日，吾不願汝有此歸也。』是夜，老母有感冒之疾，頭痛發熱，侍床下至鷄鳴。私計明日母病不愈，當作一書謝相國，不出門矣。

四日，母病小愈，仍復强起，遂覓船。早飯後拜二親就道，兩弟送余河干，久立不去。蒼天若果默祚予，當使我稍得志而歸，吾父母猶如今日清健也。

是日，宿竹子湖，風色不順。

五日，東北風大作，舟不能行，僅走十餘里，宿老洲灣。

六日，晨行十餘里，出江至李勉林處换砲船，行至丁家洲。是日共行九十里。

七日，行九十里，至三山峽對岸蘆洲中。北風大作，怒濤直上船頂，遂宿此洲。

八日，阻風洲中，進退不可，憂煎萬狀。

九日，狂風視昨更大，江中無上水船矣。

予尅期至金陵僅餘一日，而爲路尚二百餘里，風色如此不順，豈老親不願有此行，絶裾而出，乃天所不許乎？使余有田足自食，侍親課弟，自有天倫之樂，胡爲千里依人，備嘗險阻，以求不可必之名位哉？

十日，自洲中開行，一日夜行百五十里。

十一日，遂至金陵。

十二日，雜訪諸同事。

夜與張廉卿久談爲文之法，廉卿最愛古人淡遠處。其謂『氣脈即主意貫注處』，言最切當。又謂：『爲文大要四事：意、格、辭、氣而已。』

十四日，與方存翁一談。吴廣庵、吴清卿兩同年至。彭侍郎來，余索壽聯。

十五日，與張廉卿、方存翁夜話，暢言文章，兼及經史。

十一月，從曾公入都。

日記：

〈十一月〉四日，別家兄出城到船。

先是，湘鄉相公奉命移直隸總督，以是日啓節，將朝京師，余從行。家兄朏甫前數日由張秋軍次南旋，抵金陵，留數日，送余，至是始別。舟行出下關，城中官無大小皆遠送相國於此，蓋出城行二十餘里矣。就中官：極尊者，合肥李相；年極高者，霍山吴侍郎；路極遠者，則西洋人馬格里也。

十七日，自清江登陸。

二十日，至郯城。自是入山東境。

二十三日，至青它寺。

二十五日，至嶅陽，五十里。復行至新泰縣，二十里。

自青它寺即見路西有一大山，至蒙陰大道，轉西而此山盡，相國謂是『蒙山』。至嶅陽，見路西一石山，土人稱『青雲山』，相國謂是『嶅山』。行篋無書，俟考〔三七〕。

二十六日，出新泰城。

北望見一山，土人稱爲『蓮花山』，相國謂即『新甫山』。

行六十五里，至羊叔子故里，俗所稱『羊流店』也。

過羊流店，望見西北大山即徂徠山，山行四十里，至崔莊，是山始盡。泰山即直北。

薄暮，相國同至郊野望岱，呼居人問諸山名目，竟無人能道者。

二十七日，未及（犁）黎明就車，日初出即至泰安。

是日，偕栗誠公子、陳容齋司馬、高聚卿大令，登泰山。始及山半，輿人畏晚欲返，余决意上山。至絶頂，下視諸峰環拱，重疊如笋衣。未入山時，北風甚勁，入山步行數里，天氣融暖，如春秋佳日。至中天門，當上下之半，晴空飛雪，疑天勢將變，蓋陰崖積雪，因風飄蕩者也。到山顛，烟雲四合，噫氣怒號，人廩廩若有不敢久留之勢。下山則落日餘霞，依然晴霽，略無變態也。因是知杜詩望（岱）嶽，語簡而景象涌現，該括無遺，真大手筆。汶水直岱南，自山下至絶頂，峰迴路轉，盤曲迂繞，而前望之局勢，迄不一改。汶水縈繞如帶，徂徠前立，真是兒孫矣。是游爲時太促，無鄉導，所過山名每不能識。歸寓借泰安志閲之，則余所到者，於山未及五之一，擬他日南還有暇，當爲十日之游，書以志之。

二十九日，行三十五里，至章夏，大道循河而北。

河自汶水分出，下流入大清河，所謂『葛乙河』也。

十二月四日，至景州，宿開福寺中，僧房極修潔。

寺有塔十一級，余與同人皆登之。塔，隋物也，金陵報恩寺塔未建時，此塔爲天下第一。

十三日，入城，住賢良寺。

十四日，送相國至乾清門外，歸而日已旰矣。

是月，撰家嚴慈六十雙壽徵言略。

八年己巳（一八六九），公年三十歲。

正月元旦，寫徵言略一通。

初五、六兩日，擬作李太夫人壽序。

十五日，相國入内廷賜宴。

二十四日，出都。

二十七日，抵保定。

二月二日，相侯接篆。

十三日，移入督院。先是，到保定時，官相未行，遂寓蓮花池中，保定勝地也。凡居十七日，始移寓。

三月八日，相國來談。

二十四日，相國來久談。

四月十四日，相國爲余奏改官直隸，擬以直隸州同知補用，不審能得俞旨否。

八月十六日，由保定啓程。

十八日，未刻入京，寓小安南營火神廟。

二十七日，到吏部署驗到。

九月四日，引見，得旨以直隸州歸直隸補用。

先是，四月十六日，曾相奏保，吏部以格於定章，議上，請仿照明保成案，調取引見，候旨録用。及是，樞廷以同知、直牧分進兩簽，上竟用直牧，此舉主爲上所倚重之力也。曾相原奏文〔三八〕云：

奏爲酌保堪勝外任[之]京員留[於]直隸補用，恭摺仰祈聖鑒事。竊臣於正月十七日具陳直隸應辦事宜摺内，奏調數員，奉旨允准在案。兹查有内閣中書吴汝綸〔三九〕，同治四年安徽進士，自乙丑告假出京，即隨臣徐州、濟寧、周家口軍營，襄辦營務。同治六年，由銘軍克復黄陂案内，經臣奏獎，奉旨賞加内閣侍讀銜。前年臣回任江南及此次量移直隸，該員始終追隨左右，臣與之朝夕討論，察看該員器識明敏，學問該洽，實有希古拔俗之志。若使莅事臨民，必能湔除積習，造福一方。擬將該員改爲直牧、同知，留於直隸補用。查近年吏部章程，非軍務省分，不得調取人員，直隸現雖静謐，而兵燹之餘，地方凋敝异常，非多得二三賢員，不足以資補救。合無仰懇天恩，准將内閣侍讀銜中書吴汝綸以直隸州同知留於直隸補用，并免繳指省分發銀，俾臣得收臂指之助，出自逾格鴻慈〔四〇〕，恭候命下，當即給咨送部引見。理合專摺具陳，伏乞皇太后、皇上聖鑒訓示。謹奏。

九年庚午（一八七〇），公年三十一歲。

曾公日記：
五月二十六日：『接奉廷寄，派余赴天津查辦事件，因病未痊［愈］，躊躇不決。』『與吴摯甫一談。』
二十七日：『思往天津查辦毆斃洋官之案，熟籌不得良策，至暮［中］與吴摯甫一商。』

日記〔四一〕：
五月二十三日，天津百姓毆死法國領事官豐大業，焚毁天主教堂及法國公館洋行，誤斃俄商三人，英美講堂六所〔四二〕。
二十七日，曾相奉旨前赴天津查辦事件。
六月初二日，三口通商大臣崇厚奉命充出使法國欽差大臣。
初六日，自省啓行，隨曾相赴津。是日宿高陽。
初七日，宿任邱。
初八日，宿大城。
初九日，宿静海〔四三〕。
初十日，抵天津。
十二日，英國參贊傅磊斯、翻譯官雅妥瑪來見曾相。

十三日，美國領事官密佗士來見。

十四日，總署寄來威使照會一件。

先是，百姓訛傳洋人教堂有迷拐幼孩、挖眼、取心等事，故有此變。英國公使威妥瑪，爲此照會，深辨其冤，反復數千言，意在煽誘各國也。

十五日，道、府、縣三員均以辦理不善，先行撤任，聽候查辦。

十六日，英國領事官李蔚海來見。李近兼攝法領事者〔四四〕。

十九日，羅淑亞到此，曾相迎至通商署中一見。

二十日，俄國領事官孔氣來見。

二十一日，羅使來一照會，欲將天津府張光藻、天津縣劉傑及陳國瑞三人擬抵，崇帥力請將府、縣解送刑部。

先是，崇帥恨地方官特甚，必欲擠之死地，曾相謂府、縣初無大過，不欲予以重咎。至是，崇帥因羅使有此照會，力請奏下詔獄，曾相許之。

七月十一日，諭旨將天津府、縣改解津郡候質，不令入獄。

先是，六月二十九日，英使威妥瑪至津。七月初六日，羅使葬豐大業於津郡法領事署舊址。初九日，羅使入都。該使堅請殺府、縣，曾相力持不允，其入都蓋威使爲之謀也，總署得該使入都之信，故改解津郡。

六月下旬，毛旭初尚書至。七月二十五日，丁雨生中丞至。二公來津，由崇帥奏稱曾相病篤，故奉旨會辦此案。七月下旬，定議責成地方文武切實拿犯，設立發審局鞫之。

八月十三日，訊取已革府、縣親供。

奏咨該員等供稿，係余及劉雲生比部所手定。此事頗不悦於毛、丁兩公。案姚永概所作行狀〔四五〕：『文正公辦天津教案時，從容謂先生曰：「吾大臣任國事，不當計毁譽。子年少，名甫立，盍少〔四六〕避乎？」先生笑不應。』蓋謂此類。

十七日，毛公回京。

十九日，接諭旨，仍令府、縣解京。

二十三日，定擬應正法之犯十五人，應辦軍徒各犯二十一人。

府、縣畏復下獄，更有奇禍，不敢起解。

二十五日，李相至津。

前六月下旬，李相奉旨統兵自陝入燕，移緩就急。比在途而和議將成，有旨令李相兵勿入直境。八月初三日，聞兩江總督馬新貽倉卒被刺，曾相遂調任〔四七〕兩江，令李相馳赴天津接任直督。

至是，李相單騎至。

二十九日，奏解天津府、縣。

九月初二日，丁中丞回蘇，與劉省三軍門同去。

省三軍門亦因六月下旬樞廷頗議防禦，故諭令來營。及是事緒少定，劉公徑回皖中。此公近日頗希冀督撫，不能鬱鬱久居此也。

曾相前辭江督，刻本日記『辭』作『調』，係誤字。奉旨令以病軀坐鎮，俟津案奏結，即赴新任。八月二十三日所奏結之犯，恐洋人猶以爲少，遂分作兩批奏結，現擬九月十三日續結第二批。十二日，奉[到]旨前任府、縣定發黑龍江。

九月二十三日，相國入覲，余以私事未從。

先是，曾相擬奏余自隨，後李相謂曾公去歲奏保改外，專爲畿輔吏治立言，此時不便調往他處，遂不果行；而余自初聞南行之議，即致家書，言今歲定還覲省，及南調不果，於是李相議給一差，令送曾相至金陵，即便道過家度歲。故曾相入覲，余留天津候差札也。案此曾、李二公争欲得先生自助也。

十一月初一日，買船返保定。

初七日，抵寓。

十五日，與李佛生同行。

十六日，至河間。

曾相在津郡，與余及佛生約於河間相見也。

十九日，曾相至河間後，遂同行。

計自保定南行，過郡一，州、縣六，至於運河。絶運南行，赴德州，過州二、縣一，至於河。亂河抵東阿，過汶上，入濟寧，舍車登舟。凡陸行十有二日，留河間待曾相者三日。

東阿道中和曾劼剛公子別李佛生原韵詩〔四八〕。

案此下日記闕載。公送曾相至金陵後，當於歲杪回里省親度歲也。

十年辛未（一八七一），公年三十二歲。

補深州，迎養之官。

日記：

二月十五日，奉二親，挈眷累二十餘口上船。

二十五日，抵金陵。

二十六日，入城謁曾相，兼訪舊友。

二十八日，入城宿幕府。

三月初一日，爲吾父壽辰。

蓋自甲子以後，父母壽辰，余皆奔走於外，不及奉觴上壽。今年諸兒諸婦乃群聚舟中，雖無以爲壽，吾親頗爲意適也。

初八日，至鳳池書院。

與廉卿留連竟日，毖論文字。

初九日，謁曾相作辭。

金陵盤桓十有四日，數見曾相，泛論今古，所言多可牖啓人意氣者。二月二十九日以後，率以閑日一談，其言皆甚切至。

是日出城。

十一日，出江，過燕子磯。

十三日，舟抵揚州，入城見莫子偲。

四月初一日，由清江陸至王營。

初五日，宿郯州。

初九日，過鄒縣，謁孟廟。

十六日，宿德州。

二十一日，抵天津。

二十二日，謁伯相，致曾相意，言張翰泉事。伯相謂：『此時不能爲力。俄國三萬金尚未領結，亦未抵償；法國教堂亦未修成；去年之案尚未結清，此時翰泉等安能即赦？』『翰泉素著循聲，又屬同鄉，苟可援手，豈復愛力？實知其勢不可行耳。有信寄翰泉時，可勸令耐心守候，勿遽望賜環也。』

五月二十一日，拜客辭行。

二十二日，由天津啓程。

二十三[日]，宿大城。

二十四[日]，宿任邱。

二十五[日]，食高陽。人定後抵省寓。

六月初六日，出省。

初九日，抵治所。

初十日，接篆視事。

六月二十二日，上曾相書〔四九〕云：

違侍後，行抵清江，察看運河淺阻，舟楫不通，遂奉二親舍舟登陸。四月二十一日，行抵天津。寓舍難覓，眷口多病，在津勾留一月。五月二十六日，始至保定。方伯催令赴任，以六月初十日到州受代。數月以來，奔走塵土，行踪無定。及到任之始，所請幕友未及偕來，幾於一身百役，用是叩違許久，未上一書。伏維福躬萬安，私用跂祝。吾師還鎮江南，神人豫悦，公私稱意，不問可知。伏望珍衛〔五〇〕玉體，稍節勞勤。高年精力，迥异前時，不宜過自勤苦也。直隸司道大員，下至州縣，言及吾師，無不感激依戀。南來舊人，固自應爾，乃至范廉訪、恒都轉、費觀察、恩太守等，或相從未久，或衆人相遇，與之聚談，如子弟之候問父兄，依依之情，溢於言表，皆若致憾於某別久，不能具悉起居者。下至鄉野老父，亦有問曾侯何在者。吾師在北，無赫赫之名，而去後之思如此，不獨久居門下者聞之欣慰也。承委以翰泉求還事，致命李相，據云：『津案未久，時有餘波，目前斷無賜環之望。翰泉既係同鄉，又有循績，苟可援手，無不盡力，知其無濟，不可妄爲。曾師辦理此事，本未過當，不必時抱歉衷。』并令致書翰泉，屬其『少安勿躁』。某到保定，親詢翰泉家屬，知戍所尚不甚苦，該處將軍頗以優禮相待，惟風土殊异，懷思中國耳。直隸今年雨水極多，有七十、八十老人，皆謂生平未見之水。滹沱、猪龍兩河，泛溢於深州、安平、饒陽之交，幾匯爲澤國，而雨勢未止。初登仕版，遽遭災歲，真屬莫知所措。此州民風敦樸，胥吏無甚黠猾者，紳士無出入請托者。某初到，詞訟稍繁，然民不刁健，判斷尚易。苟非饑歲，勉竭心力，撫循當不甚難；被灾則貧民極多，無術綏輯矣。

十月二十五日，曾公復書〔五一〕云：

八月接誦惠書，具聆一一。以外出巡閱，刻無暇晷，裁答稍稽。比審侍闈多祜。新履深州，政祉懋介，身執百務，勞勩倍常，至以爲念。承述所過見聞之狀，曲爲獎飾。自省在畿輔年餘，無一可信幽獨，可質交親，不過循塗守轍，涉筆畫諾。其禮賢一節，豪無實際，而李君更招慢士之譏。最後天津之役，物論沸騰，冒大不韙，而僚屬猶殷殷存問，如來書所云者，則以體閣下愛僕之情，爲一體相温之語，聊佐寒暄，豈足爲去思之徵驗耶？翰泉求還，目下斷難設法。迭閱新聞紙內，彼族頗責羅使未能力持府、縣抵償之議。李相蓋深知其難，故不復答翰［泉］意外之求。閣下既詢翰泉家屬，知戍所尚不甚苦，將軍復以優禮相待，即望以書告渠，勸其忍耐且住，勉效蘇子卿、洪忠宣久居絶域之所爲。若處之過於迫蹙，便覺度日如年，徒增鬱悶，而於事仍無濟，非自全之道也。直隸淫霖爲灾，津郡附近各屬，幾成澤國，爲近數十年所僅見。荃相截漕十萬，賑濟灾黎，猶難遍及。旋疏請飭江、浙兩省各辦米二萬石，改解折色十萬金；又函商鄙人，於淮鹺内籌捐二十萬金；又謀及江、浙官紳，捐棉衣二十餘萬件，當可補救一方，不致終成餓莩。深州向困於水，今年想更浩瀚，難於措手。一省辦賑，則宜多用好官；一州辦賑，則宜多用賢紳。閣下文學淵雅，識解邁倫，更能力矯視事太易之弊。目已察而猶恐未精，心已明而猶恐自是，不洩於遢，不忽於小，則紳、富之氣易通，貧民之情易達。苟全無款可籌則已，如省中有餉可撥，本境有銀可捐，則得一錢一粟，必有實惠及民。古來良吏，豈有异術？亦惟心誠求之，臨事不苟而已。官署歲入無多，只有節用之一法。僕平生好講『儉』字，而署内實失之奢靡，由不能檢察細務，閣下宜以爲鑒。米鹽薄物，事事減損，宅門以内，食者少而用者舒，則不至妄行挪欠。即使一旦因公虧累，亦爲上下所共諒，神明所共鑒，彌縫終有時也。鄙人目光昏霿日甚，無術可以挽回。眩暈、疝氣諸症，幸未復發，近惟兩足浮腫，步履稍覺不便。内子沈疴就痊，第以兩目無光，右脚比復痿痺，亦生理之極艱。大小兒正月生子，七月驚風殤亡，殊用鬱鬱。八月十三日出省補行大閱，先至揚州、淮、徐，後及鎮、常、蘇、松，十月十五回署。應俗之酬酢，鎮日紛擾，不特久疏文字，即公牘亦多所停閣。足下治公有暇，仍當從事書史，幸無廢學爲要。諸希心鑒，復頌台祺。不具。國藩頓首。

十一年壬申（一八七二），公年三十三歲。

元旦，晨起拜牌、謁廟，與同城往還。歸，二親睡起，與兄弟慶賀。三鼓，檢點行篋。

初二日，啓行。

初三日，人定時到省。

初四日，司道率屬爲中堂迎壽，吾與三屬送呈壽文，因入賀。
初五日，晨起入院署賀壽，因晤幕府諸子。
初六日，上司道署，入院，遂至會館一行。
初七日，晨起見數客，遂出拜客，歸寓。午飯後，再出拜數客，至書肆一游。夜歸，史光圃來談。三更睡。
十三日，遲明就道，行七十里至祁州，食。又行五十里，宿於定州東湖村人王培膏家。是晚，隨行車失道，不得行李。培膏爲此村紳户，留宿，出肴進酒，兄弟怡怡。問之，則五代不分居，蓋義門也。
十四日，晨行五十里，至晋州屬小村食。路過無極境内，木道河故瀆涸淤已久，忽於昨夜發水。蓋凝冰初釋，水勢驟涌，疑其爲滹沱决入者，記之俟考。
食後行十餘里，改乘馬行百里，夜二鼓歸署，父母皆未就寢。
十八日，巳刻始起，朝二親，旋即午飯。閲公牘。有堂事，晚始退堂。
去冬齊澹齋勸我學曾相，每日治事、讀書，須立有定程，細事不必躬視，留精神以備大用。所言極中余病，惟不親細事，似爲未然。余自知疏闊，不能條理縝密，昨歲曾相書來，亦勸以『檢察細務』，尚當三復此四言。
二月二十三日，上李相書〔五二〕云：

驚聞湘鄉相國竟已薨逝，駭愕無已。子瞻云：『上以爲天下慟，而下以哭其私〔五三〕。』某以草茅後進，承曾相招之門下，扶植而裁成之，至六七年之久，私恩亦云至矣。甫别一年，遽成永訣，痛何可言！而又念當今元老，惟師門及曾相兩人，方之周、召，不復多讓。今曾相淪亡，吾師以一身任天下之重，前望後顧，無與共濟之人，所處倍難。念及此，又不僅某等區區私感山頹木壞之悲也。史副將回，具悉師旨，即日遣該副將前往致吊，仰見篤念舊義、崇重耆碩之意，曷任忭慰。光浦云：『劼剛意求師門一奏，鈞意以飾終之典已極優渥，欲徐俟异日。』竊謂當今已無作史之才，雖間世偉人，一入庸手作傳，便至黯黮無光，以不能得其人精神氣象也。知曾相深者，惟吾師一人，似宜速辦一疏，俾宣付史館，以爲百世實録。曾相之於胡文忠，亦是意也。至如乞恩録後，不足爲曾相重輕，固亦可急可緩。栗誠無論如何施恩，總以勿賞科第爲貴，此曾相意也。

十一月十八日，上李相云：

本年水灾過廣，師門辦理賑務，殫極心力，非獨惠養蒼黔，所以爲國家培植元氣者至深且遠，聽於下風，曷任舞蹈！畿甸今歲盜賊較往年爲少，蓋窮民相率就賑，不復生心劫奪，已有明效。深、冀一帶，有史副將練軍，搜捕積賊，極爲出力。入冬來，某親諭各村，輪流支更，一家被賊，合村齊起，務令各村自保本村，近尚安謐無事。此州舊俗：一村有鄉長一人，有月頭十二人。月頭率係殷富之家，分領人户，有條不紊，得保甲遺意，此善制也。州境義學凡二百餘座，皆乾嘉時所置。從前規制極善，近則百弊叢生。有豪民侵占學租，移作他用者；有劣師識字有限，每歲把持者；有移丘換畝，匿多爲少者；有揑造師生，指無爲有者。某擬稍加整頓：擇其地畝較多者留之；其地畝少者，則數處歸并一處，務令足給膏火，用書院考取之寒士爲之師；其廢壞難復者，即將學租查歸書院。義學散無統紀，不如書院之易於查察。凡子弟真欲讀書，未有送入義學者，書院則經費稍裕，必可造就人才，故私意區畫如此。惟此舉爲奸民所不利，不無怨謗耳。滹沱正流由深澤入安平，其枝流由束鹿入深州，本年改向南趨，係在束鹿境内。現在未刷河槽，應俟明年方識水勢定向。

又書〔五四〕云：

接奉鈞函，荷蒙訓迪，并以州境被水，垂注拳拳。忝竊一官，分應盡心民瘼，乃以牒報稽遲，上煩清問，惶悚莫名。此州歷來受滹沱潰決之患，前此河水南趨，州南各村被害〔五五〕甚劇。同治七年，河忽北徙，分爲二支：一支北入安平，一支東入饒陽，皆由深州經過。本年淫雨爲災，兩支之外，另闢一口，故被水村莊，較上年尤廣。某查閱境内河道，皆淺狹如溝，不能容納全河之水，水長即漫入平地，一望黏天；水退而地復發鹼，不生禾稼。急應開浚寬深，使容正溜。至今年新決之口，自束鹿入境，并未刷成河槽，游衍泛濫，毫無歸宿，急宜堵塞決口，以遏横流。惟核計工程，所費甚巨，民力斷不能支。將來如議有把握，再行請款興修，寓工於賑。惟治水之法，必先自下游興工，州、縣各有分地，不能越俎。聞目下天津迤南王家口一帶，匯爲大湖，諸河受病，皆由於此。尾閭不暢，患及腹心，勢所必至。師門多有异域材伎之士，可否委派通習算法、熟於測量者，前往查勘，先籌去路，并即周歷全河,逐處測量高下。就現在河身,用西洋治河之法,隨宜疏浚,當冀安瀾。近年議治滹沱,每欲從上游逆挽,使南歸故道,此不識水性、不測地形之過。若使河流順軌,在北何异在南?若令四出横流,故道何殊新道?吾師奏留南漕賑濟灾民,若用之瀕河之民,使各開河築堤,計無不踴躍從事,似屬工、賑兼資,一舉兩得。芻蕘之見,不識可采否?奉到聯捕章程,具見各上官留心捕務。惟『分報四鄰,傳遍通省』,一處遇劫,通省驚擾,驛〔五六〕馬郵夫,晝夜不停,疲敝難支,於事實無濟。散報與拿賊自是兩事,失案而不散報,散報而不拿賊,皆無憑考察。拿賊之法,全憑購綫,不在散報。近來盗賊之多,由定例處分過嚴,使人諱盗不報,因得盗而不能治。今宜稍寬例限,使得各治境内之盗。内盗既除,外盗自不能入,似不必多立條教也。

日記:

十二月二十日,史光圃來談,與約至武邑境内訪唐碑。

二十一日,晨起,與史光圃擁騎十餘、步兵五十人,至武邑孫家村。碑爲唐儀鳳四年武邑人馬君起造石浮圖記,咸豐五年新出於水,閲今且二十年矣,無過問者。余令軍士運歸深州孔廟。孫家村與州接境,唐時已屬武邑矣。其旁尚有殘石十餘片,無字。

二十二日,軍人將石至,與肫甫同至孔廟,相度安置,遂移存東廂孝子廟中。余所置樂器亦在此。

深州風土記金石門云:『右浮圖爲石室,而居象其中,「天皇供養」「天后供養」八字平列在其前眉,而〔五七〕記文在其右壁。浮圖旁有村,今猶名「馬官屯」,隸武邑。北行五里,爲深州之三龍堂。同治十一年,知州吴汝綸〔五八〕與保定練軍營官副將史濟源移置深州學宫。後十年，汝綸〔五九〕爲冀州，武邑人詣州乞還浮圖於武邑，深州靳不予也。記文完好，字畫尤絶精，海内傳寶之。』

是年，整頓文廟樂舞，呈報公牘〔六〇〕云：

竊考州、縣各立孔廟，始於有唐貞觀三年，自後千有餘載〔六一〕，籩豆之加，佾舞之數，每代增益，備用天子之儀。逮乎我朝，尊崇尤至。學政全書内載『文廟祭祀，不許沿用民間俗樂。凡樂器有未製備者，准地方官動項成造，揀選通曉音律、嫻於佾舞之人，召募生童專習，以供丁祭』等語，蓋以孔子爲萬世禮樂之宗，非可以綿蕝之儀，苟且將事，所以崇秩祀而隆文治也。深州近在郊畿，孔廟樂舞闕焉未備，每遇春秋丁祭，祀事簡率，俄頃而退。登降拜跪，官吏不能習其儀；節、麾、羽、籥，士民不能識其器；其庠序生員，無事可執，遂無一入廟之人。卑職心竊病之。自仲春釋奠之後，即議修復樂舞。查畿南州郡，惟定州廟學，自道光季年前知州寶琳修復樂舞，至今未墜。因招延定州樂舞工以爲之師，募人肄習，名曰『肄禮局』。卑職仍率同僚佐，日日考驗。未及一月，歌舞聲容，已盡得定州之術。其鳳簫、琴、瑟、塤〔六二〕、篪等樂，則定州皆已失傳，無從訪問。往年嘗見瀏陽老儒邱之稑所著律音彙考、丁祭禮樂備考二書，乃綴緝御製律吕正義及聖門禮樂統類，附以心得，證以實用，纂述成書者。其於〔六三〕律吕聲字，貫串今古制度，尺寸累黍不失，左圖右説，實事求是，號稱精審。南方孔廟禮樂，首推瀏陽，皆邱君倡之。往年曾文正公克復安慶、金陵，由瀏陽招致邱君生徒二人，有意修復禮樂，其後迄未果行。卑職既獲見邱氏之書，又嘗與其徒游處，習聞緒論，得其涯略。蓋鳳簫二十四管，爲諸樂之綱領、律呂之大全。鳳簫之制不定，則諸器失度，而製器之法，必以周尺爲準。昔朱子門人潘仲善，從會稽司馬侍郎家求得周尺，邱氏圖之於其書中，卑職嘗從獨山舉人莫友芝所得古尺數等，以校邱氏之圖，則周尺長短不合。然製器之合乎中聲，則以邱氏之尺爲定。州治有生員王家範，嫻習今樂，兼通勾股，因令其召募良工，截竹爲箫，分别律呂，先製鳳簫。其諸管長短分寸，悉依邱氏之圖，既成而吹之，宫商并協。由是塤、箎諸器，皆依圖製造，音節高下，無不和諧。至如琴、瑟之音，則邱氏皆就孔廟樂章著之爲譜。王家範略明指法，令其按譜操縵，教習生童。以上數者，皆定州無傳，考校而得者。諸生肄習，又盡一月之力，然後衆樂粗備，差可觀聽。計自四月開局，至七月竣事。中間購造樂器，動逾旬日，肄習之功僅止兩月。選募樂舞生八十八人，禮生四人。購造樂器〔六四〕，給發火食，由卑職自行捐備；其聽斷詞訟，遇有贓罰，亦間以充入，共用京錢一千九百四十一串。肄成之後，八月丁祭，四鄰州縣者儒老生，争集廟門，扶杖觀禮，皆若以爲异數。惟查向例，考取佾生，應以文理爲憑，亦無一定員額。此次肄習樂舞，係專校論音容鼓吹，雖或文理未優，但令性近樂律，亦皆取以入選。所有選募之八十八人，應請無論文字工拙〔六五〕，一律作爲佾生，并請照例優免本身地三十畝。謹將各生姓名及購造諸器，開單呈請查核。其禮生四人，專肄丁祭儀節，可否咨請賞給鴻臚寺叙班職銜之處，伏候鈞裁。此次肄習既成，仍責令每人轉教二人，於明春丁祭，率同到學，由卑職考驗，酌選三十二人，作爲額外佾生，每人優免十五畝，并令入廟執事，以期嫻熟。倘佾生有事故出缺，即令額外之人挨次補充。額内〔六六〕每補一人，額外即添募一人。以後額内八十八人，額外三十二人，請即作爲定額。如此釐定章程，庶冀歷久不廢。是否有當，尚乞批示遵行。

十二年癸酉（一八七三），公年三十四歲。

日記：

癸酉正月元旦，（犁）黎明拜牌、謁廟，遂與同官團拜。入隨二親祀先，遂與兄弟家人上二親壽，出賀親朋。老父亦出遍賀親朋，脚軟，余與家僕扶掖而往，五弟扶掖而還。案五弟即詒甫。微窺慈旨，頗以不似去年之健爲憾。

正月，與李采臣廉訪〔六七〕書云：

某承乏深州，毫無績效，外慚知己，内負生平。到官兩載，并遇河溢成災，流冗塞塗，撫綏無術。夏間，捐置孔廟樂器，召募佾生，設局肄習。其琴、瑟、（損）塤、篪、排簫等器，近世漸已失傳，稽之載藉〔六八〕，得其遺法，并可鼓吹。肄成之後，共用八十八人，請一律作爲佾生。及學使按臨，執乾隆舊例，謂止可用四十人，嫌姪處用人過多，堅執不許。不知所謂四十人者，乃當時六佾之數，外備四人更替耳，歌工、樂工固皆不在此數也。折腰塵土，行止不得自由，令人生拂衣江湖之想。案深州風土記叙此事云：『學使者侍郎夏公同善，以員額多，非故事，持之牒禮部，部是州所請，其議始定。』又云：『此所謂緣飾吏事者也。議即定，其於教育之義，庸有當乎？及某去官，選募不由伎能，數年之間，而樂舞曠廢〔六九〕。』○又案先生治深事迹不詳。賀松坡所作行狀云：『初治深，布政使錢敏肅公令復廢〔七〇〕倉積穀，州縣趨爲之。先生爲言其弊，以爲擾民，獨置不復。州舊有義學二百四十餘區，其學田豪民攘有之，前知州多注意於此，屢變其法，而弊不除。先生曰：「上務其名，民私其利，不責實之過也。」乃廢義學，没入其田千四百餘畝，歸之書院。又爲書院追償二十年逋負五千金，厚給師生，廣〔七一〕置書籍，而書院以興。道光初，議均減徭役，知州張杰以爲宜用攤丁法均之田畝，乃三分所轄村而更取之。同治十二年，謁東陵，吏以故事白，先生曰：「均徭於畝，張杰之議善矣。村户改變不常，而班分而更取，仍以故籍爲率，猶之不均也。」於是統境内田畝，依徵糧册而一均之，而均徭之法遂簡易而無弊，垂〔七二〕爲永式焉。』『在深代游公智開，在冀代李公秉衡，皆世所稱廉能吏也，而今之〔七三〕稱道先生所爲者不容口，於二公之治，顧忽焉若忘，以先生所施皆實政也。』姚永概所爲行狀曰：『乾隆時，方恪敏公爲總督，下教建立義倉，世傳畿輔義倉圖者〔七四〕是也。方公薨，倉儲浸〔七五〕壞，咸豐兵燹以後乃盡耗矣〔七六〕。同治十年，錢敏肅公爲布政使，復修方公倉制，先生在深州，獨進曰：「不可復也，又且擾民。」錢公曰：「何謂也？」先生曰：「方公當國家全盛，上下交足，名器貴重，故給七品以次即争納粟。今富人亡慮皆四五品矣，安肯爲勸？其積也必箕斂，甚者威之。其儲也，責之倉正，耗減取償焉。其散而復斂也，敦率之不還，若息不足，必勾攝而敲撲之。故曰不可復也，又且擾民。」於是〔七七〕深州獨止不復。』『深州故有賢牧張杰，括境内廢廟田得五千四百四十餘畝，增立義學至二百四十五區，然久之遂爲豪民私攘而學廢。先生以爲學散在四境，官難遍知；又無良師長董之，名爲村村有學，實乃連數村無識字之民。於是言於上官，請檢視學廢者，没入其田於書院，厚給師生，買經史圖籍，恣高材者覽觀。生徒問業，四面而至。其於冀也亦然。又聘王樹柟、賀濤、范當世爲之師，三人者文學皆天下選也。然先生去深，豪民攘田者間入京師，交通御史，劾奏先生，破壞義學，下總督遣官按治，頗復給還，而兩州之士自此彬彬嚮文學，其尤著者南宫進士李剛己、武邑進士吴鐙、舉人趙衡，凡十餘人，爲畿輔冠云。』〇案王、范二君，皆先生到冀州後延聘學師以開文教者。賀君則先生官深州時所得士，後主冀州講席十餘年，深、冀文化賀君提倡之力尤多。先生在天津得嚴範孫侍郎，在冀州得賀松坡兄弟及閻鶴泉太史志廉，學行皆天下選。在冀則李剛己、吴鐙二君最著。剛己贈鐙詩〔七八〕曰：『吾土荒凉故蜀同，初開榛莽自文翁。廿年文學成通里，三輔英豪盡下風。顧我真成貂尾續，見君遂使馬群空。閉門尚草凌雲賦，未信詩、書可救窮。』此詩能得先生造士大略，一時學子多誦之。

二月，從李相謁陵。

日記：

二月十六日，檢料書籍，飯後始就車。是日行四十里，宿戲村。

二十日，至天津。合肥相國已啓節。

二十二日，（犁）黎明，謁合肥公於行次。

昨夜人馬既疲，市中無草可以喂馬，緣民家恐馬兵紛紛强索也。既送合肥公登車，始遣逆旅主人買草秣馬，并令僕從晨餐。久乃就道，至通州已過午矣。直隸之從役謁陵者皆在焉，合肥公談及謁陵之役，輒嚬蹙，唯恐不得一當。又言日内温大學，蓋默計職分内事以備召對也。事君之禮，勤謹如此，絶不以功臣自待，此可爲法。

二十三日，晨起送合肥公出門，而公已行，遂返寓。

以不從合肥公入都，公命隨方伯稽查橋道，明日將行故也。

二十四日，隨方伯查道。

是日宿燕郊，有行宫，以日暮未游。謁方伯，請令地面官爲辦道官照料雇夫。以客官雇夫，其價十倍，而行幸在即，道尚多水，非添夫役不能集事，而夫價過貴，則承辦者决不肯添故也。方伯未見許。又聞薊州城外，道尤滲水，請方伯先發委員督修，許之。

二十七日，晨行二十三里〔七九〕，至桃花寺行宫。

寺僧引入禪房小坐，旋至行宫内，縱觀宫室之富麗、泉石之幽閒及歷聖御筆之題咏。

再行十七里，至馬神店食。食後隨方伯至朱華山端慧太子園寢，過嶺至隆福寺，國朝所勅建也。

旋與劉綸軒世恩，同游行宫。導者先引至皇后行宫，云皇上行宫在中，太后行宫在西，皇后宫在東。

本年先帝妃主并出謁陵，行宫屋少，皇后以行宫奉東太后，而自與先帝妃主同居一小室，此后德之盛也〔八〇〕。從東宫入至中宫，登小樓小憩。導者云此聖上召見群臣之所也。至後園，有翼然亭，歷聖題咏，謂仿歐公醉翁亭之制。又西有一亭，云後宫納凉之所。其下即太后宫。由皇上行宫西來，有一門曰『問安門』。太后之宫制度略如后宫。本年西太后居此。

是日，晤何遵化，聞方伯將入陵園。

二十八日〔八一〕，聞方伯不入陵園，擬即返旆而西。余與何遵化同謁，遂請往視陵内道路，且驗中堂宿處〔八二〕，許之，遂行。

至石門驛，何君之僕爲覓相導〔八三〕。入東便門，至萬年吉地一游，蓋兩太后壽藏也。西行至定陵，見寢殿之閎敞，階墀、神道之潔鮮，守陵者謂〔八四〕爲諸陵之冠。其前朝天台山，其後坐山甚厚，山勢東趨，陵乃西向。其西起一峰，當陵旁，峰外則河水也。陵東障沙稍短，培而廣之，欲與西稱。由定陵東行四里爲裕陵。裕陵〔八五〕前有盤龍松數株，中一株高僅丈餘，枝葉横被數畝，望之尤〔八六〕奇特。其後坐山極正，東障極固，樹木茂盛，仰不見日。由裕陵東行三里，則爲孝陵。陵前兩沙如鉗，後倚一山曰『祥瑞山』。山氣圓足，不缺不倚。由陵前來者，行近陵矣，尚不見陵所在，藏峰聚氣，諸峰環繞。前行里許，有一案，圓滿端正，適當陵南。又數里，正朝金星山，景陵在東，裕陵、定陵在西，此陵氣勢雄尊，真帝王葬地矣。由孝陵東行三里爲景陵。景陵後山及左右之山皆稱，佳氣葱鬱，與裕陵皆正對金星山〔八七〕，作遠案云。至景陵，日已薄暮，不能久留。尚有孝東陵，在孝陵東、景陵西；又大紅門之外，有昭西陵，皆不獲往。自陵出，道上望見昭西陵，略得形勢而已。邊墻包〔八八〕五陵，而昭西陵獨在墻外，不解其故。出墻由昭西陵之東，繞金星山下西南行，出興隆口，乃諸陵水口也。河涸，而山口當金星山西面傍山足有淵，清澈，深數丈，冬夏不涸，居人謂水中時有神氣云。出興隆口五里，還至石門驛，晚食。夜行二十五里，還馬神店。

是日，方伯竟未果行〔八九〕。

三月初一日〔九〇〕，爲大人生辰。

僕僕道路，不獲稱觴上壽，并不獲叩頭遥祝，罪戾無窮。

初二日〔九一〕，（犁）黎明就道，行四十里，食於通州北關。復行四十里，至都下，舍於聚奎店。

初三日，謁合肥公，立談數語，遂出。飯後游廠肆，至暮始歸。

初四日，晨起，再入廠肆，巳刻始歸。飯後遂理裝就道，日晡抵定福莊。謁合肥公，略問召對事。晚出謁方伯歸。

是夜三更就道，以明日鑾輿早出，大吏須接駕再行，吾輩則乘夜先往，以避擁擠也。

〈三月〉十四日〔九二〕，育泉公逝世。

育泉公生於嘉慶十五年庚午三月初一日，享年六十四歲。三月二十二日，上李相〔九三〕書云：

初五日燕郊拜違，初八日返深，家嚴病已危篤。下州荒僻，醫、藥兩不就手，竟於十四日申刻，奄棄諸孤。此由某罪惡盈貫，上禍所天，摧肝裂心，百身莫贖！丁憂稟牘，計已上達鈞覽。目下殯斂成服，草草辦畢〔九四〕，專俟新任受代，即當扶喪侍母，南還營葬。惟兩年承乏深州，荷吾師逾格優容，毫無報稱；所可告慰者，未肯朘削災黎，以飽囊橐。全家數十口，絶無負郭之田；服官以後，未嘗增置一金之産。此次南旋資斧，現尚一籌莫展，迢迢數千里，無計謀歸。曾經入官受禄，告貸又復無路。若全家留滯北方，父喪不能歸葬，此則斷斷不忍！賦命窮薄，遭此閔凶，反復思維，智盡能索。上負知愛之恩，銜哀叩謝，草土瞀亂，他無可言。

九月十五日，辭蘇撫張中丞樹聲之聘〔九五〕，略云：

昨由劉俊卿觀察遣使賫送惠書誦悉，愛注勤拳，相厚之意，無有紀極。六月江行，荷蒙派撥輪船，老母免受風濤之恐，感紉次骨。來教諭以蘇省情形，謙冲過度，仰見大君子勵精圖治不自滿假之盛懷。朝廷眷顧南服，倚畀我公，良以財賦要區，表裏江海，非得老成碩望、有文武威風如執事者，不足繼軌曾、李，鎮撫華夏。執事精心密運，日昃不遑，吏道蒸蒸，元氣甦復，文通武達，恢恢有餘，仍復謙懷下問，雖以至愚極陋如某等，亦且不鄙在遠，思欲網羅門下，令獻其壤〔九六〕土，裨益泰山，若惟〔九七〕恐其不至。某何人，曷克承兹矜寵？往時辱荷曾文正之知，謬參油幕，其實於世事多不通曉，文正之意，不過謂『孺子可教』而已。執事若采虛聲，强令厠居幕下，大懼才智譾劣，上負知己之求；加以斬焉衰經，分應祇奉几筵。昔范希文居喪教授，尚爲賢哲〔九八〕所譏，况乃參謀帷幄？無論世人謗訕，方寸亦實不安。惟〔九九〕三年薄宦，不名一錢，老母就衰，無以爲養，不能不奔走衣食，亦勢之無可如何，小祥之後，仍須出營甘旨。目前營葬一節，迄未就緒，鄉里絶少葬師，買山亦無資斧，奉安兆域，未卜何時。塵俗糾紛，未能即赴寵召，尚希曲諒鄙衷。一俟窀穸有期，定即趨赴鈐轅，稍伸謝悃。

〈九月〉十六日，答汪毅山觀察〔一〇〇〕辭河南之聘云：

手示誦悉。前在北時，曾擬三年讀禮，不肯奔走衣食，此意已爲合肥所知。即不留滯北方，亦决不薄游梁、宋。惟罷官以後，不名一錢，朝夕饘粥無以自給，不能不思長計，來年恐當求人耳。

十月三日，答黎蒓齋〔一〇一〕云：

勉林來信，言閣下致渠書云：『至甫驟〔一〇二〕入火阬。』諒哉，如吾蒓齋者，可謂知我矣。薄宦北土，往返資斧已破數千金；所尤抱痛者，牽率先子羈魂异鄉，瞻望松楸，此恨何極！日來欲卜兆域，而不知其方，精此術者亦未獲一遇，禍福不足論，吾先君體魄豈可奉入蟻泉之區邪？歸家後四壁蕭然，方憂飢寒之不暇，亦以此自慰，内可以令先子瞑目九京，外可以無愧於曾相。然衣食之謀〔一〇三〕，究竟不可置之度外，斬焉衰絰，將恃何術以爲生耶？

十一月二十九日，答李少邨〔一〇四〕云：

弟接齊澹翁來信，傳述李相之言，招弟入幕。先子尚未安葬，不能遠離。自七月以來，江蘇張振帥三次函請，義難推謝。前於澹齋信函未到之時，敝處復書振帥，已許以小祥之後當即赴招，則明歲恐難到北。將來窀穸事畢，定即投奔李相，以報知己耳。

十二月二十三日，覆李相〔一〇五〕云：

奉到冬月望日賜諭，猥承垂注，感激涕零。某前稟繕發，迭接振軒三函見招，情誼懇至，復書許以期月之後，出而相從。賜諭飭令北行，侍〔一〇六〕教門下，既以稍酬知遇，亦可藉秉鈞誨，於仕於學，均望進階，私計可謂至便，雖堅辭振帥，渠亦不得以成約在前，便相鄙薄。惟先君葬地未得，不敢棄喪遠行。擬於來春竭力營求，倘能早卜宅兆，大事告竣，即當趨謁馬前，敬效奔走。若〔一〇七〕一時猝難就緒，則擬暫在南方栖遲，便於往來求索，庶親棺不至久停。某此後功名學識，一奉函丈爲依歸，趨侍日長。祇以親喪自盡，伺候稽時，悚皇何極。

十三年甲戌（一八七四），公年三十五歲。

日記：

五月初六日，辭母兄，携五弟啓程。沿途稽留，三十日抵蘇州。中丞張振軒館我於深净軒。軒爲宋牧仲撫吴時所修葺者，有園，有池，有荷，有竹，有樹，有石，據使院之勝境。

六月初一日，與幕下諸君往還。檢點書籍。與椒岑、鑒亭縱談竟日，未及部署他事。

初二日，五弟入市，薄晚乃歸。晨讀韓文。與椒岑一談。午枕方酣，有驚覺者。見新聞紙刻載軍機密寄諭旨及沈幼丹星使密疏，此極可怪异者。案中國官府所謂『機密』，外人無不偵知。此時新聞紙方始創行，其伎能固已如此。

二十六日，到蘇州近一月，未定程課，每日游談時多，於載籍泛覽而已。

九月初五日，見都下某官與某中丞書，言停罷園工之事云：

七月十八日，政府親臣聞大内將於二十日園中演戲，十餘人聯銜陳疏。復慮閲之不盡，乃先請召見，不許。再三而後可。疏上，閲未數行，便云：『我停工何如？爾等尚可嘵舌！』恭邸云：『臣等所奏尚多，不止停工一事，請容臣宣誦。』遂將摺中所陳逐條讀講，反復指陳。上大怒曰：『此位讓爾何如？』文相伏地一慟，喘急幾絶，乃命先行扶出。醇邸案『邸』當作『邸』。繼復泣諫，至『微行』一條，堅問何從傳聞，醇邸指實時地，乃怫然語塞，傳旨停工。至二十七日，召見醇邸，適赴南苑驗炮，遂召恭邸，復詢『微行』一事，聞自何人，恭邸以臣子載澂對，故遷怒恭邸，并罪載澂也。又某樞直言二十七日原旨中有『跋扈弄權，欺朕年幼，著革去一切差使，降爲庶人，交宗人府嚴行管束』等語，文相接旨，即陳片奏，將硃諭繳回，奉旨著不准行。復奏請暫閣一日，明日臣等有面奏要件。比入，犯顔力争。故諭中有『加恩』『改爲』字樣。逾日復草革醇王諭，不知何人馳訴。忽傳旨召見王大臣、下及閣學。時已過午，九卿皆已退直，惟御前及翁傅直入弘德殿，見兩宫垂涕於上，皇上長跪於下，謂『十年以來，無恭邸何以有今日？皇帝少未更事，昨諭著即撤銷』云云。

案此下日記、尺牘并闕。

光緒元年乙亥（一八七五），公年三十六歲。

七月十四日，公妣馬太淑人卒。案馬太淑人與育泉公同年，十月十六日生，享年六十六歲。

光緒二年丙子（一八七六），公年三十七歲。

五月，由里中北上，至天津，入李相幕府。

日記：

五月二十日，將北游。哭告於先淑人之靈。别兄弟，挾書册自家首路。肫甫、熙甫皆病不能行，詒甫送余十許里，不忍别。遣人還取馬，追余等而載之。馬未至，因兄弟步行，又十許里。涊觀衆山之可爲宅兆者，因以寫其離思。

二十一日，晨抵於官埠之市，見縣丞某氏。飯畢仍出游，至於抱龍山下。還，遇雨不能行，遂宿市上。

日且暮，同宿於李氏祠堂。

二十二日，雨仍未止，再宿焉。

二十三日，晨食後小霽，遂行。

詒甫送余，佇立於山澗之濱，久而不去，至不相見乃已。

是日抵天峰庵。

庵爲吾族人曰君友者，當明之季世，捨宅而創爲之。其後，張相國家以爲其祖墓之前湖得是山而爲之束也，絶重此庵，有綽楔。後庵毁，老尼新之，前縣令史丙榮、吾宗絅庵先生及先君子，皆有文字記其事。今居是庵者曰泰山，老尼之外孫，余宗人也。年七十餘矣，而皃清腴，肌理潤澤，與余輩年三四十人相若，而視余尤加少焉，蓋勞佚、動静、進止之豐悴於人也甚矣。泰山敬服先君子，聞余讀書取科第，屢欲見之，而余奔走宦學，餘十年迄未相過。今年扶杖來余家，訪余不值，聞吾弟善讀書，固請見之。泰山，瞽者，目不能視也，則手摩撫吾弟，自頂及肩，下執其捥而笑。及余至其居，則又執余手而笑，且曰：『吾子年少得科第，游於當世大人公卿間，此鄉人所稱，而吾以爲不足貴。要當益勵行治，不忝先大夫，乃爲難耳。』余聞而悚然，踧踖若芒刺負於背也。是日談至夜闌，所言多可以警余者。其庵自咸豐時爲賊所焚，今爲屋二重，棟宇殊壯，諸佛像皆雄偉，皆泰山所募建者。其徒服習其教，事佛甚謹，猪、魚、鴨、鷄屛不入厨，有不食鹽者。其山有怪石卓立雲表，端平而鋭上如豐碑，高且千尋，其下數石叠承之若趺。其旁有方石，大連屋，遠視之若印。其他傾欹削立之狀，行其側，懔懔若且墜厭者。是其怪奇傑特之氣，宜有异人生其間，泰山殆是耶？

二十四日，自天峰庵渡水，循花山而東，折而南，登山之顛，訪所謂中山寺者。遇雨而行不止，下山食於民家。行二十里，宿於王氏。

王氏有二子，嘗欲從予出游者，余至，執禮殊恭。

二十五日，至安慶，甫下車而大雨至。

先是，途間已數遇小雨，至此雨甚，連日夜不止。在安慶且十日，人事卒卒，少佳趣。

閏月〔一〇八〕朔日，當家奠，而余居旅舍，念兄弟上食告哀，痛何可言！

有自家來者，言吾出門時，兄甚感別，越日舊疾復作，及詒甫歸，則兄病正劇也。四五日後，乃稍稍復平。吾兄病三年矣，里無良醫，久不脱體，深以爲念。

初六日，與方俊民同行。夜附輪船。

初七日，抵金陵。下船訪吴小軒軍門，聞其在江西，渡江抵營，詢之則在烏龍山。復南渡宿於江干旅舍。

初八日，棹舟至烏龍山，留宿營中。觀其所作砲臺，其墻堅厚，而置砲之口不甚靈便。余疑其置砲太密，臨敵施放，必自相振撼，砲子交織於前，烟焰漲天，不能見敵船，而反爲敵所乘也。

初九日，自烏龍山還棹抵下關，宿長龍船中。

初十日，抵水西門。

在金陵留七日，讀張廉卿近著文，視前益奇。留鳳池書院，與之盤桓連日，臨别尚依依也。

十八日，自金陵開行，將至六合存李佛生，宿瓜步〔一〇九〕。

十九日，至城下，見佛生，留一日。

佛生權六合稅，新被劾罷，乃無鬱鬱意。然柳子厚云：『長歌之悲甚於痛哭。』佛生鋭意功名，今能自矯鎮如此，則南來數年閉門〔一一〇〕讀書之力也。

二十一日，自六合開行，未出内河而暮，遂宿焉。

二十二日，抵揚州。

俊民入市，得書數種，皆精好，余甚妒之。

二十三日，俊民告余：『昨見胡刻通鑒甚佳，子盍購之？』蓋余欲分俊民書，俊民靳不與，故以是言釋争。余從其言，遂購之。案俊民，即方守彝綸叔，存之之子，『俊民』其初字也。是日仍宿揚州郭外。

二十四日，抵高郵，吊董策三。

蓋董封翁以去年謝世，而余頃過金陵始知之。策三在蘇州，不值，見其弟捷三及其長子增禄。案文集有董君墓銘〔一一一〕，即策三請作。

二十五日，抵寶應，見張振軒中丞。

二十六日，中丞留飯〔一一二〕。爲余言丁雨生與李子和事，多可笑者。

持沈制軍覆奏左相借洋債千萬兩疏議〔一一三〕。案公手稿如此。『持』下疑脱『示』字。持論甚正，而歸宿無甚把握，宜左相之駁議也。左奏〔一一四〕未見，殊以爲憾。中丞又言，見邸鈔，李相奏深州義學事〔一一五〕。余在深二年，愧無績狀，惟查義學之廢者，并其産於書院，釐定章程，稍有裨益。到任時書院歲入三千餘串，卸任時乃六千餘串，李相批答，令將余所定章程刊入志書。不意三年之内，遂有遷變，蓋州、縣前後更易，人各一心，此亦一是非，彼亦一是非，此老子所以謂『萬物爲芻狗』也。

是日，行抵平橋。

二十七日，抵清江。

自閏月二十七日抵清江，盤桓三日。

六月朔，由清江買舟，溯運河西上。

十三日，抵濟寧，改登陸路。

行五日，至濟南康之寓舍，小住月餘。案康之，公從兄，集中有墓表〔一一六〕。

七月二十四日，由濟南啓程。

行三日至德州，留從人於德，單騎訪存之於棗强。

八月初七日，至天津。

十一日，入幕。

三年丁丑（一八七七），公年三十八歲。

因穆宗升祔典禮，作祔祧議、升祔雜考。議見文集，雜考見日記。

四年戊寅（一八七八），公年三十九歲。

五年己卯（一八七九），公年四十歲。

公自戊寅年家居營葬，一年未出，至是事畢，携眷北上。

三月十七日，行抵山東禹城縣從兄康之官所，留眷屬於禹城。

閏月〔一一七〕初六日，至德州。

五月，赴部驗放。

七月八日，子闓生生於禹城。

九月，署天津府知府。

案此兩年中日記、尺牘并佚，以前後事推測之，行踪大略如此。

六年庚辰（一八八〇），公年四十一歲。

二月，卸天津府事。

三月十一日，兄肫甫卒。

肫甫生道光十四年甲午，享年四十七歲。

二月十五日，與兄弟〔一一八〕書云：

花朝接陳二來信，内稱吾兄病勢甚重，令五弟回家一行。當擬將五弟留在北方，弟自遄返。逾一刻許，又接汝維送來七弟親書手迹，據云病勢十退八九，醫謂萬無一失，因又商定不歸，惟祝我兄病日痊除，方可免外間懸念。此病自係外感，誤作内傷，妄下補劑，遂致加重。湯、陳二公所用之劑是否對症？至爲懸懸，尚請七弟寄信稍勤，是爲至要。頃於二月初三日交卸天津篆務，是日曾作書寄銀三百八十餘兩，不識何時收到。兹二兄如此大病，謹再措寄二百兩，暫敷調攝之用。交卸後，補署略無消息，囊中空空。

三月，與熙甫〔一一九〕弟書云：

前因吾弟止勿南旋，誰料竟與伯兄永隔幽明，傷何如之！伯兄以窮愁抑鬱不得志，賫恨而死，諸弟皆多隱憾，死無以見先人於地下矣！二親殂謝，獨恃兄弟無故，尚有生人之趣。今伯兄遽棄諸弟，吾等將若之何？弟係病軀，千萬自保，勿過傷爲屬。兄意伯兄如此，吾三人不宜南北分隔，父母支下不能不全行出來。弟知吾意，可料理出門。計吾與五弟或同歸，或一人歸，均難在家久居，故先以見告。來書字迹手戰，不成筆畫，病耶？傷耶？

五月十三日，與兩弟〔一二〇〕書云：

七弟謂家中不能無人，全眷不宜遽出。此乃爲兄規畫長算，出於愛兄之至誠。兄言不能緩者，亦全爲七弟不宜勞累，不欲久離而設。吾性愛讀書，於官不相宜。每念李、杜窮困而能辭榮，今人則姚、梅諸公亦能之，高山景行，不可及也。官直隸者，前有趙惠父，近日聞方存之亦已辭官，吾甚羨之，而我〔一二一〕方移家北來，此豈吾心所安者？徒以事勢〔一二二〕實逼處此耳，念之悵然。

十一月，代劉銘傳中丞草請建鐵路疏〔一二三〕。原文在日記中。孫防謹案：當時國論錮蔽弁甚，一切新政大計，無敢倡言之者，公獨與劉中丞發抒此議。疏上，詔付李鴻章議復。學士張家驤首倡駁議，謂有『三大弊』；侍講張楷疏陳『九不利』；御史洪良品疏陳『五害』；都察院合疏争之；李慈銘亦謂『開千古之未有法，四夷之不經，患甚於裁驛遞，禍烈於夷城池』云云。一時士習之愚可見。附記於此，足知開化之難也〔一二四〕。

七年辛巳（一八八一），公年四十二歲。

三月，補冀州。

閏七月初十日，赴冀州任。

十七日，與王晉卿〔一二五〕書云：

鄙抄尚書，實以史記爲主，史公所無，乃采後賢之説。竊謂古經簡奥，一由故訓難通，一由文章難解。馬、鄭諸儒，通訓詁不通文章，故往往迂僻可笑；若後之文士，不通訓詁，則又望文生訓，有似韓子所譏『郢書燕説』者。較是二者，其失維鈞。若漢之相如、子雲，文章極盛，小學尤精，蓋於諸經無不淹貫，惜凡將、訓纂諸製，後人不得見耳。子長文字與六經同風，又親問故於孔氏，蓋不徒習傳師説，兼有默討冥會，獨得於古人者，惜不得此才解説全經。其采摭尚書，但自成其一家之言，故不能多載。然則其偶有解釋，其可寶貴，豈復尋常？自漢以來，經生家能通文章者，獨毛公一人，其説經獨多得言外之義，其釋采芑云：『陳其盛美，斯劣矣。』此文家之微言也，他説經者不解此義矣。文事之精者，不欲以經生自處，所謂『爾雅注蟲魚，定非磊落人〔一二六〕』也。唐宋文人，於六經能抉摘隱奥矣，其所短則古訓失也。朱子於理學家獨爲知文，其説得失參半，又其文事未深，故古人微妙深遠之文，多以後世文字釋之，往往不愜人意。我朝儒者鄙棄其説，一以漢人爲歸，可謂閎偉矣。唯意見用事，於漢則委曲彌縫，於宋則吹毛求疵。又其甚者，據賈、馬、許、鄭而上譏遷史，蒙竊未之敢信。凡鄙意之於尚書，其説如此。又漢人最重家法，當時老師宿儒，各有承授，後生篤守，不遷於异説，是其長也。然豪傑之士，如叔重、康成，則皆欲奄有衆長，不能墨守一先生之説。今世後學，實無專師，古書具在，乃不能觀其會通，而斤斤於漢儒之家法，此非子駿所謂『專己守殘而妒道真〔一二七〕』者耶？尊論『不知訓詁不能得義理』，其説精矣。至『不欲離訓詁與義理爲二』，則本亭林之論，於鄙心尚有未安。乾嘉以來，訓詁大明，至以之説經，則往往泥於最古之詁，而忘於此經文勢不能合也。然則訓詁雖通，於文章尚不能得，又況周情孔思邪？故鄙意於學，謂義理、文章、訓詁，雖一源而分三端，兼之則爲極至之詣，孔孟以後不見其人；自餘則皆〔一二八〕各得偏長。如謂訓詁與義理不可離，則漢之儒者，人人孔孟矣，恐未然也。尚書説〔一二九〕中，鄙言多係一室之見。所示各條，皆極精當，容再細讀。日來初到官，塵冗不及一一。案此篇文集、尺牘中皆失載，近始自晋卿後人鈔得，具録於此。

二十五日，上李相〔一三〇〕書云：

某自七月二十八〔一三一〕日上船，此月初五日，行抵鄭口；以道路泥濘，車馬難覓，初八日始至州城；初十日接印視事。連日訪詢李守地方情形，承蒙傾懷見告，大約地瘠民貧，盜賊出没，梟鹽遍野。李守頌聲載塗，尤以治盜威名爲最。某吏材寡薄，承乏其後，大懼不能繼踵，有黠門墻，惟〔一三二〕有竭盡思慮，振刷精神，以期減免尤悔。來時經歷道路，及接事後因事下鄉，所見禾稼，尚稱中稔。至私鹽充斥，實亦了無善策：平毁鹽池，既屬勢所不能；化私爲公，亦屬窒礙。李守在此，寬小販而嚴禁大幫，最爲得法，某亦擬恪守蕭規。李守所用建勇，詗察巡邏，甚爲得力。某現與商留數人，擬試行仿辦，但趙廣漢鈎距之術，他人不能仿效，倘用之不善，其弊滋多。將來隨時察看，若無甚益處，仍即隨時遣散，免致『畫虎不成』。所幸楊西園所派哨勇，隊伍精整。該哨官夏殿邦，老於行伍，約束嚴明。目前南宫、新河、衡水各該縣令，均辦道差，州屬守土之官，出境者居其大半，地面尤爲吃重。現與該哨官議定，分隊住扎巡防，隨時策應。惟該哨兵力過單，地段過遠。饒陽、安平已由楊西園另檄他哨就近巡緝，似可無虞疏懈。南宫南與臨清接界，棗强東與故城、景滄接界，均需不時梭巡，以期周密。年穀順成，盗賊較少，但能訪準的綫，禽治著名劇盗數人，便可静謐無事，固亦無須多兵也。李守在此，革除錢糧包攬積習，章程尚稱妥洽。前與談及差徭不均，該守頗以有志未逮爲慊。某前在深州派辦陵差，改按地畝攤派，百姓頗以爲便。今年陵差，亦宜改用按畝章程。深、冀風氣略同，惟深州改章，係到任一年以後，官民相信，今初到即行改章，未識能否踴躍耳。

十月二十二日，與趙君堅〔一三三〕云：

此州書院，經費缺少，苦〔一三四〕無明師。近頗存幻想，欲屈王晋卿兄來此都講，不唯州人得師，即某亦藉叨教益。晋兄倘肯屈就，無論經費支絀，其山長脩脯，應由敝署足成四百金。至畿輔志局，晋兄分纂何門，仍可携來撰著，於通志實不相妨。不識此外晋兄尚有别事否？務祈台端爲我探詢，爲我游説。倘晋兄見許，其黄壽翁處，亦〔一三五〕請執事爲我先通關節，再由敝處切實函商。老弟足智多謀，饒有乃翁之風，想可成此盛舉。晋兄如何方可俯從？壽翁如何方可見聽？老弟必能得其要領，密以見告，即可恪遵。一心皈依，專恃季布一諾，是爲至感。

十二月四日，與趙君堅〔一三六〕云：

鄙事迭費清神，感紉無極。壽翁來書，頗含怒意。此事小子無禮，豈敢妄有觸犯？黄丈，黄丈，天下事豈不容商量邪？來示縷述情勢，指授一一，某便當舉國以從，諸請卓裁主政，總勿令功敗垂成，是爲至懇！事成，吾唯子之賜；不成，吾唯子之怨。專求示一準信，勿再作可成可不成之局。至懇至懇！

二十三日，上李相云：

前聘王晋卿，緣往返函商，迄未决絶，故敢上瀆。及讀鈞示，知壽翁堅不放行，已作罷論。後又接趙世兄實來書，則前寄關聘，渠爲轉交，諒已商明壽叟。書院山長，無取過高，緣欲根氏稍深，究以帖括爲主。此州經費短絀，束脩已擬捐加，然膏火無資，來者仍屬有限。現請以五縣每歲捐款，酌提十年，可得千六百金，在各屬不甚爲難，在書院不無小補。又各縣所捐江南灾賑，爲數止二百餘金，既無益於恤鄰，又無當於報德，亦擬歸入書院。二事另有稟牘，不識是否可行？深、冀一帶，賭風最盛，某於詞訟曾無罰贖之事，惟拿獲賭犯，則於枷責之外輒以罰懲科斷，冀稍補益書院，分文不入署中。緣奉檄禁止私罰，用敢附陳。此外則僧尼不守清規，廟産亦查歸書院。皆因齊民瘠苦，不能不爲此牽蘿補屋之計。今冬止得微雪一次，陽和早洩，來年恐再遇旱蝗。本年秋間，蝗孽已處處間〔一三七〕見，入春縱下令搜掘，蝗子亦恐不能一律浄盡，私衷尤爲隱慮。

八年壬午（一八八二），公年四十三歲。

二月六日，與趙君堅〔一三八〕云：

鄗州師席，深荷一言九鼎，終始成就，足徵眷愛逾等，感何可言！更聞以此見忌儕流，尤爲跛踖無已。惟丈夫作事，但冀稱心而出，不愧師友，衆人謗譽，固不關懷，想賢哲固早已及此。鄗州人士，雖云固陋，至聞晋卿大名，則皆傾懷悦服。近日掃除書院，敬待師尊，仍請執事迅爲勸駕，俾得早臨。

十日，與劉薌林〔一三九〕云：

此州地瘠民窮，一無可爲。頃有鄗議，欲自磁州開漳入滏，以該州二河相距不過廿里，施工甚易。滏河來源本少，加以磁州、邯鄲等屬，節節截水澆地，涓滴不到下游，用是順德、冀、趙各屬，舟楫之利盡失，而鹽商受害尤甚。向來蘆綱專走滏河，今滏河無水，衆商改走運河，盤運耗費，比走滏河多至十倍。成本既重，銷售愈難，私梟愈益充斥，此鹽政之大患也。若行鄗策，則鹽商獲益不貲。有以『下游水多，恐漳、滏合流，河身不能容水』持以相難者，不知開漳入滏，即於所開之處議建石閘，以資啓閉，水長之時，下游滏水亦自足用，無須藉漳，則閉閘以分二流；至水落之時，滏河乾涸，始開閘以資利涉，此於下游全無室〔一四〇〕礙，不足疑慮。又有謂『漳、衛〔一四一〕入運，若截漳入滏，則運河無水，有礙漕運，必爲上官所持』，則某又有説以解之：開漳設閘，水長之時，仍令漳水入運。計南漕過河，總在盛漲之日，黄河發水，漕船方能北渡；黄河未發盛漲，則漕船盡隔在河南，運河有水無水，與漕船無涉。一經漲發，則黄水足資浮送，亦無賴於漳。又况開漳歸滏，全係水落之時補其不足，此則於運河毫無妨礙也。正月謁見傅相，略言大概，傅相但言無費。鄙論則謂此項經費，應須出自鹽商，鹽商能籌費則事必可成，不能籌則徒爲畫餅，既以此答傅相。因查往年鹽商曾經公稟修治滏河下游，係由通綱按引派捐，繳入運庫，先由運庫籌墊，撥濟要需，收捐歸款。其時議已奉准，因同治十一、十二等年，連歲大水，已有水運送，遂作罷論。當時僅治下游，尚係通綱籌款，今自磁州開通，則上下游一律暢行，其應通綱合籌，自不待言。且鹽務修河，派之通綱，不僅一次。查前修府河，亦係如此辦理，况某所籌滏河，實關蘆綱大局者耶？此事但得上官允可，則固鹽商所禱祀而求者，亮不致推委觀望。務求不惜齒牙餘論，慫恿衆商，俾成此舉，則沿河州縣十世之利也。至於水通之後，引水以灌鹽池，堵私之策，無妙於此者矣。

三月，李相以母憂開缺，粤督張樹聲署理直督。公於三月到津謁見新、舊長官，四月回冀。上張振軒制軍〔一四二〕云：

天津迎謁，屢荷温言，更賜宴間召之密坐。舊意深軫於帷蓋，高情下逮於芻蕘；禮數獨寬，悚皇并至。初承明問，不知所云；退竭愚蒙，敢無一得？竊謂法、越初約，中國若爲弗聞，致有今日之役。事至而後爲謀，此鞭馬腹之説也。鐵路未開，電綫未設，徵兵調餉，動輒濡需，而侈口言防，無謀人之心，而爲人所備，此至拙之計。將才未得，餉需無措，不惟水陸練兵若干支之説，徒托大言；即云兩廣、雲、貴未雨綢繆，亦適爲外人所竊笑耳。某私獨以爲，中國目前之患，不在弱而在貧。自古及今，未有富而不强者。今求自强而不知致富，是惡濕居下之類也。然則自救之策，應以開采雲南礦産爲弟一要義。果能籌借洋債，行文出使諸公，在外訪聘名師，更得讀書明時務、有血性者，主持其事，三年之後，必有成效可觀；費人百萬，不足計事也。礦産既出，即於開礦近處，設立局廠，專學洋人煉冶之法，計亦不過數年可以盡羿之道。由是閩、滬、天津各局所用銅、鐵不必購自外洋，一皆取之滇産，而以其餘委輸海外，則中外大利盡歸於滇。製器練兵，寬有餘地；轉弱爲强，易如反掌。蓋不必待經營之成也，即甫經締造，而敵國窺吾志量，固已〔一四三〕望風而沮，逆折萌芽矣。不得此術，而紛紛議兵、議防，徒亂人意而已。愚慮如此，未審有當萬一否？

七月十七日，答張季直〔一四四〕云：

前在天津，過從屢數。千里聞聲，三年願見，忽復瞻對，快慰何如！離天津日，於車中接手書，告知范君已襄助廉老撰輯湖北通志，前議料應中寢，遂未奉復。兹接六月十日惠書，敬悉一一。吾子學贍而性通，得當代大賢而師事之，洵海内瑰瑋雄隽〔一四五〕士也，乃於下走引坡、谷爲比，此何敢當？吾意公當爲當代少陵，僕雖才謝王、李，而卜鄰求識，竊有微尚耳。銅士鄂志之役，自不宜辭，若肯惠顧，當令遨游張、吴之間。修志固不必朝夕追隨，即敝處之館，亦豈肯終歲羈絆？鄙意如此調停，似屬一舉兩得。北方孤陋，知張叟當亦憐我也。

八月三日，與吴小軒軍門〔一四六〕云：

昨得天津書，知高麗内亂，上軫廟堂，雄部已抗海深入。兵志所謂『先人』『奪人』，此行殆庶。未審近來彼中何似，眈眈旁睨之徒，不致蹈瑕抵隙否？計旌麾所指，必當傳檄而定。聞丁、葉二公拔隊并進，是否并歸統轄？若各樹一幟，則并力一嚮，正未易言。幸今時海道捷速，内秉廟算，當無楊僕、荀彘之事耳。

同日，與丁雨亭軍門〔一四七〕云：

一别三載，臺端遠使西域巡撫東藩，所至皆他人不能爲之事。勛望鼎盛，附在游好，深用私幸。海上水師，得名將練習，一洗從前孱弱之氣，不惟鐵艦足埒西鄰也。欽佩欽佩！頃得天津書，知朝鮮内亂，旌旆已横厲浿水，成軍伊始，發硎之刃，就此奇功，仰以張中朝遠撫之威，俯以練海軍生力之效。此行實禦侮全勢，翹盼捷音，將勝歌頌。

又與張季直〔一四八〕云：

昨聞王〔一四九〕師東征，筱帥當執牛耳。高麗内亂，不難應時救定。獨外患未易消弭，能者處此，必有歃血定從之才，口舌之功，終當在行陳之右。

十二月三日，答張季直〔一五〇〕云：

朝鮮論功，執事臨組不緤，對珪不分，真有古人風節。獨其臨事齟齬，欲尋赤松者，究果何由？

得聞其梗概否?東藩人才稀少,國勢岌岌不可終日。執事六策,皆膏肓箴石。吾見其來使上國者,大率儒緩柔懦。昨在保定與其大院君一談,其人尚有英氣,其才當十倍郎君耳。今東、南二邊,頗費經畫,似中外老宿皆無良策。鄙意當得英鷙將帥分往,而徵二王入朝,因改兩國爲行省,變易政令,猶可有爲。惜吾達官中,亦無堪辦此者;朝廷習於仁義,亦決不肯乘危邀利,然循此不變,終爲他人有耳。時局如此,非蟣蝨小臣所可妄測也。銅士既有鄂志之役,自難北來,執事謂其弟仲木,頴敏介潔,工駢文,能詩,聞之令人敬慕。廷試時,能一至冀州,無論屈留與否,皆慰飢渴。近日李相、振帥同意聘請廉老都講蓮池。廉若不來,鄙人尚擬自媒,倘得此席,吾可以終老矣。廉老處弟亦有函勸駕,渠來亦吾所深願。此二策者,將必有一可。案濂亭自是主講蓮池書院,明年四月到館。

九年癸未(一八八三),公年四十四歲。

是年,始創開渠之議。

與李佛生〔一五一〕云:

今秋直隸大水,吾州三十年不見水患,現亦水圍城郭,數月不消。緣自州北至衡水,地勢污下,現因衡水民埝,决口倒灌,數十里匯爲巨浸,皆古時葛榮陂故地也,今則廬舍、田、墓,燦若列星,水之吞噬,無復乾土。州之西境,則新河民埝亦决,瀰漫四野,被灾百餘村。雖經分别勘辦,而杯水車薪,何足全活灾黎!

與周玉山觀察〔一五二〕云：

伏查此州，自閘廢河淤之後，下游十餘里，日就高仰。閘口築成堤埝，内水全無出路，内窪地面〔一五三〕，高於滏陽河底，竟至丈餘。故區區愚見，決以浚渠洩水爲有益，既請官款數萬；尤欲慎重其事，必開浚寬、深，乃望可以持久，而經費短絀，不能如其私意所期，此誠固陋之心所躊躇而却顧者也。尊示『出入恃此一溝，終恐清濁相頂易淤』，洵爲老謀卓見。尚幸滏水清流，向來平静，内窪瀦水，所以浸積生鹼，亦正坐清而不濁。現擬兩岸築埝，不令沙土隨流競下，淤塞或可稍遲。又滏流微弱如綫，常年一漲便消，横決甚少；水大之年，會合他河，乃有潰漫之患。冀州并所屬新河、衡水、武邑三縣，民埝綿亘數百里，冀州埝工，視三縣尤爲堅固。本年諭令州、縣一律加高培厚，滏水漲發，開閘引入新渠，不致決入窪地。若雨多水大，新渠與滏河并漲，究如來示『内水消遲，滏落較速，終以開洩』爲是。鄙慮所及，敬以上陳。邊事日棘，朝局一變，坐論者於邦交之道不量彼己，新進者鄙老成之謀以爲選懦，終恐無計收拾。公等力爲其難，傳相勢成孤注，蟣蝨小臣，徒恤嫠緯而已。

十二月十四日，與張廉卿〔一五四〕云：

所籌之工，亦係古人成迹。冀州北境，直抵衡水，地勢窪下，乃昔時葛榮陂也。乾隆時，方敏恪公建石閘三孔，宣洩得利。嘉慶以後，閘廢河淤。弟現擬將閘底移深，改爲一孔，而浚此四十里河渠，使可通舟楫，不惟沿渠得灌溉之饒，將使荒城漸成繁富。私計如此，不敢必其成效也。

〈十二月〉二十三日，與蕭廉甫[一五五]云：

前接惠示，荷蒙執事於運憲前一一代陳，仰邀允諾，照稟籌墊，一面勸諭西河各商，按引攤捐。運憲此舉，真古之豪傑所爲，近時大吏所無也。身被恩澤者，宜如何感恩誦知己耶？抑非執事知契夙深，齒芬光被，某何人，安得結知上官如此？不惟小人敬拜仁言之賜，即冀屬生靈，亦當焚香頂禮，世世不忘，此非口筆[一五六]夸諛也。昨接運憲來示，細詢此工能否收效、河水能否敷用、私販能否杜絶，語語均關切要。益佩運憲才智縝密，實事求是，因臚陳所見，略無飾詞致負知己。筆墨冗長，未能盡意，謹爲執事備陳一一：州北地形汚[一五七]下，積水潴停，致成鹼土，凡鹽鹼皆生於舊時河澤之區。往年敝州西路，迭被河決之患，鹼土最多。近時鹼性漸變，土可種植，而東北各村，因衡水閘壞，填塞口門，水無去路，停積不流，遂至斥鹵彌望，方四十里，地不生毛，於是東北私鹽，爲一州最多之處。州西各村，間有私池，仍多潛赴東北窪地掘[一五八]起鹼土者，此目前實在情形也。今所議開之河，專欲灌溉東北鹼土，内水一過遂出，外水一漲遂入，常有活水通流，決無生鹼之理。不徒淹浸私池之功，使四十里中鹼土得水，變爲沃壤，縱令私池不能盡淹，而無處掘取鹼土，雖有私池，亦屬無用，故前稟以爲『拔本塞源之計』。敝州西南，地多膏腴，其所以著名貧瘠，則徒在此數十里斗大之州，乃有方四十里不毛之地，安得而不窮困？至於滏水，來源本弱，原難敷用。然自非大旱，則每歲必有漲發之時，乘其盛漲，引水入内，閉閘蓄留，灌溉略可足用，便商便民，無逾此者。至如私販，則各屬皆有，弟所敢保者冀州，不能使他屬盡絶也。此時由運憲墊發，將來勸辦商捐，則西河各商，弟所習知，良莠頗爲不齊，衆論未易符一，惟有運憲主持辦理，伊等决不敢抗。敝處此工，其益各商者實非淺鮮，各該商固所習知也。『造浮圖者當合其尖』，此事仍專恃我兄左右贊成，俾不惑於浮議，至爲懇禱！

上寶相國〔一五九〕云：

某廢學謀官，進退失據，徒勞之職，尤非所堪。顧念百口衣食，不能不竊禄自營，真魯直〔一六〇〕所云『食貧自以官爲業』者。所領之州，民窮多盗，土瘠不毛，郊畿之間，最號難治。某才力棉薄，大懼不能勾當，貽笑同僚。私立課程，以聽斷爲主，每月結正訟獄，約在四五十起，庶冀窮民少清訟累，不爲胥役所魚肉。此外則盡心整頓書院，培養士人，欲化其樸陋之習。本年奉檄清釐差徭，某細加考究，冀州差徭不重，而民間殊以爲苦，則皆不均之病。現定爲按畝攤差，每畝制錢八文，鄰境士民皆謂爲至輕至平，輿情尚爲協服。至於清查盗源，則督令各村辦理聯莊，搜訪正人爲之分任，略師保甲之意，而去其無益煩碎之事，近數月來，閭閻亦尚安堵。才力所到，止此而已。

十年甲申（一八八四），公年四十五歲。

正月，答程曦之〔一六一〕云：

傅相擬調不佞之説，不過一時戲言，足見相意期待良厚。惟自揣年衰智淺，不堪幕職，所以往歲曾蒙傅相面諭，仍令入幕，力辭不敢。今棲遲此州，意在吏隱，不復挂懷時政，亦無意於升遷。昔王弘中入掌制誥，不欲復治筆硯，欲〔一六二〕求一道自效。弟素乏吏才，竊得一官，了無自效之處，豈敢謬附昔賢？然其不樂筆硯，則古今適有闇合。凡隨相節者，約有二端：一則志在利達，以幕僚爲借徑；一則自負材智，將欲有爲於時。某自揣性迂才拙，不適世用，州縣之職，已非所堪，雖有志樹立，其所施措，乃無以過於庸人。若令徼幸榮顯，不過一身富厚愈於今日耳，其聲名績效，無可表見，則寸衷懷辱，不可告人矣。向來不肯競進，尚屬自知之明，少時奮發有爲之妄見，消磨略盡，此其藏拙之意一也。又久涉世途，知窮達之有命，富貴之不足爲榮，營營者未必得，得矣而所獲不如所亡，甚或年命不延，禍福并域。久遠者不必論，自某釋褐以後，所見此等，不下數十百人。蘇詩有云：『深恐造物怪多取〔一六三〕。』有味乎其言之也。故某於仕塗，不求善地，不羡美仕，等貴賤於一量，委升沈於度外。其所以貪戀微禄者，徒以眷累衆多，衣食無以自給耳。爲貧而仕，分應辭尊居卑，又況骨相屯蹇，無載福之器；性情狷介，無逢時之術？倘仕進得志，必且不免禍殃，縱無遠識，獨奈何不知自謀？此其止足之分二也。又有大不可者，生長山野，不喜與貴人往來，平生游好，官至道員以上，便絶迹不通問訊；於朝貴要人，尤多所不可。與叔耘相處最久：叔耘則執政公卿、封疆大吏，交章薦列；僕所遇者，前惟曾文正，後惟傅相而已。假令僕再入幕，不惟才力不如叔耘，即後來名位，亦安敢望叔耘哉？自處已審，雖有傅相徵〔一六四〕召，亦惟自守所見，自行所志，不敢率爾奉令也。鈴閣之下，英俊輻湊，何至强不佞以所不能？傅相海涵地負，雖上方成命，吾料其必蒙容宥。萬一談論之餘，再及賤子，務求執事與翰卿、琴生諸公，婉達鄙志，俾自遂其私，不勝屏營待命之至。或謂海上有警，遷延不赴，是爲避危而就安，避勞而就佚。竊料時局要歸，仍在和義，附托後車，亦無奔命之苦。此固决無危機，亦無勞役，明者皆能知之，無俟僕〔一六五〕覼縷也。

是時州判署中被盜，公督役捕盜不獲，憤鬱殊甚。濂亭在保定，有書〔一六六〕慰藉云：

盜案不足爲意，誠以是乃無妄之災，如此等事，初不關任事者之賢否。今讀來書，憤悒滿紙，頗近宋學家迂氣，且猶不免與世俗人計較非譽。案濂亭此言，因冀州前政李君以捕盜著聲，公之憤悒，正以相形見絀也。我輩豪傑自命，正須擺落一切，置悠悠之口於不問。我自盡力捕盜，其得以否，非人所能必也。彈劾之權一聽之上官，而我不與焉，何愧憤之與有？惟浚河之役，足下既已首建其事，此則君子之所宜自盡者耳。足下明識十倍不肖，然一得之愚，傍觀之審，或萬分一可采。伏維垂察。幸甚！

四月四日，與王晋卿〔一六七〕書云：

旋以緝訪之勤，盜亦竟獲。

接讀三月二十〔一六八〕八日手示，敬悉一一。弟本無百里之才，謬處勞人之職，不能鎮攝一城，傳笑寮友，内省負疚，慚不可言。執事儒風俠骨，代籌雪恥，感紉敬服，直以爲古之石交，

非近今所嘗見也。劉永勝已承代招，不啻絳侯之得劇孟。頃已遵示作函，請姜晴川商借，即請飭交，并寄去劉永勝盤纏二十金，亦希轉給爲荷。王岐山爲至寧晋、藁城、趙州、高邑、臨城、元氏、晋州、束鹿、深州、安平、武强、衡水等處，并無消息。敝處各役分赴南宫、威縣、隆平、鉅鹿及山東臨清州、恩縣、邱縣、武城、德州等處，亦無消息。衡水所獲之劉二磨，供係李쐀子爲首。現將李쐀子獲案，訊無頭緒，此不足憑信者。昨有人查緝，謂是周家口來者，亦已遣人赴彼訪緝。又静海捕〔一六九〕役任國安，弟曾用過，近聞其屢獲巨盜，已由天津各道賞給職銜，雖遣人召募，恐未必來。此案逾許久，遍訪不得踪迹，至爲憤悵〔一七〇〕。劉永勝倘爲破獲此案，其能名遠在數百里外，不僅照格給賞也。河工民夫多受累潛逃，目下外縣熟悉工程之夫，陸續到者千餘人。昨赴工查看，伊等條理整飭，人可挑工兩方，惜壩下不能多用工役，恐開壩放水時，無工可以位置之耳。開壩之後，意欲多招，以期速蒇，已遣各夫頭分投招致，或不致裹足不前。貴縣有久領工作之夫，亦可代爲招攬，其來時脚價，由局給發，民夫每名三百，外來路遠，尚可從優。案此函尺牘及續編中皆不見，兹從晋卿家搜得補入，以見公勤勞吏治之一班。

四月二十三日，與潘藜閣〔一七一〕云：

判署盜案，目前尚無端緒。弟臨民不威，至不能鎮攝一城，有此大失，執事强詞慰藉，無以解我内慚。届限不獲，豈洪沼戀棧！來示謂『漢代循吏，不過治盜得法』，弟現正苦未得法門。召募遠縣幹捕，每苦遷地弗良。執事向來獲盜，皆由購綫得力，以盜求盜。今自失事以後，購求此輩，州境著名盜魁，李鑒堂所屢捕不獲者，皆已展轉募致，甘心盡力而分投出訪，許久仍無準信。甚哉，破案之難也！弟到任時，山東武城、本省故城，連出搶署之案，皆未破獲；去年南宫城内被搶，亦未捕得真盜；山東曹州，則去臘今正，兩搶府署。若各處無一破獲，賊膽愈熾，必將不可收拾矣。故弟立志誓獲正盜，以雪此恥，未識究能争氣否？中、法和議如何？尚希隨時示悉。案公在冀州，嘗招撫大俠雷中正，一時盜賊爲之斂迹，其事尤膾炙人口。北江所作雷中正傳，叙述甚詳，今附載於下，傳云：『雷中正，冀州大俠也，兄弟次爲三，故名「三群」。佼健能及奔馬，横行河、岱間。李秉衡牧冀州，嘗欲懲之。秉衡以能治盜聞，值歲暮，察知中正歸里，率衆往捕，圍其宅。中正奮迅脱去，秉衡不能得，幾爲所傷。一日，秉衡父在海城里中，方篝燈夜坐，忽偉丈夫持刀搴簾入，斫几案有聲，大言曰：「我，雷三群也。平生任俠，不爲奸，而子數窘我，我固不畏，然若何無禮也？今來好視，汝趣告而子，幸自戢。不者，吾且擊殺汝！」李翁大驚，亟迹之，已杳。秉衡由是不敢迫。然中正故粤俠，奪富益貧，官吏横暴者尤痛嫉之，孤窮寡弱頗賴其助，威行數千里。不入冀境，自謂於冀人無迕，故尤以此怨秉衡也。秉衡既去，先大夫來任州事。聞其名，使人召之。中正大驚，仰天而嘆曰：「嗚乎！僕乃江湖椎埋亡命之徒，所屠殺掠奪者衆矣。國法之所不貸，王政之所必誅，正名定罪，百死不足以蔽辜。今剌史吴公，天下之賢聖也。牧州三載，仁風懿澤，浹於骨髓，閭里莫不聞，婦孺獷頑無不戴公爲慈父母，僕固愧而仰德久矣。負罪嬰釁，無路自新，思欲瞻近而無由，故分甘棄絶耳，而公曲逮之恩，乃竟波及於我，我何修而能得此？是誠僕千載一遇之機也，隕絶酬知，正在今日。」即日束身歸命。先公得之大喜，撫慰備至，闢廳事傍舍使居之，易其名曰「中正」，蓋勖之也。中正亦感激圖效，從先公有年，所緝盜無不獲者。暇日無事，輒投石超距爲戲，衆皆敬之。叔父在山東，嘗賫帑數十萬入都，先公使中正偕。時盜氛方熾，同行皆惴恐，中正從容自若。逆旅主人聞雷三群至，無不變色，承命唯謹。每酒酣，爲叔父説平生俠烈事，鬚髯翕張，輒風生四坐也。先公謝冀州，中正送至境，涕泣别去。旋病卒於家。又有李振邦者，亦巨盜。先公收伏，頗立功績，與中正相亞。吕桂芳，則終身服事先公甚謹，每行役必偕，從游日本。先公歸里薨逝，桂芳猶侍側云。先公北行七哀，其「戇僕」一章爲桂芳作也。其後，項城袁公督北洋，求能緝盜者，聞中正名，使所親訪余，欲起用之，中正逝已久矣。吴闓生曰：予兒時侍先大夫官舍，出入嬉游，中正輒立廊廡間，左右挾持扶掖我，若恐其傾僕者，予頗狎易之，不知其俠也，已而聞人説中正軼事甚具。忽忽四十餘年，忘之久矣。坊肆間有作雷三群傳者，而言之不詳，故綴以所聞。先公在冀，引渠富民，大興教化，何嘗以武烈爲意，而其效固如此。記曰「我戰則克」，其斯之謂與？』

四月五日，答王鼎丞方伯〔一七二〕云：

某自量不諧時俗，乞得微禄，足食九人，材力淺薄，不能取名當道，内顧百口，尚有棧豆之戀，時時自悲。數年以來，殊無治狀。惟有書院籌增經費萬餘金，招名師教授，選其少年俊才，使在院肄業，士風稍振。去年被水，現籌得四萬餘金，開河建閘，洩水入滏，方在興役，尚未竣事。此工若成，可澹冀、衡兩屬沈菑。又北人苦傜役不均，某爲攤差於地，百姓頗以爲便。餘無可言者。近數年憂患之餘，心頹如翁，時事都不挂懷。少時頗欲究心文字，今冉冉將老，知已無能爲役。惟國朝人矜言訓詁，人人自以爲康成，家家自以爲叔重。某嘗略讀諸家之書，疑其可傳者殊少。暇日著尚書故一書，以史遷爲主，妄自以爲不在孫淵如以下，要亦敗帚自珍耳。

六月十六日，答博野令孫筱坪〔一七三〕云：

頃在衡水工次，接到手書，具悉一一。敝處閘工，現已告竣，高至二丈六尺，觀者指謂直省最高之閘。惟閘門請製造局依洋式爲之，現尚未到。河工地段綿長，連倒三海。遠縣招工，來者寥寥。自春徂夏，中經雨水，至今未成，然亦未遽停工。秋汛在即，恐難持久，當俟秋後觀成耳。

七月六日，與張廉卿〔一七四〕云：

敝處河工，以來夫過多，伏汛前不及竣事。中間以暑雨非時，正擬暫行停輟，旋見天時亢旱，恐今歲不成，明年便難議及，因復鼓衆進作，志在必成。盜案尚在密緝，不敢必能禽獲。諸煩遠注，慚不可言。目下境内蝗蝻迭起，凡去秋被水之處，往往皆有。旬日以來，日日逐村督捕。雖尚係初起，撲滅不難，而民間各惜禾稼，恐遭踐踏，不顧蟲災，專以諱匿爲計，雖嚴懲不改，以此疲於奔命，真有日不暇給之勢。屬縣棗强、衡水等處，并有此孽，他處聞亦多有。恐此物遂將成灾，正用憂灼。〔案〕公在官，盡心民事，捕蝗亦其一也，并見詩集答范肯堂詩。又范贈詩〔一七五〕云：『前日驚呼走出門〔一七六〕，田間蝗子大如蜾〔一七七〕。』『君歸休，但安坐，此邦亦不謂君惰，我與君亦暫不餓〔一七八〕。』『面顔昔枯還未腴，何苦風塵日摧挫』等句，皆得當時意態。

十月十九日，與戴孝侯〔一七九〕云：

自津沽祖餞，别已數載，音問稀闊，而依依之懷，良不可任。是後某偷禄偏州，而執事成功絶域，度量相越，豈可以道里計邪？清帥治軍有法，聲實并茂，良由執事爲之匡贊，此遠近所共知。目前以久經訓練之師，調回防海，自當堅若長城，咼任仰望！抑有疑於鄙心者：南宋以前，從無以和爲恥者。若不量彼己，而妄思一逞，則當時咎之，史册譏之，此漢武所以不取狄山，季布所以欲斬樊噲，而景延廣、韓侂胄之徒所以貽羞後世也。今之清議，可謂但知其一，而清帥亦頗臆决唱聲。究竟兵端一開，勝負姑置勿言，利害果孰輕重？明於謀國者，似不宜忽天下之安危，但求成一身之名已也。現聞〔一八〇〕閩中敗挫，臺灣圍急，守此不變，豈可復支？而中外以爲得計，吾不知其何説也？李傅相規模閎遠，雖限於時勢，不能禦侮折衝，要其明於利鈍、老成持重。竊謂自曾文正以外罕見其匹，而新進小生，群起而擠排之，雖出其門者，亦皆入室操戈，以自附於清流。悠悠者不足言，蓋張振帥、潘琴帥尚不免於此。甚矣，其惑也！蟣蝨小臣，出位妄論，恃惠子知我，倘有不然，尚希辱教爲幸。

〈十月〉二十九日，與范銅士〔一八一〕云：

前歲接奉惠書，三年不報。非敢故爲疏闊，緣數年以來，處心積慮，必欲一枉高軒，而時會所值，至不能自决進退，用此含意未伸。及廉卿先生北來，則又私心自喜，以爲銅士在吾術中矣。不謂人事牽縶，尚復沈吟至今。案公以官事不自得，時時有解組之志，所謂『沈吟至今』者，謂此。踪迹之合并以不，信有主之者耶？朋友道衰久矣，悠悠者追趣逐者，以相取益，卯親酉疏，甚者争爲朋黨，私立標幟，傾動時人。究乃人各一心，雖日與連欐而居，抵掌而談，而腹有山河，咫尺千里。若吾二人之南北睽隔，言論不一接於耳，風采不一接於目，而聲氣相感，興往情來，蓋〔一八二〕不必足音跫然，而已若膠漆之不可離别，斯已奇矣。來歲倘能北來，過訪濂亭，幸以鄗州爲北道主人，俾某獲遂數年夙願，私心快慰，豈有量耶！奉上白金五十，爲執事膏秣之資，遲速唯命。萬一鄂事未了，固亦不必亟亟北行，需之數年，不難更緩數月，幸勿因志藁未竣，擲還往物，爲望。孤城寂寥，無與晤語。官事羈屑，都已廢書。廉卿近在三百里内，而不能請益，執事聞所聞而來，仍恐見所見而去耳。

十一年乙酉（一八八五），公年四十六歲。

三月六日，上寶相國〔一八三〕云：

前歲胞弟汝繩入都，渥承訓誨。是後久違杖履，箋記闊疏。伏審動止康愉，餐居百適，招子房、赤松之侣，開晋公緑野之堂，榮觀超然，襟懷彌邕，大謝所稱『兼懷濟物，不嬰垢氛〔一八四〕』，昔聞其言，今見斯詣。某伏見往代遺迹，每當季末，則上多幸位，下有遺賢。獨近歲以來，二三元老方且弘濟爲懷，顧瞻百寮，乃絶無通曉時勢之選，釣名射利，附托清流，但望位望之飛騰，不顧典型之顛覆，涓涓不塞，馴致一變而無復之。如去年之局，乘除新舊，乃二百餘年希有之局也。往年從曾文正軍中，泛論人才，獨於太冲有微詞，某尚以爲頗雜恩怨。近歲入朝，聞其設施議論，不禁興步兵『廣武之嘆〔一八五〕』。其餘年少書〔一八六〕生,以口舌得官者,更不足論。此輩布滿中外,安望撫綏四夷,控馭得理哉?吾師於此時灑然解釋重負,真奇福也。近聞法、越之釁,似可漸息,倭又乘間要求,將來之變,更有大於此者,蟣蝨小臣正多恤緯之慮耳。某承乏冀州,倏及五載,民貧地瘠,無可表見。惟於斷獄、弭盜二事,稍竭愚忱。前年滏水潰決,州境匯爲大湖。請於上官,得銀五萬餘兩,於境内開渠建閘,經營旬月,始克告成。州人樸陋少文,爲籌增書院經費,延請名師教授,比年以來,似收小效。惟缺分瘠苦,私虧歲增,私計殊難自了。貧者士之常,忝附弟子籍中,決不敢苟賤不廉,鑽營升調,以辱師門。吾師當國時,絶不敢以鄙狀上瀆,恐涉望援干澤之私。今乃絮聒及此,誠師弟子之情,湮鬱既久,發爲衷言,遂涉筆不能自休,不自知其詞之冗也。

案開渠一事,最爲冀之巨役。賀松坡所作行狀云:『其在冀,開冀、衡六十里之渠,洩積水於滏,變沮洳斥鹵之田爲膏腴者且十萬畝。時財用匱竭,官錢不易得,先生既上言大府以請,苟可出力以助吾謀者,無不通以書,情感勢劫,與相違復,牘牒書問,日數十發,卒得白金十萬兩,而功以成。功之未成,先生與人書曰:「百計哀求,情同無賴。」既成,則又曰:「吾於事百無一能。至於籌款,可謂有作金之術矣。」』又作冀州開渠記,具述其事,略云:『滏水自西南來,至州北境折而東,横亘衡水,界中縣城俯其南,并岸而西四五里,左轉至州城東,地污下,廣五里,狹亦不減三里。北二十餘里,隸於縣者曰「衡水窪」;南十餘里,隸於州者曰〔一八七〕「海子」,州東北之水潦匯焉。城西十餘里少北,有泊名「尉遲潭」,水之來自西南者委之,不能容則溢而旁趨,與東北之水會,而城南之九龍口,亦受州南之水挾以東注,衆水所瀦,遂爲巨浸。乾隆間,方敏恪公導〔一八八〕使入滏,立閘以爲閉縱。嘉慶、道光間,猶稍疏瀹。後棄不修，閘亦圮壞，水遂莫而不行，而冀東、衡南之地無阡壟疃畛而爲耒鎛所不加者，蓋十餘萬畝也。桐城吴摯甫先生既知州事，欲開渠通滏，復方敏恪公舊迹，以惠一方〔一八九〕，亦未嘗不慮民力之凋弊〔一九〇〕、官帑之匱竭，而懼功之未易就也。後行部按巡其地，水方盛，縱横演迤於數十里中，念疲氓久罹重灾，怛焉閔傷，不能自已。光緒十年二月興工，經始於下流，遞進而南，抱城右旋，過九龍口北〔一九一〕，迤西達尉遲潭，六十餘里。十月，工畢。明年，復深之。又明年，廣之。廣七丈餘，底殺三之二；深丈餘，堤高五尺，厚倍之或三之。置橋八。於舊閘處設閘，高二丈四尺六分，去一以爲廣。費銀〔一九二〕十萬兩。司其事者，州人張君廷湘、張君增艷，縣人馬君景麟、劉君玉山，深州〔一九三〕張君廷楨，武强賀君嘉楠，先生之甥蘇君必壽。諸君皆占畢之士，性樸而力勤，賦丈受役，縮盈汰冗，人毋刻休，材不寸棄。既訖工〔一九四〕，有久治河者見之，嘆曰：「此役屬他人者，非三十萬金不能卒事也。」渠善淤，歲請銀二千兩於鹽運使，爲修浚之費。後又置銀萬兩，取息助工，仍屬其事於州人與斯役者，使賀君定章約以爲〔一九五〕經法。水既有歸，田皆沃饒。今七八年所獲，倍蓰所費；而夏秋水盛，舟楫往來，商旅稱便，州境遂富於初。工之初興，人苦煩擾，或妨其私，怨讟并作，至是皆歌頌之。時國用空乏，行省鮮倂餘，大灾要工猶不能贍，冀以僻〔一九六〕左之地，故無河害，事非所急，而遽事興作，仰給於官，議者頗疑事之不集。先生躬謁大府，退而上書。勢格則更端以進，違覆十反。制軍合肥相國李公，故重先生，而先生仁民恤患，迫於誠心者，尤足感人，故終聽先生所爲，人不得而間之，而其功遂成。』『至於新渠之利，效已驗白，無煩深論。謹述顛末，使後人毋忘其始，善持其終而已，而州人士心先生之心造福鄉里，其功勤不可没，亦備列焉。』

三月，與王逸梧同年〔一九七〕云：

往年委撰老伯母墓文，曾由馹遞寄長沙，并論及叙述闇德，昔人所難，不善爲之，易入塵俗，故不敢刪拾年譜，而别出一義，冀稍脱凡近。迄未讀覆示，猶以爲道遠莫致。及去歲閲朝報，知台從業還都下，亦未奉到惠音，恐前稿中道浮沈，未經達尊覽。敝處亦未存稿，兹追憶繕録，敬呈左右。文既不足觀采，立議又頗涉憤世，無周身之防，不足出以示人，執事取其意旨，不須勒石墓道也。案王先謙，字益吾，亦稱『逸梧』，湖南長沙人。乙丑進士。曾編續皇清經解、續古文辭類纂等書。公有鮑太夫人墓表在文外集。

四月，與張竺生〔一九八〕云：

中外大局，近聞似歸和議，此幸事也。今時上下俱窮，此次軒然大波，無論和戰，均以財用爲亟務。閻相開源節流條教，恐難盡推行，行之亦未必盡益。去冬無雪，今春無雨，吾輩州縣，深恐年不順成，則撫綏無術，所謂『憂國願年豐』也。

是月，范無錯始應聘至冀，公得之大喜。廉卿先生來書〔一九九〕云：

近所得海内英俊之士，惟肯堂及賀松坡最所厚期〔二〇〇〕。松坡，深感閣下遺我奇寶。今肯堂又〔二〇一〕得親承教益，尤爲喜幸。伏望一〔二〇二〕剷去賓主形迹，勖勵而教誨之，俾得有成，亦我公一大功德也。

又復范肯堂書云：

得手書，知已至冀州，喜慰無已。摯公才、學、識三者，十倍鄙人，足下得所依歸，望益鋭意精進，以副鄙懷。幸甚！

然肯堂執贄受業，公則謙不敢承，惟以友誼待之。

十二年丙戌(一八八六)，公年四十七歲。

七月六日，答張廉卿〔二〇三〕云：

承示姚氏於文未能究極聲音之道，弟於此事更未悟入。往時文正公言『古人文皆可誦，近世作者如方、姚之徒，可謂能矣』，顧誦之而不能成聲，蓋與執事之言〔二〇四〕若符契之合。近肯堂爲一文發明聲音之故，推本韶、夏而究極言之，特爲奇妙。竊嘗以意求之，才無論剛柔，苟其氣之既昌，則所爲抗隊、曲〔二〇五〕折、斷續、斂侈、緩急、長短、申縮、抑揚、頓挫之節，一皆循乎機勢之自然，非必有意於其間而故無之而不合；其不合者，必其氣之未充者也。執事以爲然乎？漢郊祀歌，今不能識其何聲，執事以爲皆司馬長卿所爲，皆諷刺之旨，則亦有可疑者。青陽、朱明等，漢志以爲鄒子樂者，固當爲鄒陽之辭。其天馬、寶鼎、芝房、白麟、赤雁諸篇，漢志皆記作歌歲年，又皆載之武紀中，吾疑此諸篇皆武帝自造，其餘或有枚皋、東方朔等所爲，未必盡出長卿。長卿卒在元狩五年，其後事長卿固不及見。華爗爗篇所云『施祐』『汾阿〔二〇六〕』，蓋是汾陰立祠後事。汾陰脽上立后土祠時，長卿卒已五年矣。凡此似皆不得歸之長卿。獨練時日篇與甘泉賦『屏玉女』『却虙妃』同旨。惟太元侈言福應而微及用兵，天地譏淫祠新聲，日出入譏求仙、求馬，天門開類大人賦，此數篇者,疑非長卿不能爲。弟私意所測如此〔二〇七〕,敬以奉質,希教之。幸甚!

是歲,州試得李剛己,公及范無錯皆擊節欣賞,目爲奇才,并告張廉卿,廉卿來書〔二〇八〕云:『尊處州考乃得聖童,聞之喜抃無已。我公龍虎精神〔二〇九〕之所感召,固宜有是。』其後剛己卒成其才,爲門墻第一手也。

〈七月〉十四日,答孫筱坪〔二一〇〕云:

永清縣志〔二一一〕雖係續撰,其舊志義例當〔二一二〕可尋求。獨章實齋以文史擅名,而文字蕪陋,其體裁在近代志書中爲粗善,實亦不能佳也。弟前因深州修志,欲訪借一觀,其書既難得,鄙意亦不過爲物色。執事惠此續撰本,得睹章書都凡,足以副夙願矣。

十三年丁亥(一八八七),公年四十八歲。

七月十七日,與王逸梧〔二一三〕云:

往歲論薦姚君,猥蒙示諭收録門下,案『姚君』即叔節。并示及搜刻經解〔二一四〕義例,竊願惠寄書目,少〔二一五〕廣見聞。阮太傅原書,雖未盡當人意,要爲閎博巨觀,資益學林不少。獨其門户之見,使後來變本加厲,海内學者,專搜細碎,不復涵泳本經,究通文法,此其失也。執事文章宗匠,取舍精審,此編出必當遠過阮公。未識經費何如?分校之士有幾?成書何日?刻手若何?遠在下風,無任馳仰。

二十六日，與賀松坡〔二一六〕云：

吾與執事不得合并，此最憾事。雖作函百箋〔二一七〕，曷益乎？本年冀州闕山長，州人專信向閣下，舉天下之宿儒碩學，無以易執事也。因憶往年成約，謂得缺在遠，必當相調。遂以此意面啓上官，久蒙許可。尚恐尊甫意不謂然，昨經肅箋奉商，亦已仰俯諾矣，繕稟上聞。計八月初可得批答，屆時當即飛送，兹先遣書院紳士張增艷前往奉迎。大名諸生雖受教至渥，不欲他徙，但此事上下定議，不可中變，能於八月到此爲望。

同日，與姚慕庭〔二一八〕云：

所論范宅姻事，前因執事及仲實屢有書見托，并言不嫌遠省，但計人才，故敢爲之導言。今范公來書，雖立言婉轉，要已允諾，其所以委曲言之者，實緣肯堂故劍情多，誓不更娶。前時范公屢令更娶，并托肯堂深友從旁諷諭。肯堂堅持初見，自爲前〔二一九〕夫人墓文，仍以不更娶爲詞，其父不能奪也。某欲成此舉，日夜説之萬端，又挾張廉卿同説之，亦不能奪。及去冬肯堂南歸後，弟適奉到手教，念無以報命，因冒昧通書於肯堂尊甫，頗挾縱横之策，逞游説之能。范封翁躊躇數月，乃復書見允。今若忽然中變，某不佞誠無言以復范公〔二二〇〕。范叟蓋一老儒，曾在福建撫院幕中。其父子兄弟間慈孝之誼，迭見於詩文中〔二二一〕。其先世，自明以來多達人，范文正之後裔也。其家清貧，然肯堂及其仲弟，皆以文學知名公卿。其季弟，文筆亦雅健。范公來書，乃其季弟手筆也。其兄弟競爽如此，殆非久貧者。目前雖窘，亦未必仰給前姻家。閣下見范公之信，種種致疑，竊謂上有公姑，下有前子，亦續弦之常事，且亦安得無公姑之家而與之議昏哉？范氏本無議昏之心，而某因執事諄屬，馳書勸之。既有諾矣，而尊處又若不甚見信，使某無辭以謝范氏〔二二二〕，殊覺爲難。執事及仲實前書，專以此事見委，肯堂所聞知也。今若改議，亦苦難於置詞。鄙意議昏專以擇婿爲主，其他皆在所輕，執事初見最是。若左顧右盼，長慮却步，則必至淑女愆期，交臂而失佳士。今海内文筆如范肯堂者，某實罕見其對。恃執事前書相委之專，爲之作合，自謂不負諈諉。執事閱人多矣，知人才之難得，尚望采納鄙言，旁人忌才嫉能，或多爲誹議，不足聽也。今范氏昆弟文采奕奕，其老翁亦隱德君子，其可議者但坐一『貧』字耳。貧，非士君子所憂也。必不得已，則范公書中所云『拜認前姻以存舊誼』者，乃世俗之常例，賢者不必循之，此當〔二二三〕可從中緩頰。其他則實有某所難中變者，敬求亮鑒。與執事交誼不後於范氏，范公肯采鄙言，料尊宅不致待我不如范也。

是月，弟詒甫補汶上縣。

三十日與詒甫書云：

知吾弟遂已補官，喜不可言，此祖考降祥，非人力也。此後益當努力學治，勉爲賢吏，以仰承前休，俯彌乃兄之短。更望保養氣體，使骨力堅强，以耐勤苦。州縣之吏實不易爲，如皇朝經世文編及牧令書，宜稍稍讀之，略師前哲之遺法。得意之時，慎勿以矜喜之色對人，識者識爲器小易盈，亦易致失意者之怨忌也。吾既深喜過望，又頗疑家運未必大興，得此喜便恐日中則昃。此雖過慮，亦望吾弟時存此心，相與兢兢業業，以持盛滿。

十月八日，與康樂〔二二四〕云：

詒甫昨於八月十七日接印視事。愚兄弟往返函商，擬冀、汶二署，各出五百金，共成千金，寄南散放近親鄉里，稍體先人敬宗睦鄰之意。惟〔二二五〕此事不易分散，恐兄難以支應，特著時成玉速即回南，請吾兄先將爾昌公支下極貧之户，查明開單，次貧之户亦按名開列，而高軍凋保之窮苦無業者，即非爾昌公支下，祇係高甸吴氏，亦必按極貧、次貧開列附後，仍著時成玉速即送來，由愚兄弟按名酌分寄回交兄照散。由外間定準，方免閣下爲難，不然恐洪莊屋亦難保矣。俟吾兄查清開册，即行兑銀回家，萬勿遲滯爲要。

同日，唁李玉度兄弟〔二二六〕云：

接讀訃音，驚悉尊甫以今年七月仙逝，下走以南北暌隔，至十月乃知。親交淪謝，傷盡累日。尊甫以一代人豪，遭遇不偶，晚節穹然羈旅，無人存問，最爲人世不平之事，乃復嘯咏自娱，襟抱浩浩，僕每内度，脱易地而處，殆不如遠甚。常愧棉力不能相濡，然亦不謂天遽奪之年，使之賫志以終古也。逝者瞑目無憾，茫茫四海，無人一薦孝章，此恨庸有已邪？嗣是唯望賢昆仲勉力自奮，從學謀宦，不墮清芬，侍奉太夫人，以終尊甫未竟之志而已，他復何言？附上奠儀百兩，以襄大事。適在扃門試士，恐河冰將合，馳此奉唁。案玉度兄弟，李佛生之子。

十一月六日，與詒甫〔二二七〕云：

吾弟到任未久，循聲卓著，良以爲喜。願常常自勉，無墮始基。至於休養精神，保重身體，亦不可不講。部中前催『卓异』引見，頃又催『俸滿』引見，兄意則將欲引退，不擬引見也。但私帳至今未清，又慮歸後無善處自托，家鄉恐不易居，尚待躊躇。州縣不宜久，上進則更不願，此則士各有志。若令我早歸田，稍理文字，將來或冀有聞於後，豈非計之最得者哉！

十二月四日，上李相〔二二八〕云：

前月旌節還轅，當擬摳衣祇謁，以學使按臨期近，諸需簡料，未獲瞻依。州内冬令尚屬静謐，得雪二次，宿麥藉得滋潤，春收可望。所開新河旁，斥鹵大半變腴，窮民各就近處墾種，共二十餘頃。其衡水所屬，長三十餘里，亦少隙地，遠鄉紛紛乘賤買河旁地者。斥鹵愈化愈少，月异而歲不同，差用上慰廑注。鄭州河决，宵旰憂勤。竊謂河徙與尋常漫决不同〔二二九〕，趨嚮未定，來年或更有遷變。若欲以人力提塞决口，則恐難與水争。與其以全力堵於鄭州，不如專保淮、揚二郡膏沃之地。似聞曾宫保於彼處疏浚支河，若黄河下清口，則淮、揚運河細若衣帶，單堤如綫，下流各屬匯爲大澤，支河安用？以愚見度之，似不如閉天妃閘，而自清江以東至雲梯關，築一道長埝，禦水南趨，空其北面不築，使水得游衍，南埝縱不能堅，尚可不至衝决，如此則淮、揚二郡尚可保全。較之堵塞鄭州大溜及下游廣開支河，似爲得計。否則轉瞬春汛漲發，建瓴下注，四瀆合而爲一，千古奇變，其被灾必且十倍今日。一室之見，是否有當，伏候采擇。

同日，與景翰卿〔二三〇〕云：

州境托庇粗平，監獄近已空無一人，殆數十年來未見之事，不過班管人多耳，此可謂『囹圄半空〔二三一〕』也。上師相書，妄有論列。向來恥條陳時務，今見憂端宏大，謬竭愚慮，嫠不恤緯。執事視所言有不當者，可一開示以廣見識。此州文報不通，未審當局近來如何擘畫，亦祈惠示一二。南中今年水旱兩荒，與五舍弟共籌五百金接濟鄉里，署中拮据，乃向來所未有。舍弟新得官，亦是自顧不暇。『卓异』催引見，花二十金止之。今又『俸滿』催引見，未審何以待之。弟不望升官，决意不入都也。

二十三日，與張廉卿〔二三二〕云：

某近讀楚辭，以文正師謂惜往日爲僞作，實不易之定論。嘗私識别其纇句，取文正所識參對之，乃大同小异，頗用自喜。因以私意辨之，知遠游乃後人仿司馬長卿大人賦而爲之者，洪、朱諸公乃謂長卿襲屈子，真傎倒之見。悲回風文，亦後人吊屈子之文，皆非真屈子之言。真屈子容尚有亡佚之篇，漢志『屈原賦二十五篇』，與今絶异，如招魂不入『二十五篇』中，其誤殆始於王逸。愚又疑九辨、九歌，皆依夏啓樂歌爲之，當係一人之作。古本九辨在前，離騷第一，九辨第二。王逸九章注云：『皆解於〔二三三〕九辨［之］中。』其東方朔、劉子政所擬，皆九辨，非九章。九章非一時之作，乃集録者從而爲之名，猶言『九篇』也。九辨、九歌皆不必爲『九』數，故九歌十一篇，而九辨則朱子更定篇章，以合『九』數，非其書本然也。自潘安仁、杜子美皆稱悲秋爲宋玉，由王逸誤之，某爲此説，肯堂信以爲然，且云：『九辨若果宋玉，必不襲用屈子成句。』是亦一顯證也。執事以爲不謬否？

十四年戊子（一八八八），公年四十九歲。

作孔剛介碑〔二三四〕成。

二月四日，與孔亦愚〔二三五〕書云：

先公碑雖創成初稿，迄未收拾，中有必應修改者，未經改定，故未即奉上。弟文筆陋劣，又苦不自力學，少負空志，垂老而不能成。執事謬采虛聲，以闡揚先德見委，深愧無以副盛旨。來書獎許過當，對之汗顔。

三月九日，與詒甫〔二三六〕云：

吾决不引見，緣時時萌歸志，無意進取。又吾無上交之才，無左右游揚之人，無冒恥干求之術，雖引見亦無升官之望，徒多此一舉耳。

十九日，與詒甫〔二三七〕云：

聞買洞賓泉，兄實不喜。吾兄弟平日全無不合意見，唯吾兩弟時時欲買田宅，乃與兄大剌繆。

吾料及吾身不致飢寒而死。若留與後人，則後有賢者，彼能自立；若皆不肖，雖有田亦豈能守？此妄見也。今吾弟得官未久，他務未遑，而惟置田之爲急，志氣亦殊不高，傳之鄉里又非美名。如兄弟并爲州縣，而能不增産業，歸時仍係飢寒，則世間可貴之事，莫大於此，何足患哉？孰與抽有限之錢，置不急之業，以求不潔之名，買無窮之累也哉？

四月一日，與史光普〔一三八〕云：

頃讀手示，風采焕發，如親瞻近。凡文正舊人，十年以來，無不騰驤要地，其久次不遷者，獨使君與孤耳。新正於侯邸淹留十日，聞之羡甚。弟以風塵小吏，不敢時時扳援，祗去年侯節東還時，一通問訊，嗣於陵差幕次，承侯遍加訪詢，獲在公所一見，立談數語。差竣赴京一日，專爲晋謁侯門，而侯又奉差出城矣。悵悵而返，亦未通啓侯，卑官不得不以形迹自處也。近日側聞曾、李之交又似稍疏，未悉底藴。竊謂此兩人和衷共濟，天下之幸也。下走陸沉州縣，無由往來二公之門下，一陳陸賈之策，然私心炯炯也。狂論希秘之。

二十九日，與潘𦕈亭軍門〔一三九〕云：

蕭廉甫遂作古人，聞之驚悼無已！某昔在曾文正幕下，與廉甫起居相隨，其後離合不常，彼此關愛至切，環顧同寮中，相好如吾兩人者，蓋未有也。廉甫自負其才，而際遇不遂，以此憤憾傷生，有心同喟。其身後蕭然，無以爲斂。某前時困乏，廉甫時時周濟，數年冀州，尚未能清結前款。去秋廉甫來書，欲爲其子納資赴選，某復書勸其舉辦，并允今春以五百金相助。前十餘日上忙徵畢，因兑往五百金，計此函到時，廉甫已不及見矣。傷哉〔二四〇〕！接來函訃告，愧無以襄助，謹具賻金百兩附寄，請轉交是荷。

五月二十六日，與張廉卿〔二四一〕云：

前爲孔叙仲文序〔二四二〕，實爲漫率，執事指教，頓開愚蒙。頃爲祭蕭太守文〔二四三〕，仍求指示。年長矣，豈望自進於此道？但有直諒之友，使不致執妄自誤，亦是一樂耳。

六月十二日，與孫海岑〔二四四〕云：

方存翁遽已殂謝，吾桐城不能再見此人矣！鄉里後生喜謗前輩，蓋棺論定，如此翁之好學能文，虚懷下士，豈易得哉？擬作一文志吾哀，衰退廢學，久不能成。

與張廉卿〔二四五〕云：

李佛生世兄和度，自京來此，取道天津，據述在京聞蓮池有『定請豐潤』之説，過津乃不聞此語，吾意此傳不妄。居數日，果接來示見告前事。目前深、冀二州讀書之士，意欲挽留在北，由此二州醵金爲壽，亦如蓮池之數。雖由省城下至外州縣，俗人以爲左遷，而大賢固不屑屑校論此等。緣恐從者南返，北士從此失師，不復能振起，非有他意也。執事倘見許，乞密賜一復示，二州人當自上書傳相乞留，續自具書幣造門請謁，於上游决無妨礙，於執事亦無輕重，不過於北方學者有無窮之益，而弟乃坐收漁人之利耳。江漢一席，遲速必爲君有，故鄉亦不須急謀歸計。用則施諸人，舍則傳諸其徒，自古君子皆然也。書所不能達者，敝友張采南兄名頡輔，壬午孝廉，久慕盛業，與肯堂至交。頃來冀匝月，與松坡諸君往還酬唱，亦最款洽。與聞論議，頗面謁執事，一仰威儀，并口陳曲折，詢之可知其詳也。案北江云：『豐潤，爲張佩綸幼樵。時新贅於李氏，李相欲以蓮池一席畀之幼樵，遂將廉翁薦主江漢。蓮池諸生聞而大嘩，幼樵亦不敢就，而廉翁已行，此席遂歸先君也。』考濂亭尺牘，是年六月初八日與吴先生書〔二四六〕云：『頃得李傅相書云：「接奎樂山中丞來函，以湖北江漢書院明歲講席需人，欲招弟返鄂爲之承乏。」并稱「弟如許諾，擬延張幼樵接主此席」云云。觀此情詞，不言可喻。弟衰年遠客，越鳥南枝，久縈夢想，今一旦得返鄉井，正復實獲我心。已函復傅相，請即與定約；而此間官寮人士，同聲悵恨，物議頗爲紛然；書院諸生尤怊然若失，其雋异之士，愈益眷言衰朽，彷徨莫釋。异日并擬散去。弟感此深情，良用敝惘。他日閣下必當來此，一盡綢繆耳。七月二十日又書云：『感閣下及二州人士拳拳衰朽之雅，又得與良友朝夕聚處，中心悦豫，豈復可言！惟前日已得鄂中督撫來函，并寄到關聘、川資，諸事當經允許，未便旋又辭謝。且天下滔滔，吾輩故自無入而可。此後在鄂，倘有齟齬，或仍可迴轅北轍，依我故人耳。』濂亭回鄂後，復與香帥不合，移主襄陽鹿門書院。未幾，輾轉關中，流落以死。賢人末路，其可悲如此！

九月，與詒甫〔二四七〕云：

吾弟在汶，賢聲滂達四馳，實過乃兄甚遠，京城、天津及南方來者，無不具述頌譽。初官得此，實無價之寶也。吾近來每念兄弟并爲州縣，恐祖宗餘蔭，自我輩而盡，時欲利濟宗族鄉黨。求持守先澤、减折咎責之道，惟有失財散積，庶幾近之。所志如此，不復計小小利害。來年春必應有賑救飢人之舉，乃與今年所爲相稱，無使人笑我兄弟爲惠之不終。此又冀力所不逮，專望於汶耳。

十月初，至天津，送别濂亭，并謁李相。時蓮池講席無人主持，李相極費躊躇，公因往年曾有夙約，遂面請辭冀州任，來爲主講，李相大喜。公即日於津寓具禀稱病乞休，講席遂定。

二十二日，與詒甫〔二四八〕云：

吾本淡於宦情，尚不擬即行告歸。今月初至天津，適保定蓮池書院尚未有人，因思他日告罷，未必得有佳館，不如仍理舊日成説，立談之間，遂已定計。遂於津郡具禀乞病，以就此席。上下驚嘆，以爲奇事，傾倒一城，此歐公所謂『不慣見事』者。古人謝病還山，僅一尋常小節耳，何足异哉。歸與七弟言之，七弟雖以家計爲憂，尚云『先君必當許可』。吾自覺此事十分合理，惟倉卒辦理，有不合吾弟之意者二端：一則弟意望我官場得意，升階騰上，不望我及早抽身；一則家境甚難，吾弟一力難支，吾今退閑，弟或膽怯。此二者，吾籌之熟矣。以吾自揣才力，視今之州縣之有名者，未肯遽讓，即視今督撫司道，吾亦無甚愧焉；而久於州縣，則意頗不平，不平而不欲露，又不欲求人，則徒自抑鬱，終無能伸之日，何由升而愈上乎？若以我與古人較，則一州一縣八九年而未盡職，吾慚多矣。久居慚地而不知退，吾安得一日自安乎？所以七弟平時嫌我精神不旺、常若愁鬱者，此也。州縣尚不能任，吾敢更求進乎？吾自少時，心中不甚羡人榮貴，以爲一命之士與王公大人并無高下。善則一命猶榮，惡則九錫猶辱。平生不俯首，正坐此處把持得定耳。今人升官發財之術，吾盡知之，吾若欲得意，非棄吾所學而學焉，萬萬不可。吾老矣，安能改節事人哉？是弟所期望於我者，我適背道而馳，負吾弟久矣。至於家境之難，專以委之吾弟，此實私心所躊躇而不敢遽决者。嚮無蓮池一席，吾决不盂浪乞退。今蓮池歲得一千六百金，節縮用之，需汝上接濟，當亦有限。若令在官，則每歲所虧反多，仰接濟者反巨，是弟之難不難，不以吾進退爲輕重也。吾家福分淺薄，近日同堂三人并爲州縣，吾常凛凛畏懼。七弟自來冀州，一病五年，此乃美中不足之驗也。祖宗德澤倘尚未遽竭，吾今節約而承之，料吾弟在官必當順適。譬之一樹，兩枝并茂，今砍去一枝，則所存一枝必更茂鬱，此自然之氣數也。至於七弟之病，换易新地，必且漸愈，尤可預决者。吾家有一實任官，輔以千六百金之館，何至十分竭蹶哉？此又家事之無足深慮者也。弟之愛我，在古亦不多見。吾以有官爲憂，出亦愁，入亦愁，一旦脱去，寢食爲之暢適，想弟之望我官高，不敵望我身健之爲甚也。今事已定局，無須多談，所以詳告弟者，恐弟聞而懊惱，不解吾意之所在。尚恐筆墨不能盡達，特遣李和度面説。和度本擬一見吾弟，弟亦亟欲一見和度，吾書所不詳，和度尚可口述也。案和度，李佛生之子，來冀依傍於公。公既解組，遂轉薦於其弟。公之眷厚故交，不令一人失所如此。至范肯堂，則已薦之李相爲塾師矣。

與姚仲實〔二四九〕云：

在津盤桓數日，深敬深敬！大著匆匆讀竟，所附記者，大抵得於所聞，非有心得相益。文事利病，亦有不必人言，徐乃自知者。從此不懈，所詣必日進。桐城諸老，氣清體潔，海内所宗，獨雄奇瑰瑋之境尚少。蓋韓公得馬、揚〔二五〇〕之長，字字造出奇崛；歐陽公變爲平易，而奇崛乃在平易之中。後儒但能平易，不能奇崛，則才氣薄弱，不能復振，此一失也。

曾文正公出而矯之,以漢賦之氣運之,而文體一變,故卓然爲一代大家。近時張廉卿又獨得於史記之譎怪,蓋文氣雄俊不及曾,而意思之詼詭,辭句之廉勁,亦能自成一家。是皆由桐城而推廣,以自爲開宗之一祖,所謂『有所變而後大[二五一]』者也。説道説經,不易成佳文。道貴正,而文者必以奇勝。經則以義疏之流暢,訓詁之繁瑣,考證之該博,皆於文體有妨。故善爲文者,尤慎於此。退之自言『執聖之權[二五二]』,其言道止原性、原道等一二篇而已。歐陽辨易論詩諸篇,不爲絶盛之作。其他可知。至於常理凡語,涉筆即至者,用功深則不距自遠,無足議也。

〔一〕同治戊辰日記:見桐城吴先生全書本日記制行、黄山書社吴汝綸全集日記制行及河北教育出版社桐城吴先生日記(以下簡稱『日記』),同治七年(一八六八)閏四月壬子(初五日)。下『家』『買』均依日記補,以中括號標之。下同不注。

〔二〕喜詒甫生子詩:桐城吴先生全書本桐城吴先生詩集、黄山書社吴汝綸全集詩集(以下簡稱『詩集』)題作『詒甫生子喜而有作』。

〔三〕天瑞生靈芝:先生自注:『同治中,家生靈芝數本,父友吴菊農先生爲作靈芝歌。』

〔四〕永保:趙衡吴先生墓碑銘作『永葆』。

〔五〕某十二歲……文:見同治戊辰正月癸酉(二十四日)日記。

〔六〕凡四至縣境每至則:底本略作『官軍每至』,今據桐城吴先生全書本桐城吴先生文集、黄山書社吴汝綸全集文集(以下簡稱『文集』)校補。

〔七〕像:底本作『象』,今據文集校改。

〔八〕有泣者:文集章冠鍪傳作『有泣者,過前年與賊戰處,輒相指示爲美談』。

〔九〕必：莊子齊物論作『且』。

〔一〇〕吴某：曾國藩全集日記作『吴汝綸』。

〔一一〕考據：曾國藩全集日記作『考証』。

〔一二〕渠以本年……多作古文云云：見曾國藩全集家書諭紀澤紀鴻（十月十七日）。

〔一三〕行狀：即吴先生行狀，見徐世昌、賀葆真編賀先生文集（以下簡稱『賀先生文集』）卷三。

〔一四〕第：賀先生文集作『弟』。按二字通。

〔一五〕吴摯甫：日記作『吴汝綸』。

〔一六〕曾公家訓：見曾國藩全集家書諭紀澤紀鴻（十月二十四夜）。

〔一七〕家訓：曾國藩全集家書題作『諭紀澤紀鴻（十月二十四夜）』。

〔一八〕家訓：曾國藩全集家書題作『諭紀鴻（正月二十四日）』。

〔一九〕十一月：底本訛作『十二月』，今據曾國藩全集日記校改。

〔二〇〕日記：見日記經學『明堂制度』條。

〔二一〕日記：底本所引與吴汝綸日記原文多所出入。下同不注。

〔二二〕楊壽山先生墓志：見文集卷四，題作『楊壽山先生墓志銘』。

〔二三〕二十：底本或作『二十』、或作『廿』、或訛作『卄』，但多數作『二十』，今從多數統一改作『二十』。下同不注。

〔二四〕靈谷寺龍神廟碑文：見文集卷四，題作『靈谷寺龍神廟碑（代）』。按南京文物志歷代建築靈谷寺所載，題作『靈谷寺龍神廟碑記』。

〔二五〕爾雅：訛。按『醫無閭』見周禮夏官職方氏，云：『東北曰幽州，其山鎮曰醫無閭。』鄭玄注：『醫無閭，在遼東。』

〔二六〕辛未作職方九州表：底本脱，今據吴汝綸全集日記校補。

〔二七〕壽文：見文集卷四，題作『朱嘯山六十壽序（代）』。

〔二八〕是月己卯朔：底本訛置下條，今依例校移。

〔二九〕是月戊申朔：底本脱，今據陳垣二十史朔閏表校補。

〔三〇〕辛丑：蓋爲『辛酉』之誤。按本月無辛丑日。又據桐城高甸吴氏榮華宗譜所載，吴汝繩(詒甫)生於道光己酉閏四月十四日辰時，本日爲詒甫『二十初度』，即爲『十四日』，本年閏四月十四日即爲『辛酉』。

〔三一〕下午：底本脱，今據日記校補。

〔三二〕丁丑朔：底本作『朔丁丑』，今改。

〔三三〕謝丁筠卿惠茶墨題：詩集題作『謝丁筠卿惠茶墨用相國贈吴南屏韵』。

〔三四〕今文尚書考：即今文尚書經説考，凡三十二卷，續修四庫全書見收。

〔三五〕乙亥朔：底本略作『朔』，今據日記與二十史朔閏表校補。

〔三六〕即：底本脱，今據日記校補。

〔三七〕自青它寺……俟考：日記係於『二十三日』條。

〔三八〕曾相原奏文：曾國藩全集奏稿十題作『請准將吴汝綸留於直隸補用摺(四月十四日)』。

〔三九〕吴汝綸：底本諱作『吴某』，今據請准將吴汝綸留於直隸補用摺校改。下同。

〔四〇〕出自逾格鴻慈：底本脱，今據請准將吴汝綸留於直隸補用摺校補。

〔四一〕日記：見日記時政『庚午』條。

〔四二〕英美講堂六所：『英美』前應脱謂語，底本及日記如此，姑存其舊。

〔四三〕是日宿高陽……宿静海：日記時政『庚午』條未載，蓋底本另有所據。下同不注。

〔四四〕李近兼攝法領事者：底本訛自注文作正文，今據日記時政校改。

〔四五〕行狀：姚永概慎宜軒文卷五題作『吴先生行狀』。

〔四六〕少：吴先生行狀作『稍』。

〔四七〕任：日記時政無此字。

〔四八〕九月二十三日……原韵詩：日記時政缺載。

〔四九〕上曾相書：見吴汝綸全集尺牘輯佚。

〔五〇〕衛：吴汝綸全集尺牘輯佚作『攝』。

〔五一〕曾公復書：曾國藩全集書信未載。

〔五二〕上李相書：光緒桐城吴先生尺牘、黄山書社吴汝綸全集尺牘及吴汝綸尺牘（以下簡稱『尺牘』）均未見載，蓋底本另有所據。

〔五三〕上以爲……哭其私：見蘇軾祭歐陽文忠公文。

〔五四〕又書：見尺牘卷一，題作『上李相國（同治十年）』。

〔五五〕害：尺牘作『灾』。

〔五六〕驛：尺牘作『駬』。

〔五七〕天皇……前眉而：十七字底本脱，今據深州風土記金石上校補。

〔五八〕汝綸：底本諱作『某』，今據深州風土記金石上校改。

〔五九〕汝綸：底本諱作『某』，今據深州風土記金石上校改。

〔六〇〕公牘：尺牘題作『禀修理樂舞請將肄習各員作爲佾生由』。按所引尺牘、公牘文字多爲節引。下同不注。

〔六一〕載：尺牘作『歲』。

〔六二〕塤：底本訛作『損』，今據尺牘校改。下同不注。

〔六三〕於：底本訛作『餘』，今據尺牘校改。

〔六四〕動逾旬日……購造樂器：底本脱此二十九字，今據尺牘校補。

〔六五〕無論文字工拙：底本脱此六字，今據尺牘校補。

〔六六〕額内：底本脱此二字，今據尺牘校補。

〔六七〕與李采臣廉訪：吴汝綸全集尺牘輯佚（以下簡稱『尺牘輯佚』）據此輯録。

〔六八〕藉：尺牘輯佚改作『籍』。按二字通。

〔六九〕學使者……樂舞曠廢：見深州風土記卷四學校。

〔七〇〕廢：底本訛作『義』，今據賀濤吴先生行狀校改。

〔七一〕廣：底本訛作『庋』，今據吴先生行狀校改。

〔七二〕垂：底本訛作『卒』，今據吴先生行狀校改。

〔七三〕之：底本脱，今據吴先生行狀校補。

〔七四〕者：底本脱，今據姚永概吴先生行狀校補。

〔七五〕浸：底本脱，今據吴先生行狀校補。

〔七六〕咸豐兵燹以後乃盡耗矣：底本脱，今據吴先生行狀校補。

〔七七〕於是：吴先生行狀作『錢公曰子之言然』。

〔七八〕贈鏜詩：李剛己先生遺集卷一題作『懷凱臣二首』之二。

〔七九〕晨行二十三里：日記游覽無此六字，底本蓋别有所據。下同不注。

〔八〇〕云皇上行宫……之盛也：底本略此五十九字，今據日記游覽校補。

〔八一〕二十八日：日記游覽無此四字。

〔八二〕且驗中堂宿處：底本脱，今據日記游覽校補。

〔八三〕何君之僕爲覓相導：底本脱，今據日記游覽校補。

〔八四〕守陵者謂：底本脱，今據日記游覽校補。

〔八五〕裕陵：日記游覽無此二字。

〔八六〕尤：日記游覽無此字。

〔八七〕山：日記游覽無此字。

〔八八〕包：底本脱，今據日記游覽校補。

〔八九〕出興隆口五里……未果行：日記游覽未載。

〔九〇〕三月初一日：本條見日記制行。

〔九一〕初二日：日記未載本條。

〔九二〕初二日……三月十四日：日記未載此四條。

〔九三〕上李相：尺牘輯佚見輯。

〔九四〕畢：尺牘輯佚作『事』，蓋誤。

〔九五〕辭蘇撫張中丞樹聲之聘：尺牘輯佚題作『上張中丞樹聲（癸酉九月十五日）』。

〔九六〕壞：尺牘輯佚改作『抔』。按義同，無需改字。

〔九七〕惟：尺牘輯佚改作『唯』。按義同，無需改字。

〔九八〕賢哲：尺牘輯佚改作『賢者』。按無需改字。

〔九九〕惟：尺牘輯佚作『唯』。按無需改字。

〔一〇〇〕答汪毅山觀察：尺牘輯佚見輯。

〔一〇一〕答黎蒓齋：尺牘輯佚見輯。

〔一〇二〕隳：尺牘輯佚臆改作『墮』。

〔一〇三〕謀：尺牘輯佚臆改作『課』。

〔一〇四〕答李少郇：尺牘輯佚見輯。

〔一〇五〕覆李相：尺牘輯佚作『復李相（癸酉十二月二十三日）』。按『覆』屬臆改。

〔一〇六〕侍：尺牘輯佚臆改作『傳』。

〔一〇七〕若：尺牘輯佚臆改作『由』。

〔一〇八〕閏月：光緒二年閏五月。

〔一〇九〕十八日……宿瓜步：日記品藻將本日與十九日合并爲一天。

〔一一〇〕門：日記品藻作『户』。

〔一一一〕董君墓銘：吴汝綸全集文集題作『高郵董君墓志銘』。

〔一一二〕中丞留飯：桐城吴先生日記時政作『見張振軒中丞，中丞留飯』。

〔一一三〕沈制軍覆奏左相借洋債千萬兩疏議：見沈葆楨沈文肅公政書卷六，題作『籌議出關餉需礙難借用洋款摺(光緒二年正月三十日)』。

〔一一四〕左奏：見左宗棠全集奏稿六，題作『復陳借用洋款并催解協餉摺(光緒二年二月二十一日)』。

〔一一五〕李相奏深州義學事：見李鴻章全集奏議七，題作『深州義學地畝并無收入州署摺(光緒二年四月二十七日)』。

〔一一六〕墓表：見吴汝綸全集文集，題作『從兄鄆城知縣吴君墓表』。吴闓生箋證：『康之名寶三，公從兄也。』

〔一一七〕閏月：光緒五年閏三月。

〔一一八〕與兄弟：尺牘輯佚見輯。

〔一一九〕與熙甫：尺牘輯佚見輯。

〔一二〇〕與兩弟：尺牘輯佚見輯。

〔一二一〕我：尺牘輯佚改作『吾』。

〔一二二〕勢：尺牘輯佚訛作『勢』。

〔一二三〕請建鐵路疏：見日記時政，題作『亟宜籌造鐵路以圖自强摺』。吴闓生按云：『此疏先公創稿，今謹編入日記中。李文忠有復議疏，見本集。此疏光緒六年庚辰十一月所上也。』按劉銘傳文集卷二亦收録本疏，題作『籌造鐵路以圖自强摺(光緒六年十一月初二日在京發)』。

〔一二四〕附記於此足知開化之難也：關於此次議建鐵路始末及李慈銘之看法詳參李慈銘荀學齋日記乙集下光緒六年十二月二十二日日記。

〔一二五〕與王晉卿：尺牘輯佚見輯。

〔一二六〕爾雅注蟲魚定非磊落人：見韓愈讀皇甫湜公安園池詩書其後二首之一。

〔一二七〕專己守殘而妒道真：漢劉歆移書讓太常博士作『專己守殘，黨同門，妒道真』。

〔一二八〕皆：尺牘輯佚脱此字。

〔一二九〕尚書説：蓋指吴汝綸所作尚書故三卷，有光緒三十年桐城吴先生全書本。

〔一三〇〕上李相：尺牘輯佚見輯。

〔一三一〕二十八：尺牘輯佚改作『廿八』。

〔一三二〕惟：尺牘輯佚改作『唯』。

〔一三三〕與趙君堅：尺牘輯佚見輯。

〔一三四〕苦：尺牘輯佚訛作『若』。

〔一三五〕亦：尺牘輯佚訛作『我』。

〔一三六〕與趙君堅：尺牘輯佚見輯。

〔一三七〕間：尺牘輯佚改作『聞』。

〔一三八〕與趙君堅：尺牘輯佚見輯。

〔一三九〕與劉薌林：尺牘輯佚見輯。

〔一四〇〕窒：尺牘輯佚臆改作『障』。

〔一四一〕衛：尺牘輯佚訛作『渭』。

〔一四二〕上張振軒制軍：尺牘輯佚改作『上張制軍』。

〔一四三〕已：尺牘輯佚臆改作『以』。
〔一四四〕答張季直：尺牘輯佚見輯。
〔一四五〕隽：尺牘輯佚改作『俊』。
〔一四六〕與吴小軒軍門：尺牘輯佚見輯。
〔一四七〕與丁雨亭軍門：尺牘輯佚見輯。
〔一四八〕與張季直：尺牘輯佚見輯。
〔一四九〕王：尺牘輯佚訛作『五』。
〔一五〇〕答張季直：尺牘輯佚見輯。
〔一五一〕與李佛生：尺牘輯佚見輯。
〔一五二〕與周玉山觀察：尺牘輯佚見輯。
〔一五三〕面：尺牘輯佚訛作『雨』。
〔一五四〕與張廉卿：尺牘輯佚見輯。
〔一五五〕與蕭廉甫：尺牘輯佚見輯。
〔一五六〕箄：尺牘輯佚訛作『箋』。
〔一五七〕污：尺牘輯佚訛作『迂』。
〔一五八〕掘：尺牘輯佚訛作『振』。
〔一五九〕上寶相國：見尺牘卷一。
〔一六〇〕魯直：尺牘作『黄魯直』。
〔一六一〕答程曦之：見尺牘卷一。
〔一六二〕欲：尺牘作『願』。

〔一六三〕深恐造物怪多取：蘇軾詩集作『但恐造物怪多取』。

〔一六四〕徹：尺牘作『檄』。

〔一六五〕僕：底本缺，今據尺牘校補。

〔一六六〕有書：該書張裕釗文集及論學手札均未見載，底本當另有所據。

〔一六七〕與王晉卿：尺牘輯佚見輯。

〔一六八〕二十：尺牘輯佚改作『廿』。

〔一六九〕捕：尺牘輯佚訛作『撲』。

〔一七〇〕悵：尺牘輯佚訛作『恨』。

〔一七一〕與潘藜閣：見尺牘補遺。

〔一七二〕答王鼎丞方伯：見吴汝綸全集尺牘補遺。

〔一七三〕答博野令孫筱坪：見尺牘補遺。

〔一七四〕與張廉卿：見尺牘補遺。

〔一七五〕范贈詩：見范伯子詩文集卷三，題作『摯父先生出行野四日不歸極望成詩』。

〔一七六〕門：摯父先生出行野四日不歸極望成詩作『城』。

〔一七七〕蜾：摯父先生出行野四日不歸極望成詩作『蠃』。

〔一七八〕我與君亦暫不餓：底本脱，今據摯父先生出行野四日不歸極望成詩校補。

〔一七九〕與戴孝侯：見尺牘補遺。

〔一八〇〕聞：底本脱，今據尺牘補遺校補。

〔一八一〕與范銅士：見尺牘補遺。

〔一八二〕蓋：尺牘補遺作『盡』。

〔一八三〕上寶相國：尺牘輯佚見輯。

〔一八四〕兼懷濟物不嬰垢氛：謝康樂集述祖德詩作『兼抱濟物性，而不纓垢氛』。

〔一八五〕廣武之嘆：即『廣武嘆』。三國志魏志阮籍傳『官至步兵校尉』句，裴松之注引晋孫盛魏氏春秋云：『（阮籍）嘗登廣武，觀楚漢戰處，乃嘆曰：「時無英才，使豎子成名乎！」』後以喻懷才不遇。

〔一八六〕書：吴汝綸全集尺牘輯佚作『劣』。

〔一八七〕曰：賀先生文集冀州開渠記作『名』。

〔一八八〕導：賀先生文集作『道』。

〔一八九〕以惠一方：賀先生文集無此四字。

〔一九〇〕弊：賀先生文集作『敝』。

〔一九一〕北：底本脱，今據賀先生文集校補。

〔一九二〕銀：賀先生文集作『白金』。下同不注。

〔一九三〕深州：賀先生文集略作『深』。

〔一九四〕工：賀先生文集略作『功』。

〔一九五〕爲：底本脱，今據賀先生文集校補。

〔一九六〕僻：賀先生文集略作『辟』。

〔一九七〕與王逸梧同年：尺牘輯佚見輯。

〔一九八〕與張竺生：尺牘輯佚見輯。

〔一九九〕廉卿先生來書：見胡宗照署張廉卿先生論學手札，時間爲光緒十一年四月晦。

〔二〇〇〕最所厚期：底本脱，今據張廉卿先生論學手札校補。

〔二〇一〕又：張廉卿先生論學手札作『復』。

〔二〇二〕一：衍文。按張廉卿先生論學手札無此字。

〔二〇三〕答張廉卿：見尺牘卷一。

〔二〇四〕言：尺牘作『説』。

〔二〇五〕曲：尺牘作『詘』。

〔二〇六〕汾阿：郭茂倩樂府詩集作『汾之阿』。

〔二〇七〕如此：尺牘作『疑如此』。

〔二〇八〕廉卿來書：見張廉卿先生論學手札，時間爲光緒十二年四月十三日。

〔二〇九〕神：張廉卿先生論學手札作『氣』。

〔二一〇〕答孫筱坪：見尺牘卷一。

〔二一一〕永清縣志：尺牘作『永清志』。

〔二一二〕當：尺牘作『尚』。

〔二一三〕與王逸梧：見尺牘卷一。

〔二一四〕經解：即王先謙纂輯之皇清經解續編。

〔二一五〕少：尺牘作『以』。

〔二一六〕與賀松坡：見尺牘卷一。

〔二一七〕箋：尺牘作『紙』。

〔二一八〕與姚慕庭：見尺牘卷一。文字有删節。下同不注。

〔二一九〕前：底本脱，今據尺牘校補。

〔二二〇〕某欲成此舉……以復范公：尺牘未載此九十一字。

〔二二一〕其父子兄弟間……詩文中：尺牘此十六字置於『范叟蓋一老儒』前。

〔二二二〕使某無辭以謝范氏：底本脱，今據尺牘校補。

〔二二三〕當：尺牘作『尚』。

〔二二四〕與康樂：尺牘輯佚見輯。

〔二二五〕惟：尺牘輯佚改作『唯』。

〔二二六〕唁李玉度兄弟：尺牘輯佚見輯。

〔二二七〕與詒甫：尺牘輯佚見輯。

〔二二八〕上李相：尺牘輯佚見輯。

〔二二九〕差用上慰廑注……漫决不同：尺牘輯佚脱此二十五字。

〔二三〇〕與景翰卿：尺牘輯佚見輯。

〔二三一〕囹圄半空：明楊士奇恤旱：『亢陽三月餘，詔下寬刑獄。囹圄半空虚，甘霖稍霑足。』

〔二三二〕與張廉卿：尺牘輯佚見輯。

〔二三三〕於：底本及尺牘輯佚均脱，今據王逸楚辭章句哀郢『美超遠而逾邁』注校補。下『之』同。

〔二三四〕孔剛介碑：見文集卷一，題作『福建臺澎道剛介孔公碑銘』。

〔二三五〕與孔亦愚：尺牘輯佚見輯。

〔二三六〕與詒甫：尺牘輯佚見輯。

〔二三七〕與詒甫：尺牘輯佚見輯。

〔二三八〕與史光普：尺牘輯佚見輯。

〔二三九〕與潘蓺亭軍門：尺牘輯佚見輯。

〔二四〇〕傷哉：尺牘輯佚脱此二字。

〔二四一〕與張廉卿：尺牘輯佚見輯。

〔二四二〕孔叙仲文序：見文集卷一，題作『孔叙仲文集序』。

〔二四三〕祭蕭太守文：見文集卷一，題作『祭蕭君廉甫文』。

〔二四四〕與孫海岑：尺牘輯佚見輯。

〔二四五〕與張廉卿：尺牘輯佚見輯。

〔二四六〕與吴先生書：本書及下引『又書』，均不見濂亭文集及論學手札，底本當另有所依。

〔二四七〕與詒甫：尺牘輯佚見輯。

〔二四八〕與詒甫：尺牘輯佚見輯。

〔二四九〕與姚仲實：見尺牘卷一。

〔二五〇〕馬揚：尺牘作『揚馬』。

〔二五一〕有所變而後大：見姚鼐劉海峰先生八十壽序引周永年語。

〔二五二〕執聖之權：見皇甫持正集卷六韓文公墓志銘。

桐城吴先生年譜卷二

十五年己丑（一八八九），公年五十歲。

正月十六日，弟熙甫卒於官所。

熙甫，生於咸豐三年癸丑，享年三十七歲。公有祭弟文三首〔一〕，賀松坡有吴熙甫先生墓表〔二〕。又行狀云：『先生友于兄弟。伯兄病，屏去僕役，躬執煩辱。季弟病羸，服食藥餌，必具必精。茍可以娱其意，竭才力爲之。得閑，則守視不去。積十餘年不怠。叔弟官山東，亦多病，先生時在保定，歲走千里往省之。』『兄弟没，孤寡皆依焉。』

二月二日，卸冀州任。

十三日，挈家由新開之河航行，過天津。

二十五日，抵保定蓮池書院。

是日，詒甫卸汶上任。

三月十五日，答張廉卿〔三〕云：

前在冀州接手書，未及奉復。昨至保定，又接都下轉遞續示，敬悉還鄂後動止佳勝，德望彌崇，至慰跂〔四〕慕。弟别後方以得遂私志爲喜，詎料門祚頓衰，七舍弟久病不愈，竟以正月十六日去世；五舍弟承乏汶上，頗聞輿頌，上官輒令還省，昨二月二十五日解印矣；從兄康之任鄆城，今亦以子死乞休。數月之間，人事變遷如此！他皆不甚關慮，獨七舍弟清才至性，皆非今代所有，遽爾殂逝，傷痛不可爲懷。門中向少歡趣，惟兄弟相守，以爲至樂。頓遭此變，折臂偏枯，不足喻此悽楚，猶復强顔酬對，苦不可言。五舍弟方鬱鬱而不得志，至今不敢訃告，恐其憂憂相接，更生灾咎，每書來必問疾狀，吾竟無以答之，此哀更無可告訴也。冀州以二月初二日授代。十三日，挈孤幼就道，過津郡。二十五日，抵保定。眷累四十餘口，老荒寡學，愧此皋比。三月初五日補齋課，昨已出榜。時文或尚能了，古課則極盛之後，無能爲役矣。

四月，弟詒甫來保定省問。

十一日與景翰卿〔五〕云：

五舍弟聞七舍弟之喪，千里奔視，相見悲痛，非人所堪。渠亦自抱疾恙，某亦新得咳血之病，兄弟相守，彼此隱憂，都無歡趣。此間書院、園亭之樂，全省所無，弟以冀州易此，真乃舍鼠穴而歸康莊也，此近日一勝事耳。

二十一日，答馬月樵〔六〕云：

聞講求宋賢義理之學。弟前在都時，倭、吴諸公當道，都中理學成市，弟頗厭之。及再入都，則諸老凋謝，求一理學而不可得。故有志之士，學不爲人，當爲於衆人不爲之時，乃可貴耳。

今則都中貴人以小學、金石、考訂爲號，趨者魚鱗雜襲，執事乃退藏於密，歸依宋賢，可不謂豪傑特立不惑之士歟？尚望博通載籍，以矯理學空疏之失；貫通大義，不涉近人瑣碎之藩，終爲命世偉人，可以副見慕之徒區區私望。

五月十三日，上李相〔七〕云：

某自二月二十五日抵保定，應酬部署。於三月初五日補二月齋課，十五日加考古課，二十二日考三月齋課，直至四月十五日始行閱畢。書院規矩，自李鐵梅先生以後，皆習爲寬縱，官、齋兩課，從無扃試之事。某改於齋課日，親率提調，扃門堅試，竟一日之長，以二更爲度。諸生均恪守規矩，寂静不喧，未至二更，均已納卷出場，足見北方士習之善，迥非南省所及。書院藏書頗富，尚恨説部多而集部少，古今名集流傳益希，良由高才競尚口耳之學，述作之才漸少故也。此間諸生爲古學者已有數人，造詣頗不凡近，恨經費過少，不足以養育成就之。爲舉業者，講求未精，科第減色，緣官課各署取舍不同，而齋課每次獎銀共止八兩，又不足示鼓勵。凡書院振興，舍寬籌經費，蓋無他法。若令齋課今古二塗，每歲共增千金，在通省公款所省有限，而諸生受益無窮，人才必有起色。若徒守舊來規模，難望成效，爲師者亦深慚尸素也。大約蓮池培養士子之費，尚不及冀州耳。

〈五月〉十四日，答施均父〔八〕云：

惠示文字懿美，期待良厚。某在官時，先生詒書勖以吏事；退休，則先生勖以文事。先生之〔九〕交友，何其近似古人邪？抑某不能爲吏，病而求息；始衰之年，迫以憂患，廢棄書册，自同農圃。聞先生高論，怵驚心魄，茫然不自知身世之何歸。愧負，愧負！來示〔一〇〕『文字』『愁苦』『易好』，『能自制感憤不平之氣，一出於和平，視學道之所至』。亮哉斯言！非世士之所與知也。抑有又〔一一〕難者，文字工拙，别有能事，能者居富貴而聲益閎〔一二〕，不能者在貧窮而氣愈餒。是故愁苦之遇，耳目所常接，而文之好者，曠代不一逢，其亦各視其人之自處而已。愁苦而感憤，動爲『嘆老嗟卑』之詞，否則睥睨一世，駡譏笑侮，無所不至。自以爲獨出冠時，追古人而相與唯諾，而不知其鄙陋殊甚，有道君子所深恥也。然竊觀自古文字佳者，必有偏鷙不平之氣，屈原、莊周、太史公、韓昌黎皆是物也。昌黎至特爲一書以昌言之，以爲『物不得其平則鳴』。彼其感憤，視世之褊衷者，雖有淺深大小之不同，要不得謂爲和平之音，彼其於道，豈皆概乎未有聞哉？有宋儒者，舍文而言道，道則是矣，而文乃疲苶而不可復振，此又何説也？某少不自力，今忽忽將老，而胸中茫無一得，自揣不復能追扳曩賢，將爲君子之棄矣。先生道德滿衍，尤潛心於千秋大業，方追取世資，究極當世之用，必有迭起鬥進、紛紜乘除之變，接於心而决於氣者，冥然若失，而一發之於文，將李習之所云『文、理、義三者兼并〔一三〕』，惟於執事是望，勉卒〔一四〕所業以副夙期。幸甚！案施名補華，歸安人，時官山東道員。

公自是年始，每入冬季，即將書院課卷，先期檢閲，單車赴山東，省弟詒甫於官所，舉公私事悉爲料理，春後乃還保定，歲以爲常，迄汶上君之殁不變。答姚錫九詩〔一五〕云：『從今歲歲治行具，爲采風謡券兩賢』，即謂是也。

十六年庚寅（一八九〇），公年五十一歲。

正月十日，汪夫人卒於保定。案汪夫人生於道光丙申正月五日，享年五十五歲。

日記：『十二日電信：汪宜人亡於正月初十日。二女失母，甚思之。』案時公在濟南。汪夫人生四女，長、次已嫁，故云『二女』。

四月二十三日，與王晋卿〔一六〕云：

在冀州時，接到蜀後惠書，是年秋試時，曾肅一函，托王用儀在京轉寄，其函内并封有施均父所刻詩集〔一七〕及奉寄書函。用儀向來辦事結實，吾以此函爲必可到矣。用儀試後以疾歸，未幾作古。又數月，某亦乞病去冀州；七舍弟又在州殞逝；五舍弟補官汶上，又以解任閑居；弟到蓮池，疲於校閲，視在官爲尤苦，諸友書札，往往不報。八月至冀州，扶亡弟之喪至天津，附輪船南去，弟即由津至濟南省視五舍弟。在濟南留連數月，頗與施均父往來。讀其未刻之詩，視已刻者更進，方勸其續刻〔一八〕，而均父入都展覲。今年正月，五舍弟奉檄回任，弟遂隨至汶上，小住兼旬，比歸保定，已及閏月。此兩月中，校閲之疲，過於去歲，曾不能伏案一理舊業。年過五十，每日竟不能多作事，以精神才力，事事遲鈍也。山東來書，謂均父出都，甫還濟南，遽已作古，殊可痛悼！當今詩才，如此人者甚稀也。曾劼侯近亦薨逝，尤爲天下惜之。案此書，尺牘不載，今從晋卿家鈔得，補入。

十七年辛卯（一八九一），公年五十二歲。

公解官時，即薦范肯堂於李相，爲其子經邁課師。肯堂是年二月始到天津。

四月十日答范肯堂〔一九〕云：

前接傅相書，深以得名師爲幸。旋接來示，敬悉賓主款洽。傅相英雄人，最善待士。世人往往謬議，正坐未見事耳。吾爲執事作合，乃自揣文學不足以闡揚傅相志業，將以千秋公議，付之雄筆紀載，以正後來穢〔二〇〕史，不區區爲目前計也。

七月十四日，答馬月樵〔二一〕云：

承惠寄近溪語要。弟向未涉獵宋明儒者之藩籬，今讀是書，未能窺測深處。近儒擯絶姚江，愚意常疑其過。執事乃欲提唱絶學，其用心固自超越流俗。敬佩，敬佩！

十八年壬辰（一八九二），公年五十三歲。

九月二十六日，答余壽平〔二二〕云：

前聞皖中議創古學書院，撫軍、學使倡率捐輸，某用爲私喜。誠見中興以後，各省皆有學古之士，獨皖中頗希，亦從無先輩接引，誠恐淮堧武節，極盛難繼，一傳之後，闃其無人。今得大吏振臂一呼，不難風雲協應。此書院若成，則後來才俊，日起有功，出則蔚爲國華，處則教授徒友，吾皖人士不恚不蒸蒸日上，爲恚不可勝言。往年弟嘗勸合肥師相倡辦此事，師相意不在此，而漫謝以山長難得。今武昌張廉卿，海内碩儒也。在鄂不合，流轉襄陽。今聞將有入秦之舉。此君年七十而入關謀生，蓋亦無術自給，出此下策。弟昨謀之南中舊游，意欲糾合十餘人，人出百餘金，延此公入皖，以爲鄉里後進師表，則文章之傳，當復有寄。區區愚見，竊謂時局日棘，後來之變，未知所底，帖括之學，殆不足以應之。將欲振興人才，弘濟多難，自非通知古今，涵茹學識，未易領此。不佞日夜念此至熟也，因〔二三〕敢誦所聞見，仰達左右，倘不見爲〔二四〕迂闊否？

同日，與吳季白〔二五〕云：

此間有友人得劉仲魯書，謂張廉翁已定入關。前日冀州人來携有賀松坡致同州府一書，屬爲轉遞。詢其書中何事，則云『張會叔有書，屬松坡爲渠父謀同州書院』，據此則秦中尚無遺席以處廉卿也。弟擬日内作書致廉卿，告以吾皖人欲延聘之意，并勸勿入秦，未識有當否？張廉卿之文，必傳於後，今世人不知之，後世必有揚子雲能知之也。今人多講口耳之學，故自與爲异趨耳。文章自有真傳，廉卿死則廣陵散絶矣，區區之意所爲必欲羅而致之皖中也。

十月三十日，與范肯堂〔二六〕云：

昨閣鶴泉檢討來，據云孟紱臣與直隸諸公商定，欲爲某請加京銜，殊可駭怪。彼謂議發之師相，吾竊料其不然。吾事師相數十年，師相待我向不如是之淺。如當道諸公嫌我官職下，不堪任此講席，則我可即日辭去，又何必作此等轉折？案『請加卿銜』實出李相之意，後喻兒書亦言之。公此等氣節，凛然不顧一切，處他人不能爲也。又案當時公與范公書皆送呈李相，此書所談，無异與李相面争也。往年天津道吴香畹保我一知府銜，吾聞面辭，香畹謂『文牘已詳院矣』。吾乃至幕府，請景翰卿調查此件文牘來，吾自將賤名删除。其後在冀州勸賑，胡雲楣觀察又議定列獎。吾度不可辭，乃怒激之曰：『君豈欲收我爲門生邪？』胡公乃已。此皆在官時事。豈有在官不欲加銜，去官處館，反須加銜之理？若云賓主不稱，亦未聞主人延賓，必求與己敵貴之人。今師相貴極人臣，又安所得一貴極人臣者爲之賓哉？鶴泉佳士也，聞吾言乃笑曰：『吾竊料其不可，當作書告紱臣尼止之。』據此，則此議當可中寢。萬一不能中寢，則吾惟有棄館而逃之一法，吾豈爲汪仲伊、崔岑友哉？執事知我，尚望設法勸止此事，勿遽逐我遠去也。

十一月十一日，答許仙屏河帥〔二七〕云：

某少不努力，老而百無一成。曾文正門下，乃有駑下如某者，豈不慚負聖師期待乎？來示述往年文正見愛語，文正當日，固不料某了無成就如此也。今雖欲勉踪古人，而年過五十，精力有退而無進，殊用自傷。命撰梁淑人墓志〔二八〕，頃始匆匆脱稿，文筆蕪陋，不足發明淑行，不必果用上石也。

十九年癸巳（一八九三），公年五十四歲。

三月二十三日，答賀松坡〔二九〕云：

得手柬并寄示所爲論左傳〔三〇〕一首。其謂左氏書但『紀述』事始末，而未嘗爲之條例，以解詁春秋之文，其條例而解詁之者，『淺學自喜者之所爲』也。此誠卓識閎議，鄙人私蓄此疑於胸臆久矣。往與張廉卿論鄭莊克段〔三一〕篇，廉卿摘文中『段不弟』數語，謂爲飛鴻點雪。僕以漢人謂左氏不傳春秋，若開宗明義便如此云云，則愚人亦知爲春秋傳矣。蓋嘗疑之而未敢信也，今得大論，爲之一快。凡此〔三二〕於文中增竄語言者，蓋不可一二數。史記載華元饗士，『其御羊羹不及』。古以『斟』爲『羹』，『羊斟』爲『羊羹』，而非御者之姓名甚晰。今左氏乃有『君子謂「羊斟」非人也』等說，此必經師講論時，有疑『羊斟』爲人者，而其師知『斟』之爲『羹』，故曰『「羊斟」非人』。豈知後之淺者，入此語於左氏書中，而庚續之以『私憾〔三三〕』『殄民』云云者哉？此與鄭莊克段篇，皆文中攙雜膚受淺説，尤爲謬亂，恐全書中此類尚多，尤能疑誤後學，安得如執事者一一辨白而删薙之，如柳子厚之於國語，豈不快哉！至謂其事出於劉歆，則愚心尚未敢附和。歆雖引傳文解經，略如費氏之於易，未必遽有移易竄改。杜元凱序稱『劉、賈、許、潁』，劉、杜相去二百餘年，劉所爲書，杜猶及見之，若果改易左氏本書，杜豈不知，而顧從而阿順之，曾不一爲致疑而辨諍之，尚得爲左氏忠臣哉？僖五年正月，『視朔』『登觀臺〔三四〕』『書雲物』，羼入晉殺太子申生文中，使與前年所書事離絶不屬，其爲後人攙入者無疑，而漢書已引之。其他釋經條例，或在歆前，或在後，今殆無能確證。要之，非左氏本然，此可決知者。劉子駿學術故自淵懿，孟堅蓋深服之，於其父子間議論異同，時時右子駿。觀所爲讓太常書〔三五〕，其毅然自守，嗜古而嫉俗，豈非真知古今閎博大雅之君子哉！班氏愛其文學，而惜其附莽，斯其爲不隱惡、不虚美之信史，非如後君子惡其爲人，則虚加之以惡名，而詆誣之以本無之事，若望溪之以周官爲劉歆增竄者，則尤爲無實不根。一人之臆説，不足引爲深據也。鄙見如此，未識有當否？有异同，可相違覆。

六月二十六日，與川東道張藹卿〔三六〕云：

往年諈諉，以先靖達公碑文〔三七〕見托，豈敢以不文辭？但執筆爲當代偉人作碑，深懼才力薄弱，不足揄揚萬一，有負執事之盛意〔三八〕，以此遲久不爲。令弟翰卿觀察傳述盛意，敦促速構，某不敢再延，謹依尊撰行狀以爲藍本，草草成文。昔人謂太史公書，其所據依采摭皆高文，故易佳。某譾劣，何敢自同昔人？獨所采摭，則史公底本殆無以遠過，是爲私幸耳。文成經年，尚以草稿未定，遲久不上。昨經檢閲原稿，稍稍更定，謹録稿呈教，伏候卓裁是正。蜀中相知甚希，求代抄二分，一以示黎蒓齋觀察，一以示王晋卿大令。均求一言評定，勝千里面談也。

二十年甲午（一八九四），公年五十五歲。

七月二日，與范肯堂〔三九〕云：

病中成淮軍昭忠祠記〔四〇〕一首，自知漫率不成文，通伯頗有議删之處，兹録稿呈政，務望痛加改削。海上多事，而吾輩乃從容而議文事，真乾坤腐儒也。前議光禄碑，容遲再奉復。相公此時軍國事重，吾此二文但成稿，俟事小定再獻上耳。日本此次争高麗，蓄謀已久，特乘俄人鐵路未成時發難。俄路成，則日本無可措手。日本得之，則俄必拱手分地，而吾國大勢去矣。高麗不能立國，無愚智皆知之。往年黎蒓齋在英時，吾曾寄書蒓齋，謂越南、高麗皆當改爲内藩，遣督撫治之，否則必爲他人所得。黎復書服吾論爲英偉，而亦不敢堅持也。高麗亡久矣，此二十〔四一〕年來，賴相公經營保全之，是以彌留不絶。今難以虚聲守矣，詔旨詰責，言路糾彈，相公唯有忍辱負重，支此危局耳。

八月朔日，答姚叔節〔四二〕云：

静潭垂愛至深，來書代籌鄙况，欲令自謀皖中講席。吾此席已屬自薦，豈可屢以毛遂自處？自堅辭李相幕府，當時已有始終相周旋之説，李相無謝客之意，某亦不便恝然。緣李相知待已深，未宜掉臂徑去。此區區師友之愛，非眷戀此鷄肋也。

〈八月〉十六日，與賀松坡〔四三〕云：

惠示祭廉卿先生文〔四四〕，矜練縝密，氣甚遒邁，祭文中能品也，謹評識附還。廉翁葬秦中，聞與横渠墓相近，可謂得地。將必思爲一文，頃尚未落筆，大作出，亦使吾閣筆也。

二十日，答范肯堂〔四五〕云：

近日内意似不信人，想師相意緒不能佳，竊謂此等皆在意料之中。豪傑當事任，惟有不顧是非、福禍、利害，專力於吾所能爲而已。獨惜國論如此，決無勝敵之理。舉朝憒憒，將有石晋之禍耳。曹子建云：『權家雖愛勝，全國爲令名。』惜乎今之議者不能通此義也！

二十五日，答張筱傳〔四六〕云：

東邊〔四七〕生事，吾内外异議，似非『師克在和』氣象。台端以爲『宜添大枝水師，購鐵艦二十隻，需款二千萬，需時二十〔四八〕年』，誠爲篤論，無如朝中不能知此。大率景延廣之流，將以『十萬横磨劍』自許，宜其於前敵情形隔閡也。近聞平壤失陷，左軍傷亡；海軍血戰於鴨緑江，彼此戰艦，皆有傷損。此後戰事，恐無休時，勝之不武，敗則不可收拾矣。此漆室所爲隱憂也。

二十七日，與詒甫〔四九〕云：

朝中不信李相，頗有意摧折之，幸太后尚倚重耳。然軍事棘手，君臣之間，亦在危疑。李相心緒不佳，吾與之情誼素深，雖不在位，亦不宜恝然漠視。擬九月初至津一見，并在彼小住數日,以示綢繆之意。歸後再挈子侄到汶。

手示并惠寄卷册〔五一〕,敬當襲藏珍貴。執事高文碩學,傾動公卿已久。此次褎然舉首,盛流折服,非取勝臨時者可比。聞始立朝端,便有藜藿不采之望,軍國重要,動見咨訪,公才公望,殆將兼之。獨時局益難,人才日少,識時俊傑已不多覯,弘濟偉略未見其人,未來之變不可勝窮。公名位日高,則所處將日難耳。

九月二十六日,與張季直〔五〇〕云:

答黎蒓齋〔五二〕云:

近十年來,自揣不能爲文,乃遁而説經,成書、易二種。説書用近世漢學家體制,考求訓詁,一以史記爲主。史記所無,則郢書燕説,不肯蹈襲段、孫一言半義。當其得意,亦頗足自娱,不知其爲『爾雅蟲魚〔五三〕』之戔戔也。廉卿見而善之,名之曰『尚書故』。其説易則用宋元人説經體,亦以訓詁文字爲主,其私立异説尤多。蓋自漢至今,無所不采,而亦無所不掃。此書成於廉卿别後,未嘗示人,人亦恐不謂然也。此皆經生結習,不足上告知己,所以嘵嘵者,要令故人知我無志於文,乃别出他塗以自溷耳。

二十一年乙未(一八九五),公年五十六歲。

閏六月朔,與范肯堂〔五四〕云:

讀來示并寄秋門書，知將北渡，復托辭以歸。鄙意殊未謂然。執事去年南歸，其時後事不可知，蓋受人托孤重寄，去就不宜太經。若緣世人譏訕，則『流言止於智者』。雖在近親密友，尊聞行知，各有所守，不必同也。且與人交分，豈得當群疑衆謗之際，隨波逐流，掉頭徑去哉？吾謂台從仍以北來爲是，非徒吾二人歡聚有私快也。案范公館於李氏，甲午之役，李相有決死之志，以其子托范，所謂『受人托孤重寄』也。范與陳三立伯嚴結昏，以其女嫁伯嚴子師曾。伯嚴之父陳寶箴右銘，深恨李相，必令范去李氏，公固留之不能得，故有『近親密友不必同』云云。時李相已離任，右銘來爲直藩，遂有與公面争之事。

十一日與陳右銘方伯〔五五〕云：

頃承枉過，引與談説近事，至爲榮幸。鄙論創立海軍在醇邸既出之後，欲證二王進退，發自〔五六〕清議，未論李相是非也。執事遽有『孝子』『慈孫』等説，聲色俱厲，傍觀錯愕。某深知執事忠憤勃鬱，痛恨國恥，積不能平，有觸即〔五七〕發。但聲色加人，施之敵以上，則爲氣節，爲正色不撓；施之敵以下，則爲嫚駡。若某者，以退休下吏，留滯此土，又不自揣量，僭與諸公分庭抗禮，非荷優容，何敢忘分攀附？跧伏草野，於世事多不通曉。尊論謂不佞『以濁流自處』，亦殊不然。近來世議，以駡洋務爲清流，以辦洋務爲濁流。某一老布衣，清濁二流皆擯棄不載，頃故以『未入流』解謝也。前接范肯堂信，謂執事甚知不佞，异日去留，當爲執事稍一躊躇。肯堂知某以家事將謀南歸，故來書及此。士伸知己，聞此亦爲氣王。某雖皖人，未受李相薦舉，其來直隸補深州，乃曾文正所成就。丁憂服闋，例補冀州，則李相疏題耳。然竊觀李相措注，無甚刺謬，若國勢積弱不振，殆非一人之咎。私懷此議已久，要未敢輒陳於執事之前者，以其爲不入耳〔五八〕之言也。某自〔五九〕少孤立，無先達相知攀聯於時，生平知遇，前惟曾文正，後惟李相。今雖外議籍籍，某誠不能隨衆波靡，爲吹毛之譏訕。但已退之人，無心富貴，豈復作權門之孝子順孫哉！案此語激射陳氏。謬據此席，久慚忝竊。若執事因憤恨吾國敗辱之恥，積怨李相，無所發怒，遷怒不佞，則某竊知罪矣。請從此辭，遲速〔六〇〕唯命。

十二日答陳右銘〔六一〕云：

昨奉上一書，惶悚待命，深以見棄君子爲懼。頃承來教累紙，反復開示，一豁蓬心，至爲佩仰。某此次北來，實以獲侍大教爲喜，豈肯遽思離索？前函所稱『請辭』者，深恐以黨護李相見擯賢哲，不如早自迴避，不謂執事不欲以居停自處，乃有薄人於險云云也。執事以『小丈夫』自謝，若下走所云『請從此辭』者，雖非仁人誼士之所爲，揆以『小丈夫』之義，似亦有當萬一。來教既深譏此語，殆反言激之，使不得自申前請，又豈敢堅執初見？至開示李相各節，多某所未及知，豈敢妄辯〔六二〕？獨謂淮軍之敗『并無慼容』，似非其實。某聞平壤之敗，李相痛哭流涕，徹夜不寐，此肯堂所親見，某親詢之者。及旅順失守，憤不欲生，未聞其『無慼容』也。東事〔六三〕初起，廷議決欲一戰，李相一意主和，中外判如〔六四〕水火之不相入。當時敵〔六五〕人索六百萬，李相允二百萬，後增至三百萬，内意不許。及平壤敗後，英、俄兩使居間，則勸出二千萬。其時清議皆謂李相通敵〔六六〕，業已積毀銷骨。李相面告二使，謂：『大皇帝決計開戰，某係領兵大臣，和議非所與聞，請入都與恭邸議之。』其後議卒不合。及十月初，不佞再至天津，其時旅順岌岌，詢知各國，皆守局外，不復排解。有言和者，則敵〔六七〕人已索五萬萬矣。以上所言，皆某所親見。旅順、威海既失，海軍覆没，中國決無能守之望。此時言和，直乞降耳，乃欲以口舌争勝，豈可得哉？去冬已索五萬萬，今春乃減至二萬萬，此非李相口舌之功，乃入境被刺，倭恐見譏歐洲，兼得割地之益，乃減爲此數。至此次和約不容於清議，則西人已先事知之，不謂吾國士大夫竟不出外人所料也。俄人代争遼東，此自别有深意，豈吾國之福？日〔六八〕之許俄，正其伐謀妙策，此亦與吾國無干。若和約未定之先，則彼皆束手旁觀，決不肯代出一言以違公法。日〔六九〕人不遽入關，并非力有不足。去年内廷深恐日〔七〇〕入瀋陽，李相料其決不深入，以其行軍全仿西法，輜重在海，不欲遠離，後果如其所論。若謂關内防守至嚴，日〔七一〕不敢入，殆非篤論也。中國不變法，士大夫自守其虛憍〔七二〕之論以爲清議，雖才力十倍李相，未必能轉弱爲强。忠於謀國者，將何以自處？李相之欲變法自强，持之數十年，大聲疾呼，無人應和，歷年奏牘可覆〔七三〕按也。今斷國者，持書生之見，采小生妄議，必欲與之爲難，使國事敗壞至此，反委過於外，不聞有一人議其非者，乃群集矢於李相，而隱托正論以自附於政府，其意殆别有所爲，豈大賢而亦爲此？必不然矣。鄙見如此，知必不爲執事所許，要不妨各尊所聞，各行所知，不必强人同已。至於辯〔七四〕論歡争，古人所有，執事之异於時貴，亦正在此。但拂衣徑去，使下走罔知所措，故不敢嘿已。既承來教，頓開茆塞，清恙不及走候爲念。

十六日〔七五〕，答王子翔〔七六〕云：

甥才質可以深入，但坐見聞少而塗轍未明。吾無他長，於學問塗轍，頗有聞見，必能於甥稍有裨益，勸甥無誘於勢利。凡在賤求貴，用貧求富，皆勢利之見。豪傑之士，安於時命，不憂貧賤，但一志力學。學有三要：學爲立身，學爲世用，學爲文詞。三者不能兼養，則非通才、非奉教賢哲刻苦求進，不易成也。吾所望於甥者如是，若乃以姑息相愛，非所能也。

案王子翔名光鸞，公第四女婿。

九月二十六日，與龍贊卿〔七七〕云：

時局多艱，去年兵役忽興，遂至一敗不可收拾。近來執政諸公，無禦侮之才，惟以汲引廉潔自好之士爲務，意謂拔〔七八〕本塞源，端在於兹。不知法令繁碎，束縛人才，賢者無可表見；又况强鄰環伺，自非高視遠覽〔七九〕、馳域外之觀，豈易坐談弘濟？咫尺之士，焉能爲有無輕重哉！

七月二十一日，詒甫病卒官所，公聞電亟往奔喪，爲料理身後官私事。九月，乃還保定。〔案〕詒甫生道光二十九年己酉，享年四十七歲。

九月二十七日，答姚叔節〔八〇〕云：

某七月初，李相招令入都。念其徒黨散盡，治裝徑往。到京二日，即接汶上急電，舍弟以病革乞休，屬令速往。匆匆遽出，道塗水阻，八月始抵汶上，則吾弟已於七月二十〔八一〕一日溘逝，不及相見矣。多年宿病，身已衰弱，及命盡之日，乃是時氣洩利之疾。受吊時，吊客紛紛持牌傘、衣旗，有挂扁者。訊之，則皆生存時堅拒不受者也。此亦賻贈之僅見者，知吾弟服官不苟偷寸禄也。兄弟死亡盡矣，老朽孤生，痛不可言。

二十八日〔八二〕，又書〔八三〕云：

近作孫積甫墓志，録呈左右，希與通白及陳君時彦諸公共閲之，指其疵病，以便改定。此事乃吾輩公事，不必各懷退讓。如以爲不必改，則請朋友之能書者書丹刻石，樹之墓上。古人墓志，有刻之冢外者，不皆納於壙中，亦不必藏之廟室也。

十一月二十二日，與袁慰亭觀察〔八四〕云：

秋初在李相坐中，獲接清塵，旋以私事匆匆出都，未得時親大教。九月自山東還，傳聞欽承簡畀，訓練强兵。中國新受大創，若令師旋遽熸，一蹶不振，此百世之恥也。茍將帥不得其人，則孱軍濫竽，無横草之用，徒擁笳鼓自衛，適足爲方外笑柄耳。執事久護屬藩，經略素裕，又激於去年撓敗之辱，奮然以練兵自任，取資西法，奬率軍人，行見蒼頭特起，大振威棱〔八五〕，使長城高與雲連，小醜皆知漢大，非執事其將誰望！抃賀無已。

十二月二十二日，與袁慰亭觀察〔八六〕云：

去年之敗，由陸師仍中國剿辨内匪之兵，全未講求西法；其水師船少砲舊，不能禦敵。今經此大創，一切矯而反之。聞雄部專以西法教練，此最目前要務。若果練成勁旅，即遠鄰窺伺之漸可以潛戢，此國家緩急足恃之長策也。諸將能一變中國自是之舊習，肯低心學西法，便是中國轉弱爲强之兆。草野下士，無任翹勤。

二十二年丙申（一八九六），公年五十七歲。

正月，李相奉詔出聘海外諸國，公入都送之，有送行詩三首〔八七〕。八月李相始還。

三月十四日，與濮青士〔八八〕云：

前歲日本之役，應待失機，遂致潰敗不可收拾。中國積弱不能振，專以虚憍〔八九〕之氣應敵，當未事之先，西國人士衆知日本之日進無疆而中國之因循坐誤也，日日言之，蓋已大聲而疾呼矣，吾國士大夫閉目而不一睹也。及至事起，自應審量彼己，不得輕於一發，而中外以和爲恥，不度德量力，攘臂言戰，一敗再敗。至於遣使行成，割地殫財，而始得厝火片刻之安，則又洗手無事，上下相與優游暇豫，以奉行故事爲務。由此觀之，人才不興，政令不改，習俗不變，殆未有可以轉危爲安者也。

五月二十六日，答李季皋〔九〇〕云：

來示所述貴師范君之事，若果有之，殊可駭怪。來示『絶交不出惡聲，矧從游三載，得益良多，何敢妄言譏誹』等語，足見執事〔九一〕篤於師友，風義可佩。某以貴師平日爲人卜之，竊恐亦有傳言過實之處。當今中外貴人，皆以詆誹〔九二〕師相爲事，貴師進謁時貴，唯唯否否，不欲觸犯，則誠恐不免。以貴賤交談，稍有拂逆，則立見齟齬，吾皖人往往與人面争，若江、浙人則斷無此事〔九三〕也。若謂推波助瀾，并欲痛詆執事以影響之謗，似出情理之外，疑肯堂不宜出此。弟前聞肯堂謁香帥〔九四〕，欲圖館地，而黄漱蘭〔九五〕毁之，目爲李黨。若果痛詆師相，則黄譖必不行矣。即無黄譖，亦恐無益。何也？今之貴人亦具相士之例識，若甫離門下，遽反眼罵譏，豈不懼聞者心薄其行乎？故疑告者之增益而附會之，以成此謗議也。案季皋名經邁，李相少子，范肯堂弟子。

七月九日，答李季皋〔九六〕云：

外間傳言師相歸仍還舊鎮，此誠國家之幸。吾輩重托宇下，尤爲得所依歸。去年夏，師相曾面約下走入幕，其時以師意鬱鬱，兼晦若等又離左右，未敢固辭。其後入閣辦〔九七〕事，前議遂寢。今若復還舊鎮，晦若等相從數萬里，自必重入幕府，無庸更呼下走。萬一師相戀戀舊人，則仍擬守其舊〔九八〕見，力辭辟命。緣弟離官場久，於幕府不能稱職，兼素性迂拙，今復衰朽，無復問世之志。既無益於師相，則止有藏拙之一法。即師相爲某計，亦不如投之閑散爲得宜也。久忝講席，諸生安之。師相有召，即隨時往侍，或旬餘或數日，均無不可。國家有大事，弟有所見，必當竭智代謀，瀝陳管見，不復守『出位妄言〔九九〕』之戒。前年東〔一〇〇〕事初起，弟籌之甚熟，獨以小疾淹留，不肯妄有論獻。其後似聞左右諸賢，無能出一策以相資助，曾無弘益之效，心甚憤之。後當改轍，不復自守局外，此亦所以報師相也，何必羈之幕下，始爲相得哉？區區微指，敬先奉陳。

八月四日，答李季皋〔一〇一〕云：

奉朔日手示，知師相將臨。來示謂『覆〔一〇二〕命之日，即抗疏乞休』，某則謂此時局勢又與去年不同，吾師所處，凡一身毁譽是非，皆可置之度外，但視於國家輕重何如耳。此次遠聘殊鄰，凡以聯邦交也。若政府能識大體，則覆命之後，必應重任師相，乃於邦交有益。若歸國即投閑散，則是我國以廢退不用之人出聘諸國，尚何邦交之可聯乎？此朝廷不放歸之一説也。聞師相所至，必考其國政、兵謀之得失利害，又頗定購船械，此乃盡瘁之誠，老而彌篤，環顧同列，殆如趙充國所云『無逾老臣〔一〇三〕』者矣。國事雖不可爲，師意仍夙夜匪懈。歸朝以後，倘兩宫倚畀，計必矢孟明拜賜之言，成廉頗用趙之志，决不甘退老林園，終留遺憾。此師相不能恝然於國之又一説也。有此二端，雖執事幾諫勸休，亦恐於事勢不甚切當。萬一還朝之後，内意仍信先入之讒，棄之散地，屆時再徐圖引疾，故自不遲。初歸抗疏，愚意誠不見其可。

十月五日，答李季皋〔一〇四〕云：

師相入覲，計兩宫聖人天顔有喜。惟内用總署，無從展布。某意謂内意嚮用，不過回任，今時人財兩空，亦難指麾如意，則迴翔總署，未爲失計。但愚心所不能遽釋者，以師門左右有失意之人，必且讒構於外，而吾師素日言論風采，咄咄逼人，京城見者目駭耳回，久之不能相安，便恐有語阱心兵、含沙射影者。執事在左右，應請隨機進言，勸以虛與委蛇，彼爲無町畦，與之爲無町畦。吾師近來好莊文，必且會心於此，孫仲謀、周公瑾英風壯采，宜少從韜晦也。過庭之暇，倘〔一〇五〕可以鄙意上達乎？

十五日，答潘藜閣云：

自東〔一〇六〕事起至今，傅相爲中國士夫所唾罵，此由政府揚其焰，而後進之士聞聲和之。弟以爲傅相經營遠略三十〔一〇七〕年，前十年，事具在奏稿；中十年，則奏稿尚或假手幕僚，至總署信函，則全係親筆；後十年，則機要事件，皆在電報，亦不肯倩人代辦，必出親裁。現擬將此三者輯録成書，則歷年支持危局，力求富强之苦心，具在簡册，亦止謗之一道也。輯成之後，擬請周玉山廉訪、劉香林觀察分任刊資〔一〇八〕，似亦二公所樂爲者。

二十三年丁酉（一八九七），公年五十八歲。

二月七日，答嚴幼陵〔一〇九〕云：

吕臨城來，得惠書并大著天演論，雖劉先生之得荆州，不足爲喻。比經手録副本，秘之枕中。蓋自中土翻譯西書以來，無此弘〔一一〇〕製。匪直天演之學，在中國爲初鑿鴻濛，亦緣自來譯手，無似此高文雄筆也。欽佩何極！抑執事之譯此書，蓋傷吾土之不競，懼炎黄數千年之種族，將遂無以自存，而惕惕焉欲進之以人治也。本執事忠憤所發，特借赫胥黎之書，用爲『主文譎諫〔一一一〕』之資而已。必繩以舌人之法，固執事之所不樂居，亦大失述作之深指〔一一二〕。顧蒙意尚有不能盡無私疑者，以謂執事若自爲一書，則可縱意馳騁；若以譯赫氏之書爲名，則篇中所引古書、古事，皆宜以元書所稱西方者爲當，似不必改用中國人語，以中事、中人，固非赫氏所及知，法宜如晉、宋名流所譯佛書，與中儒著述顯分體製，似爲入式。此在大著雖爲小節，又已見之例言，然究不若純用元書之爲尤美。區區謬見，敢貢所妄測者，以質高明。其他則皆傾心悦服，毫無間然也。惠書詞義深懿，有合於『小雅怨誹〔一一三〕』之旨。以執事兼綜中西二學，而不獲大展才用，而諸部妄校尉，皆取封侯，此最古今不平之事，此豈亦天演學中之所謂『天行』者乎？然則執事固自有其所謂『人治』者在也。大著恐無副本，今仍命小壻呈交，并希告之臨城爲荷。

六月二十五日，答日本中島生〔一一四〕云：

頃讀惠示，猥荷眷愛，詞義勤勤。曩挹梱原風采，今接中島筆札，何貴國之多才也！承示慕仰素王，讀易學古，敬佩，敬佩！方今歐美格致之學大行，國之興衰强弱，必此之由。吾國周、孔遺業，幾成絶響，一二腐朽書生，齗齗抱殘守缺，於身世何所裨益？方自笑托業之迂謬，不謂吾子乃復垂意兹事也。顧荒陋失學如某者，内顧毫無所有，又何足仰副期望？遠勞下問，袛增慚戢耳。太史有言：『同明相照。』道與文二者，天下公物，非可敝帚自享。七八月間，倘惠然見過，敬當與吾子商榷舊聞，證明新得。欽遲無似。不宣。

七月十九日，與左子异〔一一五〕云：

承屬撰擬文襄公神道碑〔一一六〕，湖南能文之士，視他行省爲獨多，自揣謭陋，不敢詒笑有識，用此久未報命。繼念盛旨不可久逆，文襄公畯〔一一七〕功偉伐，宜有貞石銘刻，以示後世。某雖謭陋，自少從事文字，挂名豐碑，與有榮幸。謹采摭近人記〔一一八〕載，證以舊聞，勉竭思慮，構成『墓碑』一首，録稿奉呈，候卓裁進退。倘得善書者，大書深刻，或亦藉傳久遠。自東漢、北魏以來，所傳碑刻，大抵字佳而文劣，以此知金石刻之傳不傳，在字不在文也。

八月二十五日，與薛南溟〔一一九〕云：

傳聞去年行商耗折，至爲懸懸，亦不得源委。甥行商聞係繅絲，去年絲商均係折閱。以愚見揣之，大率數端：西人商學精深，中國全無商學，欲與争勝，譬猶以弓矢與外國機器、火器、砲彈開仗，决不能敵，一也；印度、新加坡、錫蘭等處，皆講繅綫，日本尤爲極盛，中國絲業日壞，西商買絲必取精美，華絲爲所唾棄，二也；各報中論無錫買繭之弊，甚屬痛快，不能改除積習，絲業决無起色，三也；所用華人，用錢浮濫無節，坐蝕成本，於商業并不精通，四也。竊料商務去年之敗，四者必處其一，此乃中國通患，非一人一家之失計。外國國家保護商業，中國官場全不體察、全不顧惜。吾甥今年聞再辦理，想已默識其利害所在，改絃而更張之。鄙意欲求國家保護既不可得，欲與絲業，似宜仿照外國考察蠶子之法以清其源；仍與西商合立公司，彼有成本在内，乃不至群起相擠，即擠〔一二〇〕，亦有術以禦之；又須延精於商學之西商爲之經理，務求工藝精好，絲業成色過乎他國，乃望暢銷。如寧波税務司康發達，頗具深心，欲興中國絲業。不知尊甫在寧波時，此人已在彼否？曾相識否？渠曾上總署條陳，欲國家籌數萬金，便可整頓華絲，而諸公置之不理。甥當與此人往來，能羅致局中，必得大益。雖一年折閲，必可使後來大獲。愚見如此，未識有當否？甥有函見予可詳告我〔一二一〕。他人謂仕宦家不應行商，乃妄説。甥此舉，具有大志，我所佩愛，不足爲墨守舊法者言也。但行商之術亦應用能手、講新法，不應守舊耳。案南溟名翼運，無錫人，薛福成子，公長女壻。

九月二十六日，與柯鳳(孫)蓀〔一二二〕云：

朝陽蠢動，料聶軍足以了之，雖有小挫，正自無憂。京朝無知軍事者，中國風氣不開，新學不出，與東、西〔一二三〕鄰國交戰，决無能勝之理。至若内地匪徒，則湘、淮諸軍皆優爲之；又况聶、袁諸公，近皆操練英、德槍砲，此如爨鼎燎鴻毛耳，何足介意哉？中國之憂，正坐勢弱財匱，駸駸爲强者所朘削，無人挽回，不在此等癬疥微疾也。〔案〕柯鳳蓀名劭忞，膠州人，公第三女壻。

祀竈日，答柯鳳蓀〔一二四〕云：

來示於德人膠州之事，至爲憤切。疏論七事，未識何等，頗欲一見疏稿。柄臣誤國，自難辭咎。

但以今日人才觀之，即使盡換政府，亦恐猶吾大夫。貴同鄉公遞呈詞，閣〔一二五〕臣未上，亦欲一讀底本。德若不還膠州，則瓜分之局立見，甥欲回籍團練，具見孤忠報國。以愚見論之，尚宜三思事勢，未可徑情直往。團練止能防禦小賊，如往年粵捻劇寇，則團練便已無濟；若用以抵禦外患，直兒戲耳。以烏合之衆，當節制之師；以血肉之軀，當猛烈之槍炮，皆萬無徼幸之理。甲午之役，坐論者但知責兵將之敗逃，其實如衛達三之陸戰、丁雨亭之海戰，皆竭力死拒，故倭人至今以此兩人爲忠臣，無如中國倒亂是非，競尚空談耳。近年時局不能復戰，三尺之童皆知之，而李鑒帥乃以敢戰爲號，此違道干譽，以求媚於清流，不顧事之是非，直一妄人而已；而貴鄉諸君子若深信其真能禦侮，將自京至滿城一見其人，鄙意深所不取。膠州爲賢甥邱墓之鄉，一旦淪爲异域，無怪裂眦腐心。但賢哲舉事，宜參彼己、策成敗，未宜奮不顧慮，專爲往與俱糜之策。執事好古詩，如陶淵明、杜工部，當興亡之運、亂離之時，豈不欲一洩孤憤，而退甘窮餓，展轉流離，絶不圖力所未逮之功者，彼誠知所自處，而不肯輕於一擲也。又況團練之舉，將以保衛鄉井也。若潰敗不可收拾，則爲山東造無窮奇禍，而國以危亡隨其後，噬臍之悔，豈有及哉？尚望勉抑忠忿，俯納鄙言，幸甚，幸甚！盛怒豈能遽解？以婚姻之好，不得不竭盡拳拳。

同日，與柯氏女子〔一二六〕云：

德人攘我膠州，乃深知我不能戰，爲此强霸之舉。俄、法連和，英、日〔一二七〕連和，暫事旁觀，若膠州竟歸德人，則四國各有分割之勢，吾國自此亡矣。此是敷天大憤，禍不專在一省。

近來歐洲各國,不但槍炮日益新奇,其將帥之才出自學堂,用兵方略各有師授。以西國兵法考之,吾國自秦始皇以來,歷代用兵,都是浪擲人命,全無紀律,全無學問。若兩敵本領略等〔一二八〕,勝負尚可得半;若以吾國爛漫之兵,與外國精兵抗,譬如賁、育之與童子,豈能敵哉?國家懲於甲午日本之禍,今知一意議和,決不言戰,此是政府識見長進,而鳳蓀猶持故見,以不戰爲非,致欲回籍團練。團練之不可用,稍知兵者皆能明之。若鳳蓀果行此策,不但自捐軀命,并爲國與民造成不測奇禍,萬萬不可!吾書略陳鄙意,恐其不信,吾兒當朝夕勸阻之。兵戎大事,豈可以不料彼己而冒然舍此身命哉?

同日,與李季皋〔一二九〕云:

保定僻陋,不聞時事。膠澳〔一三〇〕大事,傳聞异詞:或云德縱反間,不令吾師與議;或云〔一三一〕政府信德人秘密之説,掩耳盜鐘。下走好與异國人往來,彼等於此事亦皆動色相驚,深恐稍失機宜,瓜分之勢立見,而於俄入旅順,尤視爲危機,皆言俄若在中國稍得便宜,英決不能坐視;日本挾英爲重,亦將相因并起。蓋德之攘我膠州,乃德主面商於俄,故俄一聽客之所爲,將乘機自逞所欲,此英之所大忌也。外國議論皆同心疾俄,以謂吾國和俄,不如改而和英與日〔一三二〕。英、日〔一三三〕無割地之心,特見俄、德、法之剖〔一三四〕分而食,則亦不能善刀而藏。若恃俄爲援,必至四分八裂。俄志在得地,諸國亦且各分一臠。今因俄不能爲我保全膠州,一變前議,改結英、日〔一三五〕之援,不過内地通商。英之志願已足,吾國尚可瓦全,不致遽分崩離析也。論五洲萬國,無有能敵英者。

吾國結英自固，亦多歷年所。徒以甲午之役，英人坐觀成敗，邦交由此而疏。究之〔一三六〕俄之代索遼東，其禍心乃更不測。今吾復和於英，英樂於我之棄俄，必能助我一臂，雖因而結倭，亦不爲失策。劉先生敗於孫氏而死，武侯不以此怨吴，反更與之連和。謀國之道，因時變通，不必拘牽舊怨。今我無海軍，諸國戰艦群萃於吾國海上，一國得地，諸國并起而争。明春海上必有軒然大波，此乃賢愚共見。己不能自立，則全視擇交，所謂『擇交而得則民安，擇交不得則民終身不得安〔一三七〕』者也。存亡之機，間不容髮，不知師相謀謨所主，外國似尚視吾師如何措注。若上下不交，噤不得畫一奇、出一策，則大事去矣。若猶可靖獻，則鄙見所列，有無可采，望密示一二。若所言未合，亦望詳告底裏。『棟折榱崩，僑將壓焉』，況神州陸沉，亦豈獨夷甫諸人之責乎？天下强國莫如英，而包藏禍心於中國者莫如俄，奈何不審擇所從，以蹈不測之患？某一室妄議，不敢自秘，欲藉以上聞於師相以取裁。幸辱教爲盼。不具。

二十四年戊戌（一八九八），公年五十九歲。

二月朔，答洪翰香〔一三八〕云：

國勢日蹙百里，似聞俄、法、英諸國海軍，麇集東方，此險殆不可測。吾小人不敢知國，竊謂吾中國士、農、工、賈，從此皆無生存之機，真切膚之痛也！且五洲動植群物，皆有以自遂其生，獨吾黄、炎、虞、夏神明之胄，至澌滅以盡，豈不可哀矣夫！私獨以謂國家振興圖存之策，自有元凱盈廷，若乃民權之何以自振，則必自富民遍立公司始矣。公司遍立，而後推其中賢者以爲公司之董事，又推各公司董事之賢者以爲群公司之長，又推群公司之長之賢者以爲公議之首，久之庶有可以爲民主者〔一三九〕出其間乎？未可知也。若如今日之民勢涣散，不可控摶，吾知其爲波斯、哀蘭之續而已。不勝憤憤之私，聊一奉質。不宣。男闓生謹案：此兩書（按另一書指上年十二月廿五日答李季皋）皆論民權，皆謂民間所當奮迅自爲之事，與今之言民權者迥殊。至如流俗畸邪之論，先君固所痛嫉，見弟三卷答方倫叔、第四卷與桐城紳士書中。謹附辨於此〔一四〇〕。

二十四日，答廉惠卿〔一四一〕云：

時事無復可言。鄙意恐黄種將絶，頗思振興民權，中國民愚無能復振，其始起當自立公司肇端。公司之法，當詳采外國章程。一公司成，必於衆股中立數人、數十人爲董事。此諸董事皆由股衆推選，各家身命所寄托，其選必精，不似銓部之選官、鄉黨之選飲賓也。近來士大夫，百務皆可徇情，獨居官之帳房、居家之筦租人，則必真知灼見，用不當其才者，乃絶無而僅有焉。以此推之，公司董事之必能得人也。一公司如此，推之十公司、百公司，無不如此，則又合十百〔一四二〕公司而推舉數人、數十人爲總公司之董事，此總董事必其分董事之智且能者，其材智軼出乎群衆無疑也，則又合群董事而推擇一二人以主持民權，如此則民權之振興有望，而吾民族之利害，可以推行無滯，而其術必自先立一小公司始。不然，則西人之士、農、商、工，無事不足以兼并中民，中民安所托命哉？［案］惠卿名泉，公從兄康之之女壻。

三月二十三日，答柯鳳孫〔一四三〕云：

尊疏底本，昨經子翔寄到，大致平適。其謂聶軍兒戲，亦誠有之。獨保薦董福祥，仍是耳食。董福祥至今軍中尚操練白蠟杆子，其爲兒戲殆又甚於聶軍。政府倚此人爲大樹，孟浪已極，而尊疏亦推薦之，此其識亦何以加於政府哉？柄臣誤國一疏，想不輕以示人，未知偉議如何耳？

四月六日，答李季高〔一四四〕云：

董軍調入畿甸，直督爲主糧臺，當年内地用兵，無此辦法。董軍專練白蠟杆，人有諷令用新式槍炮者，輒瞪目罵曰：『吾以此物平回，何物外國，豈能過於回逆哉！』政府倚任此軍，真來書所謂『酣睡不醒』，了不知目今五洲是何世界，此最可慟。外議嘖嘖，謂董軍將爲西狩護蹕之用，恐亦揣測之過。乘輿一動，畿輔非我有也。國不能自立，亦何地可逃威乎？

閏月〔一四五〕二十一日，與廉惠卿〔一四六〕云：

康君自是時賢中俊傑，但所謂學會者，意欲振興孔學，實乃夷宣聖於邪蘇，吾不謂然。其徒所出時務報，謂西學不必講西文，謂軍國要務不在船炮、槍彈，皆舍急需而求枝葉，全未得其要領，而舉世推重，不知其於世務全未閱歷也。陸放翁論詩云『秋毫未合天地隔〔一四七〕』，豈獨詩爲然？凡爲學、爲治，無不如此。康公於學，頗能乘間攻瑕，獨襲方望溪、劉申受諸公，以古書之僞歸獄劉歆。康公尤大放厥詞，悉掃兩漢大師，而專主一何休；歷詆諸經，稱之爲僞，而專尊一公羊。彼譏紀文達之攻宋儒，而不知己之横恣，過文達又百倍，惜世無正言以斥其非者。其論學偏駁如此，倘异日得志於時，必以執拗誤事無疑也。

五月十五日，與李季高〔一四八〕云：

近日朝局一變，使人目眩神驚。韓公云：『不善爲斫，血指汗顔；巧匠旁觀，縮手袖間〔一四九〕。』古今一律。端午詔書，竟廢去時文不用，可謂大快。某竊有過慮，以爲舍時文而用策論，策論之不足得人，仍恐不如時文，以其茫無畔岸，人競抄襲，而考官皆時文出身，不能辨策論高下。宋世本號策論爲時文，策論敝極，乃改用經義。今復策論，不過一二年，其弊已不可究詰矣。弟素主廢時文者，至廢時文而用策論，則私心又不謂然，正如陸放翁一生不主和議，至韓侂胄北伐，則放翁又深議其非，此未可以皮相論也。今朝臣寡學，彼既不能知時文之佳惡，又焉〔一五〇〕能以策論取人？竊謂廢去時文，直應廢去科舉，不復以文字取士。舉世大興西學，專用西人爲師，即由學校考取高才，舉而用之，庶不致魚龍混雜。西學未興之前，中國文學亦由學校選取，似較用無識考官，决得失於俄頃爲稍愈。然此亦恐學校之師，未能盡如人意，是故此事未易得手。言之甚易，行之實難。今一旦張下新詔，得失固應參半耳。

〈五月〉十六日，與周玉山廉訪云：

朝局倏忽一變，國師黯黜南歸。然此三年中，所失不小，以三尺法衡之，似仍是情重罰輕，不足相抵。惜人才稀少，繼之者未必勝之，鄭五作相，時事可知。顧念時危，惻然心悸。案『國師』謂翁同龢。

六月三日，與李季高〔一五一〕云：

康有爲等雖有啓沃之功，究仍新進書生之見。總署所議大學堂章程，多難施行。國聞報所録，有『薈萃經、子、史，取精華，去渣滓，勒爲一書，頒發各學堂』等語，皆仿日本而失之，此東施捧心以效西子者也。日本本國學問無多，可以撮爲簡本，使學者易於卒業。中國舊學深邃，康、梁師徒，所得中學甚淺，豈能勝删定纂修之任？斯亦太不自量矣！目前中國無師，又無可指〔一五二〕之款，遽云立學，是亦畫餅充飢之説耳。

八月五日，與山西胡中臣〔一五三〕云：

盧漢鐵〔一五四〕道，比商聞係借名，股本出自他國，恐道成之後，利權不能自操，附道礦利亦將盡失。此事甚費擘畫，而近日新政旁午，獨未籌及收回權利善法，似是舍其大而謀其細。變法之要，首在得人。以所聞見揆之，似今日斷國論者，尚非弘濟之選。即如各省學堂，今之急務，不籌經費，不得教習，但下片紙，便謂事已興辦，豈非孟浪？

九月二十七日，與劉博泉侍郎〔一五五〕云：

夏間書院議改，謬承執事期許過當，率先貴鄉京朝官致書揆帥，推獎下走，欲以學堂見委。內顧慚悚，懼不克任。會皖中傳書招延，既内顧家私，求南歸自便，又恐無實而獲浮名，久竊皋比，終必仰負期望，以此決計南返。皖帥議聘，介紹於合肥、壽州兩相，書院諸生亦即電請合肥代爲挽留。某恐事或中變，於是有都下之行。其時歸志已堅，微聞貴鄉諸公日夜商榷羈留之策，以此不敢造門請謁。即貴鄉諸公見過，亦適未及迎晤。不謂公等老謀，竟有斫樹收窮龐成算，委曲百折，卒取必於當塗，仍令老荒失學之身，靦據講席。公等厚愛，誠過越倫等，獨施之非其人，無以仰答盛誼，是爲惴惴耳。朝局一還舊貫，時文復用，竊謂於取士無甚損益，於長育人才，實有妨礙。緣後生朝夕揣摩此業，即無餘暇可以兼習他學，不惟西人藝術不獲窺尋，即中國文史亦復不遑探討，無以造就成才。蓮池雖向有學古課程，諸生往往取給臨時，并不能屏棄帖括小文，潛心孶悦。且時局多變，後生爲學，若不問津西國，終難成有用之才。鄙意仍擬請執事與同鄉諸公熟籌妥商，貽書當軸，再申前議，添籌經費，開倡西學，爲之於舉世不爲之時，其獲益必無限量。且省會學堂，固詔書所許立，不爲妄發也。區區愚慮，未識有當否？伏候裁示。某承過愛款留，愧書院舊章不能有益於問學諸子，故敢妄貢一得之愚。惟亮察是荷。

十月四日，與吴贊臣〔一五六〕云：

昨日邸鈔合肥相公有巡視黄河之役。此爲吾國要工，但守潘、靳舊法，恐不足弭患澹灾，謂宜師法西國治河新策，乃爲有濟。他人不能取資方外，獨合肥能裒集中、西之長，廟堂此舉，殆審慎出之。不識此項巨款從何籌措耳？

二十五年己亥(一八九九),公年六十歲。

正月十六日,與李季高〔一五七〕云:

頃見師門致陳雨樵書〔一五八〕,尚擬親勘河工,再行還京,計二月似尚未能言旋。又謂用西法用款多寡,必以用西法爲宜。若中法治河,則前此河帥著名者,各已竭盡才力,今即熟籌慎擇,似未遽遠過前人。隨事補苴,何必元老大猷,始能謀畫哉?且即中法計亦不下數百萬。百萬、千萬,同一難籌,與其無大績效,而所費仍復不貲〔一六〇〕,不如決計大舉,雖未一勞永逸,要當勝於安常守舊萬萬也。西法之數千萬,諒非一歲辦成,似必分年籌備。倘中法辦工,數年之後又復横決,則堤決之費與民間漂没耗失之費、賑災之費,合計數者,所捐當亦不下西法之工費也。愚見專主西法,若限於財力,不能舉行,此非勘工者之過也。師相舉事立議,要使外國聞而敬服,不在牽就時賢咫尺之見。區區愚見,尚望輾轉上聞。『須〔一五九〕數千萬』,無款可籌。某竊謂朝廷用吾師行水,自應吐棄庸常之論,不必校量

三月二十二日,與方倫叔〔一六一〕云:

敬敷一席,竟未獲就,私衷懊惱。然亦恐鄉里衆口難調,當道未易交合,頗望而畏之。獨投老遠客,魂夢不安,家事全不能顧,大有夫差争長黄池景象,是可慮耳。

五月十一日,與李季高〔一六二〕云:

時文壽命不長，今年選得諸生十餘人，同從英人曰貝格耨者學習英文，小兒與焉。約以五年爲期，五年之内，不許告退，或望有學成者數人，亦漸於學校中開此風氣。畿輔學堂所聘之英文教習，曾與英、美人談天，吾問英、美人，則皆言其説話尚未通也。中國官場堅執不用西人，吾皖中聞亦聘同文館學生往教，大概與畿輔學堂等耳。見報紙云〔一六三〕，師相近延西教士教文孫等。自去年八月以後，大約京城中止師相一家；書院中兼習西文，亦恐止蓮池一處也。

二十一日，與方倫叔〔一六四〕云：

前日又〔一六五〕作函李傅相，請將保定淮軍公所歲修生息餘款中，歲提四百金，開一東文學堂，專教皖人在北者子弟，傅相欣然樂從。已函約敝門徒曰中島裁之者，請其來爲教習，料其必樂於從事。保定一城，由下走開成東、西二學堂，并不甚多費，頗以此自喜。轉恨故鄉至今尚無聞見，子弟斤斤於小講半篇，欲求一游泮水。一朝時局改變，無處求食，即恐黄種難存，此最傷心事也。

二月十日〔一六六〕，答聶功亭尚書〔一六七〕云：

去冬由李贊翁交到惠書，降屈戚棱，與一介小儒酬答爲禮，反覆議論，開豁蓬心，想見輕裘緩帶、雅歌投壺之風度。至『攀援戚公，欲然不足』，竊謂撝謙之過。戚公所爲，乃中國之舊法，執事所當之敵，則前古所無。自行軍用兵之道，下至一俊、一能、一器、一械，若稍牽於往古迂論，即顛蹶翹足可期。顧明公時以外國名將爲師，不惟戚公不足挂懷，即韓、白復生，亦不足爲吾國輕重也。若乃膠州之變，旅、大、威、廣之辱，此乃政府主持，非封疆所得參與。外臺雖謀臣如雲、猛將如雨，勢難攘臂而争。來示又謂：『倘干戈相見，不敢稍有瞻顧。』此自烈士素抱。竊料時勢所極，不致復見干戈。果有斯變，則社稷生民之寄，非區區一死遂可塞望。愚以爲目前治軍於無事之時，即宜刻刻如臨大敵。外國兵略，出自學堂，至於訓練齊整，則不過數月，便可告成。獨將帥本領，則必預儲於平日。今吾雖立學堂，尚止武備初桄，未能研究深處。必得有雄才大略之士，資之多金，使遍閲五洲軍政，得其本源，究其變化，而後歸而授以兵符，縱不能折衝雪恥，但令自立於不敗，使敵心知我國之有將才，則一將之任，賢於十萬之師。又或力難爲此，則宜廣求外國武備學堂中精深微妙之書，聘我國之能文有古法者，與外國之通習漢語能明武備者對譯之，使主兵者從而授讀。其徒知誦讀不能超悟者，仍屏而不用；所用皆得其精華，棄其糟粕，其聰明機警，又足以展其所學。如此而後，我軍壁壘，焕然一新。不能如是，則平日操習步伐，足以警動耳目，萬一有事，仍宜爲國養威，勿輕言戰，其亦庶乎持重之選矣。國政頽放，僅軍旅有人，仍難振起國勢也。執事治軍嚴整，深得士心，蔚爲長城之望，翕然同辭，乃復折節下交，與布衣憔悴之士往復問難，用敢獻其所聞。伏維鑒亮。不宣。

七月十二日，與周緝之〔一六八〕云：

劉公墓志〔一六九〕，擬稿奉呈。中多忌諱，以韓公撰王弘〔一七〇〕中、張孝權、胡良公、李邢、張署等墓文，皆不假借曲諱。墓文蓋將告之後來〔一七一〕，非以告當時，藏之名山，傳之其人可也。案此謂東海關道劉公墓銘。文中紀東撫李秉衡事，時秉衡勢方盛也。

二十六年庚子（一九〇〇），公年六十一歲。

五月，拳匪禍作，京師不守。公展轉避地深州，留居數月，成深州風土記二十二卷。適外兵至深，州牧遠避，公集人、吏，籌策以鎮安之，始得無事。

李文忠入都議和，十二月公乃至京師。

〈五月〉二十七日，諭兒書〔一七二〕云：

本日聞中外業已失和。二十一日，俄、意、日、比、英、法、德、美凡八國，下戰書於制軍，制軍計無復之，遂請拳民頭目，給予軍火，令與敵抗。開天津獄縱囚，令打頭陣，水會繼之，拳民又繼之，官兵在後，即於是日開仗。是後日日開仗，天津市上死者甚多，而紫竹林迄未焚毁。既失和，則紫竹林乃敵國財物，以能燒爲美，而拳民竟無一能，當路恃之以自速滅亡，豈不可嘆！日内外兵必且入都，無可復挽。保定暫可無事，但防〔一七三〕拳民敗而不散，退據省城，則難免驚惶耳，當相機趨避，汝等毋庸懸懸。到滿城，定侯諸事關愛，至爲感紉。汝應在彼照顧，不必速思還省也。案拳亂初起，公屢告地方大吏，謂『亂民滋禍，宜痛剿治，以安大局』。大吏廷雍等，方挾拳匪自重，反嗾拳黨與公爲難。拳黨遂圍劫書院，公幸先事出走，幾至不測。眷屬則先避至滿城，故作此書諭兒。『定侯』亦蓮池諸生，滿城人張國昌也。已而京師不守，外兵至保定，廷雍遂爲外人所殺。

六月五日，諭云〔一七四〕：

吾本擬與定侯同赴滿城，窺定侯之意，似懾於街巷流言，生怕我再到滿，我思小心爲是，亦即不復赴滿矣。昨日臬司收撫拳民，逾時便往燒福臨園，無得脱者。聞有一人騎騾飛奔，追者不及，然亦恐所到輒窮。羅大夫聞被拳民斷去一臂而死，傷哉！案『臬司』即廷雍。『福臨園』乃美國教會。『羅大夫』名子雲，美醫士。人極慈良，士論惜之。今保定猶有『思羅醫院』，公所命名也。時局至此，滿城不可久居。有人勸入山中，吾恐將來土匪蜂起，山中亦非樂土，我意定往冀州，似較他處爲安穩。小亂小驚，仍自不免，吾取朋友較多，尚覺有恃。目前車馬難覓，兒自察看滿城情形，倘三數日尚無驚擾，即定侯、弼臣代雇可也。吾今晨出城，雨行到大激店劉福家。此村無教民，無拳民，甚屬安静，擬暫在此勾留。俟將汝等送往冀州，車行過此，吾再他適，亦不與汝等同行也。

五日酉刻，諭云〔一七五〕：

頃發一函，擬在此勾留數日。去後有人自省來，傳聞吾晨出後，有拳民六人追我，未及而返。雖未必可信，亦不得不防，我明日擬冒雨至唐縣王古愚處。汝等不可久於滿城，必應速出，無論如何爲難。可將人口先行，吾令劉福送汝，渠老成，北半塗人眼極熟。不識王覲岩處能勾出一老練人否？渠深州人，南半塗亦必熟也。

六日，諭云〔一七六〕：

吾本日冒雨到唐縣書院，古愚請暫將眷口移至唐縣，俟農務稍閑，再定行止，或赴冀州，或竟不赴冀州，并欲爲我覓車，親赴滿與汝伴送眷累。現以車不易覓，遣人赴清風店覓車，縱不能得車，亦令此人〔一七七〕赴滿，送吾此信。劉福謂倘不得車，即暫移大激店近村。今古愚議暫移唐縣，似較劉福議爲善。但勿告人所向何處，止言有友請入山可也，車旗寫『户部廉』。案公到唐縣後，眷屬亦至。唐縣拳民仇公者，亦聞風踵至，公乃由唐至祁州，由祁至安平，卒至深州，留於南莊李氏。旋入城，爲州人修訂風土記。既訖事，歲暮乃還，由保定入都。

八月一日，與陳雨樵〔一七八〕云：

兩宫蒙塵，榮、崇二公在保定，京師無人與敵議和，但遠恃傅相，恐誤大事。傅相年老，幕内有西人，部下無兵，陸行甚難；若海行，則〔一七九〕此時西船不肯運送，彼自避求和之嫌也。若此時求和，必有反首拔舍、肉袒牽羊之概，親赴敵軍，自服前過，乃能動敵情而挽奇禍。京師無人與議，徒有一老翁安坐上海，電告各國政府，彼直一笑置之，何能濟事？大計宜速定。愚意以爲宜請榮相、慶邸等，轉求援手於赫總税司，請其設法挽救；一面托赫轉商西使，准令招商船隻護送傅相北來，以便主持和議，如此似尚有一綫望轉。若各紛紛散走，無人與客一言，不但釀成瓜分，且恐彼族安頓就緒，便復搜剿敗將，以宋帥在省，遂有保定一行，則直隸全省震動矣。以上各節，如尊意以爲不謬，似可擇其最要者，爲護院一陳之。此時存亡呼吸，機括甚微，不宜安坐熟視。杞憂如此，不惜時示一二爲荷。

〈八月〉十九日，答賀墨儕〔一八〇〕云：

傅相已北來，僕擬將志稿忽忽定正，便當赴京探候。以傅相曾電諭下走，私情不容已。若鋭身入局，則吾不肯，吾寧曳尾泥中耳。

〈八月〉二十日，與陳雨樵〔一八一〕云：

傅相計已至津，接篆後當即入都議款。傳聞西人已列有數條，皆難著筆。弟擬俟道路稍平，即北上〔一八二〕一謁傅相，此是私情。若今日大議，非草野所能妄參。婁公所望於下走者，往年傅相曾面言之，辭甚苦懇，而吾駕已不可回。今老矣，國又顛危，豈敢更入甕耶？近日情勢如何？希密示。

同日，與賀墨儕〔一八三〕云：

鄉團剿匪，最爲安良要策。拳匪亦不能不懲，一懲即散。營勇不敢赴小范，若縣官同行，則必前往矣。省中兵力恐難遠來，當激厲鄉團自剿之。良民一齊動手，彼必冰銷瓦解也。

十月二十五日，答宋弼臣〔一八四〕云：

藩臬欲送關聘，此時大局未定，豈宜及此？現已烏焚其巢，窗格板片爲之一空〔一八五〕，書院已無居止之地。來年練餉局之千金，恐亦無從給發，書院會須曠廢。僕十餘年來，實爲時文所苦，近益頹唐，無此精神，書院一席，萬難勝任。若畿輔學堂，則更無此本領，專領〔一八六〕一席，尚非所能，豈有一人兼領二館之理？擬俟道路通行，一見傅相，商求南歸之策耳。

答李幼珊〔一八七〕云:

前接惠書,猥以勤恪公墓志〔一八八〕寄聲見謝。某老頽才退,不能爲文,迫於師命,不能藏拙,亦不敢泛泛諛墓,知不足闡揚盛美。荷蒙齒及,祗益慚皇〔一八九〕。

〈十月〉二十八日,與宋弼臣〔一九〇〕云:

聯喜來,接讀手示,并洋字護照一紙,領感無似。曹深州於二十四〔一九一〕日夜往獻縣教堂,是夜城關驚恐非常,居民逃徙一空。二十五日,洋兵攻破東鹿舊城,深州無官,僕從恿教、佐、紳、民等,備禮迎犒,别無良策。教堂中有潘鳳臺者,自寧晋之唐邱回,未到州城,聞舊城已破,即夜抵法軍。隨軍有正定鮑教士,不願洋兵肆擾,苦無阻止之術,適潘到舊城,力言曹官近來安撫教民,無微不至。鮑因領潘往見法帥巴堯,面陳一切。巴堯〔一九二〕聞言,頓改初意,令潘回深查看情形,飛速函告。潘至州西之杜家莊,作函寄鮑,謂『深州城門四開,州〔一九三〕官已赴獻縣,住城官兵亦已遠避。現在城中官紳,預備禮物迎勞』等語。洋兵本定二十六日早九點鐘拔隊赴深,潘函八點鐘送到,巴堯得信後,竟自折而西還。此次化險爲〔一九四〕夷,係潘鳳臺一人之功。潘之所以出力阻止法兵者,則曹公聯絡安插有以感動之也。案時深州牧曹景郕,湖北房縣人,其人勇於任事。初亦縱拳仇教,及公至深,曹禮侍公甚至,公因告以縱拳仇教之非,曹聞命悚然,乃極意撫恤教民,卒免深州被兵之禍。省城傳言曹曾助拳,傳者過甚,以致法兵專來與曹爲難。今之臨境復返，則又聞曹之善而解前憾。蓋曹之後功，實足掩蓋前過，闔境〔一九五〕生民陰受其庇者不小。新任吴公，亦自教堂得有葛函送與巴帥，然已在二十七日法兵西還已逾日矣。此函所言情形，可摘要一稟方伯，以釋懸係。案獻縣法教士葛光壁，深、冀教會皆其所轄，當時傳言謂法帥巴堯爲其弟子。

十一月八日，答高仲英方伯〔一九六〕云：

差至接奉惠書，并寄到重幣，招令還省。違離已久，跂慕良殷，雖未折柬，亦擬裝束首塗，近依宇下，況重以盛意之勤拳乎？奉緘後即擬隨使就道，乃此間故友堅不聽行，再四婉商，始約定初八日登車北發，因暫留使者静待行期。初六、七兩日，留行者益衆，不論情理，一意苛留，所至前後圍繞，不令他適。又迭糾約往州署，懇州官勿爲雇車。不得已祇有暫不成行，先遣弁勇還省銷差，一俟留行者之意少懈，再行雇車旋省。承發車價四十金，藉使奉繳。此次寓居此州，大類庚桑楚之居畏壘，老氏之所訶也。尚幸客軍未去，諸生流離未還，縱遵召速還，亦無所事事，以此稍可自解。惟有方使命，殊爲罪歉。廉訪相見，并求道意。不具。

同日，答李季高〔一九七〕云：

本月初二日，奉到十月初六日手書，以法兵即至深州，屬令迅速赴京，已爲代定館舍〔一九八〕；又屬張燕謀京卿展轉函達法武官，請其派兵護行。詞旨迫遽，具紉摯愛逾常，感德無既〔一九九〕。此書道塗稽滯，直至上月秒〔二〇〇〕，始由北倉教堂遣人走送。法兵上月初亦竟未來。惟十月二十〔二〇一〕四日，忽接省信，謂法兵自保定出，轉由正定拔隊，即到深州，與州官曹刺史爲難；并送來護照一紙，冀可自免兵禍。二十五日，已聞攻破束鹿舊城，距深城二十餘里，定於二十六日早九點鐘拔赴深州。弟堅屬州城官紳備禮迎犒，而屬曹刺史自赴獻縣教堂，請教士設法止兵。久之，兵不至。已而聞深州教堂有會長潘鳳臺者，夜往舊城見隨軍之正定教士鮑某，力陳曹刺史安撫教民，周密妥善。鮑即領潘見法帥巴堯，堯聞潘言，頓改初意，但令潘回州查看情形。潘至州西十里之杜家莊，即作書遣人送軍，言城中官紳備禮迎犒等情。法軍八點鐘接到此函，遂折而西去。此次深州之不被兵，全由潘鳳臺一人之功。潘之所以冒險止兵者，則由曹深州聯絡教士，撫恤教民，有以感動之也。曹非獨辦理教案盡心也，其威足以除暴，其惠足以安民，故窮鄉僻壤，婦人、孺子，無不稱頌。此不盡煦煦之惠，蓋亦實有吏才，近畿數百里，耳目所聞見，殆皆不及曹君。若令久置閑散，勢且大失民望。此時暫屈無妨，將來師相〔二〇二〕必宜有以振拔之。某雖無似，若久與人處，遂以好惡爲是非，變亂黑白，則生平所不爲。其所以縷縷如此者，欲令賢吏不壅上聞，亦以代達士民借寇之鬱思也。畿南近尚安謐，州縣近時畏教民，與六、七月間畏拳民無异。國家不開新學，官場有識者稀少，不足怪也。

〈十一月〉二十一日，答賀松坡〔二〇三〕云：

外兵入關〔二〇四〕，蹂躪近郊，深州瀕危出險，居人之幸，旅人并受其福。乃州中士民謬歸功於鄙人，自笑平生浪得虚譽，大率類此。不謂來書亦徇俗謬獎，本無其實，敢居其名乎？教案須款過巨，似可與之軟磨，不宜聽派聽出。冀州既安撫有緒，此事儘可徐商，彼斷不能因議數不合，遽請法兵來劫也。案公於月杪還保定小住，遂赴京。

二十七年辛丑（一九〇一），公年六十二歲。

是歲公在京師，亦時還保定。九月李相薨逝，公乃决意南歸，北方官紳攀留未允。十二月，吏部張尚書百熙以京師大學總教相懇，堅謝不應。

四月，與周方伯〔二〇五〕云：

省南之亂，非懸賞購綫緝獲拳首，不能平定。若云解散，非破獲首要，亦别無解散之法。去年成此大禍，至今民間首匪未辦一人，安有不滋事之理？聞現今聚黨横行，未受大創，謂爲匪〔二〇六〕散，殊難深信。此股亂黨不除，其餘未起事之處皆潛相勾結，隱爲應和，誠不宜姑息苟安。目前州縣財力不足辦此，謂宜由各統將出貲購綫給賞，准其作正開銷。至何縣拳首，本縣官役皆所熟知，即逃匿何方，亦必有可踪迹。購綫之貲出自各營，所用之綫仍索之州縣，訪綫不準，嚴議處分。若恐空文行知，閲者不知緩急，可遣深州知州曹景郕馳往各軍諭意，曹君才力足可勝任。凡深州、安平、饒陽、武强、武邑、衡水各拳首，曹盡知其姓名，不致誣良爲匪；其口辨亦足以慫恿統將，使之專主緝拿賊首，一意破滅，不復寬縱議撫。此議似宜速定，近來匪黨千百成群，尚恐一時未能盡殄。頃所論薦之孫萬林，實可倚辦此事。傅相謂某阿其所好，其實不然。吕道生、鄭舜卿，皆去年在深時軍過相見；孫萬林駐深亦僅一月，不過兩三面之交情，何至遂有阿好？誠見其治軍嚴整有威，兵丁畏法，絶不騷擾，操練又勤，用以平定土匪，必能勝任。雖前有攻打使館之失，而非其罪，且使功不如使過，其餉又不須代籌。近來願歸直隸，不願東還，以爲可用，故敢縷縷，伏望卓裁。

日記：

五月十五日〔二〇七〕，兒子阿啓從中島伯成游日本。

晨起小雨，雨止送之至火車傍。同行者，東文師生十六人。吾與兒約，别後父子郵寄日記。

六月五日，作王襄臣碑〔二〇八〕，小航之兄也。

七日〔二〇九〕，雨〔二一〇〕。過李季高。

近數月，傅相時以薦舉相戲，吾亦以戲言却之。今季高爲言：『人有欲薦君爲内廷師傅者，於君何如？』吾答以：『大阿哥恐終不得立，何用求師爲？』高云：『爲今上求講讀之師耳。』答曰：『此又康有爲之續也。』高云：『不干與政事，但日侍講讀，使上知外事。』答曰：『上本研求外事。』高云：『恨無正人左右。』答曰：『天子從師，當取之宰相卿貳，非草茅〔二一一〕所得與！』高云〔二一二〕：『時應破格，處師友之間可也。』答曰：『此不可爲也〔二一三〕。凡貴人各自是所見，今若周方伯、胡侍郎輩，一旦虚懷下士，禮聘吾爲其子師，其子多已得科第，出以道員候補，吾倘欲抗顔爲師，彼且自負其貴，不吾聽也，况尊爲天子乎〔二一四〕？』

高曰：『君自論病耳。今將勒君使下藥，當奈何？』答曰：『庸醫安能下藥？今代高醫，無若師相。今請師相下藥，亦不能起此疾也。』高曰：『嚴君已篤老。』答曰：『辦事自嫌老，若下藥則老非所恤。以師相所不能，而謂下走能之乎？吾以太平時辭官，若以危亂時起復，何顛悖若是？師相愛我，使我處一講席，或南或北，當今諸生略識時務〔二一五〕，萬一爲國家收用〔二一六〕，不致愚謬誤國〔二一七〕，是我所庶幾，出仕非所能也。』

七月二十六日，還保定。

八月十三日，與李季高云：

某還書院後，肄業諸生，流亡未復，然頗有官場應酬。師相臨別時，垂詢學堂、報館二事，知下走在都數月，區區以此二事爲私任。學堂生徒極盛，經費極絀，所恃僅師相每月飭撥楊都轉百金，實不敷用。此外無可生發，殊無持久之術。案此謂中島裁之所辦東文學社，實公所創爲也。報館陸續集股一萬四五千圓，業已竭盡願力。臨行所上呈詞，師相違和，稽閣未批，目前可否批示？無任跂望。

九月十三日，與徐進齋侍郎〔二一八〕云：

別後遄返保定，八月遂已開課。十餘年來，深以校閲文字爲苦，今還理舊業，都乏歡悰。追溯在都時，屢接清言，渺不可得，樂事一往，無可追逋，悵結何已。所呈開辦報館一牘，前聞慶邸欲俟回鑾後奏定報律，再行准辦。現知邸意亦無欲定報律之事，旁人往往妄傳。竊謂定報律一説，不過防報紙妄譏時政，此外無須定律。敝社議章，本守庶人不議之例。同社皆讀書明理之士，決不似上海、廣東諸報，肆爲狂悖之言。某等議開報館，業已旬月，東西各國報紙久已喧傳，外國人相見，無不佩此舉之善，而勸其速成。今若竟被外部阻止，必且貽笑强鄰，以此卜吾國之不能興革。此雖小事，似亦有關大局，仍求我公緩頰，言之邸、相二公，俾得及時開辦，不令社衆解體，實爲至幸。

九月十七日，與陸伯奎學使〔二一九〕云：

在都獲挹清芬，慕仰無既。軺車臨保定，猥承折節下交，至感，至感！定州試士，拔識真才，頌聲雷動。聞試竣仍傳集薦紳，飭辦學堂，王合之進士現赴都下見過談及，曾屬其速歸。王古愚孝廉現館清苑，亦勸其還州與議。前承屬開列學堂書目，外國之書，應由外國教習自行酌定。現天津譯局雖自上海運到譯書七百餘種，但中國譯手往往謬附己意，西人見者輒詫爲失真，不敢據爲定本。至中國文學，先後次第，不宜紊失，貽誤後生。竊謂學徒致力之書不能過多，以韓退之之高文，其所稱舉，六經之外，不過莊、騷、史記、相如、子雲數家。今人好炫博贍，實則徒事記覽，無益心才。昨見報紙，謂禮部議覆舉場章程，擬以九通試士。窮鄉下里，難得此書，又卷帙浩繁，不易卒業；就中杜、馬二家最善，然馬書唐前盡襲杜文，漁仲紀傳全鈔正史，皇朝三通彼此因襲，并非不刊之典。學者不讀正史，則三通乃凌雜叢碎之書，不能得其要領。若先攻『二十〔二二〇〕四史』，再讀九通，則無此日力。且用功煩難，而獲效殊少。使學徒盡能記識歷代制度沿革，亦祗已陳之芻狗，謂遂成爲政治之通才，未必然也，而况絶無盡記者乎？且九通制度之書，固非政治之學也。求政治之學，無過通鑒，而畢氏續編及國朝儒臣所編明紀，又不逮涑水元書遠甚。今不以通鑒試士，而用御批通鑒輯覽，豈不以通鑒繁重，學者難讀，不如輯覽之簡約而易竟〔二二一〕哉？九通卷帙之多，過通鑒倍蓰，今史學用通鑒輯覽，而政治用九通，一何用意之自爲矛盾如此？愚見史學試士，當用史記、漢書。學者讀范書、陳志、王隱晋書生熟，何如左邱明、司馬遷、班固書之温習固叙述高簡之功。李習之有言：『前漢事迹，傳在人口，以司馬遷、班固叙述高簡之工〔二二二〕？』以此言之，後代之史固不足熟讀，則亦不足以考人。必以詳備爲事，則馬、班之書之外，益以通鑒輯覽足矣。其政治之學，當以國朝爲主，國家紀載，流傳者希，無已則於皇朝三通，擇用其一，使習國家掌故，庶亦可也。論者謂歷代以文取士爲下策，不知科舉所取，舍文字更無他策；必去文字，莫如廢科舉而專取之學校。今學校初立，所謂大、中、小學三等，皆未能如法。莫若先立師範學堂，取成學之士，延外國教習，教之以粗淺圖算、格致普通之學，蓋不過期年旬月，可望速成。成以散之縣鄉，俾以次爲中學、小學之師，庶冀推行漸廣，不以求師爲難。竊謂當今急務，莫先於此。敬貢所疑，幸辱教焉。

日記：

九月二十六日，聞傅相病篤，人人惶恐。

二十七日，擬入都。葉文樵來，報傅相本日午刻薨。

二十八日，清晨上火車。至京，住沙陀原華北譯書局，即擬開之報館也。

二十九日，至賢良寺。聞仲彭兄弟電召，以傳相身後文字見屬。到幕中，有西州之痛。至相邸，憑棺一哭。移行李賢良寺。

十月一日，仲彭兄弟以奏陳文忠公生平事迹〔二二三〕見委，欲得静地，稍閲文牘、電報等。

二日，爲東撫擬奏建文忠專祠節略〔二二四〕。

三日，撰祭李文忠公文。

十日，代周公擬臚陳李文忠事迹奏底。

十一日，跋西師意所著書〔二二五〕。

十七日，擬江蘇請建李文忠專祠節略〔二二六〕。

二十一日，擬京師士民請建李文忠專祠呈稿〔二二七〕。

二十九日，題丁維屏所譯萬國地理〔二二八〕。

十一月二日，成福建李文忠專祠節略〔二二九〕。

三日，原富序〔二三〇〕成。

十日〔二三一〕，楊濂甫觀察傳述李氏兄弟要吾南歸。收東文忠遺集，已面許之。

十七日，還保定。

二十九日〔二三二〕，李右〔二三三〕周、王古愚入都，謀留吾。案二人爲蓮池書院齋長。

本日袁行南觀察爲袁慰帥留行，吾有書寄行南辭館。

行南署清河道，書院乃所專理也。

十二月三日，入京。居船板胡同周宅。

五日〔二三四〕，汪劍齋大令立元來言：『張冶秋尚書欲聘吾爲大學堂教習。』吾亦辭之。

定計與李氏兄弟南歸，不願留北也。

七日〔二三五〕，袁慰帥先施。蓋書院諸生轉求直隸京官函請袁慰帥諄留主講。張冶秋尚書亦先施，執禮甚謙，面請余爲教習，余面辭之。晚見慰帥，慰帥留行甚懇，坐客皆爲留行。吾歸志已決，不敢許也。

九日〔二三六〕，張冶秋〔二三七〕尚書又來談，堅請教習。吾固辭，則拜跪以請。

吾無實而竊虛名，愧恧無似。公卿不下士久矣，尚書之折節下交，近古未嘗有也。顧吾退已久，勢難爲尚書再出耳。

十八日〔二三八〕，胡雲楣侍郎來爲張尚書勸駕，告以稍有自知之明，非敢故作聲價也。

二十五日，胡雲楣來書，謂已代辭張尚書，恐尚需奏請。又河南錫中丞令胡侍郎令嗣寄電，轉托侍郎聘吾主講，復書請侍郎代辭。

二十八年壬寅（一九〇二），公年六十三歲。

五月，東游日本，考察學制。九月，歸國。先至安慶，籌議立桐城中學。歲暮還里。

日記：

正月七日，聞張尚書奏薦爲學堂總教習，有旨賞加五品卿銜。

吾不敢就，或當以徵士自處乎？

八日[二三九]，曾履初持張尚書書見示，且勸駕，吾終不敢應。游廠肆暮歸，中島在寓久候，爲張尚書勸駕。因允暫不堅辭，俟章程出後，度吾才能任即就，不能任再辭。中島得此言乃去。

張尚書寄曾敬詒兄弟書[二四〇]云：

摯公事，不惟弟佩教有素，且爲學堂計，爲士流計，爲國開化計，籌之爛熟，乃上聞於朝。去年，屠梅君京卿以政務處借箸，渥荷上知，嗣留長安，上於薦者頗拂然。今摯公已奉朝命，若再固辭[二四一]，是不翅劾弟於廷也。即歸志萬决，亦乞暫留一年，略與布置[二四二]，一切章程，待酌就大概，仍由摯公核定。尚希賢昆仲委婉達之，至爲感托[二四三]。

九日[二四四]，致二曾書[二四五]云：

昨承履弟持張尚書函見示，勸駕甚殷。市中遇敬弟，亦勸勿再辭。薄暮[二四六]歸，則中島伯成在寓静候竟日，亦爲尚書游説。小生不敢率爾應命者，厥有數端：京師大學堂[二四七]爲天下觀法之地，必得中、西兼通之儒，乃能厭服衆望，某[二四八]萬不敢當，一也；開創伊始，造端弘大，非神明强固，不能綜理縝密，某精氣銷亡，難自敦率，二也；賦性樸拙[二四九]，不能阿曲事人，不通知世情，不識形勢，使居京師，尤與風尚背戾，三也；學堂英少及貴游子弟，慮無不振厲矜奮，難可檢制，某來自草野，不足涵育珍怪，四也；京城大政出自樞府，雖張尚書蓋猶有不能自主者，某欲參末議，豈能驟望推行，强羈其身，有何裨補？五也；某無實而竊浮名，尚書過聽，必欲羅致，若見其臨事迂蹇，將唾棄之不暇，徒累尚書知人之明，使下走蒙純盜虚聲之誚，彼己兩失，六也；學堂始立，不能遽臻美善，要在見弊即改，至其收效，則在十年以後，若責效過急，或且廢於中塗〔二五〇〕，世必咎張尚書用人之不當，與其終累尚書，不如慎之於始，七也；欲開倡西學，必應遍采歐美善法，擇其宜於中國者仿行之，此未可咄嗟立辦也，某於中國文字稍有窺尋，至於西學，則一無所知，何能勝總教習之任？八也；退閑已久，忽辱卿銜，靦顔爲京師大學堂之師，出處草草，九矣；袁參政再欲挽留，某再欲却聘，本謂衰老思南歸耳，今留北應大學堂之命，何以謝袁公？去就失據，十也。有此十慮，以故不敢自違本志，曲徇尚書。尚書若勉從鄙請，是謂重士；某曲徇尚書，是謂慕勢。與其使某爲慕勢，不如使尚書爲重士。尚書引屠君事爲比，竊謂不同：屠君膺薦，將入仕也。使不欲仕，可無赴行在。既應徵而起，乃復偃蹇自遂，是兩失也。又展覲乞退，相距未久，貽累舉主，固然無疑。某縱應詔入學，尚非從仕，又未嘗覲見，進退仍自裕如。自奏薦至開學，爲時尚寬，其間縱稍變遷，何渠上干訶譴乎？但尚書既稱下走再辭是『不翅劾己於廷』，某被尚書知待，豈敢令尚書爲某受過？即擬暫不言辭，冰泮南歸未歸時，學堂章程議定，當視章程中總教習職事如何，内度材力能堪與否，再議辭受。乞鑒察。不具。

十一日，諭兒書〔二五一〕云：

南歸之計，因汝伯叔及汝嫡母均未葬，鄉里求葬地甚難，此事責無旁貸。又家事糾紛，有來書輒望我歸,吾欲歸久矣,止以失館便窮,不敢輕辭耳。適李氏兄弟約吾南歸,許以照蓮池束脩,此難得之機會,故决計辭北歸南。乃張治秋尚書不通商量,遽行奏薦,恐吾再辭,渠之奏爲鹵莽,因允暫不言辭。張雖見愛,其辦事尚少閲歷。我言衰老、精神短,彼乃爲我覓幫辦。幫辦不由我請,張自用人,豈能幫我?且兩人同辦一事,必至各執意見,或相忿争。世言督撫同城,教官同印,妻妾同夫,皆成仇敵,故辦事必一人爲主,乃可成也。萬一就之,學堂既不能有效,我將爲中外唾駡。滿學皆張公自用之人,而我以一老翁周旋其間,安能有所作爲?目前彼以『効己於廷』爲詞,即難過執己見,雖云俟章程出『再議辭受』,便恐竟不得辭,終受其累耳。我嘗告張尚書,謂:『科舉不廢,學校不興。』張云:『今時雖孔孟復生,亦不能廢科舉。』吾又言:『執事用我一年,四五月方開辦,其高才者必皆專意科舉文字,直至十月榜後,不能著實程功。』張言:『科舉用策論,與學堂固一條鞭也。』張不惜傾身下士,亦但爲名耳,其主見固亦自是而不能虚心者也。又其人出榮相之門,再與我相見,皆云榮相亦以請我爲然。前與我言『將奏加三品卿銜』,今賞加五品卿銜者,聞榮相謂『初來不必過優』。吾早無意世榮,李文忠往年曾與孟紱臣等謀爲奏加卿銜,吾聞之極力懇辭,以爲:『在官不求薦達,豈罷官之後,仍以區區加銜爲榮?』文忠乃止。若斤斤於三品、五品之間,真腐鼠之一嚇耳,然足見其人唯榮相之指麾也。李希聖妙才也,張尚書欲用之,榮相指爲康黨,遂止不敢用。張、李湖南同鄉,然尚如此〔二五二〕。吾此舉必以能脱爲貴,若不能脱,非幸事也。汝問國事,似難驟有興革。太后滿意維新,政府究少輔佐。東三省俄約，李文忠故後，我全權頗思翻悔，既而無可商量，僅推敲於字句間。近聞美國照會，謂俄若得東三省利益，彼國皆欲一體均沾；而英、日聯盟六條，汝當已知，其宗旨亦專阻俄約，未知究竟如何結局。袁制軍索還天津，前聞各國似已允許。近日問日本參贊鄭永邦，則杳〔二五三〕無還期。彼等固視吾進化與否爲行止也。

張尚書百熙原奏文〔二五四〕云：

奏爲敬舉〔二五五〕大學堂總教習人才恭摺仰祈聖鑒事。竊維大學堂之設，所以造就人才，而人才之出，尤以總教習得人爲第一要義，必得德望具備、品學兼優之人，方足以膺此選。臣博采輿論，參以舊聞，惟前直隸冀州知州吴某〔二五六〕，學問純粹，時事洞明，淹貫古今，詳悉中外，足當大學堂總教習之任。臣素悉吴某，籍隸安徽，同治乙丑科進士，爲前大學士曾國藩門人。其爲學，一以曾國藩爲宗。任冀州後，澹於榮利，不復進取。前大學士直隸總督李鴻章尤重之，延主保定蓮池書院多年，生徒化之，故北方學者，以其門稱盛，允爲海內大師。以之充大學堂總教習，允〔二五七〕無愧色。合無仰懇天恩，即派前直隸冀州直隸州知州吴某爲京師大學堂總教習之處，伏候聖裁。如蒙俞允，可否賞加卿銜以示優异，出自逾格鴻慈。所有敬舉大學堂總教習人才緣由，理合繕摺具陳。伏乞皇太后、皇上聖鑒。謹奏。

正月初六日，軍機大臣面奉諭旨：『張百熙奏派大學堂總教習一摺，前直隸冀州直隸州知州吴某，著賞加五品卿銜、充大學堂總教習。欽此。』

時有直隸紳士魏鍾瀚等，糾集北方人士不列弟子籍者一千二百人上書乞留〔二五八〕，文曰：

直隸紳士魏鍾瀚等一千二百人，謹上書桐城先生閣下。竊聞性之者不移，好之者不竭。伯樂善養馬，郭駝善藝樹，二人者其性之也，非性之不能好之若是其至也。好之若是其至，則有時於事不適，於意不自得，而欲恝然置之，然終有不能置之者矣。先生善養才之伯樂、郭駝也，得英才而教之，先生之嗜好也。今欲决然南歸，是將恝然置之矣。鍾瀚等竊以爲未可，共圖匍匐都門，卧轍請命，獨恐卒然非所以爲敬，用敢先訴愚陋，惟先生憐而察之。先生之來畿下，垂二十〔二五九〕年矣，畿下人士所以知講學者，實自先生知深、冀，主蓮池，播其種焉。今其萌漸發，而好學能文章與夫通曉時務、能以其學餉當世者，且浸浸有人矣。試問先生未來以前，能有是乎？更設言先生自今而去，後此能復若是乎？皆不能也。中國之失學久矣，河北尤甚。士抱其固陋之習，八比律賦外，畢生不睹佗籍，有稍稍涉考據、詞章者，即群然駭之矣。若夫讀古書而知其意，講西學而觀其通，則二百年來寂然。先生來而藥其痞，發其盲，吾人所共睹也。鍾瀚等非先生交親，或言笑未一接，千人同辭，自有所見，豈阿其好者比乎？方今朝廷行新政，廣學校，京師大學堂實爲一國學術〔二六〇〕之樞，主之之人，通國所係也，鍾瀚等於此正有慮焉。夫古學、西學當并通，人喻之矣，然必爲之定其程焉；無其程，如曰言之越而胡其途也。學者有二病：一曰重學古而輕知今。古之精意即今之良法，彼弗喻也。一曰歆利名而無志識。見國家之尚新學也，競驅於西藝、西語之學，其政治、法律概置不講，中國聖哲之傳文章之道，更就絶矣。教者一有所偏，二病必有所長。定其程而醫其病，舍先生而誰歸？故鍾瀚等聞先生去蓮池而張冶秋尚書留之京師，主講大學，靡不奔走相慶，以爲天哀中國之失學，而欲使先生教人之術大其施也。歲之荒也，賑以救之。今之人荒於學矣，而救荒之粟儲於先生，顧忍置而去之，聽其不活邪？或曰：『先生春秋高矣。中興諸賢凋謝已盡，昔之與先生游而知先生深者，年來惟李文忠公存耳，今亦没矣。國勢日蹙，人事日非，先生之歸，蓋有情不自已者。』然竊以謂孔子中國之至聖也，轍環列國，所如不合，以晏子之賢且擠排之，而〔二六一〕孔子期於行道，不遽自謝。讀孔子世家，其歸而著書，蓋年七十矣。裴司塔若藉氏、佛羅卜爾氏，西國之〔二六二〕教育改良家也，自創學校，數成數毁，守舊僧侣百策阻之，而二氏者奮其孤志，老衰不已焉。孔子以及二氏，皆生衰季，冒艱阻，教人不倦，當世議之，而其所成就何如也？今朝廷毅然圖新，國事猶可爲也。先生年甫六十，精力健王，未爲老也。中朝如張尚書諸公，折節下心，恐不得當，未可謂莫知先生也。朝野同喙，祝先生勿〔二六三〕去，大异於排之阻之者也。且孔子志於用世，猶知其不可而爲之。今先生主講大學，無官守，無言責，惟以傳道授學爲天下師，自如不羈，亦何所吝而不以其學餉學者乎？亦何所避而决然以去此乎？爲學者計，則先生之歸必不可；爲先生計，又有實不必歸之理，此鍾瀚等所以敢爲先生一言也。夫使先生不北來，來而不誘人以講學，則此邦之人至今瞢然，於先生之去當無有言。先生既振起之，使不能自已矣，又將委而棄之，使中道廢然不復自拔，是猶食人者朝甘而夕苦之，不亦酷乎？是不能不還以請命於先生者矣。鍾瀚等自識辭旨蒙鈍，不足以動偉聽，而先生高躅，亦未必視下言爲作止。然私念集千人之智，或亦不無一當；又深恃先生教人出於性好，縱下言無當，猶當鑒其愚誠，一副其依慕之切，故敢一盡所言。懇悃迫切，意不自達，惟先生憐而察之。

日記：

［正月］十一日，于晦若、徐菊人過訪，各持吾像片一葉以去。李亦元與沈小沂、趙仲宣繼至。沈名兆祉，爲張尚書門下士；趙名從蕃，在南洋公學，尚書電召來爲學堂總辦者也。尚書用于晦若爲總辦，晦若在政務處，不能常到學堂，則别用總辦二人副之。吾前言精神衰老不任事，尚書亦爲覓二人副之，其一人已奏定，名張鶴齡，某省候補道；一人未定，蓋意欲聽吾自用也。吾面問李亦元派辦何事，李云：『俟學堂開後，入學讀書。』據此則李固未派事也。耿鶴峰謂吾不應學堂之命，爲有卓見。

十九日，李柳溪編修家駒來訪。柳溪曾到日本訪詢學章，刻成大册，今張尚書用爲總辦以助于晦若者也。

二十三日，紹越千、趙仲宣諸君傳張尚書之命，欲約余赴官書局，同議章程，余辭不往。

二十六日，紹越千來言，肅邸約以三十日下午五［點］鐘來吾寓，與秦教士相見。

三十日，五點鐘，肅邸來寓，與美國教士秦恒端一談。

二月二日，跋西師意實學指針〔二六四〕。

七日，李亦（園）元來談。

吾前托陳伯平轉告張尚書，請往日本一訪學制，尚書甚喜，惟不能遂辭教習。此游吾所自請，不能不往。

晚作書告啓兒以將東游。

九日，張尚書來訪。至東游歸不入學堂，則主客各執一議，不能定也。

常濟生來，言據陳伯平言，近日尚書似不堅執初意。然則面言固未便徑露本意也。

十三日，作曾履初夫人黃淑人墓銘〔二六五〕、徐菊人外祖劉笠生先生詩序〔二六六〕。

二十日，肅邸招飲，張尚書爲客，同坐皆學堂有事者。尚書相語，似東游之舉將變。

二十七日，撰謝衛樓富國策序〔二六七〕。

三月一日，還保定。

連日諸生來見，皆依依。

十九日，蓮池書院諸生二十五人，餞吾於北郭朱氏花園。

四月十二日，將書院書箱移歸會館。

十四日，督家僮檢點書物應留應挾之件，諸生麕至，不能裝束。飯後，至西關客棧候車，諸生皆來送。晚到京，居譯書局。

十五日，出訪中島。遂赴官書局，學堂諸君皆在。留飯。暮歸倦甚。

十六日，胡梅軒來，告以張尚書已代備一切，惟請自定行期。因與議定二十五六日成行。紹越千與榮竹農皆同行。案越千，名紹英；竹農，名榮勛，皆大學堂之提調也。吾告胡君，擬挾二學徒往游，案公所挾學徒：一爲廣宗杜之堂顯閣；一爲桐城李德膏光炯。後光炯在鄉里頗得重名。并挈中島同往。

明日尚書見招，定往會。

十七日，張尚書招飲。

坐客盡教習、監督及學堂有事者。

二十五日，李文忠柩歸，送至齊化門外。

五月一日，辭别張尚書。

三日，晨五［點］鐘，至火車站，學堂諸公皆送行。十一［點］鐘，至唐沽。

四日，附玄海丸〔二六八〕。

五日，船抵牛莊。

十日，船入高麗灣〔二六九〕。

十一日，至仁川。

食於日本客寓，旋赴漢城一游。作過朝鮮王京〔二七〇〕詩。

十三日，船至松島。

十五日，到長崎〔二七一〕。

十六日，抵馬關。

作一絶句〔二七二〕。

十七日〔二七三〕，抵神户。

領事蔡運南，蔡公使之弟也，到船相候。告余松方伯之哲嗣松方幸次郎在此造船，約往觀船廠。旋上岸，赴領事府小坐。遂至同文學校一覽。至商話別所一坐。午後，至松方造船廠，遍閲各廠。繼觀船澳、煉鋼所，因至松方第筵宴。作謝松方幸次郎詩〔二七四〕。

十八日，閲神户小學校，住吉御影師範學校。抵大阪歡迎會，即席賦詩。遂赴造幣局、砲工廠〔二七五〕。

十九日〔二七六〕，閲集英尋常小學校、師範學校、農學校、大阪朝日新聞報社。

在大阪兩日，是日晚六［點］鐘啓行，八［點］鐘到西京。

二十日〔二七七〕，閲高等女學校。

午後游本願寺，得十絶句〔二七八〕。

二十一日〔二七九〕，赴大學校、高等學校，觀武德會。

赴歡迎會，即席賦二十字〔二八〇〕。

二十二日，赴西本願寺之招，賦五絶一首。出赴盲啞學校。晚八點［鐘］登車〔二八一〕。

二十三日，晨起，車中人問欲食否，吾可之。車子爲買木盒，其中乃魚膾爲飯，飯甚美〔二八二〕。十點［鐘］抵東京，住三橋客寓〔二八三〕。

二十五日〔二八四〕，晨赴大學校，閲視法科。午後，往拜小村外部。晚赴蔡公使之招。

二十六日〔二八五〕，閲視工科、理科，觀其使空氣成水法。

二十七日〔二八六〕，赴高等女子師範學校。晚赴交詢會社。

社長大鳥圭介，今爲樞密顧問官。社員請留話及詩於留音機，倉卒成二十字〔二八七〕。

旋至時事新聞報社，觀其機器。

二十八日〔二八八〕，赴高等師範學校、美術學校。

二十九日〔二八九〕，赴華族女學校。

六月一日〔二九〇〕，閱視大學醫學校、音樂學校。晚赴東邦協會歡迎會，席間黑田侯爲主人。

二日〔二九一〕，三島君毅〔二九二〕乞假來爲主人，席上贈詩，余與越千皆次韻答之〔二九三〕。細田謙藏與其友佐倉孫三皆爲贈序，臨席演説，余亦寫三紙答之。補和土居香國詩一首〔二九四〕。

三日〔二九五〕，閱農科大學。

四日〔二九六〕，閱工業學校，游淺草公園，觀動物園、水族園。

出游陵雲閣，遂赴八社之招。八社者，各銀行及人命、火灾、海上各保險公司。均安田善次郎一人爲主。

五日〔二九七〕，長岡子與片山國嘉同來拜，辻新次繼至。旋赴盲啞學校。

出觀植物園。晚過使館，訪蔡公使，不值。

疊韵答土居通豫詩，和關義臣詩〔二九八〕。

六日〔二九九〕，閱常盤小學校、女子美術學校。午後赴使館，與毓將軍、蔡公使一談。

七日〔三〇〇〕，晨訪嘉納治五郎。旋赴大學校，觀卒業給憑儀式。

是日，明治天皇臨幸大學。旋赴上野精養軒之宴，在會者六十四人。得詩九首，森槐南最善；文七首，重野成齋最善。案重野，名安繹，日本文學家。森槐南，名大來，日本詩家第一。今録其精養軒燕集歡迎吴先生詩〔三〇一〕於下，詩云：『九州之外瀛海涵，海外更九天包函。此言雖出鄒衍口，本非燕齊迂怪談。如何四千餘載史，宛如禹穴窅叵探。有山海經恣閎誕，刑天干戚空趻踔。劉安墜訓酈元注，徒爾奇譎恣〔三〇二〕嘲哈。馬班以來外國傳，遐裔要眇無人諳。象胥重譯誰究詰？別風淮雨紛差參。鮮卑氐羌晋僭僞，吐蕃回紇唐子男。運傾四海駭鰲抃，德衰群雄争虎眈〔三〇三〕。疏虞多在不審敵，虚詡貢物來珠蚶。慢藏多盗古所誡〔三〇四〕，叩諸學者何婀娿。侈陳符瑞具謂聖，太平寰宇供搜妉。一朝釁成錯難鑄，割其版籍償戈鋑。延陵先生經世學，潛心典籍非玩耽。夙窺河圖括地象，星宿耿耿元精含。雅以古文定伏勝〔摯甫著有寫定尚書〔三〇五〕〕，亦能新論追桓譚。行已用世破萬卷，方知書味良醰醰。湘鄉軍幕草快檄，蓮池書院留〔三〇六〕妙諳。倘〔三〇七〕論支那真學問，魏源顧絳并君三。燕山昨遭百六會，兩宮宵旰憂如惔。上林萬馬餵苜蓿，廣厦一棟摧楩楠。時危伫見偉人至，先生乃出藏書龕。治安新策毓英俊，坤輿文獻須訪覃。鸞皇前戒望八極，飄風晻靄雲曇曇。天津發軔遠求索，扶桑暫稅虬龍驂。觀風便從日域始，莫謂捷徑〔三〇八〕趨終南。行周昆侖月窟外，豈止問道崆峒嵁。直謡白雲讌王母〔「直將王母醮游同」，摯甫近日和三島侍講句也〔三〇九〕〕，將驅青犢隨老耼。蓬萊真人翳〔三一〇〕來御，列仙儒争接佩簪。是時雨罷閬風敞，琪樹翠拖神山嵐。觴酬流霞嚼甜雪，碧湖荷葉摇䵤䵥。座中一傖不自揣，長句覆瓿中心慚。識韓有幸志嚮往，敢望傾蓋如之郯。先生胸早有成竹，一言願回青子甘。方今兩國士相見，動稱唇齒毋乃憨。鯨鯢移陸海倒立，百年難保戎馬佽。雲龍矯矯合變化，蛩蛩岠〔三一一〕虚非所堪。不相沿襲各努力，有剥斯復如〔三一二〕祛痰。然後輔車自相濟，合離何用詢史儋？』

再叠韵答土居香國〔三一三〕。

八日〔三一四〕，晨與毓將軍同赴宫省覲見明治天皇。案北江先府君事略云：『先君官不過大夫，非盟聘專使，無覲見國君之例，日主明治特延見示敬。』谷鍾秀所作祭文〔三一五〕云：『先生至東，櫻花敷萼。鈎玄索倪，宵休旰作。車顛鼻血，既甦弗輟。天皇覲之，貴以天爵。男英女桀，踵問起居。謦咳之細，喧達寰區。』

歸，應日户招游江島。

九日〔三一七〕，晨坐樓上，望富士山。已而霧起，出至海瀕觀打魚。早食後，上山觀廟。廟藏古器物，有唐宣宗所頒銅鏡。暮至留學生會館一談。

是日爲主者，三省堂主人龜井忠一。夜宿最高樓上。席上賦詩贈龜井〔三一六〕。

次韵和岡正一〔三一八〕。

十日〔三一九〕，閱富士見小學校。午後，至弘文學院、同文書院。晚至華族會館，赴東洋俱樂部之會。近衛公爲主，甚殷殷。

依韵再和土居香國〔三二〇〕。依韵酬土屋弘〔三二一〕。

十一日〔三二二〕，閱東京市立師範學校。

十二日〔三二三〕，閱東京第一中學校。出遇毓將軍，同赴横濱。應正金銀行之招，歸赴小石川植物園同仁會宴飲。

依韵答土屋伯毅〔三二四〕。

十三日〔三二五〕，閱東京府女子師範學校。午赴大倉之招。

大倉者，東京富人也。席間答長岡護美詩〔三二六〕。

十四日〔三二七〕，閱東京共立女子職業學校。

十五日，移居永田區森有禮宅。

依韵答森槐南詩〔三二八〕。

十七日〔三二九〕，出拜陸軍大臣寺内男爵。出拜參謀本部總長、次長及青木中佐。已而青木答拜，并議定排日導觀各學次序。午後訪伊澤修二，亦教育名家也。

十八日〔三三〇〕，赴富士見町雅樂稽古所，觀雅樂。

十九日〔三三一〕，閱陸軍幼年學校、成城學校。

森槐南前贈長篇，今依韵和之〔三三二〕。

二十日〔三三三〕，閱仕官炮兵户山三學校。晚至銀行集會所宴飲。

二十一日，閱近衛師團第四聯隊。

野口多内屬題儲貳金鑒〔三三四〕。

二十二日，訪山川健次郎，一問教育事。旋赴近衛公之招，游御植物園。

長川子爵贈詩，即席和之〔三三五〕。

二十三日，和永坂石埭用森君移居韵詩〔三三六〕。

二十五日〔三三七〕，赴巢鴨風病院一游，院長索詩，爲書一絶〔三三八〕。

二十六日，約來考學制諸公并留學生十餘人，議學生與公使争持之事，責望於我甚至。

二十八日，蔡公使以聖壽節邀往接待賀客。歸寓，吴止欺、方常季均在寓久候，以學生與蔡使争持事責望於我甚至〔三三九〕。

二十九日，題伊藤稻子扇〔三四〇〕。

三十日，與小村俊三郎携啓兒赴古城貞吉之招〔三四一〕。

七月一日〔三四二〕，諸生陸世芬等來見，商吴稚暉事。

作周易象義辨正序〔三四三〕。

二日〔三四四〕，赴上野六書展覽會。永坂招至向島，即席答菊池君〔三四五〕、森槐南詩〔三四六〕。晚歸聞吴敬恒被警視廳捉捕回國，與蔡鶴廎、夏悌山往見蔡公使論之。

三日，晨起，聞日本解吴敬恒歸國，敬恒塗間投水，復折還。文部參事官田所美治來談，許爲轉求文部挽之。晚歸則聞下午二點吴敬恒等已起解。

吾目見此變，一籌莫展，憤憾無極。

案北江所作馬佳君紹越千傳〔三四七〕云：『〈是〉時滿漢畛域益甚，黨人學子倡革命者日衆，朝廷深以爲憂。新政雖頒行，而禁防殊密。大學爲新政之首，政府以先公宿望，深致禮聘，而兩提調皆〔以〕滿人爲之，左右偕行，雖曰扈從，亦寓防維之意。先公性豁達，曾不爲意，行止語默，一衷於義而已。是時，駐日本公使蔡鈞，素無行，以阿附權要得位，夙爲日人所輕。屬有私函樞府，論留學生事，於日本多所詆毁，爲日人所得，播諸報紙〔三四八〕，一時輿論大嘩，掊擊不遺餘力，而先公適以此時東渡，東邦朝野歡迎禮待者輒數千人，謦欬風采，重譯喧騰〔三四九〕，備致敬仰。蔡鈞既慚怒，而日報又詆鈞：「瀆職不義如此，當謝遣歸國。吴先生以大儒來臨，宜即挽留充使。」鈞益大恚〔恨〕，疑先公將奪其位，乃馳書慶王，誣先公率留學生倡革命。慶王故昏耄，而軍機大臣榮禄方貴用事，張公嘗諷先公往謁，先公謝不應，榮禄以是不慊於志，揚其波而助之。提調榮勛者，本榮禄私人，以先公遇之無加禮，亦銜先公，而與蔡鈞相結，從而爲之證焉。是時，先公禍且不測，慶王、榮禄皆宣言「吴某乃爾，還當置重辟」。日人覘國者具知其事，於報紙中備言之。闓生從先公在東，每披報輒生戰栗。先公顧之而笑，不爲動也。適留學生吴敬恒、孫揆均以入學事與蔡使忤，蔡使嗾日警於使署中逮二人去。先公以其辱國，面責之，蔡使益忿。』『榮勛自抵東，即移居使館，不與先公相見。獨馬佳君日侍左右，每書達慶王及諸要人，爲先公剖釋甚力。先公在東得安然還國、無意外之虞者，馬佳君之力也。先公逝後，門弟子相與私嘆曰：「甚哉，革新之難也！先生所任，一總教習耳，尚徘徊未肯遽就，而事端相逼，謗侮紛乘，其困厄已如此，況欲頡頏當世之務乎？」』

五日，晨往訪田所美治，遂同訪菊池文部。

六日，上午訪大隈伯。其人精爽，所論教育甚當〔三五〇〕。

答結城琢詩〔三五一〕，跋蔣湘帆尺牘〔三五二〕。又寄西京知事大森鍾一絶句〔三五三〕，寄木下先生一絶〔三五四〕。贈小村俊三郎詩〔三五五〕。

九日，廣東學生有毅然欲退學者：胡衍緒，字展堂，番禺人。

十日，和福原公亮七絶〔三五六〕。依韵和森槐南〔三五七〕。答永井、土居、北條三君〔三五八〕。依韵和北村〔三五九〕。

十一日，晚赴加藤正義郵船公司之招。席間和毓將軍六言〔三六〇〕。

十二日，赴文部省商論聽講之事。

十四日，長岡子爵來談。

據稱因學生與公使相持，出爲調停。

十五日〔三六一〕，游築地活版製造所。

十六日，赴長岡氏之招。長岡即席贈詩二絶，依韵和答〔三六二〕。

十八日，與服部宇之吉約於文部大臣官舍相見，遂定文部應講事目。

十九日，見留學生所記此次與使館牴牾事。

其記鄙人多失實。

二十二日〔三六三〕，作金子濟民周易本義啓蒙纂要序〔三六四〕。次韵和酬新岡旭宇〔三六五〕。

二十三日〔三六六〕，作矢津昌永世界地理序〔三六七〕。

二十四日，日户先生招游，觀水上放火花。槐南有詩，依韵奉和〔三六八〕。

二十五日，木村知治晨送詩來，依韵和答〔三六九〕。作高橋白山咏經子史絶句千首跋〔三七〇〕。

二十六日〔三七一〕，查閱日本銀行。

二十八日，中島錫胤來訪〔三七二〕。

二十九日〔三七三〕，查視地質調查所、印刷局。

八月一日，查視電話交换局。晚謁振貝子；與唐畏之、李友山二君久談。

二日〔三七四〕，查視電報郵便局。午後往訪前文部大臣濱尾新，談教育甚久，多切要語。

疊韵和答槐南『媧』字韵〔三七五〕。和答岩奇一七律〔三七六〕。

三日，查閱東京區裁判所。午後查閱議院。

四日〔三七七〕，查閱東京地方裁判所。下午查閱麥酒株式會社。

題过武雄萬國志略，用『媧』字韵〔三七八〕。

五日〔三七九〕，查閲控訴院、大審院。

下午研經會招飲於星岡，次韵答池田精一絶句〔三八〇〕。

六日，晨訪細田謙藏，與同過田中不二麿。塗間車子傾跌，吾受傷，鼻破流血，赴近〔三八一〕地醫家洗治。案北江所作先府君哀狀云：『嘗獨携一譯人，往訪該國宫中顧問田中不二麿。田中嘗爲日本巡訪歐美〔三八二〕各國學制，日本教育〔三八三〕多其手定。相距甚遠，府君又不肯乘馬車，獨以人力車往。中途路滑，車子傾跌，府君傷鼻，血流如注，昏不知人。譯人大驚，扶掖至近傍醫院，用冷水療洗。血止，即馳車至田中之宅，與談辨〔三八四〕詳甚。又過教育家辻新次等數人，乃歸。歸後數日，傷處猶隱痛也。其勤事不顧身，大率如此。』

七日〔三八五〕，晨查視警視廳。午後往查慈惠病院。

八日〔三八六〕，晨往視監獄，出視養育院。下午與小村同訪井上哲次郎。

岩谷孫藏席上索詩，寫付一絶〔三八七〕。

九日〔三八八〕，游日本橋區警察署。下午至文部省聽講。

作岸田吟香萬國輿圖志略序〔三八九〕。

十日，文部聽講。此後每日往聽。

十一日〔三九〇〕，閲東京府。又出觀度量衡各器。午後文部聽講〔三九一〕。

十二日，閲區役所。

十三日，訪長尾槙太郎、市村瓚次郎。夜歸已十二[點]鐘。

次韵和本田種竹五律二首〔三九二〕。

十四日，午後文部聽講〔三九三〕。作高田忠周古籀篇序〔三九四〕。

十五日，松村茂助所講教育大意已竟。至學校衛生局，其課長略示衛生儀器。午後文部聽講〔三九五〕。

晚赴江木冷灰等檀欒會之招，得贈詩十九首，吾與啓兒各和答三首〔三九六〕，又次韵和江木一絶句〔三九七〕。

十六日，午後文部聽講。歸〔三九八〕與長尾槙太郎及章仲和、吴止欺，訪副島種臣。

甚款洽，其談鋒甚快利，喜稱吾舊史。

十七日〔三九九〕，午後文部聽講。

其講學校衛生者，三島通良，衛生之專家也。

晚赴教育會、學制研究會二社之招。

其教育會，全國教育家盡在，爲日本最大之會，足以見其興學之盛也。

作日本學制大綱序〔四〇〇〕。

十八日，午後文部聽講『學堂管理法』。講者野田義夫。

次韵答菅了法〔四〇一〕。高橋作衛屬題其尊人白山翁詩文集，爲賦一律〔四〇二〕。

十九日〔四〇三〕，訪外務省政務局山座圓次郎，論留學生事。

二十日〔四〇四〕，訪外部長官珍田捨己，論留學生事。

晚赴永井久一郎之招，坐中分韵賦一絶〔四〇五〕。

濱邨衮爲刻竹印，求題其印譜，爲賦一絶〔四〇六〕。

二十一日〔四〇七〕，訪司法大臣清浦奎吾。午後文部聽講。

二十二日〔四〇八〕，游高等商業學校。晚與日户君同訪太田，座上遇法學士今關皆治。

齋藤木前贈詩索和〔四〇九〕，今却寄。

二十三日，市橋虎之助來訪。

晚赴手島知德之招，手島作五律二首見贈，席上和答〔四一〇〕。

二十四日〔四一一〕，早游東京府第一中學校。

二十五日〔四一二〕，閲大橋圖書館。晚赴外部小村大臣之招，同坐者菊池文部，大浦警視監，名兼武；餘皆文部外部屬。

福岡縣有二村嘯庵者，好藏名人書畫，貽詩索字，依韵答之〔四一三〕。

二十六日，長岡子爵過訪。

二十七日〔四一四〕，大風拔樹。下[午]晡，赴華族會館，應躬行會之招，會中皆華族，贈躬行會叢書、叢志等。遇青木少將，問兵制。

二十八日，體育會卒業，招往觀藝。

暮赴郵船公司近藤廉平之招。森槐南即席賦詩，依韵和答二首〔四一五〕。

二十九日〔四一六〕，晨與野田義夫往上野游覽博物館，出觀動物園。午後文部聽講。是後皆視學官野尻精一所講。

晚赴上野精養軒，應文部之招，飲罷久談。有馬祐政作絶句索和〔四一七〕，昨日文部爲宣講者也。

三十日，午後文部聽講〔四一八〕。田所美治，文部秘書官，有紙索詩，賦一絶句〔四一九〕；德川家達索字，爲賦一絶〔四二〇〕。

九月一日，午後文部聽講〔四二一〕。與章仲和、吴止欺等，飲西京大學總長木下廣次於偕樂園。

次韻和關義臣三絶句〔四二二〕。

二日，午後文部聽講〔四二三〕。晚赴信夫粲之招。

粲，字文則，號恕軒，能漢文。同坐者岡本正輔，亦通漢學。席上次韻答信夫贈詩〔四二四〕，次韻答本田種竹〔四二五〕。

三日〔四二六〕，訪菊池文相。午後校勘發印各稿。

晚赴本田種竹之招，席間次韻和其七律〔四二七〕。

四日，早赴留學生會館之招。午後婦人協會請往演説。

晚携兒子往訪小野願。

年八十九矣，聞吾至，爲一絶句，依韻和之〔四二八〕。

五日，午後文部聽講〔四二九〕。晚應新聞記者社會之招。

六日，午後文部聽講。

自八月廿九日至此，皆視學官野尻精一所講。普通學校粗畢，其專門學校、大學校皆未講，以時日迫促，不能終講，遂止於是。

七日〔四三〇〕，訪伊澤修二，留飲久談。同觀貧苦學校二所。

伊澤夫人悟竹求詩，爲賦一絶〔四三一〕。

八日〔四三二〕，訪大隈伯，遂至早稻田學校一觀。歸過辻新次，不值。過高橋作衛，既去而高橋歸，追還一談。過嚴範孫，留飯。

是日，菊池晋見招，余適忘之，比到已九點鐘，盡歡而散，歸寓已一點鐘。席間，菊池倜字修軒，菊池晋之父也，作詩見贈，依韵和之〔四三三〕；又謝菊池晋一律〔四三四〕。

九日〔四三五〕，與嚴範孫游慶應義塾。歸寓，簡料行李。

晚赴江木衷檀欒會之招，席間次韵和答江木一律〔四三六〕。

十日〔四三七〕，赴外部辭行，見小邨男爵、珍田次官、山座局長、石井參贊。爲山座再言留學生官、私宜用一律。

十一日〔四三八〕，與森槐南同訪伊藤博文。其言絶痛。

十二日，至文部辭行，遂遍辭各處，見日户勝次郎、下田歌子、蔡公使，歸已入夜。作北京信至十二點鐘畢。與張尚書書〔四三九〕云：

某頓首上書野秋尚書閣下：辱承尊命，渡海東游，視察學制，居此三月有餘，仍未得其要領。緣到時適各學已放暑假，教育家亦多避暑他往；及入秋開學，又因文部聽講，不能四出游覽。惟學校規模，日本全國一律，得見數處，可以推知其餘。謹將文部所講及閱視各學日記，鈔呈台覽。竊謂吾國開辦學堂，苦乏教員；又壯年入官諸人，不得不粗明新學，尚書先開師範學校、仕學院，實爲扼要辦法。所延服部、岩谷二君，此邦上下皆賀我得人，皆望能盡其用。某素持私論，謂救急辦法，惟有取我高材生，教以西學，數年之間，便可得用。查日本初時，令各藩送士人入大學，謂之『貢進生』，意亦如此。今所開師範學校適與符契，即明年開大學堂，恐仍須扼定此指〔四四〇〕。此等學徒，中國文學業已成就，入學功課，宜專主西學，俾可速成。其中學不復過事督責，『用志不紛，乃凝於神』，『鼫鼠以五技而窮』，正此類也。但此乃一時權宜之策，欲令後起之士與外國人才競美，則必由中、小學校循序而進，乃無『欲速不達』之患；而小學校不惟養成大、中學基本，乃是普國人而盡教之，不入學者有罰。各國所以能强者，全賴有此。今日本車馬夫役、旅舍傭婢，人人能讀書閱報，是其證也。中國書文淵懿，幼童不能通曉，不似外國言文一致，若小學盡教國人，似宜爲求捷速塗徑。近天津有省筆字書，自編修嚴範孫家傳出，其法用支、微、魚、虞等字爲母，益以喉音十五，字母四十九，皆損〔四四一〕筆寫之，略如日本之假名字，婦孺學之兼旬，即能自拼字畫，彼此通書。此音盡是京城聲口，尤可使天下語音一律。今教育名家率謂一國之民，不可使言語參差不通，此爲國民團體最要之義。日本學校必有國語讀本，吾若效之，則省筆字不可不仿辦矣。至於將求成學，則必教讀華歐文字。此是造就成才，與普教全國人民，當分爲二事，而中學校普通科學，爲之階梯。某竊疑日本科學太多，每日教肄時刻太少，學徒無甚進益，而論者并謂此乃歐美所同，不可缺少。昨詢之文部菊池君，君謂：『此事尚無善法。今天下各國學校，皆師法德國，德國之中學亦未完善。此學於教育爲第三義，中國尚可緩辦。其第一義以造就辦事人才爲要，政法一也，實業二也。其次，則義務教育，即小學校，所以教育全國男女者是也。至文化漸進，再立中學校。各國初行教育，先建大學，次立小學，次立中學。』菊池之言如此。某竊深服其言，又久從事教學，知學人才力不能泛騖。今約計西學程度，非十五六年不能卒業，吾國文學又非十五年不能卒業，合此二學，需用三十〔四四二〕餘年之日力。今各國教育家皆以爲學年限過久爲患，群議縮短學期，今我又增年限一倍，此乃教育之大忌。然則欲教育之得實效，非大減功課不可。減課之法，於西學則宜以博物、理化、算術爲要，而外國語文從緩。中學則國朝史爲要，古文次之，經又次之。經先論語，次孟子，次左傳，他經從緩。每人每日止學五六時，至多止能學五六科，餘則無暇及矣。此中學之辦法，私意如此，其效約在十餘年之後，非救急之用。若初辦大學堂之專科，前聞尊議延師西國，未審所聘何等師？以私意測之，政治、法律之外，則礦山、鐵道、稅關、郵政數事爲最急，海陸軍法、炮工、船廠次之，此皆數年卒業即可應用者也。凡某所欲上言者〔四四三〕，大略如此。其尤要者，教育與政治有密切關係，非請停科舉，則學校難成。前既屢面論之，此事終望鼎力主持。至於學成之後，必應予以進用之路，非舉人、進士等空銜可以鼓勵。伊藤相國謂：『中國事勢危急，教育人才已恐迫不及待，必四五年可學成者，乃可收效。』菊池文相言：『外省學堂宜爲專門教育，學成即令辦事，不必再令入京師大學。』此皆斟酌時勢，力求速效之辦法，并以奉聞。至奏定章程〔四四四〕，此間尚未全閲，率臆妄言，以備采擇。某此次來游，實未盡其深處，文部亦未講完，徒以時日迫促，不敢久留。此邦多明達之士，所言多可采，某未及遍訪。獨刻書版權，聞欲與我國定約，此事請公告知外部，慎勿與之定約，於開化有益也。服部、岩谷諸君爲講師，必應有人通譯，此間范静〔四四五〕生名源濂，湖南留學生，弘文書院講演。范生因係教吾國生徒，自願爲之通譯，能暢明未盡之緒，聽者悦服。近日以事回國，公若用爲通譯，范必樂就。希卓裁。不具。

十三日，作字，至下午三點鐘始止。六點鐘上汽車，交游集送。是晚，眠、食車中。

十四日〔四四六〕，九點鐘到西京，冒雨至西村旅館。復冒雨至大學校，見木下總長，取所作木型學校式。

晚會諸君多席上贈詩者，依韵和答三絶句〔四四七〕。

十五日〔四四八〕，游商業學校。出游紡織局。

十六日，上午至東西本願寺。下午訪嚴範孫，遂與同游書肆。

福原昨贈詩，今聞索和，依韵答之〔四四九〕。光炯催和湯原來詩，勉徇其意〔四五〇〕。

十七日，晨自西京西村旅舍發。八點到神户，直上博愛丸，遂至船頭遠眺久之。晚飯後，未幾遂睡。

蓋自東游以來，白晝閑適無事，無如昨十六日之在西京；夜睡之酣鬯，無如十七夜之在船上也。

十八日〔四五一〕，船至馬關。

前來時未及上岸，今船人約往一游。至春帆樓，李文忠與伊藤議和處也。依韵和田邊爲三郎〔四五二〕。

十九日，抵長崎。四點鐘開行。

二十一日，晨抵上海。

二十二日，張季直來談。羅叔蕴振玉亦來訪。

二十三日，蕭敬甫來談。

二十五日，毛實君送菜，因留飲。晚與阿多廣介同赴蔡鶴廎之招。

二十六日，上船赴無錫，視薛南溟病。

二十七日，晚四點鐘到無錫。南溟病已愈。

十月三日，晨到上海。

賦一絶寄謝下田歌子〔四五三〕。

五日，早四點鐘開行。

七日〔四五四〕，到安慶。

船中和早川先生詩〔四五五〕。

十一日，與早川謁聶中丞，中丞上午先施也。出謁聯方伯。

十一日〔四五六〕，拜客，見毓廉訪及撫幕江叔海。

十四日，李仲仙中丞過談。出訪余壽平。

十六日，午後赴聶中丞之招。

二十一日，擬桐城興學呈稿〔四五七〕，云：

呈爲開辦學堂懇請批飭遵照事。伏查近年迭奉上諭，飭各行省〔四五八〕府縣興辦學堂，現經京師〔四五九〕管學大臣奏定大中小學章程，頒行天下〔四六〇〕。鄉曲後生，自廢革時文，遂〔四六一〕不知應學何等。五洲列强又復蟻附中國，風潮絶大，自非通曉歐美公學，不足并立於萬國之間。應詔興學，刻難延緩！惟中國風氣未開，師資難得，求師歐美，所費不訾，非一縣一邑力所能逮。獨日本維新三十年餘，教育規制不亞歐美，其學校卒業人員最多，與中國鄰近，招延甚易。職等公同籌議，業由日本聘到教習一人，擬即招考生徒，刻日開學。民力凋敝，經費難籌。遵旨將書院改爲學堂，書院所入甚微，萬難敷用。此外舊有查歸公用之廢庵田及崇文洲業，向設五鄉公局承辦要工〔四六二〕。現經公議，裁撤此局，以租入并歸學堂；其文廟、考棚各田租，亦一律歸并。文廟歲修及考試卷費、桌橙，由學堂支付，其一切浮費，悉數裁除。近日加墾崇文洲地，與省學堂中分利入。合此數項，歲收中稔，約可得四千金。一有災歉，即難如數。開辦之初，止延得一師，又無寬敞校舍，止能收教生徒六十名，仍須給與火食，以廣招徠。别延中國教習，以崇德育。以稔年計算，出入僅僅相抵。所有各項租入，係屬民捐民辦，應請俯允，批飭立〔四六三〕案，免其造册報銷。此祗肇開端緒，俟將來别籌經費，仍應設法拓充，庀材相地，建築學舍，增延數師，推廣學徒名額，乃能仰稱詔書，投合程度。學校爲一縣大政，經理雖由紳民〔四六四〕，主持必賴官長。擬請飭派縣主爲學堂監督，庶冀維持扶植，有所依仗。所有擬定〔四六五〕章程十七條，理合隨稟上呈。伏乞批示祇〔四六六〕遵。某等謹呈。

二十一日，作書寄江叔海，請向聶中丞借舊武備學堂。

二十三日，聞中丞與方伯議許借舊武備學堂，遂與叔節、光炯等同至此堂一視，早川同行。

二十五日，史恕卿、吴受益、房秩五等議立齋長，皆願自爲。其未到者，公議姚慎思、宋壚初、張翰臣，吾與通伯主議定請。

二十六日，贈江叔海七律〔四六七〕，即送其之浙。

二十八日，前上公呈，得撫院批答照議，送蔣縣公閱。

二十九日，蔣縣公來，留飲，因與議招考事。

三十日，因馬通白爲李仲仙所堅留，議改請姚叔節爲中文教習，兼代總理學堂事務；請方常季爲學堂副監督；常川住學。

十一月二日，午後出拜聶中丞。

五日，疊韵再答江叔海詩〔四六八〕。

七日，料理行裝，倫叔治具餞送。

王子裳太守贈詩四首，率賦一律答謝〔四六九〕。

八日，自省附小輪船至樅陽，一視白鶴峰書院。

九日，自樅陽歸家。

十日，親族聞吾歸，皆來相見，極歡，應接不暇。

十一日，展謁馬家沖考妣墳墓，暮歸。

十二日，展謁五里拐祖考妣墳墓。午後歸塗，一視亡妻浮厝地。遇雨，至柹園沖，暮歸。

十三日，大雨。展謁黄公山曾祖考妣墳墓，途間雨止。

聞山中有虎時出食人，頗有戒心。山峻高無人徑，少時不覺其險，今老矣，須人扶掖。及歸途所經别徑，其險略同。吾得家騘扶掖，然喘息不寧，屢休乃上嶺。自知衰老，恐不能屢省此墓，擬令石工爲修階級，自守墓家至墳域，或易拜掃；自家至守墓家，當别取平路，庶於老憊稍便。

十四日，自家至縣，主馬通白家。

十五日，縣公蔣少由明府來談。

元約諸紳是日結算五鄉公局帳目，是日竟無至者。

十六日，諸紳仍未至。開單約諸友明日結帳，不候未來者。

十七日，鄉中諸紳亦至。午後結帳，遂公議提縣捐租歸學堂。

十八日，自縣歸家，路過楊樹灣。楊伯衡之幼子亮甫來見，略告以須學四夷之學。暮歸。

十九日，雨雪交作。與紹伯同往全莊，康伯亦至，略議康之兄立嗣事。

二十日，晨展康之墓。飯後展謁高祖考妣墳墓、五世祖近裹公墳墓。歸舍，衆客在門，至夜不休。

題馬通伯所藏姚惜抱手迹一律〔四七〇〕。

二十一日，晨展謁六世祖聰四公、七世祖爾昌公墳墓，便道一視亡弟詒甫浮厝地。

撰冬至祠堂祝文三首〔四七一〕。

二十二日，上午雨。午後至祠堂，人多至屋不能容。子夜祭祖，宿祠中。

二十三日，質明祭祖，子孫合食者多，自晨至日晡，食者不絕。族人立議修譜，以此事屬余。余令各支先自開稿，彙齊送余編次。但恐身老，精力不逮耳。薄暮，自祠堂歸。

二十四日，赴保慶股新祠祭祖。遂赴河西，查視張璞生所買各山。

二十七日，晨與康伯一游君子谷。飯後與康伯分手。康歸，吾至省城，徑投學堂。

早川聞吾至，大喜。

三十日，作武强賀偉堂先生八十有三壽序〔四七二〕。

十二月二日，東曆除夕，召客觴早川。

三日，爲東曆元旦，再爲早川召客賀歲。

四日，作姚慕庭墓志銘〔四七三〕。

五日，王子緝以其父畏甫遺文見示，求爲序跋，因跋數語〔四七四〕。

八日，倫叔用拙詩答王子裳韵見贈一律，叠韵奉酬〔四七五〕。叔節用前韵賦謝墓文，再叠韵奉答〔四七六〕。

十日，再叠韵答倫叔〔四七七〕。

十三日，倫叔疊韵贈詩二章，賦答〔四七八〕。

十四日，五疊前韵答倫叔〔四七九〕。

十七日，六疊前韵答倫叔〔四八〇〕。

十九日，欲撰李文忠墓志〔四八一〕，客多，不能構思，避至潘瑨華寓中成之。

二十日，七疊韵答倫叔〔四八二〕。成李文忠公神道碑銘〔四八三〕、李文忠公墓志銘。武備學堂教習佐久間浩，贈日本刀并絶句，次韵答謝〔四八四〕。八疊韵答倫叔〔四八五〕。

答范肯堂書云：

弟歸皖籌辦學堂，勾留省城甚久。歸展先墓止十日，旋又到省。叔節交到惠書，具承一一。敝縣學堂，鄙意欲求速效。在東〔四八六〕所聘教習，長於法學、理財學。此二學者，時所急需，又與吾國向日講空學者相近，足以漸開文化。又見日本近年專仿西國公學，其中學校所謂普通學者凡十四門，學生不能久用心傷腦力，每日僅學五點鐘，故不能遍及。於是一禮拜一周，此十四門中，有一禮拜僅學一點鐘、兩點鐘〔四八七〕者，學四五年，仍毫無所得。以其門類太多，時刻太少，課程太淺，鄙意深所不取。嘗以問文部大臣菊池男爵，菊池云：『方今各國學校，均奉德國爲師，德之中學校尚無善法。中國初興學校，於各國未得善法之中學校，可暫置後圖。』吾以其言爲善，不敢遽議中學校。又其教習甚多，一時無此財力，故慭置之，就吾教習之所長，使學徒專力赴之，冀久後當有成者。此下走私見，非盡用伊藤言也。至若學成之後，尚宜資使游學外國，以求進而與東西學者争勝，不宜令得少而止。至於學已大成，國家取而用之，固可收效盡力，不用亦可持其學以自立於世，不至淪爲奴隸。凡鄙人立學之宗旨如此，此固無國學、鄉學之分，要以能自行其志爲貴。來示鄉邑學校『齊民所有事，學子之初級』，蒙意不然。『齊民所有事，學子之初級』，乃西國所謂普通小學。此小學不過讀書、作字、算術、體操、唱歌數者而已，此宜一村一里便立一學。吾國教法未定，教師難得，一時尚難遍立，若乃一縣所立之小學校，豈得專教此等？漢志所云『八歲入小學』，『十五入大學』，此以學年分大小，今西國所謂『小學』『大學』者也。所云『諸侯歲貢少學之异〔四八八〕者於天子，學於大學』，此以學地分大小，今吾所謂『京城大學』『州縣小學』者也，不得合并爲一事。西國小學，專教九歲以下之幼童，無一人不入學，故可曰『齊民所有事，學子之初級』。州縣雖小，百里之内必多能入大學之人，美國大學數十區者以此。豈得一縣之大，立一小學堂，僅教九歲以下之幼童哉？然則造育之道，京師、鄉縣一而已。來示謂僕『宜早北上，無使外人絶望吾國』，所見極是。僕此游，日本人屬望甚至，雖不敢冒居總教習之任，固不能徑歸卧家，使方外輕藐吾國。但北去亦止委蛇數月，徐謀奉身而退，誠不宜自忘己量，强所不能，貽羞知己。執事倘〔四八九〕謂吾言不謬，望并轉告伯嚴，幸甚！

二十三日，與李伯行季高兄弟云：

前在桐城城中肅上一函，交來使賫投，計達尊覽。是後塵事紛冗，在舍中不及十日，又復至省。因往年洲案，請當道丈量，在此久候。恐明正此案不定，則不能詣府撰文。葬期迫促，文成尚須寫本上石，再有遲延，必至緩不及事。近日在此營構，幸墓志、神道碑皆已脱稿。先師實我國前古未有之偉人，恨筆力孱懦，不能摹繪萬一，徒以函丈無恙時謬蒙誨誘，加以賢昆仲以宿諾見責，殷殷付屬，誼〔四九〇〕不得辭；又頗自謂在門墻久，於吾師性情識略及辦事甘苦，少有窺尋，視他人所知獨深切。惜此文成於塵勞之中，又衰退失學，不能自達所見。今特鈔稿上呈。墓志似應速刻，神道碑封墳之後徐徐樹石，不爲晚也。寫手計當有佳者，志蓋得善篆者書之，尤妙。某本不善書，加洲案近日始得院批，仰司委員會縣勘丈，明正適有丈洲瑣事，難抽暇敬書。兩公若必以見委，亦不敢固辭，應請文中名諱、日月、姓氏、官爵等一一填明，并寄紙稿〔四九一〕尺寸，當遵示繕寫。或先書志石，墓碑從緩，悉聽指揮。志須入土，尤望多拓數百本，并求以二百本見惠，幸甚。明春擬趨前會葬，若丈洲官事未能結正，則恐不能如願。時局紛亂，大學堂不敢苟就，南方亦無容我之地。前議蕪湖設立紳捐學堂，伯兄已立有基緒，不過從而增益。此事若成，諸公出財，弟可竭盡知能，在中襄助。既爲本省培養後進，下走亦藉爲菟裘。此事專望兩兄倡導，并請偉侯、襲侯同力觀成。夏秋在日本考察學制，稍有見聞，知吾國各行省學堂，大率强不知以爲知，行之數十年，不能收效。曾見伊藤博文，彼謂吾國『事勢岌岌，即從今實力興學，五年速成，已有鞭長不及之勢』。其言極爲危切，聞之心悸。故尤望紳捐一學，盡力造育通才，或冀緩急足恃，以免波蘭、印度之危。此尤急何能擇之日，兩兄幸加意此事，以副衆士之望，成先師未竟之緒，振此難繼之家聲，使天下聞風忻慕，皆曰『此葛侯之所爲也』，則門下馬走與有榮施，不僅自謀養老之私計。幸垂意鄙言。

二十七日，諭兒〔四九二〕書云：

北京安得有書相問勞？吾自覺此次不宜輕去耳。汝十八日來書，謂『張尚書盼我』等語，殆是中島所言，中島不能知中國人情之變也。大約張尚書并無倦意，惟政府主持學權，張殆不能自主。昨得常濟生書，謂袁慰帥到京，告人謂大學堂請我爲非，又謂趙從蕃主張革命，沈小沂乃票匪云云。張尚書見榮相，榮相告之如此。今趙已告假，沈亦出京赴滬，袁又參學堂學生皆革命黨人，張香帥亦有搊參學生。濟生勸我宜於此時函致管學辭退，汝亦勸我明春竟不北上。吾意横豎不就，遲早似皆可自由，吾眷口、書籍均在北，不可不到北取歸，届時堅辭，彼亦不能强我以不爲。但近來人心巇險，去年袁莅任時，留我甚堅，我固辭不就，彼遂挾嫌至此。此公叛今上、叛李文忠，何論老夫？聞張巽之語人曰：『政府所以恨吴某者，以經濟叢編所言，皆民權革命，此局吴某所開，其議論皆吴某宗旨也。』此語蓋不獨傾我，且又擠華北譯局。此等人皆腹有鱗甲，不可近也。張尚書當無此等猜忍，若堅執不就，其怨我亦必甚。亂世真不易處，所貴乎君子者自處：一衷諸義，不能盡顧利害。汝謂『不北上』，自亦省却煩惱，但北省書籍、眷口，無人運歸，以此長慮却顧耳。此紙汝閱後可裁去，勿使他人見之，又生無數波浪。洲案明正當可丈量，二月李文忠葬，吾擬往送。

十二月二十七日，摯翁書。

日記：

二十八日，自省附小輪船至樅陽。是日風雪交作。案公以此行冒寒得疾。

二十九日，風雪益甚。自樅陽啓行，過官埠橋，抵暮到家。

三十日，家人多來相見。

吾二十餘年未歸度歲，今日始獲薦享。

光緒二十九年癸卯（一九〇三），公年六十四歲。

正月十二日，公病卒於家。

日記：

正月元日，祭先祖後，家人争持茶點相奉。下午身體不適。

二日，體中仍不適。先約今日往全莊，竟不能赴約。案『全莊』即鞠隱山莊，公從兄康之所居。康之已逝，此謂其夫人也。

三日，將赴全莊，家人苦留，遂改定初四。

四日，家人仍勸勿赴全莊，因約全莊改至吾莊議事。

五日，召集族姻爲郫城君議繼，用君昂次子超爲郫城嗣孫。案君昂，名千里，熙甫君之子，小名駒。諭兒書中所謂駒、啓兩兒也。吴門弟子集有君昂詩文。

六日，摘鈔户部則例。案北江云：『先公自元日得病，至五日益健，能進飯矣。以立繼議定，家人之懦愚者，妄起争爨，先公忿不能制，病乃加甚，疝氣大作，痛劇不能〔四九三〕食。至十二日晨朝，遂以不起。哀哉〔四九四〕！六日病已劇矣〔四九五〕，猶欲籌增縣學堂資本，查丈洲田歸公。摘鈔户部則例至九行，語未終〔四九六〕疾作，不能舉筆，遂止。烏乎痛哉！』

公卒後，日本早川新次在安慶，寄邦人書〔四九七〕云：

小生去秋隨吴先生到安慶，從事桐城縣學堂。今兹所經營者，報名入學生千名内外，已考取七十人，陰曆正月二十日開校。不幸先生病逝，諸事阻滯，悼恨何限！先生歸國後，謀設桐城縣學，會諸紳於安慶，説以教育之切要，力排紛議，定學堂資本。安徽巡撫亦贊成之，借安慶舊武備學堂爲校舍。先生乘暇歸桐城舊宅，掃父祖墓。十二月初旬，再來安慶，爲開學準備。餘暇應故友之請，著序文、碑文四五篇，有李文忠公墓道碑、墓銘等。十二月二十八日，先生離學堂，冒風雪，乘小汽船至樅陽鎮，又冒風雪歸家。小生等力勸留住學堂，先生必欲歸家度歲，此發病之近因也。先生由安慶至本宅，凡百清里，其前半過樅陽湖，平波渺然；後半山路崎嶇。方今晴暖，寒風尚烈，而鄉曲所用竹轎，不能遮障寒風，先生六十四歲之高齡，自以壯健，風雪中行此長路，固平生精悍之氣象，亦由懷舊之情深也。先生之家室在保定，一男子今在早稻田大學；桐城唯兄弟遺族，兄弟皆久逝。此次開宗族會議，定其兄之嗣子，先生卒前八日之事也。正月九日，突有先生兄子某，案此即君昂，先生弟之子。云『兄』，誤。遣使送書，報先生病狀，且言先生不信漢醫，專望西醫之診視，乞伴米國醫偕來。小生不敢暇，即與米醫交涉。十日，晨發安慶，夜半到吴氏宅，直抵病床詢問，見其容態，已非現世之人，驚其病勢之急激，知非等閑之病。親戚輩具述疝氣之亢進，腹部膨脹如石，熱度高。米醫不能確定病名，小生疑爲腸膜炎也。是夜及次日，米醫種種治療，病勢益惡。先生遂自覺難起，招小生及門人李光炯至枕邊，握小生之手撫胃腸心臟之上，爲長嘆息，托以學堂後事及三四要件。小生酬知己之恩，正在此時，與米醫議良策，奈傳教兼通醫術之人，内科非所長。先生病勢益惡，至十二日早朝，呼吸全絶。小生之遺憾，殆無可喻，兼又不通言語，真有斷腸切齒之思。先生於衛生醫術，生平注意。小生譯學堂章程中『禁室内咳唾』一條，先生加筆云：『此各國所兢兢也。』又屬譯文部省發布學校清潔法一節『大掃除至少每年一度施行』，先生改云：『至少兩三次。』又前時寄書保定家人，言：『中國房舍不適通風采光之法，强小兒終日讀書習字其中，乃小兒早逝之一大原因。』警告親戚小兒，宜以爲戒。今兹之病，斥一切漢醫不用，辯[四九八]漢醫之不足信，特由安慶奉迎西醫。聞生等一行到宅，甚爲欣喜，豈料米醫毫無效驗。米醫云：『若在上海或日本，得與他醫協議良法。』小生亦覺此地有日本醫士一人，或可奏功，遺憾何極！先生生平以『日記』爲一課程，苟當記憶之事，無不記[四九九]載，文尤簡雅；所作詩文，間亦記載，數十年來不廢。前時印行之東游叢録，日記之一節也。小生此來，請其親戚得覽先生之日記，正月元日記云：『祭祖先之後，家人争以茶點相奉。下午身體不適。』蓋由此日發病。此後每日續記不輟，至六日絶筆。其六日所記，乃學堂資本所冀得洲田，記載極周密。此皆病中之筆，無病人之狀。越六日而先生遂逝，其病情之急激可知也。先生自言：

『二十四五歲，師事曾文正，與李文忠亦於此時相知。』先生一生，超逸勢利之外，氣節高潔，而精悍之氣象見於日用常行之間，一有憤激，則聲如鳴鞭，貫人心臟，足見英豪之性格。且先生方今中國儒林中最有開化之思想者，去歲游我國數月，考查我國學校制度、財政、衛生、軍事、商工業等，蓄滿腔之經緯，歸來務振鄉里之教育。來月將到北京大學，考查所得，逐一報告，且伸己之素志；不用，則毅然勇退，以歸鄉里，從事南方之教育，今後十年二十年之事業，胸中具有規畫，不謂疾病之魔力遽促先生於死，蓋先生一身之遺憾，比之小生等，不知幾百倍也！我國文部大臣，兩大學長，其餘在朝在野爲先生爲中國歡迎東游盡忠以資其便利之諸君子，得先生之凶問，寧不悼嘆痛惜。顧先生之所考察，其大端已由書柬幾度報告管學大臣，其意見殆可實行。又東游叢録及先生之日記，皆刊刻行世，凡諸公之厚意，皆記載其中以爲念。謹舉先生臨終之狀，以告諸君。清國安徽省安慶府桐城學堂早川新次頓首。

蓮池書院諸生公祭，由李剛己撰祭文〔五〇〇〕，云：

維年月日爲桐城先生既卒之十有八日，門下士李剛己等〔五〇一〕，設位於保定蓮池校士館先生舊時莅講之堂，哭而致祭曰：烏乎〔五〇二〕！昭代盛文，方、劉濫觴。降姚逌曾，斯道益光。我公後起，遂無對者。排蕩百川，日夜東瀉。萬代茫茫，鎔於一冶。自昔幽、冀，賢哲代産。巨製閎文，紛騰載典。宋氏以還，道窮運蹇。千歲寂寥，古風不返。衆雌無雄，其又奚卵？洎公之至，大啓門庭。手携皓日，燭我昏冥。删條落蔓，鑿牖掊扃。蟄蟲欲蘇，震以雷霆。山澤雨霽，萬彙萌生。非公之力，終古晦盲。方公始至，己丑之歲。下逮癸巳，士風愈厲。四遠來學，絲聯繦繼。是時寰海，内外熙和。日會多士，俯仰嘯歌。商經推史〔五〇三〕，進退百家。咸、韶窈渺，破彼淫哇。名園鬱鬱，盛自乾嘉。連罔〔五〇四〕跨谷，樓觀巍峨。古藤老木，華蔓樛加。蛟龍鬱起，簫霓拂霞。炎風吹水，獵我蒲荷。激紅蕩緑，猗靡清波。林泉既勝，徒友既多。追從游衍，爲樂無涯。歲月幾何，人事遽變。虺蛇噓毒，遍於郊甸。樓閣潭潭，盡付煨炭。花木毀傷，徒黨漂散。公亦旋去，萬端冰泮。撫念盛衰，悼懷理亂。誰爲戎首，構此多難？公既去此，爰客京師。國家興學，以公尸之。不獲固辭，遂與逶迤。問道東海，一攬靡遺。擷其精華，撥其糠粃。方期歸國，次第推施。高揭斗柄，以正四時。如何半駕，斬轡摧羈！吾黨之痛，天下之憂。昔聞公去，憂心如結。百計牽挽，公志愈决。送公西郊，慘愴不悦。顧維兩地，密如庭闑。猶指後期，以慰離索。及公東游，山海遼絶。念公旋歸，曾非久别。百事紛紜，待公剖折。豈謂人生，倏忽變滅。西郊一散，竟成永訣！傷心遠望，涕淚交揮。山川變色，日月無輝。茫乎安適，忽乎何依？悠悠天地，莫足以歸。載陳醴酒，載薦芳菲。望公不見，徒增我悲。烏乎哀哉〔五〇五〕！尚饗。

同時諸生作祭文者甚多，韓虔谷德銘哭桐城先生詩云：

文芒鬱百丈，有時燦九天。天風吹之東，道術攝萬千。長塗送公去，形影猶目前。登車首頻迴，知公意留連。嗣聞公在東，异邦同屬目。麟風與蛟螭，摩之輒馴伏。剖腹出文珠，持以貢吾族。竊喜學界昌，天錫斯文福。東瀛百菁華，一霎横大陸。厄運鑄妖异，青蠅聲似鐘。衆嫉比頑鐵，神州匝地封。國覆身爲虜，此見死不鬆。垂暮破浪歸，乃爲衆謗衝。夫子氣横天，百折抗不弱。尚欲騁逸足，一蹴超巨壑。學子齊咋舌，憂虞爲公作。天南號悲風，雹音千里落。哲人終必萎，曠古原如斯。同人詫夢幻，不謂見此時。翻憶數年前，振羽八荒馳。蹭蹬人天滿，千飛萬不宜。夫子憫我瘁，栖我指一枝。時復醫我躁，坐而浴薰之。風塵三十年，得此於人寡。平生知己淚，不覺愴然下。駿骨價一錢，於今棄九野。欲求問道處，一痛拚余哀。四年劫火飛，池館化寒灰。灰中奮鳥革，樓閣又崔嵬。往復成今昔，茫茫五内摧。

公殁後，行狀碑版文字，皆出一時名手，具見各家集本及傳狀中。今不復甄録。惟范伯子嘗作吴先生六十壽詩〔五〇六〕，風格甚高，而詞旨尤極湛至警切，兹録於下，以殿本篇，詩曰：

人生百年一刹那，賢愚貴賤同一科。絜〔五〇七〕長量短其如何？祝禱稱頌皆私阿。要使日月無空過，聖哲自比庸愚多。有儒一生高嵯峨，墮地便與書相磨。浸潤滋灌〔五〇八〕成江河，放之一州勤民痾。晝執吏事晨自哦，即飯仍與賓搓摩。［案］賓者，范君自謂。所述皆范君所親見也。判簡批牘如交梭，不肯俯首慚義娥。［案］此二句謂盡心民事。猶嫌一官遭網羅，於世無補身受瘥。立起自劾投烟蘿，從此一〔五〇九〕意知靡佗。嗟彼豈誠書有魔？方今儒術資撝訶〔五一〇〕。腐士不識真邱軻，死守徒以來倒戈。後有萬年寧可訛，濯而出之渾渾波。奠置高阜平不頗，用此憂勞鬢亦皤。獨與往聖留純和，我年十九付蹉跎。矧今傷心至蓼莪，忍死惜淚吟『庭柯』。感念身世終滂沱，會以生日觴東坡，類引更爲先生歌。［案］『方今以下八句，述先生志業，頗得深處也。

清史本傳論曰：

先生〔五一一〕遠紹旁搜，好學不倦，實總古今百代之學而集其大成，以下開夫後千百年聰明才達之倫而上與古聖賢精微相孚契〔五一二〕，俾真理日出，新學、舊學得以轉相發明，引而益上，無幾微槎枒之不合〔五一三〕，由是措之政治，施之教化，隨其才智之高下〔五一四〕，皆能有益於人類，以臻世運郅隆〔五一五〕之極軌，而人道乃屹然與天地并昭其悲憫爲獨至〔五一六〕。所著易説、尚書故〔五一七〕，自太史公、揚子雲外，蓋莫與并。其文章高視千載，詩則兼綜諸大〔五一八〕家之長而一範之以文律。四言詩上追雅、頌，自韓退之外，莫有逮者〔五一九〕，而尤多經世閎旨，雖孟子所謂『聖人復起，不易吾言』者〔五二〇〕，何以尚兹。斯蓋千古學術廢興絶續之樞機，非獨一代人文之所繫已也。〔案〕此文史館協修李景濂右周作。

〔一〕祭弟文三首：見文集卷二。

〔二〕吴熙甫先生墓表：見賀先生文集卷三。

〔三〕答張廉卿：尺牘輯佚見輯。

〔四〕跋：尺牘輯佚臆改作『企』。

〔五〕與景翰卿：尺牘輯佚見輯。

〔六〕答馬月樵：尺牘輯佚見輯。

〔七〕上李相：尺牘輯佚見輯。

〔八〕答施均父：尺牘輯佚見輯。

〔九〕之：尺牘輯佚脱字。

〔一〇〕來示：見清施補華澤雅堂文集卷二與吴摯甫書。

〔一一〕有又：尺牘輯佚臆改作『又有』。

〔一二〕閎：尺牘輯佚臆改作『聞』。

〔一三〕文理義三者兼并：見李翰李文公集卷六答朱載言書。

〔一四〕卒：尺牘輯佚訛作『率』。

〔一五〕答姚錫九詩：見詩集題作『次韵和姚錫九二首』之二。

〔一六〕與王晋卿：尺牘輯佚見輯。

〔一七〕詩集：當指施補華澤雅堂詩集六卷，有同治十一年（一八七二）沈秉成序刊本。

〔一八〕續刻：施補華詩續刻於光緒十六年（一八九〇）兩研齋，題作『澤雅堂詩二集』，凡十八卷。

〔一九〕答范肯堂：見尺牘卷一。

〔二〇〕穢：尺牘作『國』。

〔二一〕答馬月樵：見尺牘卷一。

〔二二〕答余壽平：見尺牘卷一。

〔二三〕因：尺牘作『用』。

〔二四〕爲：尺牘作『謂』。

〔二五〕與吴季白：見尺牘卷一。

〔二六〕與范肯堂：見尺牘卷一。

〔二七〕答許仙屏河帥：見尺牘卷一。
〔二八〕梁淑人墓志：見文集卷二，題作『誥封淑人梁淑人墓志銘』。
〔二九〕答賀松坡：見尺牘卷一。
〔三〇〕論左傳：見賀先生文集卷二。
〔三一〕鄭莊克段：即左傳隱公元年鄭伯克段於鄢。下同不注。
〔三二〕此：尺牘及吴闓生左傳微卷一均作『此等』。
〔三三〕憾：底本及尺牘均訛作『怨』，今據晋杜預春秋經傳集解、楊伯峻春秋經傳注等校改。
〔三四〕觀臺：底本及尺牘均訛作『臺觀』，今據晋杜預春秋經傳集解、楊伯峻春秋經傳注等校改。
〔三五〕讓太常書：即移讓太常博士書，載漢書楚元王傳，昭明文選題作『移書讓太常博士』。
〔三六〕與川東道張藹卿：見尺牘卷一。
〔三七〕靖達公碑文：見文集卷二，題作『張靖達公神道碑』。
〔三八〕有負執事之盛意：底本脱，今據尺牘校補。
〔三九〕與范肯堂：見尺牘卷一。
〔四〇〕淮軍昭忠祠記：見文集卷二，題作『合肥淮軍昭忠祠記』。
〔四一〕二十：尺牘作『廿』。
〔四二〕答姚叔節：見尺牘卷一。
〔四三〕與賀松坡：見尺牘卷一，題作『答賀松坡』。
〔四四〕祭廉卿先生文：見賀先生文集卷二，題作『祭張廉卿先生文』。
〔四五〕答范肯堂：見尺牘卷一。
〔四六〕答張筱傳：見尺牘卷一。

〔四七〕東邊：尺牘作『倭人』。
〔四八〕二十：尺牘作『廿』。
〔四九〕與詒甫：見尺牘卷一。
〔五〇〕與張季直：見尺牘卷一。
〔五一〕册：尺牘作『策』。
〔五二〕答黎蒓齋：見尺牘卷一。
〔五三〕爾雅蟲魚：即『爾雅注蟲魚』省，見韓愈讀皇甫湜公安園池詩書其後，云：『爾雅注蟲魚，定非磊落人。』
〔五四〕與范肯堂：見尺牘卷一。
〔五五〕與陳右銘方伯：見尺牘卷一。
〔五六〕發自：尺牘作『自發』。
〔五七〕即：尺牘作『輒』。
〔五八〕不入耳：底本訛作『入不耳』，今據尺牘校改。
〔五九〕自：底本脱，今據尺牘校補。
〔六〇〕遲速：尺牘作『進退』。按吴汝綸全集尺牘校記誤作『退速』。
〔六一〕答陳右銘：見尺牘卷一。
〔六二〕辯：底本作『辨』，今據尺牘校改。
〔六三〕東事：尺牘作『倭事』。
〔六四〕如：尺牘作『若』。
〔六五〕敵：尺牘作『倭』。
〔六六〕敵：尺牘作『倭』。

〔六七〕敵：尺牘作『倭』。
〔六八〕日：尺牘作『倭』。
〔六九〕日：尺牘作『倭』。
〔七〇〕日：尺牘作『倭』。
〔七一〕日：尺牘作『倭』。
〔七二〕憍：吴汝綸尺牘、吴汝綸全集尺牘均改作『驕』。
〔七三〕覆：吴汝綸全集尺牘改作『復』。
〔七四〕辯：底本作『辨』，今據尺牘校改。
〔七五〕十六日：底本脱，今據尺牘校補。
〔七六〕答王子翔：見尺牘卷一。
〔七七〕與龍贊卿：桐城吴先生尺牘第一、吴汝綸尺牘卷一、吴汝綸全集尺牘卷一均題作『與桐城縣令龍贊卿』。
〔七八〕拔：吴汝綸尺牘、吴汝綸全集尺牘均作『撥』。
〔七九〕覽：尺牘作『攬』。
〔八〇〕答姚叔節：見尺牘卷一。
〔八一〕二十：尺牘作『廿』。
〔八二〕二十八日：底本脱，今據尺牘卷一校補。
〔八三〕又書：見尺牘卷一，題作『與姚叔節（九月廿八日）』。
〔八四〕與袁慰亭觀察：吴汝綸全集尺牘卷一載録。
〔八五〕威棱：尺牘作『棱威』。
〔八六〕與袁慰亭觀察：尺牘卷一載録。

〔八七〕送行詩三首：詩集題作『送李傅相出聘海外五國三律』。
〔八八〕與濮青士：尺牘卷一題作『與河南南陽府太守濮青士』。
〔八九〕憍：吴汝綸尺牘、吴汝綸全集尺牘均改作『驕』。按二字同。
〔九〇〕答李季皋：見尺牘卷一。
〔九一〕執事：底本脱，今據尺牘校補。
〔九二〕誹：尺牘作『排』。
〔九三〕吾皖人……斷無此事：底本脱此十八字，今據尺牘校補。
〔九四〕香帥：尺牘作『某公』。
〔九五〕黄漱蘭：尺牘作『黄某』。
〔九六〕答李季皋：見尺牘卷一。
〔九七〕辦：底本訛作『辨』，今據尺牘校改。
〔九八〕舊：尺牘作『初』。
〔九九〕出位妄言：見蘇軾論擒獲鬼章稱賀太速札子。
〔一〇〇〕東：尺牘作『倭』。
〔一〇一〕答李季皋：吴汝綸尺牘、吴汝綸全集尺牘卷一見録。
〔一〇二〕覆：吴汝綸尺牘、吴汝綸全集尺牘均作『復』。下同不注。
〔一〇三〕無逾老臣：漢荀悦前漢紀卷第十九：『(趙)充國，字翁孫，隴西人也。時年七十六，初出兵，上問誰可將者，充國曰：「無逾老臣。願陛下以兵屬老臣，勿以爲憂。」』
〔一〇四〕答李季皋：見尺牘卷一。
〔一〇五〕倘：尺牘作『儻』。

〔一〇六〕東：尺牘作『倭』。
〔一〇七〕三十：尺牘作『卅』。
〔一〇八〕資：桐城吴先生尺牘、吴汝綸全集尺牘均作『貲』。
〔一〇九〕答嚴幼陵：見尺牘卷一。
〔一一〇〕弘：尺牘作『閎』。
〔一一一〕主文譎諫：毛詩序：『上以風化下，下以風刺上，主文而譎諫，言之者無罪，聞之者足以戒，故曰風。』
〔一一二〕指：尺牘作『旨』。
〔一一三〕小雅怨誹：史記屈原賈生傳：『國風好色而不淫，小雅怨誹而不亂，若離騷者可謂兼之矣。』
〔一一四〕答日本中島生：見尺牘卷一。
〔一一五〕與左子异：見尺牘卷一。
〔一一六〕文襄公神道碑：吴汝綸全集文集卷二，題作『左文襄公神道碑』。
〔一一七〕畯：吴汝綸尺牘、吴汝綸全集尺牘改作『俊』。按二字通。
〔一一八〕記：尺牘作『紀』。按二字通。
〔一一九〕與薛南溟：見尺牘卷一。
〔一二〇〕即擠：底本脱，今據尺牘校補。
〔一二一〕甥有函見予可詳告我：底本脱，今據尺牘校補。
〔一二二〕與柯鳳孫：吴汝綸全集尺牘作『與柯鳳蓀』。按『孫』底本亦作『蓀』。下同不注。
〔一二三〕東西：尺牘作『西東』。
〔一二四〕答柯鳳蓀：見尺牘卷一。
〔一二五〕閤：桐城吴先生尺牘、吴汝綸全集尺牘作『合』，吴汝綸尺牘作『台』。按『合』蓋爲『台』之形訛。

〔一二六〕與柯氏女子：尺牘卷一作「答柯氏女子」。

〔一二七〕日：尺牘作「倭」。

〔一二八〕等：尺牘作「同」。

〔一二九〕與李季皋：見尺牘卷一。

〔一三〇〕膠澳：尺牘作「膠州」。

〔一三一〕云：尺牘作「言」。

〔一三二〕日：尺牘作「倭」。

〔一三三〕日：尺牘作「倭」。

〔一三四〕剖：尺牘作「割」。

〔一三五〕日：尺牘作「倭」。

〔一三六〕究之：尺牘作「究竟」。

〔一三七〕擇交……不得安：戰國策趙策蘇秦從燕之趙始合從：「擇交而得則民安，擇交不得則民終身不得安。」

〔一三八〕答洪翰香：見尺牘卷一。

〔一三九〕爲民主者：尺牘作「維吾權利者」。

〔一四〇〕男闓生謹案……附辨於此：底本未收録，今據尺牘校補。

〔一四一〕答廉惠卿：見尺牘卷一。

〔一四二〕十百：尺牘作「百十」。

〔一四三〕答柯鳳孫：見尺牘卷二。

〔一四四〕答李季高：見尺牘卷二。按吴汝綸全集尺牘「高」作「皋」。下同不注。

〔一四五〕閏月：據陳垣二十史朔閏表載，本年乃閏三月，故本條當與前條「四月六日」位置互换。

〔一四六〕與廉惠卿：見吴汝綸全集尺牘補遺。

〔一四七〕秋毫未合天地隔：見陸游九月一日夜讀詩稿有感走筆作歌。

〔一四八〕與李季高：見尺牘卷二。

〔一四九〕不善爲斫……縮手袖間：見韓愈祭柳子厚文。

〔一五〇〕焉：尺牘作『烏』。

〔一五一〕與李季高：見尺牘卷二。

〔一五二〕指：吴汝綸全集尺牘作『措』。

〔一五三〕與山西胡中臣：見尺牘卷二。

〔一五四〕鐵：尺牘作『軌』。

〔一五五〕與劉博泉侍郎：見尺牘卷二。

〔一五六〕與吴贊臣：見尺牘卷二。

〔一五七〕與李季高：見尺牘卷二。

〔一五八〕致陳雨樵書：見李鴻章全集信函八，題作『復保定院署幕府陳（光緒二十四年十二月二十一日）』。

〔一五九〕須：李鴻章全集信函八作『需』。

〔一六〇〕貲：尺牘作『訾』。按二字同。

〔一六一〕與方倫叔：見尺牘卷二。

〔一六二〕與李季高：見尺牘卷二。

〔一六三〕云：尺牘作『言』。

〔一六四〕與方倫叔：見尺牘卷二。

〔一六五〕又：底本脱，今據尺牘校補。

〔一六六〕二月十日：本條所言内容與上條無涉，當移於前『三月二十二日』前。

〔一六七〕答聶功亭尚書：見尺牘卷二。

〔一六八〕與同緝之：見尺牘卷二。

〔一六九〕劉公墓志：見吴汝綸全集文集卷三，題作『贈内閣學士東海關道劉公墓志銘』。

〔一七〇〕弘：尺牘作『宏』。

〔一七一〕告之後來：尺牘作『告後之來者』。

〔一七二〕諭兒書：見桐城吴先生尺牘第五諭兒書、吴汝綸尺牘諭兒書、吴汝綸全集尺牘諭兒書（以下簡稱『諭兒書』）。

〔一七三〕防：諭兒書作『妨』。

〔一七四〕諭云：見諭兒書。

〔一七五〕諭云：見諭兒書。

〔一七六〕諭云：見諭兒書。

〔一七七〕遣人赴清風店……亦令此人：底本略作『令人』，今據諭兒書校補。

〔一七八〕與陳雨樵：見尺牘卷三。

〔一七九〕則：底本脱，今據尺牘校補。

〔一八〇〕答賀墨儕：見尺牘卷三。

〔一八一〕與陳雨樵：見尺牘卷三。

〔一八二〕上：尺牘作『去』。

〔一八三〕與賀墨儕：見尺牘卷三。

〔一八四〕答宋弼臣：見尺牘卷三。

〔一八五〕窗格板片爲之一空：底本脱，今據尺牘校補。

〔一八六〕專領：底本脱，今據尺牘校補。

〔一八七〕答李幼珊：見尺牘卷三。按本書作於『二十三日』，故不當置此。

〔一八八〕勤恪公墓志：見吴汝綸全集文集卷三，題作『李勤恪公墓銘（代）』。

〔一八九〕皇：尺牘作『惶』。

〔一九〇〕與宋弼臣：見尺牘卷三。

〔一九一〕二十四：尺牘作『廿四』。下『二十五』『二十六』同。

〔一九二〕堯：尺牘作『帥』。

〔一九三〕州：底本脱，今據尺牘校補。

〔一九四〕爲：尺牘作『而』。

〔一九五〕闔境：底本脱，今據尺牘校補。

〔一九六〕答高仲英方伯：見尺牘卷三。

〔一九七〕答李季高：見尺牘卷三。

〔一九八〕已爲代定館舍：底本脱，今據尺牘校補。

〔一九九〕感德無既：底本脱，今據尺牘校補。

〔二〇〇〕秒：桐城吴先生尺牘、吴汝綸全集尺牘作『抄』，吴汝綸尺牘作『初』。按『抄』蓋『杪』之形訛；『初』蓋因下『法兵上月初亦竟未來』之『初』而臆改。

〔二〇一〕二十：吴汝綸全集尺牘作『廿』。下同。

〔二〇二〕師相：底本脱，今據尺牘校補。

〔二〇三〕答賀松坡：見尺牘卷三。

〔二〇四〕入關：尺牘作『闌入』。吴汝綸全集尺牘校記：『闌入，一本作「入關」。』

〔二〇五〕與周方伯：見尺牘卷三。

〔二〇六〕匪：吴汝綸全集尺牘作『逃』。吴汝綸全集尺牘校記：『逃，一本作「匪」。』

〔二〇七〕五月十五日：見日記制行。

〔二〇八〕王襄臣碑：見吴汝綸全集文集卷三，題作『誥授武顯將軍總兵銜京城左營游擊王公墓碑』。

〔二〇九〕七日：見日記制行。

〔二一〇〕雨：日記制行略此字。

〔二一一〕茅：日記制行作『茆』。

〔二一二〕云：日記制行作『曰』。

〔二一三〕也：底本脱，今據日記制行校補。

〔二一四〕凡貴人……天子乎：日記制行略此六十六字。

〔二一五〕識時務：日記制行作『涉西學，灼然知吾八股試帖之不足恃，而相與研究有用之學』。

〔二一六〕收用：日記制行作『所録用』。

〔二一七〕愚謬誤國：日記制行作『泥舊法敗國家大事』。

〔二一八〕與徐進齋侍郎：見尺牘卷三。

〔二一九〕與陸伯奎學使：見尺牘卷三。

〔二二〇〕二十：尺牘作『廿』。

〔二二一〕竟：底本訛作『競』，今據尺牘校改。

〔二二二〕前漢事迹……温習哉：見唐李翺答皇甫湜書，文字略有出入。

〔二二三〕文忠公生平事迹：見文集外集，題作『李文忠公事略（九首并序）』。

〔二二四〕東撫擬奏建文忠專祠節略：見文集外集，題作『山東請建專祠事略』。

〔二二五〕跋西師意所著書：見文集外集，題作『跋西師意所著書』。
〔二二六〕江蘇請建李文忠專祠節略：見文集外集，題作『江蘇專祠事略』。
〔二二七〕擬京師士民請建李文忠專祠呈稿：見文集外集，題作『京師請建專祠呈稿』。
〔二二八〕題丁維屏所譯萬國地理：見文集卷三，題作『丁維屏編修所輯萬國地理序』。
〔二二九〕福建李文忠專祠節略：見文集外集，題作『福建專祠事略』。
〔二三〇〕原富序：見文集卷三。
〔二三一〕十日：見日記制行。
〔二三二〕二十九日：見日記制行，文字有出入。
〔二三三〕右：日記制行作『佑』。
〔二三四〕五日：見日記制行，文字有出入。
〔二三五〕七日：見日記制行，文字有出入。
〔二三六〕九日：見日記制行，文字有出入。
〔二三七〕冶秋：底本作『野秋』，今據前文及日記制行校改。
〔二三八〕十八日：見日記制行，文字有出入。
〔二三九〕八日：見日記制行，文字有出入。
〔二四〇〕寄曾敬詒兄弟書：見桐城吴先生全書吴先生行狀等(著述表作『傳狀』，以下簡稱『行狀等』)、日記制行。行狀等題作『張文達公致曾敬詒京卿書』。日記制行歸於本月九日，故不當繫此。
〔二四一〕固辭：行狀等作『難辭』。
〔二四二〕略與布置：底本脱，今據行狀等校補。
〔二四三〕委婉達之至爲感托：底本略作『婉達爲感』，今據行狀等校改。

〔二四四〕九日：見日記制行，文字有出入。

〔二四五〕致二曾書：日記制行略作『吾書』，尺牘題作『與曾履初兄弟（壬寅正月九日）』。

〔二四六〕薄暮：日記制行、尺牘均作『暮』。吴汝綸全集尺牘校記：『暮，一本作「薄暮」。』

〔二四七〕京師大學堂：日記制行作『京城大學堂』，尺牘作『京城大學』。

〔二四八〕某：日記制行作『汝綸』。下或作『某』或作『汝綸』。

〔二四九〕樸拙：日記制行、尺牘等作『拙樸』。

〔二五〇〕中塗：日記制行、吴汝綸全集尺牘等作『半塗』。吴汝綸全集尺牘校記：『半塗，一本作「中塗」。』

〔二五一〕諭兒書：見諭兒書。

〔二五二〕張雖見愛……爲行止也：諭兒書無此四百四十八字。

〔二五三〕杳：諭兒書作『尚』。

〔二五四〕原奏文：行狀等題作『張文達公百熙奏舉大學堂總教習摺（光緒二十七年）』，張百熙集題作『奏舉吴汝綸爲大學堂總教習摺（光緒二十七年）』。

〔二五五〕敬舉：奏舉吴汝綸爲大學堂總教習摺脱此二字。

〔二五六〕某：行狀等、奏舉吴汝綸爲大學堂總教習摺作『汝綸』。下同不注。

〔二五七〕允：行狀等、奏舉吴汝綸爲大學堂總教習摺作『洵』。

〔二五八〕上書乞留：行狀等題作『上桐城吴先生書』。

〔二五九〕二十：行狀等作『廿』。

〔二六〇〕學術：底本脱，今據行狀等校補。

〔二六一〕而：底本脱，今據行狀等校補。

〔二六二〕之：底本脱，今據行狀等校補。

〔二六三〕勿：行狀等作『無』。

〔二六四〕跋西師意實學指針：見文集外集，題作『西師意實學指針序』。

〔二六五〕黄淑人墓銘：見文集卷三。

〔二六六〕劉笠生先生詩序：見文集卷三，題作『劉笠生詩序』。

〔二六七〕謝衛樓富國策序：見文集卷三，題作『謝衛樓所著富國策序』。

〔二六八〕附玄海丸：日記作：『在日本碼頭見瀨川淺之進及夫人瀨川友子將之任牛莊領事，瀨川夫人允爲作書寄女學校教習。到船，有新潟縣視學官湯原元一謂欲見余，來與中島同艙，將從問彼國學校。』

〔二六九〕船入高麗灣：日記作：『入高麗灣，左右有遠山，同船者指一岬告余曰：「此甲午戰時初擊高升船處也。距高麗仁川四十英里，土人呼爲黄海冲。」』

〔二七〇〕過朝鮮王京：見詩集。

〔二七一〕到長崎：日記作：『到長崎。上陸見領事鄒小清，霍山人，先遣翻譯唐寶鍔來船相候。唐字秀豐，能倭語，爲言長崎縣知事荒川義太郎聞吾將到，約相告以便迎接，而大阪朝日新聞報社長崎通信部主任山本靜也與中島有舊，大阪每日新聞社長崎特派員田代直樹、長崎新報記者上野秀次郎均來船相見。』參見東游叢録二摘抄日記。

〔二七二〕抵馬關作一絶句：日記作：『抵馬關，吾欲上陸一覽春帆樓，中島不肯。門司新報記者日野種吉、福岡日日新聞記者丁吉治、大阪朝日新聞關門特派員藤昌樹皆到船，各索一詩以去。吾途間所爲拙詩皆已遍傳各報，醜亦不容自匿矣。是日船中作字甚多。船入内海，風景多可喜。』按一絶句，見詩集，題作『過馬關』。

〔二七三〕十七日：詳見東游叢録二摘抄日記。

〔二七四〕作謝松方幸次郎詩：日記作『作詩謝松方幸次郎五律一首』。詩見詩集。參見東游叢録二摘抄日記。

〔二七五〕遂赴造幣局砲工廠：詳見日記、東游叢録二摘抄日記。

〔二七六〕十九日：詳見日記、東游叢録二摘抄日記。

〔二七七〕二十日：詳見日記、東游叢録二摘抄日記。

〔二七八〕閱高等……十絶句：日記作『到西京，本願寺僧堅約一游其寺。至客堂一坐，堂後假山泉聲瀌瀌可聽。旋禮佛堂，遂偕游花園，名曰涉成園。園有十三景，未能遍游。暮歸，得十絶句』。按十絶句，見詩集，題作『游本願寺十咏』。參見東游叢録二摘抄日記。

〔二七九〕二十一日：詳見日記、東游叢録二摘抄日記。

〔二八〇〕赴大學校……二十字：詳見日記、東游叢録二摘抄日記。按『賦二十字』，見詩集，題作『赴西京歡迎會是日會者七十餘人宴於也阿彌西京名勝也山色接於欄檻泉聲鳴於簷下主客甚歡其贈答頌詞視大阪爲詳余即席賦廿字謝結會諸公』。

〔二八一〕赴西本願寺……登車：詳見日記、東游叢録二摘抄日記。按『五絶一首』，見詩集，題作『赴西本願寺之招賦五絶一首』。

〔二八二〕起車中人問……飯甚美：底本脱，今據日記校補。

〔二八三〕十點鐘抵東京住三橋客寓：詳見日記。

〔二八四〕二十五日：詳見日記、東游叢録二摘抄日記。

〔二八五〕二十六日：日記尚載有：『帝室制度調查局主事關謙之來拜，蓋昨與小村外部言欲遍覽彼國制度，故小村遣來相見也。』詳見東游叢録二摘抄日記。

〔二八六〕二十七日：詳見日記、東游叢録二摘抄日記。

〔二八七〕二十字：見詩集，題作『赴交詢會社長大鳥圭介今爲樞密顧問官社員請留話及詩於留音機器倉卒成廿字』。

〔二八八〕二十八日：詳見日記、東游叢録二摘抄日記。

〔二八九〕二十九日：詳見日記、東游叢録二摘抄日記。

〔二九〇〕六月一日：參見日記、東游叢録二摘抄日記。

〔二九一〕二日：參見日記。

〔二九二〕三島君毅：日記作『三島毅』。參見東游叢録二摘抄日記。

〔二九三〕次韵答之：見詩集，題作『三島侍講贈詩席上次韵奉答』。

〔二九四〕詩一首：見詩集，題作『土居香國昨日席上贈詩余以群主人來談者多不能奉和罷席歸補成一詩寄呈』。

〔二九五〕三日：詳見東游叢録二摘抄日記。

〔二九六〕四日：詳見日記、東游叢録二摘抄日記。

〔二九七〕五日：詳見日記、東游叢録二摘抄日記。

〔二九八〕叠韵……詩：二詩見詩集，題作『土居通豫送詩叠韵答之』『關義臣字湘雲少嘗以唱義繫獄昨用三島東字韵惠贈大詩依韵奉和』。

〔二九九〕六日：詳見日記、東游叢録二摘抄日記。

〔三〇〇〕七日：參見日記、東游叢録二摘抄日記。

〔三〇一〕歡迎吴先生詩：行狀等題作『精養軒燕集詩』，查屏球輯甲午日本漢詩選録題作『七月十一日同都門鴻儒碩彦邀飲清國吴摯甫先生汝綸於東臺酒亭即賦長古一章呈政』。

〔三〇二〕恣：行狀等、甲午日本漢詩選録作『資』。

〔三〇三〕眈：底本訛作『耽』，今據行狀等、甲午日本漢詩選録校改。

〔三〇四〕誡：行狀等、甲午日本漢詩選録作『戒』。

〔三〇五〕摯甫著有寫定尚書：底本脱此作者自注八字，今據行狀等、甲午日本漢詩選録校補。按行狀等『摯甫』作『先生』。又寫定尚書或標記爲『二十八篇』，或作『不分卷』，或作『一卷』，有光緒十八年吴氏家塾石印本，著述表載作『一卷，天津石印本』。廣陵書社影印桐城吴先生集第十五册收録。光緒桐城吴先生全書及黄山書社吴汝綸全集、國家圖書館出版社影印蓮池書院文獻叢刊吴汝綸全集等未收。

〔三〇六〕留：行狀等、甲午日本漢詩選録作『聞』。

〔三〇七〕倘：甲午日本漢詩選録作『儻』。

〔三〇八〕捷徑：甲午日本漢詩選録作『快捷』。

〔三〇九〕直將王母醮游同……句也：底本脱作者自注十八字，今據行狀等、甲午日本漢詩選録校補。按甲午日本漢詩選録將『直將王母醮游同』誤作正文。又『醮』，行狀等、吴汝綸三島侍講贈詩席上次韵奉答均作『晏』。摯甫，行狀等作『先生』。

〔三一〇〕翳：底本訛作『緊』，今據行狀等、甲午日本漢詩選録校改。

〔三一一〕岠：底本訛作『岠』，今據行狀等、甲午日本漢詩選録校改。

〔三一二〕如：行狀等、甲午日本漢詩選録作『喉』。

〔三一三〕再疊韵答土居香國：見詩集，題作『再疊前韵答土居香國』。

〔三一四〕八日：詳見日記。

〔三一五〕祭文：見行狀等，題作『祭桐城先生文』。

〔三一六〕賦詩贈龜井：見詩集，題作『應日户招游江島是日爲主者三省堂主人龜井忠一率其夫人及二子與席二子皆能懸腕作字已而劍舞皆可觀夜宿最高樓上席上賦詩贈龜井（自注：日户，名勝，同文會會員）』。

〔三一七〕九日：詳見日記、東游叢録二摘抄日記。

〔三一八〕次韵和岡正一：見詩集，題作『三省堂有岡正一者游時賦二絶句甚有詩才余次韵和之』。

〔三一九〕十日：參見日記、東游叢録二摘抄日記。

〔三二〇〕再和土居香國：見詩集，題作『昨自江島歸得土居香國二詩渠已五疊前韵依韵再和匆匆未及寫寄其詩意欲約來訪不能不寄詩相聞附記於此』。

〔三二一〕依韵酬土屋弘：見詩集，題作『精養軒之游所得序詩均未及答土屋弘昨補一詩貽書索和依韵奉酬』。

〔三二二〕十一日：參見日記、東游叢録二摘抄日記。

〔三二三〕十二日：參見日記、東游叢録二摘抄日記。

〔三二四〕答土屋伯毅：見詩集，題作『土屋伯毅用前韵見寄依韵奉答』。

〔三二五〕十三日：參見日記、東游叢録二摘抄日記。

〔三二六〕答長岡護美詩：見詩集，題作『赴大倉之招大倉者東京富人也蔡公使毓將軍均在席席間長岡護美爲二詩分贈余及毓公毓即席和答余歸塗乃成』。

〔三二七〕十四日：詳見東游叢録二摘抄日記。

〔三二八〕答森槐南詩：見詩集，題作『移居永田町一丁目十九番地森有禮宅森槐南贈用田綸霞古歡堂移居詩韵依韵和答』。

〔三二九〕十七日：參見日記、東游叢録二摘抄日記。

〔三三〇〕十八日：詳見日記。

〔三三一〕十九日：參見日記、東游叢録二摘抄日記。

〔三三二〕依韵和之：見詩集，題作『森槐南前贈長篇今依韵和之』。

〔三三三〕二十日：詳見日記。

〔三三四〕題儲貳金鑒：見詩集，題作『野口多内去年在吾國得古今儲貳金鑒一帙獻其東宫其師三島毅侍講東宫以七言絶句相謝余來東京野口已往福州未及相見其太翁持此卷屬題因用三島元韵敬題一絶（自注：原書莊親王永瑢所書）』。

〔三三五〕和之：見詩集，題作『赴近衛公之招游御植物園長岡子爵贈詩即席和之用元韵』。

〔三三六〕和永坂石埭用森君移居韵詩：見詩集，題作『昨森槐南偕永坂石埭（周二）來訪永坂贈梁星岩詩集并約今日同飲且用森君移居詩韵贈詩吾擬和答醉不及作晨起和之』。

〔三三七〕二十五日：詳見日記、東游叢録二摘抄日記。

〔三三八〕一絶：見詩集，題作『赴巢鴨風病院院長吴秀三芳溪索詩爲賦一絶』。

〔三三九〕二十八日……甚至：底本脱，今據日記教育校補。

〔三四〇〕題伊藤稻子扇：見詩集，題作『題伊藤稻子扇』。

〔三四一〕三十日……之招：底本脱本條，今據日記教育、東游叢録二摘抄日記校補。詳見日記、東游叢録二摘抄日記。

〔三四二〕一日：參見日記。

〔三四三〕周易象義辨正序：見文集卷三。

〔三四四〕二日：參見日記。

〔三四五〕答菊池君：見詩集，題作『永坂招至向島有菊池君即席贈詩次韵和答』。

〔三四六〕答森槐南詩：見詩集，題作『森槐南即席有贈再疊再和』。

〔三四七〕馬佳君紹越千傳：見卞孝萱、唐文權輯辛亥人物碑傳集，題作『馬佳君傳』。

〔三四八〕爲日人所得播諸報紙：底本脱，今據吴闓生馬佳君傳校補。

〔三四九〕謦欬風采重譯喧騰：底本脱，今據馬佳君傳校補。

〔三五〇〕上午……甚當：底本以此次於『一絶』二字後，排序主次欠妥，今調整。詳見東游叢録二摘抄日記。

〔三五一〕答結城琢詩：見詩集，題作『結城琢寄詩索和又寄日本刀次韵答謝將托中島代寄（二首）』。

〔三五二〕跋蔣湘帆尺牘：見文集卷三。

〔三五三〕一絶句：見詩集，題作『又寄西京知事大森鍾一絶句一首』。

〔三五四〕一絶：見詩集，題作『中島勸作字寄木下先生因作一絶』。

〔三五五〕贈小村俊三郎詩：見詩集，題作『小村俊三郎索字塗間爲一詩贈之』。

〔三五六〕和福原公亮七絶：見詩集，題作『森槐南招飲坐客西京福原公亮字周峰年七十五矣在坐盡詩人也福原有七絶見贈依韵答之』。

〔三五七〕和森槐南：見詩集，題作『槐南即席賦詩依韵和之』。

〔三五八〕答永井土居北條三君：見詩集，題作『永井土居北條三君皆用一韵贈詩依韵并答（自注：永井，名久一郎；北條，名直方，字鷗所）』。

〔三五九〕和北村：見詩集，題作『北村前贈詩面詢曾見否亦依韵和之』。

〔三六〇〕和毓將軍六言：見詩集，題作『赴加藤正義郵船公司之招飲於築地瓢室席間和毓將軍六言元韵』。

〔三六一〕十五日：參見東游叢録二摘抄日記。

〔三六二〕和答：見詩集，題作『赴長岡氏之招長岡即席贈詩二絶依韵和答』。

〔三六三〕二十二日：參見日記、東游叢録二摘抄日記。

〔三六四〕金子濟民周易本義啓蒙纂要序：見文集卷三。

〔三六五〕次韵和酬新岡旭宇：見詩集，題作『新岡旭宇前贈詩書扇并出一扇索書久不答今次韵和酬』。

〔三六六〕二十三日：詳見日記、東游叢録二摘抄日記。

〔三六七〕矢津昌永世界地理序：見文集卷三。

〔三六八〕奉和：見詩集，題作『日户先生招游觀水上放火花日本人謂之曰川開槐南有詩依韵奉和』。

〔三六九〕和答：見詩集，題作『木村知治晨送詩來依韵和答』。

〔三七〇〕高橋白山咏經子史絶句千首跋：見文集卷三。

〔三七一〕二十六日：詳見東游叢録二摘抄日記

〔三七二〕二十八日……來訪：底本脱本條，今據東游叢録二摘抄日記校補。事詳東游叢録二摘抄日記。

〔三七三〕二十九日：詳見日記、東游叢録二摘抄日記。

〔三七四〕二日：參見日記、東游叢録二摘抄日記。

〔三七五〕和答槐南媯字韵：見詩集，『森槐南書示與本田種竹唱和媯字韵詩叠韵和答』。

〔三七六〕和答岩奇一七律：見詩集，『和答岩崎奇一七律用元韵即效其體』。

〔三七七〕四日：參見日記、東游叢録二摘抄日記。

〔三七八〕題……用媯字韵：見詩集，『題辻武雄萬國志略用媯字韵』。

〔三七九〕五日：詳見東游叢録二摘抄日記。

〔三八〇〕絶句：見詩集，『研經會招飲於星岡次韵答池田精一絶句』。

〔三八一〕近：東游叢録二摘抄日記作『新』。按東游叢録二摘抄日記尚云：『田中爲論明治初年教育甚詳，細田爲記其語，遲日寄我。』

〔三八二〕歐美：底本脱，今據北江先生文集、行狀等、先府君哀狀校補。

〔三八三〕育：北江先生文集作『法』。

〔三八四〕辨：北江先生文集作『辯』。

〔三八五〕七日：參見日記、東游叢録二摘抄日記。

〔三八六〕八日：詳見日記、東游叢録二摘抄日記。

〔三八七〕付一絶：見詩集，題作『岩谷孫藏席上索詩寫付一絶』。

〔三八八〕九日：詳見日記、東游叢録二摘抄日記。

〔三八九〕岸田吟香萬國輿圖志略序：見文集卷三。

〔三九〇〕十一日：參見日記。

〔三九一〕午後文部聽講：底本脱，校記東游叢録二摘抄日記。

〔三九二〕五律二首：見詩集，題作『次韵和本田種竹五律二首』。

〔三九三〕午後文部聽講：底本脱，校記東游叢録二摘抄日記。

〔三九四〕高田忠周古籀篇序：見文集卷三。

〔三九五〕午後文部聽講：底本脱，校記東游叢録二摘抄日記，聽講内容詳見東游叢録二摘抄日記。

〔三九六〕和答三首：見詩集，題作『赴江木冷灰等檀欒會之招會中諸公月一會此弟七會也是日得贈詩十九首吾與啓兒席間各和答三首』。

〔三九七〕絶句：見詩集，題作『又次韵和江木一絶句』。

〔三九八〕午後文部聽講歸：底本脱，校記日記、東游叢録二摘抄日記。

〔三九九〕十七日：詳見日記、東游叢録二摘抄日記。

〔四〇〇〕日本學制大綱序：見文集卷三。

〔四〇一〕答菅了法：見詩集，題作『赴本願寺之招席上次韵答菅了法一首』。

〔四〇二〕賦一律：見詩集，題作『高橋作衛屬題其尊人白山翁詩文集爲賦一律』。

〔四〇三〕十九日：詳見日記、東游叢録二摘抄日記。

〔四〇四〕二十日：本日事詳見日記、東游叢録二摘抄日記。

〔四〇五〕賦一絶：見詩集，題作『赴永井久一郎之招坐中分韵得歌部賦一絶』。

〔四〇六〕爲賦一絶：見詩集，題作『濱村衮爲刻竹印求題其印譜爲賦一絶』。

〔四〇七〕二十一日：詳見日記、東游叢録二摘抄日記。

〔四〇八〕二十二日：詳見日記、東游叢録二摘抄日記。

〔四〇九〕前贈詩索和：見詩集，題作『齋滕木前贈詩索和今却寄』。

〔四一〇〕和答：見詩集，題作『赴手島知德之招手島作五律二首見贈席上和答』。

〔四一一〕二十四日：參見日記、東游叢録二摘抄日記。

〔四一二〕二十五日：詳見東游叢録二摘抄日記。

〔四一三〕答之：見詩集，題作『福岡縣有二村嘯庵者好藏名人書畫貽詩索字依韵答之』。

〔四一四〕二十七日：詳見日記、東游叢録二摘抄日記。

〔四一五〕和答二首：見詩集，題作『赴郵船公司近藤廉平之招近藤園林最勝黄昏導游一周森槐南即席賦詩依韵和答二首』。

〔四一六〕二十九日：參見日記、東游叢録二摘抄日記。

〔四一七〕索和：見詩集，題作『赴上野精養軒應文部之招有馬祐政作絶句索和依韵和之』。

〔四一八〕午後文部聽講：底本脱，今據東游叢録二摘抄日記。

〔四一九〕賦一絶句：見詩集，題作『田所美治文部秘書官有紙索詩賦一絶句』。

〔四二〇〕爲賦一絶：見詩集，題作『德川家達索字爲賦一絶』。

〔四二一〕午後文部聽講：底本脱，今據東游叢録二摘抄日記。

〔四二二〕三絶句：見詩集，題作『關義臣前寄三絶句今索和勉次其韵（三首）』。

〔四二三〕午後文部聽講：底本脱，今據東游叢録二摘抄日記。

〔四二四〕答信夫贈詩：見詩集，題作『赴信夫粲之招粲字文則號恕軒能漢文同坐者岡本正輔亦通漢學席上次韵答信夫贈詩』。

〔四二五〕答本田種竹：見詩集，題作『次韵答本田種竹』。

〔四二六〕三日：詳見日記、東游叢録二摘抄日記。

〔四二七〕和其七律：見詩集，題作『赴本田種竹之招種竹有七律二首又叠前詩先韵五律二首席間次韵和其七律（二首）』。

〔四二八〕和之：見詩集，題作『携兒子往訪小野願年八十九矣少時勤王維新後早棄官有漢學詩刻者已十卷聞吾至爲一絶句依韵和之』。

〔四二九〕午後文部聽講：底本脱，今據東游叢録二摘抄日記。

〔四三〇〕七日：參見日記。

〔四三一〕爲賦一絶：見詩集，題作『伊澤夫人悟竹求詩爲賦一絶』。

〔四三二〕八日：參見日記。

〔四三三〕依韵和之：見詩集，題作『菊池僴字修軒菊池晋之父也作詩見贈依韵和之赴江木衷檀欒會之招席間次韵答江木一律』。

〔四三四〕謝菊池晋一律：見詩集，題作『菊池晋見招余適忘之電話催往比到已九點鐘盡歡而散歸寓已一點鐘然菊池自午後兩點鐘已到寓迎候直至此時始散席間謝菊池晋一律』。

〔四三五〕九日：參見日記。

〔四三六〕答江木一律：見詩集，題作『赴江木衷檀欒會之招席間次韵答江木一律』。

〔四三七〕十日：詳見日記。

〔四三八〕十一日：詳見日記。

〔四三九〕與張尚書書：見尺牘，作於『九月十一日』。

〔四四〇〕指：尺牘作『恉』，即『旨』。

〔四四一〕損：從前後文看當作『省』。

〔四四二〕三十：尺牘作『卅』。

〔四四三〕者：底本脱，今據尺牘校補。

〔四四四〕奏定章程：即奏定學堂章程，又名『癸卯學制』。光緒二十九年(一九〇三)制定，次年一月公布，由張百熙、張之洞、榮慶等擬奏。

〔四四五〕静：尺牘作『景』。

〔四四六〕十四日：詳見日記。

〔四四七〕和答三絶句：見詩集，題作『到西京往拜福原周峰亮福原與同社河井中島諸君招飲於圓蟒樓席上依韵和答諸友三絶句』。

〔四四八〕十五日：詳見日記。

〔四四九〕答之：見詩集，題作『福原昨贈詩今聞索和依韵答之』。

〔四五〇〕勉徇其意：見詩集，題作『光烔催和湯原來詩勉徇其意』。

〔四五一〕十八日：參見日記。

〔四五二〕和田邊爲三郎：見詩集，題作『有備中玉島人田邊爲三郎投五律一首據云在東京欲謁余聞余客多不肯往煩聒今幸同船以詩爲贄其詩有警句云浴硯鯨波湧登樓嶽雪開余感其意依韵和之』。

〔四五三〕寄謝下田歌子：見詩集，題作『歸國時下田歌子爲短歌相送昨令早川君譯其意蓋云幾欲留客而客不能留別涙漬滿衣袂欲將此涙化爲雨遍滋潤禹域之芳草也感其意良厚爲賦一絶寄謝』。

〔四五四〕七日：詳見日記。

〔四五五〕和早川先生詩：見詩集，題作『船中次韵和早川先生』。按吴闓生詩集箋證作『十月五日』。

〔四五六〕十一日：上條已有『十一日』，此條或爲『十二日』之訛。

〔四五七〕桐城興學呈稿：見尺牘，題作『開辦學堂呈稿』。

〔四五八〕行省：尺牘作『省』。

〔四五九〕京師：尺牘無此二字。

〔四六〇〕天下：尺牘作『直省』。

〔四六一〕遂：底本脱，今據尺牘校補。

〔四六二〕工：尺牘作『公』。

〔四六三〕立：尺牘作『存』。

〔四六四〕民：尺牘作『士』。

〔四六五〕擬定：尺牘無此二字。

〔四六六〕祇：底本作『祗』，今據尺牘校改。

〔四六七〕贈江叔海七律：見詩集，題作『贈江叔海即送其之浙』。

〔四六八〕答江叔海詩：見詩集，題作『江叔海叠用前韵爲二詩贈予亦叠韵酬答』。

〔四六九〕答謝：見詩集，題作『王子裳太守贈詩四首率賦一律答謝』。

〔四七〇〕題馬通伯……一律：見詩集，題作『馬通伯出示所藏姚惜抱手迹屬題一詩』。

〔四七一〕祠堂祝文三首：見文集補遺。

〔四七二〕武强賀偉堂先生八十有三壽序：見文集卷三。

〔四七三〕姚慕庭墓志銘：見文集卷三。

〔四七四〕跋數語：見文集，題作『跋王畏甫遺文』。

〔四七五〕叠韵奉酬：見詩集，題作『倫叔用拙詩答王子裳韵見贈一律叠韵奉酬』。

〔四七六〕奉答：見詩集，題作『叔節用前韵賦謝墓文再疊韵奉答』。

〔四七七〕答倫叔：見詩集，題作『疊韵再答倫叔』。

〔四七八〕賦答：見詩集，題作『倫叔疊韵贈詩二章賦答』。

〔四七九〕五疊前韵答倫叔：見詩集，題作『五疊前韵答倫叔』。

〔四八〇〕六疊前韵答倫叔：見詩集，題作『六疊前韵答倫叔』。

〔四八一〕李文忠墓志：見文集卷三，題作『李文忠公墓志銘』。

〔四八二〕答倫叔：見詩集，題作『七疊韵答倫叔』。

〔四八三〕李文忠公神道碑銘：見文集卷三。

〔四八四〕答謝：見詩集，題作『武備學堂教習佐久間浩贈日本刀并絶句次韵答謝』。

〔四八五〕八疊韵答倫叔：見詩集。

〔四八六〕東：尺牘作『倭』。

〔四八七〕兩點鐘：底本脱，今據尺牘校補。

〔四八八〕异：底本作『賢』，今據漢書食貨志校改。

〔四八九〕倘：尺牘作『儻』。

〔四九〇〕誼：尺牘作『義』。

〔四九一〕稿：尺牘作『幅』。

〔四九二〕諭兒：見尺牘輯佚。

〔四九三〕痛劇不能：日記作『劇痛不復』。

〔四九四〕哀哉：底本脱，今據日記校補。

〔四九五〕六日病已劇矣：日記作『先公日記以是日絶筆時先公病已劇』。

〔四九六〕語未終：底本脱，今據日記校補。

〔四九七〕寄邦人書：見行狀等，題作『在安慶寄邦人書』。

〔四九八〕辯：底本作『辨』，今據行狀等校改。

〔四九九〕記：行狀等作『紀』。

〔五〇〇〕祭文：行狀等題作『祭桐城先生文』。

〔五〇一〕維年月日……李剛己等：底本爲節録，詳見行狀等。

〔五〇二〕烏乎：行狀等作『於戲』。

〔五〇三〕商經搉史：吴汝綸全集日記附録一臆改作『商搉經史』。

〔五〇四〕岡：吴汝綸全集日記附録一臆改作『崗』。

〔五〇五〕烏乎哀哉：行狀等作『於戲』。

〔五〇六〕吴先生六十壽詩：見范伯子先生全集詩集卷十三，題作『感於東坡生日之作遂爲摯甫先生六十壽詩』。

〔五〇七〕絜：范伯子先生全集作『挈』。

〔五〇八〕浸潤滋灌：范伯子先生全集作『浸濯滋潤』。

〔五〇九〕一：范伯子先生全集作『壹』。

〔五一〇〕訶：范伯子先生全集作『呵』。

〔五一一〕先生：行狀等作『汝綸』。

〔五一二〕以下開……相孚契：底本脱此二十五字，今據行狀等校補。

〔五一三〕無幾微槎枒之不合：底本脱此八字，今據行狀等校補。

〔五一四〕隨其才智之高下：底本脱此七字，今據行狀等校補。

〔五一五〕世運郅隆：底本作『郅治』，今據行狀等校改。

〔五一六〕而人道……爲獨至：底本脱此十七字，今據行狀等校補。

〔五一七〕易説尚書故：底本作『尚書易説』，今據行狀等校改。

〔五一八〕大：底本脱，今據行狀等校補。

〔五一九〕自韓退之外莫有逮者：底本脱此九字，今據行狀等校補。

〔五二〇〕者：底本脱，今據行狀等校補。

桐城吴先生年譜卷三

文集箋證

案先生詩文淵奥，初學苦難窺尋，北江有先集箋證二卷，今附録於後，以爲讀先生書之一助。

台箴

案此文列讀荀子前，當亦同治五年丙寅在曾公幕府時作。

曾公乙丑十二月致弟沅浦書〔一〕云：『言官〔二〕於任事有功之臣，責備甚苛，措詞甚厲，令人寒心。』此文明諫争之大義，責台諫之妄言，與曾公意旨略同。

又公作王益吾母鮑太夫人墓表〔三〕云：『自今天子嗣即位，太后再臨朝，務博覽廣包，開通言路，不偏聽爲治，在廷諸臣争言事。已而言者益多，經筵台諫氣益厲，高者一歲九遷，後進小生，聞風慕嚮，各往往上章論事。或未深曉事利鈍，一切排抵恣意，取直聲爲快，至樹立標志，號曰「清議」。自樞輔大臣外及封疆將帥，下至州縣吏，皆拱手承事之唯謹。益吾於是時爲經筵講官，間獨以爲此非國家之福也，於是拜疏稱：「蕘言亂政，宜稍裁抑之。」疏奏，薦紳間傳其語，皆〔四〕竊罵益吾。』表文雖在後，所論亦與相合。

賀松坡云：『仿子雲得其神似，而命意尤高〔五〕。』

明清八大家文鈔〔六〕云：『同、光間言官競尚風厲，實無裨於大局，此文蓋爲是發。』

讀荀子二篇

［案］同治五年丙寅十二月在曾公幕府作。

曾文正公日記同治五年十二月八日：『與吴摯甫一談〔七〕。渠本日作讀荀子一首，甚有識量也。』

代陳伯之答邱遲書

［案］與前後文當同時［作］。

八家文鈔〔八〕云：『集中駢儷文字〔九〕止此一篇，其波瀾意境則從太史公報任安書來〔一〇〕也。』

答陳樸園論尚書手札

［案］同治七年戊辰五月十八日［作］。

公是日日記：『擬復陳樸園信。樸園，名喬樅，侯官人，陳壽祺恭甫之子也，官江西。著有今文尚書考。』『此稿擬上後，頗爲相國所賞。蓋相國之不遺小善，令人心感，往往類此。』

張薊雲墓碣銘

［案］與蕭廉甫同客曾幕時作。

賀松坡云：『奇趣有似韓處。』

合肥相國五十壽序

［案］同治十一年壬申正月官深州作。

湯勉齋墓志銘

［案］光緒元年乙亥里中作。

八家文鈔云：『遒煉。』

張中丞母李太夫人哀誄

［案］張靖達公樹聲之母，光緒二年在江蘇巡撫任歿，文當作於是時。

送蕭渠卿序

賀松坡云：『先生爲政，蓋如所言〔一二〕。』

八家文鈔云：『此韓退之伯夷頌所謂「特立獨行，窮天地亘萬世而不顧者也」。』千古豪傑之士，未有不如此，特非恒人所知耳。

其是非可不顧猶不可勝聽：案『可不』之『不』讀『否』。或讀『不顧』爲句，非。

高郵董君墓志銘

案日記,董君卒於光緒元年,公二年閏五月過揚州始知之,此文當在二年後,其子對廷請作。

八家文鈔云:『古文中四言體,至公而造其極,開闔震蕩,變動鬼神,可謂前無古人,後無繼者矣。』

黄氏族譜序

[案]光緒元年[作]。

祔祧議

[案]光緒三年六月,在李幕議穆宗升祔〔一二〕典禮作。

賀松坡云:『此與劉子駿毁廟議、韓退之禘祫議、歐陽永叔濮議、曾文正公郊配議,皆有當於人人之心。』

送曾襲侯入覲序

[案]光緒三年七月[作]。

馬太夫人壽序

［案］光緒五年己卯九月［作］。是月，公攝天津府事。蓋馬君遭憂去，遂代其任。此文必先期作也。

張廉卿云〔一三〕：『極意刻畫昌黎，乃甚肖似。尤愛其陳義遺言之雅。』

贈太僕卿故福建臺灣兵備道吴君墓銘

［案］光緒三年丁丑［作］。

賀松坡云〔一四〕：『譎宕。』

或往往孤特獨立：賀松坡云：『自道。』

前工部侍郎潘公神道碑

［案］光緒四年戊寅［作］。

張廉卿云：『全篇極意經營，旨在詞表。銘尤奇詭可喜〔一五〕。』

賀松坡云：『此與曾文正季公碑〔一六〕同一妙遠。』

廣西潯州府知府薛君墓碑

［案］光緒五年己卯［作］。

張廉卿云〔一七〕:『前路叙次純用昌黎家法,末乃自出新意,綴孫侍講書以亂之,甚妙。』

祭丁樂山廉訪〔一八〕文

[案]光緒六年庚辰[作]。丁名壽昌。直隸按察使。本年卒官。

秋七月日子:案『日子』連讀,十日十二子也。見南史劉之遴傳。

朝鮮貢使集讌圖記

[案]光緒六年[作]。

張廉卿云〔一九〕:『前面叙高麗貢使登郡樓數語,最閑遠可愛。後幅字句聲響,無一不酷肖退之。』

至奕弱不自葆就:男闓生謹案:『文專就藩屬立言,而國家失於控馭,自見言外。』

安徽按察使豐潤張君墓表

[案]光緒六年[作]。

張廉卿云:『篇中提頓、旋折、鈎勒處,一一有法。』

答王晉卿書

[案]光緒八年壬午[作]。

以下冀州作。

張廉卿云〔二〇〕：『酷似姚惜抱與人論經學書，間雜以詼詭之趣，則惜抱之所無也。』又云：『承示大著，此一首尤服膺不置，必傳無疑之作。』

李相國六十壽詩

［案］光緒八年［作］。

張廉卿云〔二一〕：『驅邁之氣，瓌瑋之詞，足以嗣響揚、馬。』

伏見往古歌詩：張廉卿云〔二二〕：『其氣古，其詞雅，最近似班孟堅。』

讀文選符命

張廉卿云〔二三〕：『此文高卓奇確，前無古人。』又云〔二四〕：『此與〔二五〕李剛介誄、書符命後〔二六〕，蓋已軼姚、梅而上之矣。』

范肯堂云：『公之斯文非唐以後之文也。至其學問之弘毅剛正，亦庶幾乎太史公。』

李起韓先生八十壽序

［案］光緒十三年丁亥九月［作］。

張廉卿云：『文甚奇縱。』

八家文鈔云：『瓌奇偉麗，似周秦諸子。此等文體，乃先生獨創，非他所家能有也。』

福建臺澎道剛介孔公碑銘

［案］光緒十四年戊子二月［作］。

賀松坡云：『此文初稿，統論臺灣大勢，其説甚具。已而謂濤曰：「其人其事不能稱此文。」濤曰：「韓退之送鄭尚書序，非其例乎？」先生曰：「送序可也，施之碑志則不可。」乃改爲之。』又云：『頃讀張先生孔公臺灣祠碑記，乃如先生初稿所言，兩先生皆亡，殆無從質所疑矣。』

張獻群宗瑛云：『宗瑛妄意張先生文乃臺灣祠碑，故可就全境立論。先生此文乃剛介墓碑，故以「不稱」爲嫌也。』

男闓生謹案：銘尾六句，乃一篇大旨所寄，仍注重臺灣大勢立言，特通篇抑鬱不發，至末始一及之。文章之道，固無定律可循，至其精微之藴，則亦不能外也。

清河觀察劉公夫人詩序

［案］光緒十三年九月［作］。劉名樹堂，字景韓。時爲清河道。

張廉卿云：『俊傑廉悍，横厲恣肆，此等題乃能爲此奇文，作者故乃具絶大神通者耶〔二七〕。』

李相國夫人壽序

［案］光緒十三年正月［作］。

八家文鈔云：『奥博醇厚，近西漢人。』

記寫本尚書後二篇

［案］光緒十三年七月［作］。

賀松坡云：『因揚〔二八〕、韓氏〔二九〕之説，神游其境，與之冥合，而文之雄譎遂與揚、韓相類，亦所謂「唯其有之，是以似之」也。』

八家文鈔云：『二篇氣體醇厚淵懿，蔚然西漢之文。』

范蔭堂先生壽序

［案］范爲肯堂尊人。肯堂以乙酉三月至冀，七月南歸，此當其南歸前作。

八家文鈔云：『擷揚、馬之精華而變其貌，奇闢雄麗，獨有千古。』

藏鎠百萬：刻本作『繦』，誤。

下人之者尚有不齊：案用筆突接硬轉。

孔叙仲文集序

［案］光緒十四年戊子［作］。

張廉卿云：『用意甚佳。』

范肯堂云：『淡而有鬱致。』
賀松坡云：『疏朗秀逸。』

李剛介誄

［案］光緒十一年乙酉［作］。
張廉卿云：『此文自曾文正外，無能爲之者。公於此體，蓋專長獨擅矣。』又云〔三〇〕：『疾讀一過，使人變色失步，其高奇殆非近世人〔三一〕所有。』『閣下前書謂「肯堂有萬夫不當之勇」，吾於公亦云。吁，可畏哉！』
八家文鈔云：『英偉跌宕，光芒四射。於四言中創闢奇境，先生獨擅之作。』

論語叙贊

賀松坡云：『刻意摹子長、子雲。』
男闓生謹案：論語、孟子皆集録之書，其編次先後，皆有微旨。孟子七篇次第，公既於平本詮發之矣。論語之旨，則於此文闡之。

祭蕭君廉甫文

［案］光緒十四年五月［作］。廉甫名世本，官終正定知府。

張廉卿云：『姚惜抱氏謂哀祭之(祠)詞，楚人最工，大底鬱勃煩冤，虛無飄渺，不可方物。韓退之祖之，其祭朋舊之作，所以獨有千古者也。文乃深得此指，故不襲其貌，而神獨似之。』

答張廉卿書

［案］光緒十三年閏四月［作］。

再復張廉卿論三江書

［案］光緒十三年七月［作］。

答張星階書

［案］當與上篇同時作。星階名映樞，官冀州州判。

送張廉卿序

［案］光緒十四年［作］。廉翁南行，計始於是年六月，至九月成行。此文必六月後九月前作。

張獻群云：『此文乃先生自道之辭。李文忠公之於先生，蓋如是也。』案此評未甚恰當。

八家文鈔云：『此義實前人所未發，持論精覈而名通。』

祭方存之文

［案］光緒十四年十月［作］。存之名宗誠，桐城人。官棗强知縣。以文學名於時。

八家文鈔云：『風趣絶高。』

祭弟文三首

［案］光緒十五年己丑正月［作］。

八家文鈔云：『沈鬱冤憤，騷些之遺。』

張筱傳六十壽序

［案］光緒十五年［作］。張名紹華，桐城人。官至江西布政使。

賀松坡云：『風神瀟灑。』

以下到蓮池後作。

趙忠毅公遺書後序

［案］光緒十五年［作］。

范肯堂云：『此文出而功名氣節之士有不以先生爲然者矣，固當獨令當世誦之耳。』

賀松坡云〔三二〕：『先生既能官，無復再出之意，故其言如此。余嘗與范肯堂論此文曰：「先生此文所謂其中有我在者。」肯堂曰：「然。吾與張幼樵同讀此文，幼樵不以先生之説爲然，以爲國家有事，復召而用之，寧得自甘安逸而終不出也？此亦所謂其中有我在也。」』

銅官感舊圖記

〔案〕光緒十七年辛卯八月〔作〕。

范肯堂云〔三三〕：『此惜抱先生評峴山亭記所謂「吸風飲露，蟬蜕塵壒，絶世之文也」。其曰「神韵縹緲」，真善讀歐公此文。然頗議「其人爲〔三四〕誰」二句爲俗調，欲依海峰改之，當世則不以爲然。二句正歐公神韵起處，特其調爲後人用俗耳。若依海峰，則似强而實促矣。當世以讀彼篇之法讀先生此文，自謂能得先生深處。』

張靖達公神道碑

〔案〕光緒十九年癸巳六月〔作〕。

八家文鈔云：『叙次一本史記。銘尤淳古奇峻，他家所無。』

李公伉爽不爲謙：范肯堂云：『此昔時尊論以董公行狀等作，惟其人肖之，無容心者，然文斯妙矣。』

然公雖執謙讓：范肯堂云：『「相資濟」云云，開拓之筆，此則關紐後半篇，好在皆以澹語經營，蓋果能自然矣。』

誥封淑人梁淑人墓志銘

［案］光緒十八年壬辰十一月［作］。〈案〉許：名振禕，字仙屏。時爲河道總督。

八家文鈔云：『詭雋。銘詞直逼屈、宋。』

讀淮南王諫伐閩越疏書後

［案］光緒十七年［作］。

賀松坡云：『先生讀漢書諸王傳，於發覺反謀處，皆用紅勒，即此篇之意也。』又云〔三五〕：『先生嘗言：「賈生間人骨肉，乃小人之尤，吾嘗有文論之，而不敢示人，恐駭人聽聞。」濤請一讀，堅不許，即此文也。今讀之，文筆雖奇，而理則確切，乃世間不可少之文，且可因此而悟讀史之法。』

題玉露禪院

［案］光緒十八年正月，在濟寧作。

八家文鈔云：『流連感嘆，歐陽子得意之筆。』

策問二首

［案］光緒十五六年間，蓮池課士作。

保定曾文正公祠堂碑記

［案］光緒十八年十月［作］。

賀松坡云〔三六〕：『中幅用韓公體，益加恢奇。前後古雅頓宕，其神亦絶似韓公。』

『公於江南』節：賀松坡云：『仿鄆州溪堂詩序而變其貌。』

八家文鈔云：『銘詞風神宕逸，宛轉多姿，韓公不能逮也。』

袁望清詩序

［案］此篇疑亦在壬辰年［作］。

范肯堂云〔三七〕：『無波瀾生發，亦并無意思掉弄，只若就事論事，平放數十語，澹折一二筆，而已深遠綿邈，不可攀追。讀此才知歸熙甫題張幼於哀〔三八〕文太史卷尚嫌俊快，而王介甫「挾道德［以］待世〔三九〕」等文，真不免淺滑也。』

賀松坡云〔四〇〕：『筆勢鬱盤。』

旌表節烈張太宜人碑銘　胡氏譜序

［案］此下〔四一〕二篇當是癸巳年作。

范肯堂云：『公評叔節文，以爲「空翠撲人」，此自深洞中古時緑也。』

是非久而後定：男闓生謹案：公於舉國蒙昧之秋，獨立主張開化，不屈不撓，其所守正自如是。此絶大識議，特借譜事發之。

姚公談藝圖記

[案]姚公名瑩，字石甫，桐城人，姬傳先生弟子，姚仲實叔節之大父也。

范肯堂云〔四二〕：『曠然千載之感，實切於身，遂爾恣意唱嘆，此已上與太史公「六序」精神混合爲一，下與歐陽公抗手矣。我無蘇氏之才，王、曾氏之學，何以爲弟子乎？三復悵然。』

『豪傑之士』二句：范肯堂云：『悲咽從此起。』

『是後中國多故』一節〔四三〕：范肯堂云：『不知者謂是姚没曾未興，有如是之叙次耳，則未喻其筆下所以悲放處、咽斷處、横掣倒轉處，純是太史公、歐陽永叔勝境。』

收句〔四四〕：范肯堂云：『用筆有宜向盡處盡者，此類是也，避之反〔四五〕失。』

賀蘇生先生七十壽序

[案]光緒十九年[作]。

范肯堂云〔四六〕：『纏綿往復。外集中爲人取法之文。』

先生之弟鐵君：賀松坡云：『先生謂濤曰：「子嘗爲叔父乞余文，余訖未爲，故於此文及之。」濤敬應曰：「得此數言足矣。」』

末段木假山記一節：八家文鈔云：『案先生二子皆知名，與明允相類，故引木假山記作收，妙極自然，非泛設也。』

范伯子云：『質之先生，當知「中峰魁岸踞肆，若有以服其旁之二峰。二峰者，凛乎不可犯，雖服於中峰，而岌然決無阿附意〔四七〕」云云，若喻己與二子，則不能爲是言矣。』

題范肯堂大橋遺照

［案］作此文廉翁尚在，當亦癸巳年［作］。

賀松坡云：『此文之佳，固在有詼諧妙趣，尤當玩其節奏。』

已上四篇，疑皆同時作。

合肥淮軍昭忠祠記

［案］光緒二十年甲午六月［作］。

八家文鈔云：『前半有關清代兵制，後半所以開迪新學，矯切時論。文之英光瑋氣，與曾相諸祠記埒。』

一旦有事：男闓生謹案：文作於中日戰事以前，而淮軍之必敗，已若燭照，數計而決之。後幅「學校未廣，人才未出」云云，若代爲惋惜，實即所以箴之也。

贈光禄大夫合肥李公廟碑

［案］光緒二十年六月［作］。

程忠烈公神道碑

［案］光緒二十二年丙申六月［作］。

答賀松坡〔四八〕書云：『來示謂「收束蘇州事後，宜綴以克復金陵數語，使文勢闊遠」，自是卓論，鄙意〔四九〕有所劫。蓋功名之際，至爲難處，政府自來成敗論人。當蘇州克復後，金陵尚未到手，朝旨嚴催李公會攻金陵，文正函檄并催，而意旨則深知沅帥足辦此事，金陵固且垂克。惟慮李相果來分功，而忠襄不能無介介也。李公知之，左右支梧，不肯遽往。已而金陵成功，其事始解。故文字中，欲將蘇州專屬之李，金陵專屬之曾，使二事分明。程公事中不敢涉及金陵功績者以此。』

賀松坡云〔五〇〕：『一氣奔瀉，而節節收束；紀律謹嚴，而提頓蕩漾處精神洋溢。自馬、班、陳、范及韓、歐、王外，皆不足語此。』

八家文鈔云：『全篇皆從旁面、側面烜染生情，是爲加倍寫法。尤以戈登陪襯，奕奕有神，時出時没，如史記平準書之有卜式也。』

武安縣孫君墓志銘

[案]光緒二十一年乙未九月[作]。

賀松坡云〔五一〕:『其體勢及自醒作意處,皆似韓公孔君勝墓銘。』

題馬通白所藏張廉卿尺牘册子

[案]廉卿先生卒於甲午年,此必甲午以後作。贈别馬通白詩,在甲午秋冬間,此蓋與同時也。

賀松坡云:『奇情、逸興、高韵,非復人間所有。』

陜西留壩廳同知陳君墓銘

[案]光緒二十年[作]。

賀松坡云〔五二〕:『質健奇古〔五三〕,惟韓公有此筆力。』

國家柔遠: 賀松坡云:『憤世〔五四〕之心,乃時時發露。』

姚節婦贊　從兄鄆城知縣吴君墓表

[案]光緒二十三年丁酉四月[作]。 康之名寶三,公從兄也。

八家文鈔云:『有逸趣。 義法尤精。』

教授其弟：案本集『第』字皆作『弟』，此『弟』亦『第』字，非『兄弟』之『弟』。

跋五公尺牘

[案]李相出聘列國，在二十二年丙申，此當丙丁間作。

賀松坡云〔五五〕：『抑揚吞吐之間，其風神絶似史記。』

黄來庭墓表

[案]光緒二十二年[作]。

八家文鈔云：『聲色并茂。先生治冀之精神，讀此可以想見。』

弓斐安墓表

賀松坡云：『此熙甫歸府君墓志〔五六〕銘之類。然彼論古，此言今之外國，古所未有之事。其〔五七〕創端造境極難，而文之古奥淵雅，乃過之遠甚。』

石埭李氏族譜序

賀松坡云：『叙次、分合、順逆、復疊處，皆似史記；論尤精確。』

滎成孫封君神道碑銘

［案］光緒二十三年三月［作］。

左文襄公神道碑

［案］光緒二十三年七月［作］。

八家文鈔云：『氣勢瑰偉，震蕩六合，而意旨所寄尤在筆墨之外。』

公既成軍而東：賀松坡云：『此段初讀之以爲既稱公不爲曲謹小讓，此二事似不必書，已乃悟此文皆推本於曾、胡之知公。書此二事者，非言公之謹讓〔五八〕，乃言曾、胡之喜公出也。或欲删貽幕事，尤不可。篇中皆曾、胡并舉，此處自不得獨言胡公。』男闓生謹案：删貽幕事，乃蕭敬孚丈説。

號曰恪靖援臺〔五九〕軍：八家文鈔云：『先生嘗謂：「恪靖者，國家褒异之稱，豈可自以爲號？記此蓋譏之也。」』

汪星次墓銘

［案］光緒二十二年［作］。

誥封一品夫人葉母徐夫人墓志銘

［案］光緒二十二年［作］。

送陳伯平太守入覲序

［案］光緒二十三年六月［作］。伯平名啓泰，長沙人。官終江蘇巡撫。

賀松坡云〔六〇〕：『先生所見者大，不以早退爲高。論雖奇創，實則通澈和平，故以橫絶古今之文而婉曲乃爾。』

蓋有湯鑊以徇之者矣：男闓生謹案：時在承平，而公已有危亡之懼，故著論悚切如此。

潘藜閣七十壽序

［案］光緒二十三年［作］。

賀松坡云〔六一〕：『雄駿，簡峻。』

夫不習外國之情勢：男闓生謹案：『謀國偉略，於閑澹出之。後來庚子之禍，已若預見。』

又案潘：名青照，桐城人。與公交甚厚。潘卒，公作挽聯云：『我聞彭澤將歸，得一郡小留，遽至於此；世與君平相棄，幸夫人無恙，今其奈何？』

鄭筠似八十壽序

［案］光緒二十三年［作］。筠似名驤，一字雲史。其興武邑書院，公爲作聯云：『明公家法，有禮堂寫定之經，异日當成通德里；此地昔時，多燕市〔六二〕悲歌之士，爲我一吊望諸君。』以武邑有

樂毅墓也。

賀松坡云：『滑稽。』

送季方伯序

［案］光緒二十三年六月［作］。季名邦楨，字士周，江陰人，閩浙總督芝昌之孫。

賀松坡云〔六三〕：『斡旋絶有力。』

八家文鈔云：『先生之文，多經世閎識如此。』

天演論序

［案］光緒二十四年戊戌正月［作］。自此以下，皆有手稿，其叙次先後釐然不紊。

二月二十八日答嚴幾道書云：『接二月十九日惠書，知拙序已呈左右』，『至乃以五百年見許，得毋謬悠其詞已乎？』

賀松坡云：『古今中外著述，得此斷制，學者乃得心有所主。文之反復盡意，似曾子固，而傲睨之概，俊逸之詞，則子固所無也。』

祭翁大家文

［案］光緒二十四年正月［作］。

賀松坡云：『以奥折之筆，運古質之辭，往往數十百言如一句，而接换伸縮在在不測。先生四言詩蓋獨有千古，即此短篇，已足駕韓、王而上之矣。』

祭姚漪園文

［案］光緒二十四年［作］。姚〔六四〕桐城人，名爲霖，字錫九。公嘗與唱和，見詩集。

王中丞遺集序

［案］光緒二十四年［作］。中丞諱植，會稽人。安徽巡撫。

賀松坡云：『遒緊矯變。』

烏乎世運之遷流：男闓生謹案：文作於庚子亂前，其時上下狃忲治安，以爲無事，公獨深思遠慮，欲謀所以維之，故詞意警湛如此。

平江吴氏兩世孝行贊

［案］光緒二十四年［作］。

會里朱氏族譜序

［案］光緒二十四年［作］。

八家文鈔云：『綜散分合，其法一本史記。』

翁大家墓碣銘

［案］光緒二十四年八月［作］。

廣昌縣城隍神廟碑

賀松坡云：『先生四言詩〔六五〕，皆空所依傍，自我作古。斯文乃仿九歌、大招、招魂而爲之，其盤鬱之勢，深婉之韵，詭怪之詞〔六六〕，足與之埒。』

山沈淪兮爲淵：男闓生謹案：四句叫起下文。

［爲］繡畫兮（山）關河：男闓生謹案：敷天奇憤，鬱極一洩，非爲城隍作也。賀評『深婉』云云，尚有未盡。

通州范府君墓志銘

［案］范卒於戊戌十二月，文成於己亥三月。

三子繼起：男闓生謹案：文以孝親爲主，特於三子縈拂生情，倍饒風致。

裕壽泉中丞六十壽序

［案］光緒二十五年己亥［作］。壽泉名裕德，北洋大臣直隸總督裕禄之兄。

張獻群云：『意含諷刺，而文特婉曲。』

八家文鈔云：『先生文不特詞旨淵懿高古而已，實有經濟當世之偉略，以故聲光并茂，蔚然有關世運。此文亦其一也。

案裕公實畏邊疆難處，樂河南無事，不知腹地之治正不易言。此文既揭其隱，因舉内治之要以箴之，贈言之義然也。其後庚子之禍卒起於内地民變，文固若洞見矣。

柯敬孺六十壽序

［案］光緒二十五年［作］。柯名劭憼，劭忞學使之兄。

清賦非令典也：案公抱經世之略，噤不得施，於當世所稱善政，多不謂然，偶一發之於此。

贈内閣學士東海關道劉公墓志銘

［案］光緒二十五年七月［作］。

賀松坡云〔六七〕：『李文忠之受謗，以當時忌之者多，而曉事之人少也，先生嘗引以爲恨。劉公既没，先生向其家索取事狀作爲此文，不但爲劉公及文忠辨謗以自洩其憤，蓋欲破天下之愚也。』

男闓生謹案：公挽劉公聯云：『如明公可謂才臣，鄙夫謬附清流，能毋杜門齰舌；知太史當成佳傳，賤子欲求行狀，一爲鑽石埋辭。』當時詆毀李文忠者，皆以清流自詡，此『鄙夫謬附清流』，即謂李秉衡等也。

七月十二日與周緝之學熙書云：『劉公墓志，擬稿奉呈，中多忌諱，以韓公撰王弘中、張孝權、胡良公、李郱、張署等墓文，皆不假借曲諱。墓文蓋將告之後來，非以告當時。藏之名山，傳之其人可也。』

蓋名實之眩疑於世也久：賀松坡云[六八]：『將叙公之不得志而去，先發此論。下文云云，乃益令人抑鬱不平。』

李公去位文正治事之學歇絶於天下矣：男闓生謹案：李相見此文[六九]，使人傳語先公曰[七〇]：『文章極似曾公。曾公治事之學雖歇[七一]絶，而文章之傳[七二]固未絶也。』聞者以爲一時佳話。

而山東巡撫故李公所拔識：男闓生謹案：時山東巡撫爲[七三]李秉衡。先公作此文時，秉衡勢方盛。方倫叔來書，引慶歷聖德詩爲戒，先公答之[七四]曰：『此國之大事，不敢曲諱，然亦願知好之勿宣播也。』今此書已佚，故不見於尺牘中。

世如波騰：男闓生謹案：公此等銘詞足以横絶百世。

龍泉園志跋

[案]光緒二十五年己亥[作]。

賀松坡云：『此文蓋嘆兩先生之文采不足自彰，而此志亦不足賴也。低回往復，有弦外之音。』

裕制軍六十壽序

［案］光緒二十五年［作］。裕禄字壽山，時爲直隸總督。庚子之亂爲外國聯軍所敗，殉難而死。『某獨顧視公諸子』句：男闓生謹案：文若曰國家大難，公及身或可自全，諸子殆必不免，然熟料不期年間，公已躬嬰其禍也？可慨也已。

方曉峰八十壽序

［案］光緒二十五年［作］。雲畊名汝翼，貴池人。官直隸知縣。

人莫不喜順而惡逆：案雲畊賢者，故爲陳此義以勖勉之，亦贈言之所宜也。

仁和王尚書七十壽序

［案］光緒二十五年十一月［作］。王文韶字夔石。時官户部尚書、軍機大臣。

案此文不無譏姍之意。蓋王公之休休有容，非真有益於國，故後幅有『善類盡植』『緩急足恃』云云，所謂更進一解也。

鹽山賈先生八十壽序

[案]光緒二十五年[作]。賈名拱宸，字星垣，恩紱佩卿父。

記校勘古文辭類纂後

[案]光緒二十五年[作]。

胡問渠墓志銘

[案]光緒二十五年[作]。問渠，山東按察使胡景桂月舫之子。

八家文鈔云：『高古特出。』

不顓造請高門：男闓生謹案：非不造請也，但不顓顓事此而已，此古文用字法。

誥封太夫人陳母熊太夫人墓志銘

[案]光緒二十五年[作]。

光禄大夫刑部左侍郎袁文誠公神道碑

[案]光緒二十五年[作]。

賀松坡云：『長篇文字，須多用提筆、束筆，觀此文可見。』

左遷鴻臚寺少卿：賀松坡云：『以上隨父治軍。』

至是始謝兵事：賀松坡云：『以上佐李、左軍，并收束兵事。』

用廕補户部員外郎：賀松坡云：『以上京朝事及河南振事。』

曾不登於中壽悲夫：賀松坡云：『以上結束。』

『維後之昌』四句：男闓生謹案：末四語專爲慰庭而發，乃全篇精神之所注也。慰庭方爲東撫，其野心公已逆見之。

贈道員直隸州知州陳公墓碑

［案］以下三篇，己亥、庚子間作。

江安傅君墓表

賀松坡云[七五]：『有謂此文傷繁者，先生以爲知言。然叙藏書事極酣恣，其豪情逸趣自足動人。』

誥封夫人張方伯夫人墓表

八家文鈔云：『矜練中特著風趣。』

李勤恪公墓銘

[案]此下二篇，光緒二十六年庚子十月避地深州作。勤恪公名瀚章，字筱泉，文忠之胞兄也。

賀松坡云：『局法、筆法一由心造，而動合自然，與道大適，老年化境也。』

深州風土記叙録

[案]光緒二十六年十月[作]。

八家文鈔云：『公此等文，自馬、揚外，無能爲之者。』

馬佳公夢蓮詩存序

[案]光緒二十年冬在京師作[作]。

賀松坡云：『離合禽縱，純以神行。』

誥授武顯將軍王公墓碑〔七六〕

[案]光緒二十七年辛丑六月五日在京作。

九月七日諭兒書云：『前撰王襄臣碑，文本不工，老衰筆退，殊不稱意。其起處〔七七〕叙曾祖死難，因與襄臣事相發，故揭明。其收筆言兄弟之累者，乃一篇微意。襄臣，小航之兄。小航乃新黨，吾疑去年襄臣死事之慘，乃舊黨深恨小航，波及其兄，故縱拳黨毒害之。然不可明言，故前言「教其兩弟皆成進士」，小航其一弟也；後言「已别不復見，見公〔七八〕他兄弟多奇氣，恐其難免於亂世」，所謂「他兄弟」者，即小航也〔七九〕。小航不可露，故於其少弟之痛其死，借論兄弟之累。此所謂草蛇灰綫文法，但恐未能佳。其銘詩歸重文字，則是吾與襄臣相交之迹。銘詩與前文固可不别出一意，此亦古法也。』

與之語時事多與人意合：賀松坡云：『朝鮮之役，公獨是合肥；越南之役，則不以彭、左爲是。所謂「多與人意合」者，殆指此類。』

祭李文忠公文

［案］光緒二十七年［作］。李公薨於九月二十七日，文作於十月二日。

賀松坡云：『李公薨逝〔八〇〕，斯文先出，而李公之生平亦以斯文而定。先生撰左公碑，注意其得名。此文論李，又注意其得謗。知左之得名，即知李之得謗〔八一〕；知李之得謗，即知左之得名。讀此兩文而國論亦定。』

八家文鈔云：『嶽峙淵泓，俯視一切。』

丁維屏編修所輯萬國地理序

［案］光緒二十七年十月二十九日［作］。丁維魯字奎野，山東人。時爲東文學社生。公文作『維

屏』，蓋筆誤。

八家文鈔云：『奇情遠想，憤慨而出。今未三十年，而如俄如德當時强大之國，轉瞬皆已破壞。讀先生此文，可謂有前識矣。』

原富序

［案］光緒二十七年十一月三日［作］。

古之生財之塗博矣：賀松坡云：『其説甚精。與牽引古義以比附西事者不同，然終非自造境界，蓋非先生文之至者。』案賀公此説亦拘。

八家文鈔云：『識議閎偉，巋然經世之言。』

黄淑人墓銘

［案］光緒二十八年壬寅二月十三日［作］。

八家文鈔云：『後幅慨深而神遠。』

案：後幅低徊慨嘆，悠然弦外之音。

劉笠生詩序

［案］光緒二十八年二月十三日［作］。劉名敦元。女適天津徐氏，即徐總統世昌之母也。

八家文鈔云：『後半奇逸妙遠不測。』

男闓生謹案：『後半以山水喻文學，以大龍喻先生詩，委宛深微，用意使人不覺，文章奇妙處也。』

謝衛樓所著富國策序

［案］光緒二十九年二月二十七日［作］。

八家文鈔云：『此文針切晚清時事而發，詞旨警悚异常。』

男闓生謹案：時大亂之後，太后方舉萬壽慶典，而中外百僚争求供獻珍琦，以希媚寵，故文中特著『召賓上壽』『娭游玩好』云云以見意。

周易象義辨正序

［案］光緒二十九年七月二日［作］。以下八篇在日本作〔八二〕。

賀松坡云：『語近詼諧，而義則通澈。文筆之譎詭，殆不可方物。』八家文鈔云：『持論閎通，必如是乃可以言易。』

跋蔣湘帆尺牘

［案］七月六日［作］。

金子濟民周易本義啓蒙纂要序

［案］七月二十二日［作］。

矢津昌永世界地理序

［案］七月二十三日［作］。八家文鈔云：『沈鬱頓挫之文。』

高橋白山咏經子史絶句千首跋

［案］七月二十三日［作］。

岸田吟香萬國輿圖志略序

［案］八月八日［作］。八家文鈔云：『用意絶佳。』

高田忠周古籀篇序

［案］八月十四日［作］。

八家文鈔云：『閎識偉議，得未曾有。』

日本學制大綱序

［案］八月十七日［作］。

八家文鈔云：『筆力横健特甚，具見救世苦心。』

冬至祠堂祝文三首

［案］十一月二十一日［作］。以下還國後作〔八三〕。

八家文鈔云：『三篇高格，皆在西漢以上。』

武强賀偉堂先生八十有三壽序

［案］十一月三十日［作］。

姚慕庭墓志銘

［案］十二月四日［作］。慕庭名濬昌，父即石甫先生也。

八家文鈔云：『文境清遠，一如其人。』

跋王畏甫遺文

［案］十二月五日［作］。畏甫名嚴恭，桐城人。與公同年鄉舉。

李文忠公神道碑銘

［案］十二月二十日［作］。

李文忠公墓志銘

［案］十二月二十日［作］。

賀松坡云：『祭文專言公之被謗，蓋慨中國人之不曉事也。此篇則絶不言其被謗，專論外人之傾服，而謗者之不曉事，益可於言外見之，其寄慨尤深。銘辭乃自明其作意，跋五公尺牘言中外之「是非不同」，亦即此意〔八四〕。』又曰〔八五〕：『祭文言被謗，墓銘言外人傾服，神道碑言人「必壞其成」，「不能大展功能」，然已能搘柱艱困。三篇用意不同，雖同言一事，而精神各别。』

詩樂論以下外集

案詩樂論、漢表讐字序、三易异同辨、益稷辛壬癸甲説、伯祖逸齋先生文後序、讀内則辨、讀漢書古今人表、二十八〔八六〕宿甘石不同考、詩序論二首、讀盤庚、讀項羽本紀、漢王劫五諸侯兵考、與楊伯衡論卷耳序書、書鄭康成詩二南譜後、與楊伯衡論方劉二集書，共十六篇，當皆癸亥以前，研精學術文字[作]。尋孔顔樂處論、爲里中舉節烈引二篇，當是癸亥年入學後作。

贈蕭君敬甫序

[案]同治元年壬戌[作]。敬甫名穆，桐城人，晚客滬上。以校刊書籍得名，著有敬孚類稿。

尋孔顔樂處論　漢表讐字序

[案]以上二篇，説見前。後放此。

左忠毅公畫像記

[案]咸豐十年庚申冬避地作。

章冠鼇傳

[案]咸豐十一年辛酉[作]。

賀松坡云：『遒緊簡勁，無一懈筆。』

賊亦以是怨東鄉未發：賀松坡云：『「未發」二字，住而不住，忽插入「章氏於東鄉爲巨族」數語，伏下戰事，乃突接「賊怨東鄉久，又所誅求輒不報」二句，言怨而未發者，因誅求不報而乃發也，其奇處在中間插入「章氏」一段。若以常法爲之，「賊亦以是怨東鄉」下，便徑接「又所誅求輒不報」，「某年月日〔八七〕擁衆大掠東鄉」，其下乃接「章氏於東鄉爲巨族」云云，文法非不明了，然無此奇妙矣。』

伍烈女傳

［案］咸豐十一年［作］。

三易异同辨

配而不終君三出焉：案此出國語。刻本『三』作『之』，誤。

益稷辛壬癸甲説

爲里中舉節烈引

［案］文云『庚申、辛酉之間』，則在同治改元以後，當癸亥、甲子間作。

伯祖逸齋先生文後序

逸齋名廷輝，字建標，府學生員。見日記、家譜。

王烈婦墓表

[案]同治元年壬戌[作]。

至於勢窮事迫：男闓生謹案：桐城陷賊最久，再克再失，此文意皆有所指而言，特借二烈婦發之耳。

矮栝説

文云：『後經兵亂，環吾居栝柏爲一空。』蓋謂庚申、辛酉二年。又云：『前年吾叔父斧其下枝之輪困者，又縱其上枝之萌蘖者，逾年而是栝且高於墻丈餘矣。』『前年』當是壬戌，則作文當在甲子年也。男闓生謹案：此文公蓋以自喻。

讀内則辨

讀漢書古今人表

男闓生謹案：此文公之特識，後來賀松坡先生多近此種。

廿八宿甘石不同考

游大觀亭故址記

[案]同治二年癸亥，應試安慶作。

賀松坡云〔八八〕：『意想高遠，風神跌蕩。先生少作，已能追步歐公。』然則非有不朽之實：男闓生謹案：方先生方負盛名〔八九〕，詞旨蓋有所激射。明清八家文鈔云〔九〇〕：『方先生於時方負盛名，此文蓋有所諷。』

原烈

[案]意在糾正方先生之失，當與上篇相先後[作]。

銘十一首

[案]疑癸亥前作。

左忠毅公父母像讚

[案]此文當是庚申冬與左公畫像記〔九一〕同時作。

楊壽山先生墓志銘

[案]同治六年九月，泊大通舟中作。

錢楞仙駢文序

[案]同治六年十月四日[作]。此下二篇在曾幕作。錢名振倫,字崙仙,烏程人,『楞仙』其別字也。

靈谷龍神廟碑

[案]同治六年十一月二十日[作]。

賀松坡云:『曾公集中有此題,前文即就公作稍加刪節,入後借寺宇興廢,發抒偉議,感嘆深至,遂爲曾集中出色之文。』

菊農先生七十壽序

[案]當是同治六年四五月間回里時作。

八家文鈔云:『意思真至,發前人所未發。』

家嚴慈六十雙壽徵言略

[案]同治七年戊辰十二月,從曾相在京時作。

朱嘯山六十壽序

[案]同治七年三月二十七日,在曾幕作。嘯山名富春。見曾集。

黄侍御墓表

[案]同治七年[作]。

『獨自編修遷御史』二句:賀松坡云:『今不然矣。』

魯莊公納子糾論　痘神考　讀韓非子

[案]以上三篇,疑亦在曾幕時作。

世之閉户著書:男闓生謹案:公此文亦實有所指。

蔡烈婦傳　題彭孝女册子　與朱肯甫書

[案]以上三篇,疑乙丑上第後在京師作。

汪府君家傳

[案]公於同治七年、九年,皆嘗歸里,此在里中作。知非遭憂後者,以言『葬親』而未及遭憂事也。

李太夫人壽序

［案］同治八年己巳正月五日在京作。殆易所謂自天佑之者也。男闓生謹案：以太史公表序證之，蓋不無譏諷之意。

籌洋芻議序

［案］光緒十年薛爲寧紹臺道時［作］。

尹處士傳

［案］在里中作。

吴太夫人墓表

［案］同治九年閏月，過揚州作。

李氏譜序　王氏譜序

［案］同治十二年遭憂後作。

戴氏族譜序

［案］以上三篇，疑皆同時［作］。

題葉氏家誡詩册子

［案］公於同治八年二月，從曾公到保定，文當是時作。男闓生謹案：用意在『其當否姑不深論』句。

李相國五十壽序

［案］同治十一年壬申正月在深州作。方存之云：『文體近韓，有奇崛之致。』又云：『亦是前叙後論文體，而氣自凌厲。』

題深澤王琴航遺令册子

［案］此下二篇當亦與前後諸作相先後。

洪夫人傳

出硯篋紿賊：案『紿』刻本作『給』，誤。

曾文正公神道碑〔九二〕

[案]同治十一年八月深州作。

求闕齋讀書記序

[案]光緒二年丙子八月後,在李幕作。

石匣龍神廟記

[案]光緒二年[作]。公是年八月始到津,廟雖成七月,文則當少後也。

廬州會館記

[案]光緒二年九月[作]。

蔡篆青詩集序

[案]與前數篇同時作。

安徽通志序

[案]光緒三年丁丑[作]。

方存之云：『雅潔有藴藉。』

『是豈執簡之士』二句：方存之云：『用筆甚妙。』

漢之彊也：案『彊』當作『疆』。

慎庵圖記

[案]光緒二年五月以前，居憂里中作。慎庵名起升，馬其昶通伯父也。

鮑太夫人墓表

[案]光緒八年十月冀州作。

乙酉三月與王逸梧〔九三〕書云：『往年委撰老伯母墓文，曾由驛遞〔九四〕寄長沙，并論及叙述閫德，昔人所難，不善爲之，易入塵俗，故不敢删拾年譜，而别出一義，冀稍脱凡近。』『文既不足觀采，立議又頗涉憤世，無周身之防』，『執事取其意旨，不須勒石墓道也』。

記太史公所録左氏義後

[案]光緒十年甲申十一月[作]。

八家文鈔云：『特識。』

何至乖异如是：案手稿『至』作『自』。『至』乃刻誤，八家文鈔本亦誤。

二許集序

[案]光緒十四年戊子九月[作]。

八家文鈔云：『中幅鬱然特起，千載常新。』

記姚姬傳平點漢書後

[案]光緒十六年庚寅十一月[作]。以下三篇蓮池作。

書滄州王希岐所著切韵書後

[案]光緒十五年[作]。

記古文四象後

[案]光緒二十四年[作]。

八家文鈔云：『此公晚年文字，老勁殊不可及。』

辨程瑶田九穀考

[案]光緒二十六年庚子避亂深州作。

跋所書柳子厚詩

［案］以下二篇，庚子十二月亂後入都作。

題董文敏選録史記真迹　遵旨籌議摺

［案］光緒二十七年辛丑正月［作］。

尾崎字説

［案］光緒二十七年正、二月間［作］。

抱一齋記

［案］二十七年二月［作］。

跋西師意所著書

［案］二十七年十月十一日［作］。

西師意實學指針序

［案］光緒二十八年壬寅二月二日［作］。

李文忠公事略：直督臚陳事迹疏(九五)

［案］辛丑十月十日［作］。

其於兵謀利鈍卓有遠見如此：八家文鈔云：『句勢如鐵鑄山立。』

山東請建專祠事略

［案］十月二日［作］。

江蘇專祠事略

［案］十月十七日［作］。

浙江專祠事略

福建專祠事略

［案］十一月二日［作］。

河南專祠事略　上海專祠事略

天津專祠節略

［案］賀松坡云：『甲午敗後，濤嘗請先生紀海軍始末，言其創立之艱，而惜其輕於一擲，先生諾之而未及爲，讀此文可知大略。』

是時中外定議：賀松坡云：『以上摘論籌議語，以下實辦。』

自未購鐵甲之先：賀松坡云：『練兵、用人并爲一段。』

又如險固地形：賀松坡云：『六事外附益一條。』

八家文鈔云：『文勢至爲閎駿。文忠〔九六〕身後，先生爲之辨謗最力，無如此文之詳盡者。』

京師請建專祠呈稿

［案］十月二十一日［作］。

詩序論二首

［案］以下八篇説見前。

且有古序牴牾不合者：案公手稿，『古』上有『與』字，刻本誤脱。

讀盤庚　**讀項羽本紀**　**漢王劫五諸侯兵考**　**與楊伯衡論卷耳序書**

［案］伯衡名澄鑒。與公同年鄉舉，見前楊壽山先生墓志銘。後以進士爲湖北知縣。

書鄭康成詩二南譜後　與楊伯衡論方劉二集書　北游紀略序

［案］同治十三年［作］。

清逋決疑獄：案『逋』下當脱『賦』字。

代李相自陳衰疾難膺重寄摺

［案］光緒二十一年［作］。

賀松坡云：『氣體似潮州謝表。』

祠堂祝文三首

［案］光緒元、二年間里居時作。

祭汶上府君文

［案］光緒二十一年八月［作］。

録歐陽公詩本義跋以下補刻。

［案］光緒十二年二月［作］。

題王晋卿注墨子

[案]光緒八年[作]。

都司白君墓志銘

[案]光緒二十四年五月[作]。

八家文鈔云：『此篇集本失載，以搜輯佚墜存〔九七〕。其奇古非他人所能及也。』

對制科策

[案]同治四年[作]。

八家文鈔云：『此乙丑廷試對策，行狀〔九八〕所謂「不用當時體」，倭文端欲置一甲，而某公抑置三甲者也。文稿久佚，集本亦不載，今從其家搜得，以關先生出處大節，故特著之。風簷寸晷中，弘贍如此，豈常人所易及哉？』

於是有三考六計之法以馭其臣：八家文鈔云：『制策所問四事，今以講學爲主，而餘三事胥納於其中，不惟義理允洽，而文字亦有條不紊，此所謂義法也。』

將何以仰副陛下求言之意乎：文鈔云：『以上總冒，并申明不循制科格式。』

俸薄而無以自給：文鈔云：『議論極似大蘇。』

敢臚列而敬陳之：文鈔云：『以上條答所問四事。』

天下幸甚：文鈔云：『以上歸本君德作收，與起處相映。』

附佚文存目考

禘祫議

案日記當作『禘祫考』。

讀墨子

案即補刻之題王晋卿注墨子。作『讀墨子』，誤。

劉猛將軍考

［案］以上三篇，原刻目録所載。

明堂考

［案］同治五年十二月二日［作］。見曾文正公日記。

日記〔九九〕：『吾少時作明堂考，頗見賞於曾文正，今其稿已佚。』

三正辨

［案］已上二篇目，均見日記，今補録之。

與曾履初兄弟書

八家文鈔云：『此書關先生出處大節，文集中不載，今從尺牘鈔入。』

與弟書二首

八家文鈔云：『以上二首，尺牘中亦不載，兹從其家藏遺稿搜得録之，以見賢哲之用心，與恒人相去千萬也。』

案此二首，尺牘續編已收入。

附八家文鈔所録深州風土記四篇

河渠

賀松坡云：『河渠、賦役、兵事三篇，嚴密而縱宕，蓋兼漢書、史記之長，而遠識孤懷，傲睨今古，則子長所獨擅,孟堅不能也。』

歷代兵事

八家文鈔云:『千餘年來兵事,纖悉備載,而歸結於近世之拳禍。自首至尾如一筆書,中間提頓轉摺,處處有法,自史、漢外,蓋鮮見此大文。』

流寓

八家文鈔云:『奇逸蕭散。』

物産後叙

賀松坡云:『物産後叙仿貨殖傳叙,叙録仿法言,奇古皆足與埒,而識力過之。』

八家文鈔云:『聲響、色采〔一〇〇〕酷似史貨殖傳。』

已上尺牘三篇,風土記四篇,皆文集所無,爲八家文鈔所增入者。案公尺牘中應入文集者正多,今不遑搜輯,後賢必有能辨之者也。

〔一〕致弟沅浦書:曾國藩全集家書題作『致澄弟沅弟(十二月十五日)』。

〔二〕言官:致澄弟沅弟作『言路』。

〔三〕鮑太夫人墓表：見文集卷四。

〔四〕皆：文集作『多』。

〔五〕彷子雲……尤高：見徐世昌輯明清八家文鈔吴摯甫文鈔（民國二十年〔一九三一〕刻印。以下簡稱『明清八家文鈔』）引。

〔六〕明清八大家文鈔：爲『明清八家文鈔』之訛。下同不注。

〔七〕與吴摯甫一談：曾國藩全集日記作『傍夕與吴摯甫等一談』。

〔八〕八家文鈔：即明清八家文鈔。下同不注。

〔九〕集中駢儷文字：明清八家文鈔作『先生集中駢體文字』。

〔一〇〕來：明清八家文鈔作『出』。

〔一一〕先生爲政蓋如所言：見明清八家文鈔引。

〔一二〕祔：吴汝綸全集文集作『祧』，似誤。

〔一三〕張廉卿云：見明清八家文鈔引。

〔一四〕賀松坡云：見明清八家文鈔引。

〔一五〕銘尤奇詭可喜：底本脱，今據明清八家文鈔所引校補。

〔一六〕季公碑：見曾國藩全集文集，題作『閩浙總督季公墓志銘』。

〔一七〕張廉卿云：見明清八家文鈔引。

〔一八〕廉訪：底本訛作『訪廉』，今據文集校改。

〔一九〕張廉卿云：見明清八家文鈔引。

〔二〇〕張廉卿云：見明清八家文鈔引。

〔二一〕張廉卿云：見明清八家文鈔引。

〔二二〕張廉卿云：見明清八家文鈔引。

〔二三〕張廉卿云：見明清八家文鈔引。

〔二四〕又云：見張裕釗論學手札光緒十二年六月九日手札。

〔二五〕此與：論學手札作『且如昔歲所作』。

〔二六〕書符命後：底本脱，今據論學手札校補。

〔二七〕作者故乃具絶大神通者耶：明清八家文鈔未見。

〔二八〕揚：明清八家文鈔作『楊』。下同。

〔二九〕氏：底本脱，今據明清八家文鈔校補。

〔三〇〕又云：見論學手札光緒十一年十月三日札。

〔三一〕人：底本脱，今據論學手札校補。

〔三二〕賀松坡云：見明清八家文鈔引。

〔三三〕范肯堂云：見明清八家文鈔引。

〔三四〕爲：歐陽修峴山亭記作『謂』。

〔三五〕又云：見明清八家文鈔引。

〔三六〕賀松坡云：見明清八家文鈔引。

〔三七〕范肯堂云：見明清八家文鈔引。

〔三八〕哀：底本及明清八家文鈔均脱，今據震川先生集校補。

〔三九〕挾道德以待世：見王安石讀刺客列傳。

〔四〇〕賀松坡云：見明清八家文鈔引。

〔四一〕下：衍文。

〔四二〕范肯堂云：見明清八家文鈔引。下同。

〔四三〕一節：底本脱，今據明清八家文鈔校補。

〔四四〕收句：明清八家文鈔作『末二句』。

〔四五〕反：明清八家文鈔作『轉』。

〔四六〕范肯堂云：見明清八家文鈔引。

〔四七〕中峰魁岸……無阿附意：見蘇洵木假山記，文字略有出入。

〔四八〕答賀松坡：見尺牘光緒二十二年丙申七月十八日。

〔四九〕意：尺牘作『心』。

〔五〇〕賀松坡云：見明清八家文鈔、賀葆真日記八引。

〔五一〕賀松坡云：見明清八家文鈔、賀葆真日記八引。

〔五二〕賀松坡云：見明清八家文鈔、賀葆真日記八引。

〔五三〕質健奇古：賀葆真日記八作『曲折奥衍』。

〔五四〕世：賀葆真日記八作『時』。

〔五五〕賀松坡云：見明清八家文鈔引。

〔五六〕志：底本脱，今據震川先生集、明清八家文鈔校補。

〔五七〕其：明清八家文鈔無此字。

〔五八〕非言公之謹讓：明清八家文鈔所引缺此六字。

〔五九〕援臺：底本訛作『定邊』，今據文集等校改。

〔六〇〕賀松坡云：見明清八家文鈔引。

〔六一〕賀松坡云：見明清八家文鈔引。

〔六二〕燕市：姚永概慎宜軒日記第十五册甲午二月初三日載作『慷慨』。

〔六三〕賀松坡云：見明清八家文鈔引。
〔六四〕姚：參見詩集箋證之次韵奉和錫九并呈采南肯堂箋證。
〔六五〕詩：明清八家文鈔引作『文』。
〔六六〕詞：明清八家文鈔引作『辭』。
〔六七〕賀松坡云：見明清八家文鈔引。
〔六八〕賀松坡云：見明清八家文鈔引。
〔六九〕李相見此文：明清八家文鈔引作『已而庚子亂作，秉衡卒及於難。又此文脱稿，李相』。
〔七〇〕曰：明清八家文鈔引作『謂』。
〔七一〕歟：底本脱，今據上文及明清八家文鈔所引校補。
〔七二〕文章之傳：明清八家文鈔引作『文字之學』。
〔七三〕爲：明清八家文鈔引作『謂』。
〔七四〕之：明清八家文鈔引作『書』。
〔七五〕賀松坡云：見明清八家文鈔引。
〔七六〕誥授武顯將軍王公墓碑：文集卷三題作『誥授武顯將軍總兵銜京城左營游擊王公墓碑』。
〔七七〕處：諭兒書無此字。
〔七八〕公：底本脱，今據誥授武顯將軍總兵銜京城左營游擊王公墓碑校補。
〔七九〕也：底本脱，今據諭兒書校補。
〔八〇〕逝：底本脱，今據明清八家文鈔所引校補。
〔八一〕知左之得名即知李之得謗：明清八家文鈔無此十一字。
〔八二〕以下八篇在日本作：底本次於『光緒二十九年』前，今依行文例調整。

〔八三〕以下還國後作：底本次於『十一月二十一日』前，今依例調整。

〔八四〕銘辭乃……亦即此意：明清八家文鈔未録此二十五字。

〔八五〕又曰：明清八家文鈔繫於李文忠公神道碑銘後。是。

〔八六〕二十八：文集作『廿八』。

〔八七〕某年月日：章冠鑿傳作『己未秋』。

〔八八〕賀松坡云：見明清八家文鈔引。

〔八九〕方負盛名：明清八家文鈔引作『於時方負盛名』。

〔九〇〕明清八家文鈔云：底本無此條，今據明清八家文鈔增補。

〔九一〕左公畫像記：見文集卷四，題作『左忠毅公畫像記』。

〔九二〕曾文正公神道碑：見文集卷四，題作『皇清誥授光禄大夫贈太傅武英殿大學士兩江總督一等毅勇侯曾文正公神道碑（代）』。

〔九三〕與王逸梧：見吴汝綸全集尺牘輯佚，題作『與王逸梧同年』。

〔九四〕驛遞：尺牘輯佚作『馹』。

〔九五〕李文忠公事略直督臚陳事迹疏：桐城吴先生全書將李文忠公事略與直督臚陳事迹疏并列；明清八家文鈔合二題作『代直督臚陳李文忠公事迹疏』；吴汝綸全集文集卷四，題作『李文忠公事略九首并序』，以『李文忠公事略』爲直督臚陳事迹疏九首之序文。

〔九六〕文忠：底本訛作『忠文』，今據明清八家文鈔校改。

〔九七〕以搜輯佚墜存：底本脱，今據明清八家文鈔校補。

〔九八〕行狀：指賀濤撰吴先生行狀。

〔九九〕日記：見日記經學。

〔一〇〇〕色采：底本訛作『采色』，今據明清八家文鈔校改。

桐城吴先生年譜卷四

詩集箋證

答劉省三軍門見寄〔四首〕

［案］此劉公平賊後，乞假歸里，有詩寄公，公作此答之。日記同治九年庚午：『九月初二日，丁中丞回蘇，與劉省三軍門同去。省三軍門亦〔一〕因六月下旬樞廷頗議防禦，故諭令來營，及是事緒少定，劉公徑回皖中。此公近日頗希冀督撫，不能鬱鬱久居此也。』詩疑即此時作。

君王近日方嘗膽：指外交棘手而言。謂主上憂勞，不得自安逸樂也。

劉爲淮軍第一名將，此四詩皆極意慰勉之作。首章勸其勿以功名自滿。『不言功』者，猶言不可言功也。次章勸勿久留鄉里。『豈多時』者，言不可久延也。三章勸勿沈湎聲色。末章勸其再立新功。而語皆含蓄不盡，婉而多諷，有關時局甚大，非漫爲酬酢者比。

公在曾、李幕府，壯肅以武人極佩仰公。時風氣固塞，朝議不知外事，公勸壯肅上疏，請開鐵路，爲定疏稿。中國鐵路之建，實始於此。李文忠與張幼樵書〔二〕云『此乃鄙意所欲言而久〔三〕未敢言』者，見李集朋僚函稿第二十〔四〕卷。公挽壯肅聯所謂『芻言繆采，入朝曾草皂囊封』者也。

湘、淮軍平賊功雖高，皆戡定内亂耳。海宇大開，必雄飛域外，方足增重國家。四章用意在此，章法一貫而下。若劉之悻悻乞身，更爲不足道也。公初出時本有天下自任之志，故劉以定遠爲比。公兄肫甫曾佐劉幕，故有『孟堅［初］入幕』云云。

題吴桐雲城南飲餞圖

［案］桐雲名大廷。公嘗爲其墓志銘〔五〕，見文集。銘云：『曾文正公再鎮江南』，『薦起君自助』，『益重知君。』此詩當同治六、七年間與吴同客曾幕時作。

題蕭廉甫望雲圖［二首］

［案］蕭名世本。與公同客曾公幕府，交誼甚厚。後爲正定知府，卒官，公有祭蕭廉甫文〔六〕。詩當是同治七、八年在曾幕作。

首句〔七〕：山谷詩：『北窗風來舉書葉〔八〕。』

『白髮』句〔九〕：竹枝詞〔一〇〕：『我家白髮問烏鵲』。

『附書』句：『姜維母以當歸寄維〔一一〕』，見三國志注。

成都楊研星惠贈二詩依韵奉酬并徵壽言［二首］

［案］公於同治七年冬作家嚴慈雙壽徵言略〔一二〕，八年元日定稿，此詩當是同時所作。前首末二

句，勸其勿輕出；次首起二句，自謂無意與人争功名。

咸陽睎價〔一三〕：山谷詩〔一四〕：『不應太玄草，睎價咸陽市。』謂吕氏春秋懸咸陽市門一字千金，揚子雲〔一五〕：『恨不生其時，取其金而歸也。』

鰷鱎：荀子『鰷鱎者，浮陽之魚也。胠於沙而思水，則無逮矣』，注：『此魚好浮於水上就陽也。』

身世鷄蟲漫短長：一本作『商蟲』。論衡有商蟲篇。

題張柏溪采芝圖〔二首〕

［案］同治七年戊辰正月三日作。紹京，桐城人。與公同鄉舉。

［前首］『零陵』句：以喻文學。

末二句：以文章之傳自任之意。

次首首句：『再世［得］夔、皋』，謂文端、文和公父子。

末二句：謂紹京不以累世聲華易其儒素之業而屈宰小邑，故可貴也。

龍伯高：見後漢書馬援傳援誡兄子書。宋史文苑傳：『李公麟，字伯時。』『［雅］善畫，自作山莊圖，爲世寶傳。』

謝丁筠卿惠茶墨用相國贈吴南屏韵

［案］戊辰五月朔，在曾幕作。

『玄圭』句：以上叙丁贈茶、墨。

『餽飧〔一六〕』句：以上言二物皆爲主人所有，主人謂曾相也。

『腐儒』句：以上言不用茶。

『窮鼠』句：以上言不用墨。

薑牙斂手：見劉禹錫詩〔一七〕。

窮鼠空嚙：見東坡黠鼠賦：鼠在橐中空齧欺人，冀人見釋也。

『煮藤』句〔一八〕：山谷詩〔一九〕『處處煮茶藤一枝』。東坡煎茶詩〔二〇〕『蟹眼已過魚眼生』。

磨盾：見北史：荀濟不服梁武帝，謂人曰：『會楯鼻上磨墨作檄文討之〔二一〕。』

分似：『似』即贈也。退之詩〔二二〕『寫吾此詩持送似』，賈島詩〔二三〕『今日把似君』。

『封藏』句〔二四〕：以上合寫。

玉堂：用杜詩〔二五〕『焉得置之貢玉堂』。

蛇蚓結：晉書王羲之傳〔二六〕：『如縈春蚓』，『如綰秋蛇』。

『爲試』句：以上借茶、墨發抒升沈之感。

『江平』二句：應章首。

『會澆』二句：總結作收。

東阿道中和曾劼剛公子別李佛生元韵

［案］注『庚午九月』，是時送曾公回江南，蓋與惠敏同行。據日記爲十一月，『九月』乃『十一月』之

誤。佛生名傳黻，湖北孝感人。曾公幕客，有詩名。張濂亭有送李佛生序〔二七〕。

『燕草』句：謂曾公去後，公留官直隸，明年仍不能歸也。

馬通伯求見張廉卿以詩介之

［案］末以曾公作收，寄慨深遠。言曾公之門，尚有如己之散才，則馬生汲汲求師，亦未爲得也。

在壑谷〔二八〕：左傳：『朝者曰：「公焉在？」其人曰：「吾公在壑谷。」』

至言不勝俗：莊子：『至言不出，俗言勝也。』

馬求見張，當在金陵鳳池書院，此當癸酉至丙子間遭憂里居時。下一首并同。

方菊裳以其先人麟軒太守冬夜課子圖見示索題〔二九〕

［案］麟軒名錫慶，桐城人。官臨江府知府。菊裳名寶彝，舉人，刑部郎中。育泉公有方麟軒太守行年録序，略云：『麟軒與余髫齡交。秋闈不售，援例任京官。改縣令，晋牧守。歷任以來，堤工、海運、捐輸、量田諸政，盡心於國。因力主減賦，與方伯抗争。』

『一經』句：見漢書韋賢傳。

『萬言』句〔三〇〕：『萬言不值一杯水』，太白詩〔三一〕。

尺璧：淮南子：『聖人不重尺之璧而重寸之陰。』

旅舍勸許八飲酒

[案]許亦桐人。公作二許集序,有『雲卿秀才,其族也』。此詩似公有行役,以許偕行,故於旅舍作詩勸之。

元規:庾亮字。晋書王導傳:『導不平庾亮,每西風塵起,舉扇自蔽,曰:「元規塵污人。」』

藏神:五藏神也。此即山谷詩〔三二〕『藏神夢訴羊蹴蔬』之意而小變之。

少飲無何〔三三〕:『日飲無何』,[見]漢書袁盎傳。

蒙陰道題壁[二首]

[案]公於光緒三年服闋後,四年戊寅在家營葬事畢,五年五月赴部驗放。此當是五年三月北上塗中作。同治七年十一月,曾公由江南移督直隸,公隨行。曾公日記二十六日:『傍夕,與吴摯甫〔三四〕至野觀泰山、徂徠諸峰。』詩所謂『朔風吹雪記從征』也。

前首『漢禰衡』〔三五〕:曾公初見公,以漢禰衡爲比,此追記其事。

五句:言曾公已逝。

六句:言海國多事。

末二句:言今日無復曾公之人才,惟其遺烈與山斗同永耳。

次首『片雲』句:公自喻。

怪石：喻世難。

末［句］：用山谷詩意〔三六〕，言知己已逝，無可復言，惟對酒開顔而已。

答王鼎丞元韵

［案］王君原作自注云：『丁丑八月十六日夜對月奉柬。』丁丑，光緒三年，公時在天津李相幕府，距丙寅歲初從曾相時，已閲十年。鼎丞名定安，湖北人，與公同客曾幕。

曾颸〔三七〕：『晨裝搏曾颸〔三八〕』，大謝詩。

太白樓頭：公輓鼎丞聯亦云『當年定交在太白樓頭，共看人敬張君嗣〔三九〕』。案公初從曾公在濟寧，濟寧有太白樓，然金陵亦有太白樓，故公題金陵湖廣會館聯〔四〇〕云『邀太白樓一千年明月』，不必定言濟寧也。

『我面』句：荀子非相篇『皋陶色之狀〔四一〕如削瓜』，『傅説之狀身如植鰭』。

『東極』句：枚乘七發：『流攬無窮，歸神日母。』因墀國在西域之北，見拾遺記。

無當卮：『玉卮無當〔四二〕』，見韓非子。

西洲：即晉書王導傳『羊曇過西州門痛哭事』。［州］，公詩皆作『洲』，北行七哀詩亦云『征驂昨與過西洲』。『洲』『州』同字。

『出看』句：以上叙在曾公幕府。

書成發凡：謂定安所作湘軍志〔四三〕也。

漣水湄：水經：『漣水出連道縣西，資水之别。』『東北至臨湘縣西南〔四四〕，東入於湘。』一統志：『漣水在湘鄉縣〔四五〕。』此言定安作志〔四六〕時。

『閉門』句：以上叙十年後再見。

元戎：謂李相。

末句：指王君侍姬。言君喜我來，君之侍姬當亦爲之歡笑也。與起處『緑鬟紅袖』、中間『美人紅顔』，相映爲章法。

冬晴奉和李佛生元韵

［案］此下諸詩，皆曾公殁後公與佛生同官畿輔，在天津所作。詩云『小吏有時排雁鶩〔四七〕』，又云『八尺畫堂裹章服〔四八〕』，則己卯九月後攝天津府時也。

戲馬臺〔四九〕：謝靈運、謝瞻皆有九日從宋公戲馬臺集送孔令詩。『侯』與『馬』借對，唐人多此例，隨事改，謂曾相已逝也。

次韵李佛生

［案］此詩首句酒，次句詩，三句總，五句飛揚，六句濩落，末復總結之，此章法也。至於意興瓌奇，精采飛動，則非尋章覓句所能拘矣〔五〇〕。

『聖處』二句〔五一〕：三國志徐邈嗜酒，自稱『中聖人』。韓詩『不到聖處寧非癡〔五二〕』。蘇詩『臣今時復一中之〔五三〕』。南史王筠傳〔五四〕：『好詩圓美流轉如彈丸。』

没鳧翁：山谷詩〔五五〕『春溪蒲稗没鳧翁』。説文：『翁，頸毛也。』此以『鳧翁』與『虎子』作對，設想甚奇。

行逢詹尹：『詹尹端筴』，見屈原卜居。

又［次韵李佛生（『我友三數冥飛鴻』）**］**

『黎侯』二句〔五六〕：『黎侯』謂蒓齋，方隨使西域。『張』謂濂亭。

世上浮榮今已空：佛生晚而好佛，故云。

又［次韵李佛生（『前日秋江涉駭浪』『臘雪成堆欲作濤』）**］**

［案］詩云『小吏有時排雁鶩』，知爲攝天津府時。又云『新年冰水漸滔滔』，則光緒六年庚辰正月間也。時佛生將南行，故有『故園兄弟如相問』之句。

馬曹：用晋書王徽之事。

坐曹：見漢書薛宣傳『日坐曹治事』。

次韵李佛生兼示哲嗣和度

拄笏看山：亦在官時語。

停雲佇月：謂李之意方有待也。

家鷄野鶩：則兼爲和度而發。

五句：自謂。

六句：謂李。

轂音：見莊子。此以喻和度，言吾曹涉世已深，但望兒輩繼起耳。

和度：名嘉璧，佛生第五子。工書，書法六朝，筆意遒古，公嘗傳印所著寫定尚書〔五七〕，和度筆也。

次韵許涑〔五八〕文觀察擬諸將五首

［案］此五首皆咏伊犁議俄約事，當是光緒六年春間，曾惠敏奉命使俄時作。

首章：總叙。

首句：言邊防久懈。

次句：言敵情多詐。

卧鼓〔五九〕：後漢書隗囂傳：『橐弓卧鼓。』

應響：莊子［達生］：『猶應響景。』又云：『鷄雖有鳴者，已無變矣。』此言平時既無先事之防，臨事又張皇不能鎮定也。

三句：言西北形勝。

四句：言通商要道。

白題：梁書裴子野傳：『西北遠邊有白題國。』杜詩〔六〇〕『胡舞白題斜』。

五句：言當年征服金川之成績。

六句：言藏番臣貢。

歌寶馬：漢書郊祀志：天馬歌，『太初四年，誅宛王獲宛馬作』。

『黄支』句：『黄支自三萬里貢生犀』，見漢書王莽傳。

末二句：言國權所關，不可放失也。

節度携：國語〔周語上〕：『守固不偷，節度不携。』『節度携』三字本此。

次章：咏崇厚以議約獲譴。

大何：用賈生疏〔六一〕『大譴大何』。『何』即『訶』字。

次句：譏其辦裝時未辦懸河之口也。

三四〔句〕：言新約失平，國論反對者衆。

縛馬書：見漢武帝罷輪臺詔。

五六〔句〕：言國權一失不可復得，而棄地太廣，尤不可從。

末二句：追憶祖宗開國之盛，而承平已久，嘆應變之無人也。

三章：咏左文襄。是時左公主戰甚力，務收人望，故首句云云。

次〔句〕言：其新有平定新疆之功。

三四〔句〕：恐難再操勝算。

五六［句］：言其部下將領均未能迅赴機宜，故用『遲』『渴』二字見意。李文忠與譯署函稿，議及左軍，略云：『其所恃者〔六二〕，劉、張兩軍，毅齋劉錦棠近狀如此，朗齋張曜亦以久役乞假。軍心不固，外强中乾，設與俄議〔六三〕決裂，深爲可慮。』詩意與此略同。

謝艾：張重華將，見晉書［張］重華傳。

陳安：陳安事見晉書劉曜載記。皆切西北邊事，藻不妄抒。

末二句：譏其勇於任事。當時以主戰爲清議，左公持論正與之同，所謂『扶清議』也。

四章：詠曾惠敏，望其能以口舌收功。

『料知』二句：『折衝尊俎』，語本國策［齊策五］。漢書終軍傳：『軍無横草之功。』元裕之詩〔六四〕：『百二關河草不横。』

五六［句］：追述文正生平外交政策常持和節，以不戰制勝。

屈人兵：孫子兵法：『不戰而屈人之兵。』『屈人兵』三字本此。

末二句：計惠敏必能折衝禦侮，望持國者俾得展其所長。後惠敏改定元約，卒如所言。

五章：詠李文忠。

起［句］：言李公爲國家所賴。

潭潭：『潭潭大度如卧虎〔六五〕』，用山谷詩。言范忠宣之臨事持重，不輕開邊釁。

守便宜：用史記周勃世家：『太尉卒守便宜，不肯出兵〔六六〕。』以喻李公對時局之意見。

三句：言其平定粵捻之功。

四句：言外交事繁。

亂絲：見北齊書文宣帝紀。

五六[句]：言將相盈朝。

末[二句]：言今日之事仍非李莫屬也。

此詩五章，一氣摶捖而下，當作一篇讀之。首言事絶重大；次言中朝無能勝任之人；三言左公方一意主戰，以得時譽；四言曾侯出使，宜且聽其所爲；五言大計終當决於李相也。詩中『且』字、『仍』字，乃極旋斡有力處。

和王晋卿雜感元韵[三首]　此下均在冀州詩。

案伊犁俄約六年冬始議定，此詩當七年作。晋卿於八年壬午到冀州，然公與結交已久，不必壬午後始有詩也。

前首起三句：叙在曾幕助平内亂。

四句：言成功後鼎貴者之多。

五六句：言俄約議定，中外當可漸安。

末二句：望惠敏還朝，能虚己以讓同寮，卒成弘業。

阿膠止濁流〔六七〕：抱朴子[嘉遁]：『寸膠不能治黄河〔六八〕之濁。』

調黄金供買鬥：義山詩〔六九〕：『東征日調萬黄金，幾竭中原買鬥心。』

次首起句：用東都賦『散皇明以燭幽』。

蒟醬：見漢書西域傳贊。

好冠：見穀梁春秋。

『薦紳』句：公自注：『用漢書匈奴傳贊。』案漢書原文云：『縉紳之儒則守和親，介胄之士則言征伐，皆偏見一時之利害，而未究匈奴之終始也。』數語與方今情勢極合，故引用及之。二句連讀，又見海外各國風氣已近大同，而吾方斷斷爲域内之爭，尤可嘆惋。

恤緯：『嫠不恤其緯，而憂宗周之隕。』見左傳。

依韵送范肯堂南歸

［案］范公以十一年乙酉三月至冀，是年七月乞假歸省，此七月中送范作，原詩見范集〔七〇〕。

起十二句：皆謂范。首句言范之學詣與道大適，前無古人；次句言其才氣横出，空所依傍；三句言心知其才非可力强；『巨海』句言其家近海，得清淑之氣。

『聖遠』八句：自叙。以爲學、涉世二義兩兩相承，以寫己之懷抱。

『尚得』四句：喜其來而惜其去。

『覲省』六句：言其歸省之樂。

文度：王坦之字。父述愛之，常抱置膝上，事見晋書。

長公：張釋之子張摯也，見陶公咏貧士〔七一〕詩。此喻其尊人。

末[句]：言罷官後欲相就謁也。

晉卿用韓孟會合聯句韵見寄依韵奉酬

[案]此蓋晉卿在冀主講，赴京應試，還寄之作，故有『從賦魚縱[七二]壑』之句。晉卿以丙戌春捷南宫，詩當在其前一科。

起四句：總挈。三句承首句，四句承次句。『百罰』用漢書[游俠傳]陳遵事。

『夫子』十二句：咏王。

『顧余』十六句：自叙。『初從亞夫營』謂在曾幕。『櫜鞬』二句，[謂]功成身退。『國棟』句，謂曾相逝世。

『專城』十二句：叙到冀州，求師得王。『樸斫』見書梓材。『微尰』見詩巧言。『傝㙮[七三]』即『闒茸』，史公文『在闒茸之中[七四]』。公詩[七五]又云『鬼瞰高明出㙮傝』。

『音塵』八句：叙會合之樂。

『歡悰』四句：叙王去應試。『從賦』謂王，『守官』自謂。

『治安』四句：言世難文學無用。當時晉卿方治考據之學，詩云『無益箋蟲魚』，後又云[七六]『捨要捃碎瑣，後生滋眩疑』，皆所以箴之也。

『吾衰』四句：祝其遠到。『慎莫』句，寓規戒之意。

末四句：收束，并望其再來。

晋卿垂示新詩依韵奉酬

[案]晋卿云『詩在八年壬午十二月』。此亦箴砭當時治漢學者。意謂乾嘉諸儒破碎經義，無當大雅，仙藥瓊漿，非深通文事無由得預也。

次韵王晋卿蝎

屠蒯揚觶：見國語〔七七〕。

淳化：見史記五帝本紀。

魏勃：見史[記]齊悼惠王世家。

『巧噬』二句：公自注：『酉陽雜俎「蝸牛食蝎」，蘇詩〔七八〕「黄鷄啄蝎如啄黍」。』

『君不見』以下：以他蟲陪襯，略似山谷演雅。詩意借此有所刺譏，謂蟲豸之奸，有甚於蝎者，蝎猶不足誅耳。

末[二句]：寓戒勉之旨。『照壁喜見蝎』，韓退之詩〔七九〕。

北征别張廉卿即送其東游

案日記丙子閏〔八〇〕五月，公自家起復北上，過金陵，留七日，廉卿在鳳池書院，臨别尚依依也。然詩云『鐘阜秋雲酒共傾』，則詩非此時作，蓋其後公歸里營葬，再過金陵别濂亭矣。

依韵奉酬廉卿

［案］廉卿於光緒九年癸未四月北來，主講蓮池書院，元詩作於八年秋間，詩載本集，所謂『直北孤雲是冀州〔八一〕』也。此和作疑在十年、十一年間。十一年春，日本遣伊藤博文爲全權來議朝鮮亂事。

窮日母〔八二〕：史記大宛傳『使端無窮』，此詩『窮』字所本。

『樓船』句：謂中、法越南之戰。

東甌：甌越之地，即今越南。詩意國家多事，當用行舍藏，而未能決然引去，愧不如濂亭之芥視一切也。

使風鷁：見退之訟風伯文。

雙鳧：見韓詩〔八三〕，朱子以爲謂己與東野〔八四〕。

題姚伯山木葉庵圖

［案］伯山名柬之，桐城人。官大定知府。

請劍除奸：漢書朱雲事。

罷官還犢〔八五〕：三國魏志：『時苗爲壽春令，去官留其犢，曰：「是淮南所生也。」』

桑麻杜曲：杜詩〔八六〕：『杜曲幸有桑麻田。』

『士龍』句：世説：『參佐廨中，三間瓦屋，士龍住東頭，士衡住西頭。』

題劉拙庵雪灘行李圖

赤舌〔八七〕：『赤舌燒城』，見太玄。

桔梗：『桔梗也、鷄壅也、［豕零也］，是時爲帝者也』，見莊子［徐無鬼］。

辛毗：『縱與孫、劉不平，不過使我不爲公耳〔八八〕』，三國志辛毗語。

題拙存集劉焞詩稿

［案］詩云『閑栖小巷』，則非在官時，疑光緒六、七年，天津需次時作。

第六句：追憶曾相。

范無錯生日次韵奉賀

［案］乙酉年七月［作］。范詩見本集〔八九〕。

答范肯堂詩四首

［案］當在乙酉夏間［作］。是年七月答潘藜閣書〔九〇〕云：『前此飛蝗過境』，『所遺蝻子，現均蠕動，正在盡力搜捕，不識能不成灾否？』又云『河工徼幸粗成，一昨居然有津郡貨船來泊西關，殊以

爲喜。零星各工尚未全畢』云云。又與新河令言應千云：『蝻子最宜留意。雨後禾地泥濘，頗難插足，然吾輩視此事最重，或不令其遽致成灾。若聽民自便，則彼皆目爲神蟲，諱飾不問，未有不自誤者也。』皆與詩所言相合。公在官日，盡心民事，此四詩略見一斑；而每篇皆有奇思遠感，寄於筆墨之外，不顯顯於本事，所以高古。

首章：言捕蝗。公在冀八年不遷，而身亦將老，公生平文字從不作窮戚語。此詩起二句，因節序偶及身世之感，其來無端，最爲深鬱。『薄德』二句，氣息似文景諸詔。『小人』以下，借以感慨時政，箴砭當道之玩愒，忘大禍之將至者。

次章：言勸農。『天地』四語感慨非凡。『從人』二句借以刺當時之治漢學者。末四句又示人修德進業之方也。

三章：言開渠。『浚深』二句，駁上或人之言，亦以喻學術也。『成敗』四語亦同。『寘』即『填』字。『此邦故漳絳』，漢書地理志：『信都，[王都]。故章河、[故虖池皆]在北，東入海。禹貢絳水亦入海。』

四章：言興學。范公在冀，倜儻不羈，士論多毁謗之者，故有『耳語』云云。公延范至冀，本欲以爲書院山長，因此而止。范詩亦有『南方謂我三禮精，北方傳我狎佳麗〔九一〕。我以〔九二〕兩言微訟之，北語何傷南語戾』之句。

范君大作弟姝皆有和章老夫亦不能再嘿勉成一首

[案]光緒十四年六月[作]。此下三章同時和者甚多，所謂『冀州唱和詩』也。范詩見本集[九三]。

李公兒：謂和度也。佛生之子，以遭父喪來冀。

『逝爲』二句：總結張、李。

『豈況』字：見後漢書東平王蒼傳。

麋鹿性：自謂。

『吾寧』二句：公在官時時有解組之志，此必因時事有所不自得，故微及之。

不羈人：謂范。

酬張采南兼呈肯堂

[案]采南名頡輔，山東人。壬午孝廉。與和度同時來冀。

命世豪：謂曾文正。

景罔兩：見莊子[齊物論]。

一障：見史記酷吏傳。韓文[九四]：『下猶取一障而乘之。』

夫子：謂采南。

陶謝手：謂范。

『會成』二句：唐書陸贄傳：貶忠州别駕，爲集驗方十五篇〔九五〕。放翁詩〔九六〕：『叢書坐懶無由續〔九七〕，且補忠州手録〔九八〕方。』

諸公倒用前韻要和勉答盛望

『羔雁』句：謂范公，乃重聘得之者。

吾弟：謂弟熙甫。公有祭弟文三首。賀松坡有吴熙甫先生墓表〔九九〕，述冀州唱和事甚詳。

張侯：謂采南。

李生：［謂］和度。

『拔戟』句：總結。左傳：『拔戟自成一隊〔一〇〇〕。』又云：『舍偏兩之一焉〔一〇一〕。』

歐叔弼〔一〇二〕：歐陽棐，字叔弼，文忠公子。

『趙傁』字：亦見左傳。此謂鐵卿，名宗抃，深澤人。

『過此』句：『過是，欲少味矣。』［見］後漢書馬援傳。

次韻答肯堂采南

［案］十四年［作］。

『吏卒』句：見羲之帖：『欲極游目之〔一〇三〕娱，而吏卒守之，可嘆耳。』

『更憶』句：東坡百步洪引：王定國（掉）棹小舟游百步洪，余『夜著羽衣，佇立［於］黄樓上，相視而笑，以爲李太白死，世間無此樂三百餘年矣。』

後四句：用杜牧之詩〔一〇四〕『江涵秋影雁初飛』，黄山谷詩〔一〇五〕『金狨繫馬曉鶯邊』，皆紀游詩也。

『開笑口』『驚遨頭』〔一〇六〕：皆原詩中語。

『婆娑老子』句〔一〇七〕：今『老子婆娑〔一〇八〕』，蓋有愧焉。

兩盛流：謂杜、黄也。

次韵奉和錫九并呈采南肯堂

〔案〕十四年六月〔作〕。錫九名爲霖，桐城人。公在天津時幕客。時已筮仕，來冀謁公。後爲獲鹿令，卒官。公有祭姚漪園文〔一〇九〕，漪園，錫九自號也。此詩范和作見本集〔一一〇〕。

髮星星〔一一一〕：宋書謝靈運傳：何長瑜譏染髮云：『青青不解久，星星行復出。』

『乘槎』〔二〕句：謂派遣各國聘使；越南事議和已三年矣。

次韵奉酬錫九

起二句：謂姚。

『苦言』二句〔一一二〕：樂天詩〔一一三〕：『試玉要燒三日滿。』東坡文：『木有瘿、犀有通，皆物之病也〔一一四〕。』

『乳臭』句：借以刺時流之暴貴者。

方李蕭張：皆僚友之新逝者。方宗誠存之、蕭世本廉甫，公皆有祭文〔一一五〕。李謂佛生。張未詳。佛生十三年七月逝，廉甫十四年四月逝，皆見尺牘。存之之逝，是年五月公始聞之。

錫九叠韵見示敬再奉和

郵無恤：王良也。

絶學：謂南青、惜抱。

『榮願』句〔一一六〕：荆公詩〔一一七〕：『人間榮願付苓通。』方虚谷律髓云：『馬矢爲「通」，猪矢爲「苓〔一一八〕」。』

可漕：韓詩〔一一九〕：『通波非難圖，尺地易可漕。』『漕』讀去聲。

案此四詩，蓋姚於官場新有失意事，故多慰藉語。

錫九用杜公遭田父泥飲韵賦詩見贈〔一二〇〕

［案］十四年七月［作］。

日余客金陵：左傳：『日衛不睦。』日，謂前日也。排印本作『曰』，誤。

相然否：猶云相唯諾也。退之詩〔一二一〕：『我生之辰，月宿南斗。牛奮其角，箕張其口。』

次韻謝星階送菊〔二首〕

〔案〕星階姓張，名映壚。時官冀州州判。事迹見深州風土記。范無錯有贈冀州判張君〔一二二〕詩。

次首〔一二三〕：『孟嘉』謂張，『樊川』公自謂。

澹齋將求官淮上賦詩爲别〔四首〕〔一二四〕

〔案〕同治十一年〔作〕。澹齋姓齊，名光國，桐城舉人，育泉公弟子，亦嘗從曾相者。公在深州延爲書院山長，未幾解去，爲鹽務官於淮上而卒。此四詩賦以送之，時在同治壬申官深州時。集本列冀州詩中，誤。

首章：追憶曾公。同治七年隨曾公入都，九年十一月送曾公回江南。

起四句，記與曾公臨别之約。是時曾公已逝，故末句云云。

次章：咏齊。

『旭日』句：謂兵亂新平，穆宗親政也。此詩當與上章連讀。曾公既逝而齊方求官，是白璧輕投也，蓋必有不得已之故，但望其早退耳，然『積薪』之嘆必不能免矣。

積薪〔一二五〕：『用人如積薪，後來居上〔一二六〕』，見史記汲黯傳。

三章：論學。

首句：後漢書馬援傳：『楚王好細腰，宫中多餓死；城中好廣眉，四方且半額。』言趨時者之過也。

末二句：公自謂。『惠連』謂熙甫。

末章：公自咏。

起句：用東坡罷徐州寄子由詩。

次句：用漢書龔遂傳。

五六二句：言當官欲有以自見，不得意則當引去耳。『丑君』亦謂熙甫。

送薛南溟南歸

［案］光緒十四年［作］。南溟名翼運，無錫人，福成叔耘子，公長婿也。時偕其夫人來冀歸寧，將去時作此送之。

嘯紘：用揚雄羽獵賦：『沇沇容容，遥嘯乎紘中。』顔注：『紘，古「纮」字。』

『枉汝』句：以上言欲教之而不聽。

『真若』句：以上言范能誘之使進。

聽瑩：用莊子［齊物論］，言惑也。

析朝酲：見漢書郊祀歌。

『我言』句：以上惜别。

『文綳』句：以上薛翁促歸。

殿甌海：謂爲浙海關道。

末段：存問其尊人，兼勉勵作收。

別久心怦怦：『心』排印本作『生』，誤。

送朱舜琴南歸

［案］朱名延薰，太湖人。時爲幕客。後與其弟延熙皆得翰林，舜琴旋卒，延熙官至湖南布政使。

天柱：皖之天柱山也，即灊嶽。

斂三百里：見戰國策［趙策］，謂不及三百里也。

『早知』二句〔一二七〕：王右軍誓墓文，見晋書本傳。北山移文，孔稚圭作，見文選。

和趙鐵卿七夕詩〔一二八〕

［案］戊子七月［作］。

鐵卿：時在冀爲幕客。後公至蓮池，鐵卿乃著籍爲諸生，執弟子禮。

五六二句：就乞巧言。

公弟熙甫有次韻，見四十家詩鈔〔一二九〕。

次韻答秦昌五即以留别〔四首〕

［案］戊子十月［作］。昌五名熾姜。冀州吏目。范伯子集有秦昌五詩序〔一三〇〕。此公辭冀州，秦

有贈别詩，因答之也。

搶榆：見莊子［逍遥游］。

刻楮：見韓非［喻老］。

問雁［但］呼卿：王符見雁門太守語，見後漢書符傳。

行年今已化：用莊子［則陽］『蘧伯玉行年六十而六十化』，然公是時甫四十九歲，詩但取『化』義耳。

『何時』二句：公去官仍留北主蓮池，未能歸里，故云。

令弟：謂弟詒甫，時爲汶上令。汶上，即中都，孔子作宰處也。杜公詩〔一三一〕『令弟雄軍佐』，李頎詩〔一三二〕『吾家令弟才不羈』。

『余病』句：用韓退之與李翺書：『將亦有所病而求息於此也。』用典脱口而出，令人不覺。

君情定許長：許者，幾許也。問之之詞。

『風謡』句：用後漢［書］李郃傳：『分遣使者，各至州縣，觀采風謡〔一三三〕。』公在冀，詒甫在魯，各有官守，不得相聚。罷官後每歲晏必一至東省弟，留連數月，及春乃還，終其身不變。此詩蓋初決此計。答姚錫九詩〔一三四〕亦云：『從今歲歲治行具，爲采風謡券兩賢。』

末首〔一三五〕：『神仙尉』謂秦，『閑官』亦謂秦，言其微官，不必從我而去也。

次韵答趙鐵卿兼别諸子〔二首〕

［案］戊子十一月［作］。

前首〔一三六〕：『子廉』『仲蔚』并見陶公咏貧士詩。張仲蔚，黄子廉也。

次首：鐵卿時爲幕客，故有『迎趙德』之句。然其意欲納贄受業，執禮甚恭，而公不肯受，故有『結韈』云云。

王生：公自謂也。及到蓮池，鐵卿乃著籍爲弟子。

『東家』句：公是年四月與趙鐵卿書〔一三七〕云：『若吾子無意於此，而斤斤焉以學文爲事，則僕非其人也。有范肯堂、賀松坡諸公在，與此意同。』

賀老：謂松坡也。時范公已去，賀留冀爲山長，故獨言之。

棣村咏堂前丁香賦此和之

案〔一三八〕己丑三月〔作〕。公自去歲乞病謝冀州，今年正月弟熙甫卒於官所，二月十三日始去冀州，二十五日到保定蓮池書院。自此以下皆到蓮池後作。棣村姓吴，名寶萼。桐城諸生。公夙與交厚，時延爲館師。棣村，一字敬諧。父菊農先生，文集中有菊農先生七十壽序，述與敬諧交甚詳。棣村又嘗因事繫獄，公寫其一詩爲乞哀於曾文正，且以百口保之，遂得釋，里人傳爲盛事。并見尺牘續編。

首二句〔一三九〕：時公弟熙甫新喪，『海棠』以喻熙甫，『丁香兩株』喻己與詒甫也。

『絳衣』二句：『絳衣』謂詒甫方爲縣令。『玉質』公自喻。『噲等伍』見史記淮陰侯傳。

相如都：相如車服『雍容閑雅甚都』，見司馬相如傳。

汪菊坡名如金持示劉海峰贈其大父汪寶書先生詩册屬爲題跋〔一四〇〕

［案］己丑冬作。時在濟南〔一四一〕省弟也。

儋何：即『擔荷』。

『贈句』［句］：以上叙題。

『五鼎』句：以上借私印發慨。

干人何事：排印本『干』作『於』，誤。

『雙鳧』二句：言富貴無益於時，與貧賤何异。楊雄解嘲：『乘雁集不爲之多，雙鳧飛不爲之少。』山谷詩〔一四二〕：『或辱五鼎榮半菽。』

『嗟豈』句：以上歸入詩册。

末六句：總收。

『泰山』句〔一四三〕：韓詩〔一四四〕：『流落人間者，泰山一豪芒。』左傳：『君其備禦三鄰，慎守寶矣。』

抵冀州〔一四五〕

［案］己丑八月［作］。

阿同〔一四六〕：子由，一字同叔，東坡詩每呼爲『阿同』。

一棺：陸機吊魏武帝文：『戢彌天乎一棺。』

五六二句：言蓮池風景甚佳，又有西醫足以療疾，冀可起弟之病。此公乞休時本願也。

醫僧：謂西教士兼行醫術者。

海上〔一四七〕

［案］〔一四八〕庚寅四月，公與王晋卿書云：某『乞病去冀州』，『八月至冀，扶亡弟之喪至天津附輪船南去，弟即由津至濟南，省視五舍弟。在濟南留連數月。』『今年正月，五舍弟奉檄回任，弟遂隨至汶上。』『比歸保定，已及閏月。』此下諸詩，多此兩年間作也。

末二句〔一四九〕：杜公有舍弟歸草堂檢校詩。末句，公兄弟四人舊約同葬一冢，見［北行］七哀詩自注。

余居蓮池姚錫九用杜公何氏山林韵見贈十首山東道中依韵答之〔一五〇〕

［案］己丑秋作。

前二首：咏蓮池。

『泉傍』句：公嘗語人曰：『古人言樹拂霄，皆虚言耳。唯於泉傍則可，蓋觀水中樹影也。』後和槳甫詩『褰裳投岸浪吞天〔一五一〕』，亦同此意。

『心迹』二句：公雖罷官，未能遽返山林，故言之如此。弟四首後四句意亦略同；答康之〔一五二〕云『近游物外未離忙』，皆一意。

『鵁首』二句：開拓。

末句：收回。

此閑行〔一五三〕：杜牧之詩：『願爲閑客此閑行〔一五四〕。』

第三首：紀巡幸。蓮池本爲行宫，多康乾兩朝御題碑碣，後四句感慨無限。

第四首：述在官時。

春歸不見花：言地僻事繁。

『坐曹』句：言非素志。

『畫地』句：言無成功。

末句：用杜詩〔一五五〕：『遠愧梁江總，還家尚黑頭。』

第五首：憶鄉里故居。

三友：竹、栝、梅也。栝、梅久枯，今唯竹存耳。

第六首：憶吴中舊游。

末二句：折回。

『漳濱』字：用劉楨贈五官中郎〔將〕詩。

第七首：咏荷。

『花繁』句：花多故衰又盛。下三字與上二字相生，此句法也。下句亦然。

『絶豔』四句：蓋以自喻。

第八首：答姚。

習家池〔一五六〕：太白詩〔一五七〕『倒著接羅花下迷』，即咏山簡習家池事，見晉書本傳；世説注〔一五八〕：習家池，漢侍中習鬱魚池也。此以借喻蓮池。

輕魚袋：謂忘官爵。唐時功臣有賜紫金魚袋。

『騎馬』句：杜詩〔一五九〕：『高生跨鞍馬，有似幽并兒。』亦用此〔一六〇〕。

末二句：言姚、方有知己之薦，能常從我游乎？

『能』者：豈能也。問之之詞。漢書［王吉傳］：『王陽在位，貢禹彈冠。』言其相薦達也。杜詩〔一六一〕：『竊效貢公喜，難甘原憲貧。』

第九首：咏鴉，以蓮池叢樹鴉最多也。范詩〔一六二〕亦云：『蓮池密樹萬鴉攢。』姚叔節又有『經過馴柵鹿，黑白熟枝鴉』之句〔一六三〕。及民國後，叢樹猶在，不見一鴉矣。

『黑白』四句：亦自喻之詞。

末首：總收，用意似答客難。末二句托意尤高。

『不成』二句〔一六四〕：晉書［孫綽傳］孫綽有遂初賦。采芝歌，商山四皓所作。

十首一氣舒卷，自爲章法。凡一題多篇，皆當如此，公則以古文之法行之。

康之同游佛峪有詩依韵答之

［案］己丑冬，濟南作。康之公從兄，名寶三。官鄆城知縣。公嘗爲作墓表〔一六五〕。佛峪在濟南。

起三〔一六六〕句：憶浮山。浮山，桐城之名勝也，去公家十餘里。『爾』謂康之。

『石磴』句：謂佛峪之景，大有似於浮山也。

不肯方〔一六七〕：古詩：『安得車輪生四角？』『不肯方』即『生四角』之意。

末句：康之時將解組南歸，故末句云然。公已罷官，尚留蓮池，未得即歸，故『游物外』而『未離忙』也。

攝任邱令君張琴府以東坡雪浪石銘屬題〔一六八〕

［案］己丑年保定作。

『高齋』句：以上記東坡雪浪石銘，事見坡集。

離堆：在蜀江中。東坡供雪浪石，摹寫離堆之狀以慰鄉思也。

『岷峨』四句：言東坡既不得歸，復有渡海之行，而此石亦不可問。石芝詩見坡集。

『閣浮』二句：凌空特起之筆。閣浮提，梵語『中國』也。

『奇章』句〔一六九〕：唐牛僧孺封奇章郡公，李德裕有平泉山莊，二人皆嗜石者。

『去入』句：以上借北齊墓志陪襯。

『意亦』句：以上叙張。

『豈會』句：言東坡之意非張君所能解也。題桃源圖〔一七〇〕：『豈伊再往迷，一入且有待。』與此同。『兩孫』謂孫位、孫知微，皆工畫水石，見雪浪石銘序。

末五句：以宦成歸里作收，并就平山堂作波瀾。
平山堂：歐公守揚州時所建。
窪尊：元次山有窪尊銘，東坡詩所謂『石臼〔一七一〕抔飲無尊罍』者也。
仇池九華：皆東坡所蓄石名。

次韵和姚錫九二首

［案］己丑年保定作。
首章：公嘗告甥蘇必壽云：『此詩八句，句句轉換，故章法不平。』
末二句：言同一羈旅，作客未必勝於在官也。
『此段』字：六朝人恒語。右軍帖：『此亦一段奇也〔一七二〕。』南史宗室傳：『此段殊得蘇兄神力。』
次首：『惠連』謂詒甫。
長身〔一七三〕：公兄弟皆長身鶴立。韓文〔一七四〕：『孔世卅八，吾見其孫。白而長身，寡笑與言。其尚類也，莫與之倫。』『長身』字本此。
『小舞』句：漢書長沙定王傳：『有詔稱壽歌舞，但張褎小舉手曰：「臣國小地狹，不足迴旋〔一七五〕。」』

故人程伯旉之子恭甫投詩二律頗驚狂言依韵和答〔一七六〕

［案］己丑秋天津作。伯旉名鴻詔，亦曾公幕客，題云『頗驚狂言』者。公時力倡新學，士夫多駭爲未

聞，次章申明此指。

『初自』二句〔一七七〕：世説〔一七八〕注引江表傳：『孫權見諸葛恪，謂其父瑾曰：「藍田生玉，真不虚也。」』

『塵中』二句：『間何闊，逢諸葛』，見漢書諸葛豐傳。

『雙眸』句：公嘗語范肯堂云：『其人無他長，惟雙目炯然有光。』故戲及之。

擁百城：謂書卷也。

次首：公嘗謂人：『此詩頗自喜。』公向不自書所爲詩與人，獨此詩則嘗爲人寫之。

末句：『生子當如孫仲謀〔一七九〕』，三國志曹公語。

正月三日爲詒甫新婦李宜人生日作詩賀之

［案］光緒十六年庚寅在濟南作。

次句：『若使新婦得配參軍』，世説［排調］王渾婦鍾氏語。

『鴝鵒』句：用山谷戲書秦少游壁詩意。詒甫側室凡三人。

末二句〔一八〇〕：晋書葛洪傳：『［以年老，欲練丹以祈遐壽］，聞交趾出丹，求爲句漏令。』

詒甫生子喜而有作

［案］十七年十二月二十一日在汶上作。詒甫四十餘始得一子，公爲狂喜，時方以事解任，因作此

詩。汶上有張仙祠，公以其禱祀而得，有類老泉，名之曰『蘇官』，字曰似瞻。逾歲殤。後乃生子鋆而卒。

『又令』句：以上詒甫宦况蹭蹬。

使家符〔一八一〕：『使家』謂布政使；『符』亦檄也。韓詩〔一八二〕『州家申名使家抑』。

『玉麟』句：以上述里父老感頌之詞。

嗟兹：即『嗟咨』也。國策〔秦策〕：『嗟嗞乎司空馬。』

乃反見謂才：『謂』排印本作『爲』，誤。

印纍纍：漢書〔佞幸傳石顯〕：『印何纍纍，綬若若邪！』

『已聞』句：以上述生子。

『竟死』句：以上述先德。

『剖此』句：以上言子姓稀少。

『願汝』句：以上祝詞。『惟願生兒〔一八三〕愚且魯，無災無難到公卿』，東坡洗兒詩也。

『家有』句至末：論古今學業，望其繼述。

籥雲馳：漢書郊祀歌：『籥浮雲，晻上馳。』

好『爵』句：周易：『我有好爵，吾與爾縻之。』

次韵和范仲林〔二首〕

［案］范集有此韵，辛卯先立秋一日作，題云〔一八四〕『同至父先生舍弟仲林登寓園臺玩月同賦明日舍弟行矣』。

『伯子』句〔一八五〕：『伯子』謂肯堂。公辭冀州後，肯堂南去，自己丑至此三年，公薦肯堂於李相，爲其子課師，因得復聚也。

『鞍馬』句：公在冀州嘗與肯堂同策騎至保定，訪濂亭先生，肯堂有燕南并轡〔一八六〕圖及詩。

『犀角』句：『犀角』謂弟熙甫。東坡獄中詒子由詩〔一八七〕：『眼中犀角真吾子。』

次首：憶濂亭。時以窮困展轉入陝，極不得志，故有『會見長飢死澗阿』之句，所以深痛之也。

猗那：商頌［那］：『猗與那與。』

崔蔡：唐書柳宗元傳韓愈評其文曰：『雄深雅健，似司馬子長，崔、蔡不足多也。』謂崔瑗、蔡邕也。

題姚慕庭詩集〔一八八〕

［案］壬辰年［作］。慕庭名浚昌，石甫之子，公爲作墓志銘〔一八九〕。

狂花：見南史梁始興王鑒傳。蘇詩〔一九〇〕：『不比狂花生客慧。』

脫躧：用史記封禪書。

末句：慨其詩境清冷，知之者少也。

題姚叔節西山精舍圖

[案]壬辰年[作]。叔節名永概，慕庭第三子，時在蓮池爲館師。

西山：桐城之西山也，披雪洞在焉。

詩翁：謂慕庭。公在里中嘗與同游，故有『舊事重論』之句。後和慕庭『口』字韵詩〔一九一〕，亦專述此事。

『畫圖』句〔一九二〕：西山精舍，别業也。再有畫圖，則三窟矣。

『獨有』句：後漢書[王符傳]：王符著潛夫論。

藤花一歲再開用歐公韵示姚叔節〔一九三〕

[案]癸巳六月[作]。

鶯莫原：見韓詩〔一九四〕。言其理不易推也。

『軒軒』句〔一九五〕：世説：『軒軒如朝霞舉。』

『留芳』[句]：以下自喻。

依韵酬姚仲實

[案]癸巳七月[作]。仲實名永樸，叔節兄也。

邁軸：見詩考槃。謂隱居之樂。

賊杞柳：謂方教授。

廣受〔一九六〕：疏廣、疏受事，見漢書本傳。

遂：古『遁』字。易遁卦上九：『飛遁，無不利。』九師云：『遁而能飛，吉孰大焉？』

飲上池：見史記扁鵲傳〔一九七〕。

次韵答姚叔節

〔案〕癸巳〔作〕。

相親友：謂慕庭。

九折臂〔一九八〕：『九折臂而成醫兮，吾今乃知其信然。』見楚詞九章。

季皋公子屬題相國臨本聖教序册子三首

〔案〕癸巳七月〔作〕。季皋名經邁，李相少子。

祇疑寫論付官奴：祇疑，稿本作『新看』。

那見仲將題殿榜：那見，稿本作『豈有』。

官奴〔一九九〕：周越法書苑云：羲之『書樂毅論一篇，後題云「書賜官奴」。官奴，子敬小字也。』『寫論付官奴』，劉夢得詩。

餓隸：晋書王羲之傳太宗制云：『獻之雖有父風』，『拘束，若嚴家之餓隸』。

『若問』句：世説：『謝公問子敬：「君書何如君家尊？」答云：「故當不同。」』

『那見』二句：『仲將』，魏韋誕字。『題榜』見晋書獻之傳。此言古之名家不肯題殿榜，而卻願换鵝群，故欲求其書也。

誓墓文：兼寓己不肯出仕之意。

三首全用右軍故實組成，而皆從季皋公子生情，既典切著題，復饒文外風趣，故爲筆妙。

題吴蘭石畫册

［案］吴名焕采。善畫蘭，有名於時。時以知府待闕居蓮池，與公比鄰，一時求公書翰者，多乞吴畫以爲配也。

北方地氣冷：以下雖寫畫蘭，亦自喻其教澤。

『見之』句：以上叙畫蘭。

『吾皮』句：以上述吴言，以下答詞。

『子稱豹留皮』者：公嘗爲淮軍公所楹聯〔二〇〇〕，有『一堆黄土豹留皮』之句，故吴述之以爲請也。

收處：寄慨深遠。

題趙贊臣桃源圖

[案]贊臣,當時之仕宦者。此詩以淵明自喻,而嘆趙之非同調也。

『桃源』句：以上述淵明作序本指;以下戲趙。

『豈伊』句：公嘗評古詩云：『廣雅〔二〇一〕:「伊,惟也。」凡言「豈伊」,皆「豈惟」也。』詩言漁人再往則迷,今趙一入尚且不能,其不如此漁多矣。

拏音：見莊子漁父篇。

和范肯堂元韵

[案]壬辰閏六月[作]。范元詩〔二〇二〕見本集。時因李相夫人之喪,公函問范須往吊否,范作詩勸行,公卒不往也。

『行止』句：以上先叙原委。

『欲追』句：以上述近來懶漫。

『惠莊』句：攝起下段。

穿木槃〔二〇三〕:真誥：『太極老君與傅先生木鑽,使穿一石槃,四十七年而石穿,遂得神丹〔二〇四〕。』詩云『穿木槃』者,謂穿木之石槃也。

牛鐸：見晉書荀勖傳。此喻在蓮池教授也。

『往年』句：公素喜晨游，在保定每晨起，必携二三子出爲郊游，經十餘里乃歸以爲常。
『誰能』句：以上叙范。
『閏位』句：漢書王莽傳贊：『紫色蛙聲，餘分閏位，聖王之驅除云爾。』
『刻日』句：以上叙其婦翁。婦翁，慕庭也。慕庭諸子皆從公受學，故云『周旋逮群紀』。時慕庭以江西縣令失官，來謁李相。三國志〔魏書陳群傳〕：陳群父紀，孔融『先與紀友，後與群交，更爲紀拜。』
『世事』句：斗折。
『昔疑』句：以上叙臨行復止。
末六句：言良晤有期，并屬轉語偉長。三國志〔魏書王粲傳〕：『徐幹，字偉長。』此謂慕庭也。

壽徐椒岑

〔案〕癸巳九月〔作〕。椒岑名宗亮，桐城人。嘗游東北，著黑龍江紀略。其尊人殉粤寇之難。
首句：從殉難事起。作壽詩如此用筆，奇險驚人。

贈别馬通伯〔二首〕

〔案〕此甲午秋冬間作〔二〇五〕。通伯名其昶，公弟子。嘗著桐城耆舊傳。
前首〔二〇六〕：『悲歌客』，公自謂。

盧敖：見列子〔二〇七〕。

『來者』二句：『來者難誣』［見］魏文帝與吳質書。此二句以箴通伯，蓋通伯於文學殊未至爾。

次首：通伯終身未得鄉舉，故有『一名未得』之句。

『高天』句：『群飛刺天』見韓文〔二〇八〕。

新恨：謂中日戰事。

山谷口字韵和姚慕庭

［案］癸巳六月［作］。

章貢口：慕庭嘗爲江西知縣。

披雪：洞名，在桐城西山。見前詩公自注。

『帶索』句〔二〇九〕：『榮』字韵最爲奇雋。榮啓期九十帶索，見陶詩〔二一〇〕。

『南海』句：用莊子。謂姚從南來與公相會也。

末二句：慕庭垂老復出求仕，蓋不得已，詩意亦以箴之。

前韵和范肯堂

［案］首二句〔二一一〕：『白皙』『甚口』見左傳。『天下才一石，子建獨得八斗』，謝康樂語〔二一二〕。

『摘仙』句：『乞』音『氣』，即與也。

論才：謂掄選人才。

『忍子』句：以上勸范入都應舉。『或辱五鼎榮半菽』，山谷詩〔二一三〕。

建鼓求亡子：見莊子〔二一四〕。

『未必』句：以上述范言。

『我聞』〔句〕：以下解釋前語。

『取子』句：用曹子建與楊德祖書：『丁敬禮嘗作小文，令僕彈之〔二一五〕。』

『鴟鵬〔二一六〕』二句：用相如難蜀父老文。

次韻答趙菁衫

〔案〕癸巳十一月陽信作。詒甫自辛卯冬解汶上任，壬辰冬調署陽信，公亦偕往，明年冬復至陽信省弟，作此詩。趙，名國華，豐潤人。官山東道員。有文名於時。

『濟南』二句：杜工部有陪李北海宴歷下亭詩云：『海内此亭古，濟南名士多。』

參尋：猶參謁也。韓詩『由來鈍騃寡參尋〔二一七〕』。

『袁公』二句〔二一八〕：世説〔二一九〕：謝尚聞袁宏咏詩聲，嘆美不能已。

明珠按劍：見史記鄒陽傳。

『千里』句：以上叙久聞趙名，新得其文集。以下嘆美其學，兼答來詩之意。

後半：一句一轉，愈轉愈深，所以蒼勁而沈鬱。詩言『文章、仕宦』不可得兼，趙乃兼而有之，左畫圓而右畫方，豈能兩擅其美？然官高不用，亦與無同，但贏得詩壇盟主而已。雖然，『乘除相較』，所得已多，又何必以長往爲慊邪？不見『龍眠潛客休官』已久，落魄『燕市』，至今求歸不得邪？

趙詩〔二二〇〕

［案］前半叙公贈以寫定尚書〔二二一〕及漢書平點〔二二二〕，吐屬名雋，運詞典雅。

『設尊』句：謂嘉惠士林，其道必由乎此。

『四譯』句：謂見之報紙。

『同心』句：謂知音者少也。

雙魚落空：與『憑虚』句皆言初未相識。『雙魚』以下，造語最奇。

『松窗』句：尤奕奕有神，生氣迸出。

『蒼茫』二句：斫對尤有工力。『蒼茫』句謂彼此意氣相投；『上下』句謂公之學識上下千古，能銖兩悉稱也。

『歲闌』二句：謂歲闌天末，本憶人之時，而今乃憑虚使我復長離懷。

末四句：預期後會，而『漆書大簡』切尚書，『游俠』切漢、史，不脱本題，自然熨帖，其典蔚渾成如此。

次韵姚慕庭冬柳

［案］癸巳十一月陽信作。

爲詒甫和范肯堂冬柳韵

［案］通首代詒甫自喻。

甲午冬至［二首］

［案］以下四首均汶上作。詒甫於甲午二月回任汶上，是冬公遂赴汶上。集本注云『陽信』，誤。

前首起四句：謂國兵連挫。

次首末二句：仍承明此意，自爲章法，而以壯心豪飲置於中聯，以見懷抱。

『選耎』字：見漢書〔二二三〕，注云：『怯〈懦〉不前之意。』『耎』即『輭』字，與『巽懦』通。

『看取蔫花』句〔二二四〕：義山詩〔二二五〕：『日薄不蔫花。』此謂已蔫之花逢春又盡開也。

金掄甫送酒賦謝

［案］前四句喻李相以遼東之敗而爲時論所劾。

『瘠牛』句〔二二六〕：『牛雖瘠，僨之豚上，其畏不死？』見左傳［昭公十三年］。

吊戴孝侯

［案］戴死節在乙未正月，詩即於是時作。孝侯名宗騫。甲午之役以道員守威海，力屈而死。

參彼己〔二二七〕：史記匈奴傳贊：世俗『不參彼己』，又云『惟在擇任將相哉』。此『參彼己』及後『擇任』字所本。

四夷學：漢書趙充國通知四夷事。

『畫餅』句：以上言國家昧於機宜，輕啓外釁。

頽敗：原稿作『力屈』。

捐糜：原稿『捐』作『身』。

『青油』句：青油，船也。『舟中之指可掬』，見左傳〔宣公十二年〕。

『節士』句：以上言國兵連衄。

『遺禽』句：以上言戴守威海之績。

『間氣』句：凌空特起。

『空群』句：言公曾與相識。

『對峙』句：言旅順、大連與威海相望，爲北洋之門户。

『偏攜』句：言旅、大先失。

『遺禽』句：用左傳〔昭公五年〕：『使群臣往遺之禽。』言無人求援，使名將坐困，爲可惜也。

『危急』句：以上言朝廷舉措失當。

『閲歷』二句：謂李相。

『面欺』二句：『面欺』謂翁常熟等主戰者。漢書季布傳〔二二八〕：季布曰：『樊噲可斬也！』乃嫉主戰之辭。『牧』謂李相也。史記〔廉頗藺相如列傳〕：李牧守邊不肯出戰，匈奴以爲怯，雖趙國之士亦『以爲吾將怯』。公送李相出聘，亦用此語。

『末學』二句：『末學』『膚受』，謂自附清流者；『高言』『腹誹』，謂有忠謨至計不能聽也。

『國論』二句：折落用杜公章法。

『左膏』二句：謂左寶貴死於平壤，水師鄧世昌死於海上。句法精練，奇創驚人。

三益：友也。古詩〔二二九〕：『開徑望三益。』此言戴之死節，儕友爲之增氣。

二離：見文選傅咸詩，注云：『二離，日月也。』

白桃花

〔案〕乙未春汶上作。

第四句：用退之李花詩。

後半：亦公自喻。

北行七哀

〔案〕乙未七月，詒甫卒於汶上官所，公聞赴〔二三〇〕奔往，經紀其喪，還保定歸途作。

『轅馬』句：攝下僕、馬二首〔二三一〕，爲聯篇之章法。

『前死』句：謂詒甫因病篤乞休，未幾遂卒。

『入手』二句：詞旨最爲驚創。『驚心』句謂塵世可驚之事甚多，從此長辭，不復與兒曹相競也。

『早識浮休』句〔二三二〕：『其生兮若浮，其死兮若休。』見賈生鵩賦。

『誰令』句〔二三三〕：王子敬亡，子猷哭之曰：『子敬子敬，人琴俱亡。』見世説新語〔傷逝〕。

『方死方生』：用莊子〔齊物論〕。

『休論』二句及『三年』句：摯筆均不堪卒讀。

『汝非』二句：從旁襯寫，悽惻動人。

送李傅相出聘海外五國三律

〔案〕丙申春在京師作。

首律前四句〔二三四〕：〔『敏手』〕，韓致堯詩〔二三五〕：『敏手重開造化門。』〔『景鐘』〕，國語〔晋語七〕：『其勛銘於景鐘。』〔『巾篋謗書』〕，戰國策〔秦策三〕：『文侯示之謗書一篋。』

『吾君』句：姚錫九云：『當時李公失上寵眷，投老遠征，實有屏諸四夷之意，而措詞和平忠厚，深得詩人敦厚之指。』第三首『漢主渾忘充國老』，語意亦同。

『却笑』二句：言班生壯節如彼，臨老尚思生入玉門，爲不達也。

『昨歲』句：甲午之戰軍略皆由内定，此句略爲表白。

『趙國』句：見前吊戴孝侯。

『平城』句：楊雄文〔二三六〕：高祖以『三十萬衆，困於平城，士或七日不食。』

『桓伊』句：桓伊事見晋書本傳。公又有與李公尺牘〔二三七〕云：『好戰求功，孫叔食伍參之肉；爲臣不易，桓伊識謝傳之心。』

『白日』句：『白日浮雲』，亦寓君門萬里之意。

末二句：有味外味，亦爲李公微洩其不平也。

答姚疇九元韵

［案］丁酉秋作。疇九名廷範，錫九之弟。官山東嶧縣，被劾歸。

『圓光』二句：喻國家殘破。

『素娥』二句：刺孝欽后。

失羊求〔二三八〕：羊仲、求仲爲蔣詡三徑之客，詩云『失羊求』，則不以二姚爲可與也。

元韵答姚錫九

南樓：蓮池之高樓也。

『太行』句：突起。

『嘉招』句：時錫九官獲鹿令，有山水之勝，約公往游。

再和疇九

首句：用史記天官書。

阜財求〔二三九〕：『阜其財求』，見國語［周語上］。『求』與『賕』同。

此詩所謂以曠爲憒也。

依韵答粲甫兄［二首］

［案］粲甫名汝縉，公再從兄。

『繞樹』二句：亦喻世難。

『孤債』字：用漢書匈奴傳『孤債之君』語，以與『大圓』爲對。傳寫多作『孤憒』，誤。

『君見』二句：謂朝貴多幸進，無能立功業者。

次首：五句承三句，六句承四句。

疇九用杜韵見惠依韵奉答

藻咏樓：即蓮池之南樓。

相印棄如屣〔二四〇〕：棄相印著書，［用］史記虞卿事。

『劍首』句：莊子［則陽］：『吹劍首者，一『吷而已』。

依韵酬粲甫

［案］首二句〔二四一〕：太白詩〔二四二〕：『三尺童兒唾廉藺。』

末二句：時桑甫在寓抱恙，末二句『情至』則不當疏闊，而又『能疏闊』，故云『雜易於』也。禮檀弓：『易則易，於則於，易於雜者，未之有也。』

日本梅原融寄示近作十許首却寄〔二四三〕

［案］戊戌年［作］。

往歲六月藤花再開作詩示姚叔節今年多雨藤又再花仍用前韵〔二四四〕

『有若』句：國策［楚策一］：『嬖女不敝席，寵臣不（敝）避軒。』言不久也。

『心知』二句：寓危亡之懼。

日本有前田九華者寄詩一章疊韵奉酬〔二四五〕

黑子〔二四六〕：漢書賈誼傳：『淮陽之比大諸侯，廑如黑子之著面。』

一游麟有德：『麟游』見禮記［禮運］。

狗分功：『狗功』見史記蕭何世家。

日本西京本願寺武田篤初持寶刀見贈賦此奉謝〔二四七〕

［案］二十五年己亥［作］。此首最見公之壯懷。

莫干：謂莫邪、干將。

『只今』二句〔二四八〕：『有市之鄉三十，駿馬千匹』，古湛盧劍之價值〔二四九〕，見吴越春秋。

『王藩』四句：言此刀本王藩貴主以自裝飾者，愛客而脱贈之，今以轉贈公。『似』即贈也。

『今以』句：以上客語。

『多客』句：以上謝詞。

『斷髮』句：吴越春秋：『干將妻乃斷髮剪爪，投於爐中，遂以成劍。』

『操戈』句：東方之學本自中華，不獨一刀然也。

『天地』[句]：以下自抒懷抱，發爲遠感。

衛不然〔二五〇〕：見相如喻巴蜀檄，謂防意外之虞。

佽飛：『佽飛斬蛟』見吕氏春秋[知分]。

善刀：見莊子[養生主]，注云：『善，猶拭也。』

吴振齋同年出其尊人家誡册子屬題〔二五一〕

[案]振齋〔二五二〕名繩曾，河南固始人。官直隸知縣，被劾罷。三子籛孫、筊孫、篔孫，皆仕宦有聲。

『連收』句：案公詩雖有此言，實則振齋四子〔二五三〕僅籛孫得乙科，餘子均無科名。後籛孫以道員任京師警廳丞，筊孫民國初爲徐世昌秘書長，篔孫亦爲山東河工督辦，公已不及見矣。

『大貝』句：以上言振齋子弟多佳。

『那用』句：以上言子弟之賢不關己之困躓。漢書[兩龔傳]：邴曼容『爲官不肯過六百石，輒自劾〔二五四〕去。』

『世業』句：以上叙家誡册子。

青牛經：［指］老子。

著鎧入障〔二五五〕：佛經中語。

白馬笈〔二五六〕：［指］佛經。漢明帝時西域以白馬負佛經送洛，因立白馬寺，見北齊書韓賢傳。

傴僂〔二五七〕：謙恭也。見孔悝鼎銘。

鬼瞰高明〔二五八〕：［見］揚雄解嘲。

『謂闕』句：以上言其家風斂退，故後嗣盛昌，非但闕而必遂也。

『作生日』：公自注云云，或謂：『公詩多不自注，此非難解，自注何也？』曰『作生日』者，慶祝其生日之謂，此固非注不明。

犯嚴〔二五九〕：吴君父子以生日宴飲爲戒，此詩祝其生日，故云『犯嚴』。

日本詩人本田幸之助來訪賦詩送之〔二首〕〔二六〇〕

前首：三句切『樓桑』。四句切『易水』。

次首：『人才』句〔二六一〕：『人才包新舊』，山谷句〔二六二〕。『散皇明以燭幽』，東都賦。

次首起二句：中國二千年詩家，本田君皆能歷歷言之，故次首起二句云云。

後六句：言近來斷斷有新舊之争，此非大雅之論也。真得於文學，豈有負國者？但恐偏才小慧不足名家耳。觀日本維新之後，舊學彌復振興，非先聖之教澤乎？

勘誤：公自注：『用韓非事。』排印本脱『公自注』三字。『看君屈指』，排印本『君』誤『花』。

日本上野岩太郎自輦下來保定見訪却寄〔二六三〕

首二句〔二六四〕：維摩經：『斷取三千大千世界〔二六五〕。』荆公詩〔二六六〕：『异域山川能斷取。』

長房真縮地：神仙傳：費長房有縮地術〔二六七〕。

一掉鰲頭炫海田：公初稿『炫』作『變』，『炫』與『變』同義。

末二句：唐書白居易傳：『鷄林行賈售其國相，率篇易一金。』

曹深州出其師陳蘭洲先生手札屬題〔二六八〕

［案］庚子八月［作］。曹名景郕，字東屏，湖北人。時任深州牧，公避地深州，頗與相得。

起四句：公自謂。

五六［句］：切主客姓氏。

徐劍〔二六九〕：徐君劍，見史記吴世家。

蓋堂：蓋公堂，見曹參世家。

越人方〔二七〇〕：謂其師札。

題山谷真迹

[案]辛丑三月在京師作。

日本金子彌平見示近作二首〔二七一〕

[案]甲午戰後，李文忠憤敗衄之辱，欲聯俄拒日，公謂非計，不如與日本結好，作書論之甚詳，此詩『隆中策』指此。詩指壯偉，日本士夫多能誦之。

前首『管葛』句：蓋隱以自況，即通次章消息。

題龔仲勉古印徵〔二七二〕

繆篆〔二七三〕：説文序：『繆篆，所以摹印。』

九阬：見楚辭，即九州也。

禁臠：晋書謝混傳：『卿莫近禁臠。』

侯鯖：西京雜記：五侯各致奇膳，婁護合以爲鯖，謂之五侯鯖〔二七四〕。

恭顯：漢元帝寵弘恭、石顯，殺太傅蕭望之。

蕭生：『蕭生』字見本傳〔二七五〕。

李蔡：謂李斯、蔡邕。

咏秋草

[案]辛丑七月十七日[作]。

寄題湖南俞廙軒中丞卧游圖

[案]壬寅二月十六日[作]。俞名廉三。時爲湖南巡撫。

張振卿侍郎耿鶴峰太守各用拙題卧游圖詩韵投詩見贈依韵却寄

[案]三月廿八日[作]。張名英麟。公同年進士。

新瀉縣視學官湯原元一投詩見贈〔二七六〕

[案]五月八日[作]。此下游日本作。

廣武狂談：謂阮籍登廣武而嘆時無英雄也。

白題斜舞：見前諸將詩注〔二七七〕。

謝大阪麥酒株式會社村田彬贈扇

[案]五月九日[作]。

過朝鮮王京

[案]五月十一日[作]。

首句：言中國。

次句：言日本。

三四句：用漢光武賜竇融詔〔二七八〕及南越王趙佗答文帝書〔二七九〕。

末二句：言時人多以高麗擬中國者，此目論也。中國豈亡韓之比哉！然以『魴鱮枯魚』爲言，則其勢亦危矣。

船泊釜山追記昨夜海行風甚一絶句

[案]五月十四日[作]。此痛中國經此大創而不寤也。

過馬關

[案]五月十六日[作]。公過馬關，訪李文忠議約故址春帆樓。主人請題榜，公爲書『傷心之地』四大字。一時報紙轟傳以爲名筆。

首句〔二八〇〕：『願君無忘在莒也』，見管子〔二八一〕。

謝松方幸次郎

［案］五月十七日［作］。時觀松方造船、煉鋼等廠，晚宴於其邸第園中。

前六句〔二八二〕：『化工』句謂船廠，『餘興』句謂園林；五句承三句，六句承四句。

兩驚心：公時方徘徊於出處之間，因嘆彼邦賢哲，無論出處皆有益於國計，而今則不能，故『兩驚心』也。

赴大阪歡迎會會者七八十人〔二八三〕

［案］五月十八日［作］。

游本願寺十咏

［案］五月二十日［作］。公游日本，欲取師法以救危亡，十詩中多此指。

第三首：追憶蓮池。『釣魚臺』即蓮池之君子長生館。

第六七八三首：皆自謂。公晚年得大學教席，頗欲振興教育，而滿人之無識者如奕劻、榮禄輩，多方以箝制之，此『樊籠』『局促』諸詩之所以慨也。

第九首：謂日本變法。

赴西本願寺之招賦五絶一首

[案]五月二十二日[作]。

末句〔二八四〕：儒、佛之教皆已無用，故末句云云。意奇語雋，得未曾有。

赴交詢會倉卒成二十字〔二八五〕

[案]五月二十七日[作]。

土居香國昨日席上贈詩〔二八六〕

[案]六月二日[作]。尚秉和云：『先生在日本酬答之什，共七十餘首，皆能於無形之中，發抒大邦風度，名儒胸襟。一種睥睨海宇之神，往往於口角間溢出，使人不覺知，深得杜公神髓，爲國際間絶唱。』

首二句：言中國當年文明之盛。

三句：自謂。

四句：祝其復興。

五六[句]：言日本不與中國俱微。

末二句：以開新自任。[麾肱]，詩無羊：『麾之以肱，畢來既升。』

三島侍講贈詩席上次韵奉答

［案］六月二日［作］。

『直將』句〔二八七〕：『王母』謂西域。詩意東來觀光無异西游歐美。後森槐南贈長篇古風，即承此意極言之。

末二句：即左傳［昭公十二年投壺辭］『與君代興』之意，故特用『和清』字見意，言欲繼日本之盛而起也。

土居通豫送詩疊韵答之

［案］六月五日［作］。通豫香國字。

三四二句：言争鬥則俱窮，和好則競勝。

關義臣字湘雲惠贈大詩依韵奉和〔二八八〕

［案］六月五日［作］。

怒鼓與江東：公自謂從曾公平内亂事。

次句：言日本此時亦正在衷甲。

三句：承日本。

四句：承中國。

五句：言同時共功名者皆已喪逝。魏文帝與吴質書：『徐、陳、應、劉一時俱逝，痛可言邪！』吴質，字季重〔二八九〕。

六句：謂關雲長，關羽也〔二九〇〕。

末二句：并收。

再疊前韵答土居香國

[案]六月五日[作]。

五句：言中日可并盛。

六句：言道一而已。

末二句〔二九一〕：收尤雄偉，日本詩人森槐南等極嘆賞之。

應日户招游江島〔二九二〕

[案]六月八日[作]。公早有雄視八荒之志，今已垂老，惟望後生有能繼志而起者，故一再申言之以見其意。

三省堂有岡正一者游時賦二絶句〔二九三〕

[案]六月九日[作]。

次首末句：公在日本極被優禮，而中朝達官多忌嫉之，此詩微露其意。

昨自江島歸得土居香國二詩〔二九四〕

［案］六月十日［作］。

精養軒之游所得序詩均未及答土屋弘昨補一詩索和奉酬〔二九五〕

［案］六月十日［作］。

『勝游』句：顔延年作五君咏，去山濤、王戎二人，以其鼎貴也。

土屋伯毅用前韵見寄依韵奉答

［案］六月十二日［作］。

赴大倉之招長岡護美爲二詩和答〔二九六〕

［案］六月十三日［作］。

『一士』句：公自喻。

移居永田町森有禮宅和答森槐南〔二九七〕

［案］六月十五日［作］。槐南名大來。日本詩家第一，與公交甚篤。原詩在傳狀册中。

森槐南前贈長篇今依韵和之

[案]六月十九日[作]。

美門、高誓〔二九八〕：皆古仙人，見史記封禪書〔二九九〕。

『芝英』句：以上中國自古視東海爲蓬萊仙境。

『一女』句：山谷詩〔三〇〇〕：『徵側持戈敵百男。』後漢書〔三〇一〕：交趾女子徵側、徵貳反，馬援討平之。

『雉鳴』句〔三〇二〕：以上總言西域各國。

『威靈』句：以上言本朝盛極中衰。

殊鄰〔三〇三〕：謂西方各國。

雄邦：謂日本。

『年以』句：以上[言]日本變法圖强。

『所睎』句：以上奉使來游。

妙法聞瞿曇〔三〇四〕：世説注引出經叙云：『僧伽提婆，姓瞿曇氏』，妙於説法。

迷七聖：莊子[徐無鬼]：『黄帝游於襄城之野，七聖皆迷。』

『那用』句：以上訪詢所得。

『却望』句：以上游覽。

『至言』句：以上述來詩之意。努力變化不沿襲，乃來詩所主張大旨也。

末段：冀國勢復振，然後歸隱。

『精衛』二句：自喻。

完鄰走敵：見歐陽公范文正碑〔三〇五〕，文著此四字，亦用意處。

『龍象』句：『如龍象蹴踏，非驢所堪』，見維摩經。

『鷄壅』句：見莊子。此言隨時變化。

『甘遂』句：言新法足救時弊也。

野口多内去年在吾國得古今儲貳金鑒一帙〔三〇六〕

［案］六月二十一日［作］。此詩用意甚精。儲貳金鑒本内府秘笈，庚子之亂爲日本所得，故以『聖主傳賢』爲言，謂本朝歷有明訓，不立儲宫。此書無可用，適足以資日本也。

自君作故〔三〇七〕：國語［魯語上］：『君作故。』西京賦：『自君作故，何禮之拘。』

赴近衛公之招游御植物園〔三〇八〕

［案］六月二十二日［作］。

第五句：公往日本，適當國兵連衄之後，以一彼一此爲言，不餒其氣。前詩『齊秦莫漫問雌雄〔三〇九〕』，亦此意。

『疆場』字：排印本作『[疆]場』，誤。

昨森槐南偕永坂石埭來訪〔三一〇〕

[案]六月二十三日[作]。

永阪詩〔三一一〕見傳狀中。

玉池：日本詩人梁星岩所居。永阪爲其弟子，又居其故宅，故有『傳衣』之句。

『弟子』二句〔三一二〕：『補處』見楞嚴經。『衙官』『屈宋』用杜審言語〔三一三〕。

末四句：謂欲興中國必先除奸邪，此來詩之旨，欲從問其詳也。

赴巢鴨風病院爲賦一絶〔三一四〕

[案]六月二十五日[作]。

首句〔三一五〕：『我』，中國也。山谷詩〔三一六〕：『醫得儒生自聖顛。』自注云：『出素問。』蓋儒生多自聖，實乃病顛耳。

題伊藤稻子扇

[案]六月二十九日[作]。稻子伊藤俊三之夫人，侍奉公甚周至。

末二句〔三一七〕：杜詩〔三一八〕：『黄四娘家花滿(畦)蹊，千朵萬朵壓枝低。』

永阪招至向島有菊池君即席贈詩次韵和答

［案］七月一日［作］。

前四句〔三一九〕：公晚年出任教育，有意興化，而阻於時勢，恐不能勝，時用懸懸，三四申明此旨。

『儒以詩、禮發冢』『身在江湖心在魏闕』，皆見莊子〔三二〇〕。

森槐南即席有贈再疊再和

［案］七月一日［作］。

結城琢寄詩索和又寄日本刀［二首］〔三二一〕

［案］七月六日［作］。

次首後四句：蓋言中國取法歐西，乃勢不得已，究難强合，而大小迴殊，野心者亦未必能遂也。

皇墳〔三二二〕：韓詩〔三二三〕：『高詞媲皇墳。』左傳注：三皇之書謂之三墳。

『螺師』句：『螺師吞象』出釋典〔三二四〕。

又寄西京知事大森鍾一絶句一首

［案］七月六日［作］。

中島勸作字寄木下先生因作一絶

[案]七月六日[作]。

小村俊三郎索字途間爲一詩贈之

[案]七月六日[作]。小村俊三郎，日本公使小村壽太郎之侄，精華語，爲外部派遣接待公者。公與楊蓮府士驤書(三二五)云：『近因留學生與蔡使違言，[外部]竟將吴、孫兩孝廉驅逐回國。』『侵奪吾國權，侮辱吾志士，皆令見者不能復堪。某不勝憤怨，屢欲拂衣還國』云云。又與常濟生書云：『此間禮待甚優，至吴敬恒[等]驅逐回國，知其於吾國甚無禮，以此不願久居。』所言皆與此詩用意相發。

森槐南招飲坐客西京福原公亮有七絶見贈依韵答之

[案]七月十日[作]。

[森]槐南即席賦詩依韵和之

[案]七月十日[作]。

永井土居北條三君皆用一韵贈詩依韵并答

［案］七月十日［作］。

北村前贈詩面詢曾見否亦依韵和之

東西并一堂：公生平之所蘄向也。

［案］七月十日［作］。

赴加藤正義郵船公司之招〔三二六〕

［案］七月十一日［作］。

赴長岡氏之招依韵和答〔三二七〕

［案］七月十六日［作］。

霽月薄雲：與下章〔三二八〕『永夜清吟看玉繩』，皆以喻開化之迹。

新岡旭宇前贈詩書扇〔三二九〕

［案］七月二十二日［作］。

日户先生招游觀水上放火花〔三三〇〕

［案］七月二十四日［作］。

五六句：謂歐西文明以裨益中國則可，若欲相侵陵，殊非易也。末謂欲弭釁端，須綢繆於事先耳。

下策攻非計〔三三一〕：晋書周顗傳：『阿奴火攻，固出下策［耳］。』

木村知治晨送詩來依韵和答

［案］七月二十五日［作］。

赤壁：以喻戰釁。

髯蘇：公自喻。

森槐南書示與本田種竹唱和媧字韵詩疊韵和答

［案］八月二日［作］。此詩成後，公頗自喜。本田見此詩被稱爲『田生』，意乃大迕。闓生時在傍，告之曰：『漢人稱生皆老師大儒，此「田生」字亦本漢書也。』田終不懌，公乃改『田生』爲『竹君』，且告曰，稱『「竹君」與「老槐」相配也』。然稿本未改。

二妙：見晋書衛瓘傳。

和答岩崎奇一七律用元韵即效其體

［案］八月二日［作］。此詩句格奇創而精整，前無古人。

題辻武雄萬國志略用媧字韵

［案］八月四日［作］。

記里車〔三三二〕：隋書禮儀志：『記里車，［駕牛。其中］有木人執槌，車行一里，則打一槌。』

研經會招飲於星岡次韵答池田精一絶句

［案］八月五日［作］。

岩谷孫藏席上索詩寫付一絶

［案］八月八日［作］。此亦借喻時事。岩谷爲北京大學所聘之教師，公作此詩送之，故有『酒樓送客』之語。通首皆以托喻。

次韵和本田種竹［二首］

［案］八月十三日［作］。

首章：前四句，因本田於庚子亂前曾來謁公，故云。末句，蓋謂其學猶未至。

次章：首二句，言宇宙日新，學者難得真諦。三句，謂中國。四句，謂日本。五句承三句，六句承四句。

章亥：見山海經〔三三三〕。

郢燕〔三三四〕：『郢書燕説』見韓非子［外儲説左上］。

僕緣：見莊子［人間世］。

『雨行』二句：用左傳藏武仲事。風趣絶佳。

赴江木冷灰等檀欒會之招〔三三五〕

［案］八月十五日［作］。

第五句：自謂，即陶詩『衣霑不足惜〔三三六〕』之意。

六句：謂國勢。『葦苕』事見荀子［勸學］。

末二句：嘆開化之難也。

次高島張韵

［案］三句：自負之詞。

四句：言毁譽皆不足校，末二句亦同此意。公在日本極受歡迎，而中朝佞幸時有謗言，日人多爲不平,故詩每及之。

惹許愁〔三三七〕:許,猶如此。言何必惹此等愁也。世説〔三三八〕:『不知許事,且食蛤蜊。』

次岩溪晋韵

五句:言光不明。

六句:言賊在内。

末[句]:言不必大奸慝。即此昏庸蒙蔽,已無如之何,慨朝政之非人也。

又次江木一絶句〔三三九〕

[案]此又作自解之詞。『肯』者,豈肯也。

赴本願寺之招席上次韵答菅了法一首

[案]八月十八日[作]。

首二句〔三四〇〕:公還國後擬先回里一行,首二句述此意。

魚粥:僧寺於粥時擊木魚召衆也。蘇詩〔三四一〕:『半夜不眠聽粥鼓。』

高橋作衛屬題其尊人白山翁詩文集〔三四二〕

[案]八月十八日[作]。

傍行：謂傍行斜上之文也。

末二句：述白山翁遺事。

赴永井久一郎之招坐中賦一絶〔三四三〕

［案］八月十九日［作］。

濱村衮爲刻竹印求題其印譜爲賦一絶

［案］八月十九日［作］。

末句：嘆大雅之不作也。『傳芭』見屈原九歌。

齋藤木前贈詩索和今却寄

［案］八月二十二日［作］。

首二句：言所見聞者不能施之實事。

末二句：寄慨國事。

赴手島知德之招席上和答〔三四四〕

［案］八月二十三日［作］。

後首末二句：『東家』謂東家邱也。

福岡縣有二村嘯庵者貽書索詩依韵答之〔三四五〕

［案］八月二十五日［作］。譏其所藏之不精。

赴郵船公司近藤廉平之招依韵和答二首〔三四六〕

［案］八月二十八日［作］。

『陽微』句：公自謂。

五六句：即所謂不能争也。

棲鴉喧争：指吴敬恒之獄。

『北斗』句：謂國論不定。

末二句：『魯陽揮戈』之指。

赴上野精養軒應文部之招〔三四七〕

［案］八月二十九日［作］。

末二句：期與日本文化一律，而嘆小人之蒙翳也。

田所美治索詩賦一絶句〔三四八〕

［案］八月三十日［作］。首言東方文明由中國之漸被。末借秘書官名發慨。

德川家達索字爲賦一絶

［案］八月三十日［作］。德川幕府世握朝權，明治初遜位，此其後裔也。

關義臣前寄三絶句勉次其韻〔三四九〕

［案］九月一日［作］。

赴信夫粲之招次韻答信夫贈詩〔三五〇〕

［案］九月二日［作］。

末［句］：謂力微難挽世變。

次韻答本田種竹

［案］九月二日［作］。

前四句：叙中國新政。

五六［句］：自喻，兼寓牢騷不平之感。世説〔三五一〕：山簡爲荆州，『人爲之歌曰「日暮倒載歸，茗艼無所知」。』

赴本田種竹之招次韵和其七律〔三五二〕

［案］九月三日［作］。本田亦日本詩家。時有與森槐南争名之意，次首第二句蓋以箴之。

携兒子往訪小野原年八十九矣〔三五三〕

［案］九月四日［作］。

伊澤夫人悟竹求詩爲賦一絶

［案］九月七日［作］。伊澤夫人，伊澤修二之夫人。

安昌客〔三五四〕：東坡詩〔三五五〕：『平生謬作安昌客。』安昌侯，張禹也。

菊池晋見招余適忘之席間謝菊池一律〔三五六〕

［案］九月八日［作］。

五六［句］：就忘約爲言，皆用漢書故事。

末句：宕開。言天下事反覆者正多，不獨此也。

菊池倜字修軒作詩見贈依韵和之〔三五七〕

［案］九月八日［作］。

末句：謂朝政之無序。

赴江木衷檀欒會之招次韵答江木一律〔三五八〕

［案］九月九日［作］。

到西京往拜福原周峰亮和答諸友三絶句〔三五九〕

［案］九月十四日［作］。

次首末二句：借以忘憂之意。

福原昨贈詩依韵答之〔三六〇〕

［案］九月十五日［作］。

前四句：恐此行無益實際。

末二句：謂一身利害不足校，所惜者交鄰之至計耳。

固圉：圉，即『圄』字。左傳［隱公十一年］：使許叔『居許東偏』，『聊以固吾圉也』。

三島先生賦詩贈行途中却寄

第四句：言開新之難。『王良』公自喻也。

光炯催和湯原來詩勉徇其意

［案］九月十五日［作］。詩言遠游專爲國計，而謀國無人，然終欲得英豪之繼起也。

十洲〔三六一〕：漢魏叢書〔三六二〕有東方朔海内十洲記，專記神异之事。

有備中玉島人田邊爲三郎投五律一首依韵和之〔三六三〕

［案］九月十八日［作］。此詩用意深婉。三四言『波神』如果『上陸』，『富媪』亦太『無才』矣，故不如『共海瀾回』也。

首聯〔三六四〕：山谷詩〔三六五〕『黄落山川知晚秋，小蟲催女獻功裘』，詩意蓋取諸此。

五句：言彼此形勢相連。

六句：言中國不久開化。

船中次韵和早川先生

［案］十月五日［作］。公之薨也，早川侍側，作函赴告其國，措詞絶痛。旋辭歸國，以事感憤自裁而

卒，亦烈士也。

贈江叔海即送其之浙

[案]十月二十六日，安慶作[三六六]。

叔海：名瀚，福建人。頗負時譽。時在皖撫幕中。

第六句[三六七]：叔海與張黎二公皆有戚誼，故第六句云云。

宰木：見公羊，謂冢木也。

肺附[三六八]：見史記武安傳。

二妙：『一臺二妙』，晋書衛瓘傳，已見前注。

江叔海疊用前韵爲二詩贈予亦疊韵和答

[案]十一月五日[作]。

第三句：謂江膺薦應經濟特科。

第六句：江嘗從使日本。

末二句：惜其有逢時之才而不用也。『拭玉論兵』，見哀江南賦。

王子裳太守贈詩四首率賦一律答謝

[案]十一月七日[作]。子裳名咏霓，黄巖人。時爲安慶知府。

馬通伯出示所藏姚惜抱手迹屬題一詩

[案]十一月十四日，里中作〔三六九〕。

當幅横流〔三七〇〕：山谷詩〔三七一〕『往時翰墨頗横流，此公歸來有邊幅』，謂子瞻也。

倫叔用拙詩答王子裳韵見贈一律叠韵奉酬

[案]十二月八日[作]。以下均安慶作。倫叔名守彝，存之之子。

首六句：皆謂存之。

首聯〔三七二〕：韓詩：『又論諸毛功，劈水看蛟螭。』朱子以爲即毛穎傳，蓋謂筆也。『賞不酬勞』，毛穎傳語。

尾聯：山谷詩：『謝公文章如虎豹，至今斑斑在兒孫。』此言倫叔不失家法，况又可相招偕隱也。

叔節用前韵賦謝墓文再叠韵奉答

[案]十二月八日[作]。公作姚慕庭墓銘〔三七三〕，叔節賦詩爲謝，作此答之。

挂車山：姚氏故居。
栲栳山：父墓所在。

疊韵再答倫叔

[案]十二月十日[作]。
三四句：嘆時論之蒙昧。
五六句：望英才之繼起。
七句[三七四]：倫叔二子皆學於日本，故七句云云。

倫叔疊韵贈詩二章賦答

[案]十二月十三日[作]。
前四句：謂與存之交誼。『同舟』謂與存之同在曾公幕。公任冀州，存之方令棗强，爲冀屬縣，聞公來即謝病去。
六句：言曾、胡中興之業去今已遠。

五疊韵答倫叔

[案]十二月十四日[作]。

首句〔三七五〕：舍人『口無毛』，［見］漢書東方朔傳。

六疊韻答倫叔

［案］十二月十七日［作］。

後四句：公自謂。公晚年優游京邸，本無意復出，張尚書百熙苦求總教大學，至於拜跪以請，始有東瀛之行。乃輶軒未返，而都中嘖有煩言，奕劻、榮禄輩至欲致不測之禍，公夷然不以爲意。歸塗先回故里，爲本縣立學，而進退故自裕如。此詩所以咏也。

七疊韻答倫叔

［案］十二月二十日［作］。此首專攄謀國悲憤。

首聯〔三七六〕：左傳［僖公十四年］：『皮之不存，毛將焉傅？』『與豕俱焦』，見莊子［徐無鬼］。

八疊韻答倫叔

［案］十二月二十日［作］。

第四句：言己力微薄。

末句〔三七七〕：詩：『招招舟子，人涉卬否。』

本集失詩一首，今從日記鈔得，補録於後：

武備學堂教習佐久間浩贈日本刀并絶句次韵答謝十二月二十日

銅柱扶桑舊百尋，風濤萬里恐難禁。　贈刀不是封公意，爲有屠鯨碧海心。

起二句：　謂世難非舊法可禦。

贈刀封公：　王祥事，見晋書［王］祥傳。

末句：　自寓壯懷。

和陳伯平太守詞四闋

［案］光緒丁酉年［作］。

附聯語勘誤：

題武强賀氏家祠

祖宗詩書之教：　案祠刻當作『詩禮之傳』。

輓陳伯平母

生存百年：案『年』乃『歲』字之誤。

〔一〕亦：底本脱，今據日記時政校補。
〔二〕與張幼樵書：吴汝綸編李文忠公(鴻章)朋僚函稿卷二十題作『十一月十九日復張幼樵侍講』，李鴻章全集信函四題作『復佩綸(光緒六年十一月十九日)』。
〔三〕久：底本脱，今據復佩綸校補。
〔四〕二十：底本訛作『十九』，今據李文忠公(鴻章)朋僚函稿校改。
〔五〕墓志銘：見文集卷一，題作『贈太僕卿故福建臺灣兵備道吴君墓銘』。
〔六〕祭蕭廉甫文：見文集卷一，題作『祭蕭君廉甫文』。
〔七〕首句：底本缺目，今依例增補。下『附書句』同。
〔八〕北窗風來舉書葉：見黄庭堅山谷外集卷十四之平原宴坐之一。
〔九〕白髮句：底本作『又』，今依例改。
〔一〇〕竹枝詞：見黄庭堅山谷内集卷九，題作考試局與孫元忠博士竹間對窗夜聞元忠誦書聲調悲壯戲作竹枝歌三章和之。
〔一一〕姜維母以當歸寄維：三國志蜀志姜維傳『維遂與母相失』，裴松之注引晋孫盛雜記曰：『初，姜維詣亮，與母相失，復得母書，令求當歸，維曰：「良田百頃，不在一畝；但有遠志，不在當歸也。」』
〔一二〕家嚴慈雙壽徵言略：見文集外集，題作『家嚴慈六十雙壽徵言略』。

〔一三〕咸陽睎價：底本缺目，今依例增補。下『鰷鱎』『次首首句』同。按底本次本條於『鰷鱎』條後，今依原詩順序調整。

〔一四〕山谷詩：見黄庭堅山谷内集卷四之次韵答邢敦夫。

〔一五〕揚子雲：明楊慎丹鉛摘録卷一：『懸金市門，無能增損者，蓋秦勢然耳，揚雄乃云：「恨不生其時，手載其金而歸。」吾家子雲，老不曉事如此』。

〔一六〕飧：底本作『殞』，吴汝綸全集作『餐』，均誤。按桐城吴先生詩集字作『飡』，與『飧』通。『饋飧加璧』，典出左傳僖公二十三年重耳流亡過曹國事。

〔一七〕劉禹錫詩：見劉賓客文集酬柳柳州家鷄之贈：『日日臨池弄小雛，還思寫論付官奴。柳家新樣元和脚，且盡薑牙斂手徒。』

〔一八〕煮藤句：底本缺目，今依例增補。下『蛇蚓結』同。

〔一九〕山谷詩：見黄庭堅山谷外集題落星寺四首之三。

〔二〇〕東坡煎茶詩：見蘇軾詩集試院煎茶。

〔二一〕會楯鼻上磨墨作檄文討之：北史荀濟傳：『濟初與梁武帝布衣交。知梁武當王，然負氣不服，謂人曰：「會楯上磨墨作檄文。」』

〔二二〕退之詩：見韓愈昌黎先生文集誰氏子。

〔二三〕賈島詩：見賈島長江集劍客。

〔二四〕封藏句：底本置『分似』條前，今據原詩語序調整。

〔二五〕杜詩：見杜甫杜工部集寄韓諫議。

〔二六〕王義之傳：見晉書列傳第五十王羲之許邁傳贊。

〔二七〕送李佛生序：見清查燕緒編廉亭文集卷二。

〔二八〕在壑谷：底本缺目，今依例增補。下『至言不勝俗』同。

〔二九〕方菊裳……索題：詩集題作『方菊裳以其先人麟軒太守冬夜課子圖見示索題余與方氏鄰里世好近事多可感者悵然有作』。

〔三〇〕萬言句：底本缺目，今依例增補。下『尺璧』同。

〔三一〕太白詩：見李白答王十二寒夜獨酌有懷。

〔三二〕山谷詩：見黄庭堅戲贈彦深。

〔三三〕飲無何：底本缺目，今依例增補。

〔三四〕摯甫：底本諱作『某甫』，今據曾國藩全集日記校改。

〔三五〕前首漢禰衡：底本缺目，今依例增補。

〔三六〕山谷詩意：黄庭堅登快閣云：『朱弦已爲佳人絶，青眼聊因美酒横。』

〔三七〕曾颺：底本缺目，今依例增補。下『太白樓頭』『我面句』『東極句』『無當卮』『漣水湄』同。按底本次本條於『太白樓頭』後，今據原詩次序校移。

〔三八〕晨裝摶曾颺：見謝靈運初發石首城。曾，昭明文選行旅上作『魯』。

〔三九〕當年定交……張君嗣：所録乃屬殘聯。按桐城吴先生詩集詩集附録（以下簡稱『詩集附録』）作：『當年訂交在太白樓頭，倚馬才高，共看人敬張君嗣；异日携酒過八公山下，停車腹痛，苦憶書論盛孝章。』據倪星垣聯語粹編一所載，全聯應作：『昔年訂交在太白樓頭，倚馬才高，共看人敬張君嗣；他日携酒過八公山下，停車腹痛，苦憶書論盛孝章。』注云：『君嗣，名裔，蜀人，爲丞相府長史。盛孝章，吴人。孔融有上曹公論盛孝章書，見文選。』

〔四〇〕金陵湖廣會館聯：據詩集附録及民國黄涵林編古今楹聯名作選粹所載，全聯作：『泛洞庭湖八百里秋波，挂席來游，三楚風濤携袖底；邀太百樓一千年明月，憑欄遠眺，六朝烟景落尊前。』

〔四一〕之狀：底本脱，今據荀子非相篇校補。下『傅説之狀』之『之狀』同。

〔四二〕玉卮無當：韓非子外儲説左上：『今爲人主而漏其群臣之語，是猶無當之玉卮也。』

〔四三〕湘軍志：誤。王定安所作爲湘軍記。湘軍志作者乃王闓運。

〔四四〕西南：底本脱，今據酈道元水經註卷三十八校補。

〔四五〕湘鄉縣：欽定大清一統志卷二百七十六『漣水』條作『湘陰縣』。

〔四六〕志：當爲『記』之誤。

〔四七〕小吏有時排雁鶩：見詩集次韵李佛生二首之一。

〔四八〕八尺畫堂裹章服：見詩集和李佛生元韵。

〔四九〕戲馬臺：底本缺目，今依例增補。

〔五〇〕此詩……能拘矣：底本次本條於『「聖處」二句』條後，因其爲總評，故校移。

〔五一〕聖處二句：底本缺目，今依例增補。下『没鼻翁』『行逢詹尹』同。

〔五二〕不到聖處寧非癡：見韓愈感春四首之二。

〔五三〕臣今時復一中之：見蘇軾太守徐君猷通守孟亨之皆不飲酒以詩戲之。

〔五四〕王筠傳：底本訛作『王融傳』，今據南史王筠傳校改。

〔五五〕山谷詩：見黄庭堅再答冕仲。

〔五六〕黎侯二句：底本缺目，今依例增補。

〔五七〕寫定尚書：見光緒二十八年六月七日條『寫定尚書』校。

〔五八〕涑：底本作『涑』，今據詩集校改。

〔五九〕卧鼓：底本缺目，今依例增補。下『應響』『白題』『歌寳馬』『黄支句』『節度携』『縛馬書』『陳安』『料知二句』『屈人兵』『潭潭』等同。

〔六〇〕杜詩：見杜甫秦州雜詩二十首之三。

〔六一〕賈生疏：見漢書賈誼傳。

〔六二〕者：底本脱，今據李鴻章全集信函四致總署　論伊犁界約（光緒五年十一月十八日）校補。

〔六三〕與俄議：底本作『有』，今據李鴻章全集信函四致總署　論伊犁界約校改。

〔六四〕元裕之詩：見元好問岐陽三首之二。

〔六五〕潭潭大度如卧虎：見黄庭堅送范德孺知慶州。

〔六六〕太尉……出兵：史記絳侯周勃世家作『太尉守便宜，不肯往』。

〔六七〕阿膠止濁流：底本缺目，今依例增補。下『調黄金供買門』『恤緯』同。

〔六八〕治黄河：底本訛作『止河流』，今據抱朴子外篇嘉遁校改。

〔六九〕義山詩：見李商隱隨師東。

〔七〇〕原詩見范集：見范伯子詩文集卷二，題作『贈别摯甫先生』。

〔七一〕咏貧士：誤。按陶淵明咏貧士凡七首，均未提及『長公』事。陶淵明詩中提及張長公者有讀史述九章張長公、飲酒（十二）（『長公曾一仕，壯節忽失時』）、扇上畫贊（『張生一仕，曾以事還』）。

〔七二〕縱：底本訛作『赴』，今據詩集校改。

〔七三〕媷：桐城吴先生詩集作『㛹』，吴汝綸全集詩集作『媷』。按『㛹』與『媷』爲异體字。作『媷』，訛。廣韵上聲腫韵：『㛹，不肖也。一曰：「傛㛹，劣也。」或作「搨茸」，又作「毻毴」。』字彙辰部：『媷，而隴切，戎上聲。不肖也。一曰：「傛媷，劣也。」亦作「傛茸」。』

〔七四〕在闒茸之中：見司馬遷報任安書。

〔七五〕公詩：見詩集吴振齋同年出其尊人家誡册子屬題即祝其七十壽。

〔七六〕又云：見詩集王晋卿自蜀寄所爲止園雜憶十首見示中有一首爲見憶之作依韵答之不能遍和也。

〔七七〕國語：誤。按左傳昭公九年載晋國有位膳宰叫『屠蒯』，禮記檀弓下有『杜蕢洗而揚觶』。元和姓纂十一模云：『左傳晋大夫屠蒯，檀記作「杜蒯」。』

〔七八〕蘇詩：見蘇軾蝎虎。

〔七九〕韓退之詩：見韓愈送文暢師北游。

〔八〇〕閏：底本脱，今據日記文藝『丙子閏五月十七日』校補。

〔八一〕直北孤雲是冀州：見張裕釗濂亭遺詩卷二，題作『簡吴至甫』。

〔八二〕窮日母：底本缺目，今依例增補。按底本次本條於『東甌』條上，今據詩句順序調整。

〔八三〕韓詩：見韓愈雙鳥詩。

〔八四〕己與東野：朱熹昌黎先生集考异卷二：「釋老、李杜之説，恐亦未然。舊嘗竊意此但公爲己、孟郊作耳。「落城市」者，己也；「集巖幽」者，孟也。初亦不能無疑，而近見葛氏韵語陽秋，已有此説矣。讀者詳之。」

〔八五〕罷官還犢：底本缺目，今依例增補。下「桑麻杜曲」「士龍句」同。

〔八六〕杜詩：見杜甫曲江三章五句之三。

〔八七〕赤舌：底本缺目，今依例增補。下「桔梗」「辛毗」同。

〔八八〕縱與孫劉……不爲公耳：乃引尺牘與薛叔耘語。按三國志魏書辛毗傳云：「吾之立身，自有本末。就與劉、孫不平，不過令吾不作三公而已，何危害之有？」

〔八九〕范詩見本集：見范伯子詩文集卷二，題作「三十二歲自壽」。

〔九〇〕答潘藜閣書：見尺牘補遺，題作「與潘藜閣（七月五日）」。

〔九一〕佳麗：范伯子詩文集卷四書與仲弟以答來旨而言近事拉雜不休遂得六十韵作「清麗」。

〔九二〕以：書與仲弟以答來旨而言近事拉雜不休遂得六十韵作「取」。

〔九三〕范詩見本集：見范伯子詩文集卷四，題作「余之南歸本遲遲而冀州嘉客甚衆益與之早夜爲詩酒之歡客有李和度者故人李佛笙之子也發其先君遺稿讀之則金陵酬余之作在焉愴念昔游感懷近事追和此篇」。

〔九四〕韓文：見韓愈答崔立之書。

〔九五〕集驗方十五篇：誤。按舊唐書陸贄傳載作「陸氏集驗方五十卷」，新唐書陸贄傳作「今古集驗方五十篇」，均非「十五篇」。

〔九六〕放翁詩：見陸游村居。

〔九七〕續：底本訛作「讀」，今據錢忠聯校注劍南詩稿校注卷六十七校改。

〔九八〕録：底本作「集」，今據錢忠聯校注劍南詩稿校注卷六十七校改。

〔九九〕吴熙甫先生墓表：見賀濤賀先生文集卷三。

〔一〇〇〕拔戟自成一隊：左傳襄公十年云：『狄虒彌建大車之輪而蒙之以甲以爲櫓，左執之，右拔戟，以成一隊。』

〔一〇一〕舍偏兩之一焉：見左傳成公七年。

〔一〇二〕歐叔弼：底本缺目，今依例增補。下『過此句』同。

〔一〇三〕目之：底本脱，今據唐張彦遠法書要録卷十、嚴可均全晉文(上)及劉茂辰等王羲之王獻之全集箋證等校補。

〔一〇四〕杜牧之詩：見杜牧九日齊山登高。

〔一〇五〕黄山谷詩：見黄庭堅次韵宋楙宗三月十四日到西池都人盛觀翰林公出游。

〔一〇六〕開笑口驚遨頭：底本次於『兩盛流』後，今據詩句順序校移。

〔一〇七〕婆娑老子句：底本缺目，今依例增補。

〔一〇八〕老子婆娑：典出晋書陶侃傳：『未亡一年，欲遜位歸國，佐吏等苦留之……將出府門，顧謂愆期曰：「老子婆娑，正坐諸君輩。」』

〔一〇九〕祭姚漪園文：見文集卷三。

〔一一〇〕范和作見本集：見范伯子詩文集卷四，題作『六月十五日酷熱傍晚得雨乃解因與摯父先生姚錫九張采南乘輿登西城樓玩月而姚丈張君并吹笛余乃即景爲詩得二十一韵』。

〔一一一〕髪星星：底本缺目，今依例增補。

〔一一二〕苦言二句：底本缺目，今依例增補。

〔一一三〕樂天詩：見白居易放言五首之三。

〔一一四〕木有瘿……之病也：蘇軾答李端叔書本作：『木有瘿，石有暈，犀有通，以取妍於人，皆物之病也。』

〔一一五〕皆有祭文：文集卷一有祭蕭君廉甫文、卷二有祭方存之文。

〔一一六〕榮願句：底本缺目，今依例增補。下『可漕』同。

〔一一七〕荆公詩：見王安石登小茅山。

〔一一八〕馬矢爲通猪矢爲苓：方回瀛奎律髓云：『馬矢爲「通」，猪矢爲「苓」。……身登絶境，視世之榮利如糞土，故云「人間榮願付苓通」。』

〔一一九〕韓詩：見韓愈薦士。

〔一二〇〕錫九用杜公遭田父泥飲韵賦詩見贈：詩集題作『錫九用杜公遭田父泥飲韵賦詩見贈時適聞廉卿將南歸忽忽不樂勉成和章』。

〔一二一〕退之詩：即韓愈三星行。

〔一二二〕贈冀州判張君：范伯子詩文集卷三題作『酬冀州判張君』。

〔一二三〕次首：底本缺目，今依例增補。

〔一二四〕澹齋將求官淮上賦詩爲别：詩集題作『澹齋將求官淮上賦詩爲别余弟熙甫依韵和答以留其行因次元韵兼示熙甫（四首）』。

〔一二五〕積薪：底本缺目，今依例增補。下『首句』同。

〔一二六〕用人……居上：史記汲黯傳原文作：『陛下用群臣如積薪耳，後來者居上。』

〔一二七〕早知二句：底本缺目，今依例增補。

〔一二八〕和趙鐵卿七夕詩：詩集題作『和趙鐵卿七夕詩詩七夕次日所作（戊子七月）』。

〔一二九〕四十家詩鈔：即晚清四十家詩鈔，凡三卷，吴闓生選編，成書於民國十三年（一九二四）。從師友淵源著眼，收其叔父吴汝繩以下四十一家詩六百四十六首，其中有日本人詩作二首。一九二四年由北平文學出版社刊行。

〔一三〇〕秦昌五詩序：見范伯子詩文集卷七。

〔一三一〕杜公詩：見杜甫乘雨入行軍六弟宅。

〔一三二〕李頎詩：見李頎放歌行答從弟墨卿。

〔一三三〕分遣使者……風謡：後漢書方術列傳李郃傳：『和帝即位，分遣使者，皆微服單行，各至州縣，觀采風謡。』

〔一三四〕答姚錫九詩：見詩集次韵和姚錫九二首之二。

〔一三五〕末首：底本缺目，今依例增補。

〔一三六〕前首：底本缺目，今依例增補。下『次首』同。按底本二條順序顛倒錯亂，今據原詩先後校移。

〔一三七〕與趙鐵卿書：尺牘未見。

〔一三八〕案：底本置於下句『公自去歲』前，今依例校移。

〔一三九〕首二句：底本缺目，今依例增補。下『絳衣二句』『相如都』同。

〔一四〇〕汪菊坡……題跋：詩集題作『汪菊坡名如金持示劉海峰贈其大父汪賓書先生詩册乃海峰手迹屬爲題跋時客濟南作七古一首』。

〔一四一〕濟南：底本作『泲南』。按底本『濟南』亦或作『泲南』，今統一作『濟南』。下同不注。

〔一四二〕山谷詩：見黄庭堅次韵王炳之惠玉版紙。

〔一四三〕泰山句：底本缺目，今依例增補。

〔一四四〕韓詩：見韓愈調張籍。

〔一四五〕抵冀州：該詩爲前赴冀州扶亡弟熙甫之喪至天津附海船南還作詩二首以抒余哀之一。

〔一四六〕阿同：底本缺目，今依例增補。下『一棺』同。

〔一四七〕海上：該詩爲前赴冀州扶亡弟熙甫之喪至天津附海船南還作詩二首以抒余哀之二。

〔一四八〕案：底本次本條於『七哀詩自注』後，今調移。

〔一四九〕末二句：底本缺目，今依例增補。

〔一五〇〕余居蓮池……答之：詩集題作『余居蓮池姚錫九用杜公何氏山林韵見贈十首久不暇和山東道中依韵答之』。

〔一五一〕褰裳投岸浪吞天：見詩集依韵答燊甫兄二首之一。

〔一五二〕答康之：詩集題作『康之同游佛峪有詩依韵答之』。

〔一五三〕此閑行：底本缺目，今依例增補。下『花繁句』『習家池』『騎馬句』『不成二句』同。

〔一五四〕行：底本訛作『看』，今據杜牧八月十二日得替後移居霅溪館因題長句四韵校改。

〔一五五〕杜詩：見杜甫晚行口號。

〔一五六〕太白詩：見李白襄陽歌。

〔一五七〕世説注：世説新語任誕：『山季倫爲荆州，時出酣暢，……高陽池在襄陽。』劉孝標注引襄陽記曰：『漢侍中習鬱於峴山南，依范蠡養魚法作魚池，池邊有高堤，種竹及長楸，芙蓉、菱芡覆水，是游燕名處也。山簡每臨此池，未嘗不大醉而還，曰：「此是我高陽池也！」襄陽小兒歌之。』

〔一五八〕習家池：底本次本條於『輕魚袋』後，今據詩句順序調整。

〔一五九〕杜詩：見杜甫送高三十五書記十五韵。

〔一六〇〕亦用此：三字語意晦澀，疑『亦』爲『詩』之誤。

〔一六一〕杜詩：見杜甫奉贈韋左丞丈二十二韵。

〔一六二〕范詩：見范伯子詩文集詩集卷八，題作『摯父先生以余所寄十七紙詩示叔節中多嘲笑其求官者叔固憂悲老親而作計恨余言之不見其心也次口字韵問余余再叠和』。

〔一六三〕之句：見晚清四十家詩鈔卷二姚永概叠韵酬李玉度四首之四。

〔一六四〕不成二句：本條底本錯置『公則以古文之法行之』後，今正。

〔一六五〕墓表：見文集卷二，題作『從兄鄆城知縣吴君墓表』。

〔一六六〕三：蓋爲『四』之誤。

〔一六七〕不肯方：底本缺目，今依例增補。下『末句』同。

〔一六八〕攝任邱令……屬題：詩集題作『攝任邱令君張琴府以東坡雪浪石銘屬題爲題七古一首』。

〔一六九〕奇章句：底本缺目，今依例增補。下『窪尊』同。

〔一七〇〕題桃源圖：詩集題作『題趙贊臣桃源圖』。

〔一七一〕石臼：底本訛作『石上』，今據蘇軾武昌西山校改。

〔一七二〕此亦一段奇也：王羲之書法集七十帖本作『此緣一段奇事也』。

〔一七三〕長身：底本缺目，今依例增補。下『小舞句』同。

〔一七四〕韓文：見韓愈唐正議大夫尚書左丞孔公墓志銘。

〔一七五〕有詔稱……迴旋：此爲長沙定王傳『以其母微無寵，故王卑溼貧國』之注文：『應劭曰：景帝後二年諸王來朝，有詔更前稱壽歌舞。定王但張褏小舉手，左右笑其拙。上怪問之，對曰：「臣國小地狹，不足回旋。」帝乃以武陵、零陵、桂陽益焉。』

〔一七六〕故人……依韵和答：詩集全題作『故人程伯專之子恭甫别廿餘年矣復相見於天津投詩二律頗驚狂言依韵和答』。

〔一七七〕初自二句：底本缺目，今依例增補。下『塵中二句』『末句』同。

〔一七八〕世説：誤。按『藍田生玉，真不虚也』出自三國志吴志諸葛恪傳裴松之注引江表傳，云：『恪少有才名，發藻岐嶷，辯論應機，莫與爲對。孫權見而奇之，謂瑾曰：「藍田生玉，真不虚也！」』

〔一七九〕生子當如孫仲謀：見三國志吴書吴主傳：『十八年正月……曹公望權軍，嘆其齊肅，乃退。』裴松之注引吴歷語。

〔一八〇〕末二句：底本缺目，今依例增補。

〔一八一〕使家符：底本缺目，今依例增補。下『印纍纍』『簫雲馳』『好爵句』同。

〔一八二〕韓詩：見韓愈八月十五夜贈張功曹。

〔一八三〕生兒：宋王十鵬東坡詩集注、宋施元之施注蘇詩等均作『孩兒』。

〔一八四〕題云：見范伯子詩文集詩集卷七，全名作『先立秋一日同摯父先生舍弟仲林登寓園臺玩月同賦明日舍弟行矣』。

〔一八五〕伯子句：底本缺目，今依例增補。下『犀角句』『猗那』『崔蔡』同。

〔一八六〕燕南并轡：見范伯子詩文集詩集卷六。

〔一八七〕獄中詒子由詩：見蘇軾予以事繫御史臺獄獄吏稍見侵自度不能堪死獄中不得一别子由故作二詩授獄卒梁成以遺子由。

〔一八八〕題姚慕庭詩集：詩集題作『題姚慕庭詩集册尾即用集中見贈元韵』。

〔一八九〕墓志銘：見文集卷三，題作『姚慕庭墓志銘』。

〔一九〇〕蘇詩：見蘇軾子由新修汝州龍興寺吴畫壁。

〔一九一〕和慕庭口字韵詩：詩集題作『山谷口字韵和姚慕庭』。

〔一九二〕畫圖句：底本缺目，今依例增補。下『獨有句』同。

〔一九三〕藤花一歲再開用歐公韵示姚叔節：詩題全稱作『藤花一歲再開用歐公鎮陽殘杏韵示姚叔節』。

〔一九四〕韓詩：見韓愈陸渾山火和皇甫湜用其韵。

〔一九五〕軒軒句：底本缺目，今依例增補。

〔一九六〕廣受：底本缺目，今依例增補。

〔一九七〕扁鵲傳：底本訛作『倉公傳』，今據史記扁鵲倉公列傳校改。

〔一九八〕九折臂：底本缺目，今依例增補。

〔一九九〕官奴：底本缺目，今依例增補。下『餓隸』『若問句』『那見二句』同。

〔二〇〇〕楹聯：見桐城吴先生詩集附録收録，全聯作：『此鄉乃俠窟餘風，萬丈白虹馬生角；何處訪戰場故事，一堆黄土豹留皮。』

〔二〇一〕廣雅：誤。按檢廣雅未見此條，蓋爲『爾雅』之訛。爾雅釋詁云：『伊，惟也。』

〔二〇二〕范元詩：見范伯子詩文集詩集卷七，題作『摯父先生以李伯夫人歸櫬間應來會否就吾決行止走筆答詩二十二韵并以手寫近詩往屬其來路評也』。

〔二〇三〕穿木槃：底本缺目，今依例增補。下『閏位句』同。

〔二〇四〕太極老君……神丹：陶弘景真誥卷五甄命授原文：『昔有傅先生者，其少好道，入焦山石室中，積七年而太極老君詣之。與之木鑽，使穿一石磐厚五尺許，云：「穿此磐，便當得道。」其人乃晝夜穿之。積四十七年，鑽盡石穿，遂得神丹，乃升太清，爲南嶽真人。』

〔二〇五〕此甲午秋冬間作：底本次於『群飛刺天』前，今依例前移。

〔二〇六〕前首：底本缺目，今依例增補。下『來者二句』『次首』『高天句』同。

〔二〇七〕列子：誤。按『盧敖』見於淮南子應道訓，云：『盧敖游乎北海……』高誘注：『盧敖，燕人。秦始皇召以爲博士，使求神仙，亡而不反也。』

〔二〇八〕韓文：即韓愈祭柳子厚文。

〔二〇九〕帶索句：底本缺目，今依例增補。

〔二一〇〕陶詩：見陶淵明咏貧士七首之三。按『帶索』語出列子天瑞篇：『孔子游於太山，見榮啓期行乎郕之野，鹿裘帶索，鼓琴而歌。孔子問曰：「先生所以樂何也？」對曰：「吾樂甚多：天生萬物，唯人爲貴，而吾得爲人，是一樂也。男女之別，男尊女卑，故以男爲貴，吾既得爲男矣，是二樂也。人生有不見日月、不免襁褓者，吾既已行年九十矣，是三樂也。貧者，士之常也；死者，人之終也。處常得終，當何憂哉？」孔子曰：「善乎能自寬者也。」』

〔二一一〕首二句：底本缺目，今依例增補。下『摘仙句』同。

〔二一二〕謝康樂語：見宋無名氏釋常談八斗之才：『文章多謂之「八斗之才」。謝靈運嘗曰：「天下才有一石，曹子建獨占八斗，我得一斗，天下共分一斗。」』

〔二一三〕山谷詩：見黄庭堅次韵王炳之惠玉版紙。

〔二一四〕莊子：莊子天運篇：『又奚傑然若負建鼓而求亡子者邪？』

〔二一五〕丁敬禮嘗作小文令僕彈之：與楊德祖書作：『丁敬禮嘗作小文，使僕潤飾之。僕自以才不過若人，辭不爲也。敬禮謂僕：「卿何所疑難？文之佳惡，吾自得之，後世誰相知定吾文者邪？」吾常嘆此達言，以爲美談。』

〔二一六〕鷦鴨：詩集作『焦明』。按鷦鴨，一作『焦明』，南方神鳥。『焦』爲『鷦』之省；『明』蓋爲『鴨』之訛(詳見王叔岷史記斠證卷一百十七)。説文鳥部：『鸛，鸛鷞也。五方神鳥也。東方發明，南方焦明，西方鸛鷞，北方幽昌，中央鳳皇。』又文選注引樂緯：『鷦鴨，狀如鳳皇。』

〔二一七〕由來鈍駿寡參尋：底本訛作『由來駿鈍懶參尋』，今據韓愈游青龍寺贈崔太補闕校改。

〔二一八〕袁公二句：底本缺目，今依例增補。

〔二一九〕世説：世説新語文學載：『袁虎少貧，嘗爲人傭載運租。謝鎮西經船行，其夜清風朗月，聞江渚間估客船上有咏詩聲，甚有情致，所誦五言，又其所未嘗聞，嘆美不能已。即遣委曲訊問，乃是袁自咏其所作咏史詩。因此相要，大相賞得。』

〔二二〇〕趙詩：詩集作『附元詩』。

〔二二一〕寫定尚書：見光緒二十八年六月七日條『寫定尚書』校。

〔二二二〕漢書平點：即漢書點勘，凡二卷。蓮池書院文獻叢刊吴汝綸全集收録。

〔二二三〕漢書：即漢書西南夷兩粤朝鮮傳之『恐議者選耎，復守和解，太守察動静有變，乃以聞。』

〔二二四〕看取蔫花句：底本缺目，今依例增補。

〔二二五〕義山詩：見李商隱壬申七夕。

〔二二六〕瘠牛句：底本缺目，今依例增補。

〔二二七〕參彼己：底本缺目，今依例增補。下『四夷學』『青油句』『面欺二句』『末學二句』同。

〔二二八〕季布傳：底本訛作『匈奴傳』，今據漢書季布傳校改。

〔二二九〕古詩：見江淹陶徵君潛田居：『素心正如此，開徑望三益。』

〔二三〇〕赴：蓋『訃』之訛。

〔二三一〕僕馬二首：指北行七哀之第五、六首。按北行七哀第五、六首後均有先生自注：『馬』『僕』。

〔二三二〕早識浮休句：底本缺目，今依例增補。下『誰令句』同。

〔二三三〕誰令句：底本次本條於『方死方生』條後，今據詩句先後次序校移。

〔二三四〕首律前四句：底本缺目，今依例增補。下『平城句』『桓伊句』『白日句』同。

〔二三五〕韓致堯詩：見唐韓偓八月六日作四首之一。

〔二三六〕楊雄文：見楊雄諫不許單於朝書。

〔二三七〕與李公尺牘：尺牘題作『賀李相年節』。

〔二三八〕失羊求：底本缺目，今依例增補。

〔二三九〕阜財求：底本缺目，今依例增補。

〔二四〇〕相印棄如屣：底本缺目，今依例增補。下『劍首句』同。

〔二四一〕首二句：底本缺目，今依例增補。下『末二句』同。

〔二四二〕太白詩：見李白醉後贈從甥高鎮。

〔二四三〕日本梅原……却寄：詩集題作『日本梅原融爲其國文學寮教授英文寄示近作十許首却寄』。

〔二四四〕往歲……用前韵：詩集題作『往歲六月藤花再開戲用歐公鎮陽殘杏元韵作詩示姚叔節今年六月多雨藤又再花仍用前韵志喜且示疇九』。

〔二四五〕日本有前田九華者寄詩一章叠韵奉酬：詩集題作『日本有前田九華者少通佛典今爲本願寺法師見余所寄梅原融詩以爲善欲介中島裁之而交余中島來書附寄前田見寄詩一章即次拙詩前韵兹叠韵奉酬』。

〔二四六〕黑子：底本缺目，今依例增補。下『一游麟有德』『狗分功』同。

〔二四七〕日本西京……奉謝：詩集題作『日本西京本願寺教學參議部總裁武田篤初績學有文介中島成章來訪持日本寶刀見贈賦此奉謝兒與諸生可共和也』。

〔二四八〕只今二句：底本缺目，今依例增補。下『斷髮句』『佽飛』『善刀』同。

〔二四九〕古湛盧劍之價值：吳越春秋卷四闔閭内傳：『楚昭王曰：「其（湛盧劍）直幾何？」風湖子曰：「臣聞此劍在越之時，客有酬其直者，有市之鄉三十，駿馬千匹，萬户之都二，是其一也。」』

〔二五〇〕衛不然：底本次本條於『善刀』條後，今據詩句先後順序校移。

〔二五一〕吴振齋……屬題：詩集題作『吴振齋同年出其尊人家誡册子屬題即祝其七十壽』。

〔二五二〕振齋：賀濤誥封榮禄大夫吴公墓志銘作『正齋』。

〔二五三〕四子：底本訛作『三子』，今據誥封榮禄大夫吴公墓志銘校改。

〔二五四〕劾：漢書作『免』。

〔二五五〕障：蓋爲『陣』之誤。按後秦釋鳩摩羅什佛遺教經：『若念力堅强，雖入五欲賊中，不爲所害。譬如著鎧入陣，則無所畏。』

〔二五六〕白馬笈：底本次本條於『著鎧入障』前，今據詩句順序校移。

〔二五七〕傴僂：左傳昭公七年：『及正考父佐戴、武、宣，三命兹益共，故其鼎銘云：「一命而僂，再命而傴，三命而俯。循牆而走，亦莫余敢侮。饘於是，鬻於是，以糊余口。」其共也如是。』

〔二五八〕鬼瞰高明：揚雄解嘲：『高明之家，鬼瞰其室。』

〔二五九〕犯嚴：底本缺目，今依例增補。

〔二六〇〕日本詩人本田幸之助來訪賦詩送之：詩集題作『日本詩人本田幸之助自號曰種竹自本國聞余名今由都下來訪席間詢樓桑村易水所在又歷數吾國詩自漢魏至國朝乾嘉諸老謂皆讀其本集能言其得失越日遂行賦詩送之二首』。

〔二六一〕人才句：底本缺目，今依例增補。下『次首起二句』『勘誤』同。

〔二六二〕山谷句：見黄庭堅次韵子由績溪病起被召寄王定國詩。

〔二六三〕日本上野……却寄：詩集題作『日本上野岩太郎春間自輦下來保定見訪已而介野口子勵先生寄其國理學士山上萬次郎所撰大地志二册手書曰昔吾國人汗漫西游黄金購詩流爲佳話願以一詩見惠汝綸雖不能詩不得不少答其意爰賦一律却寄』。

〔二六四〕首二句：底本缺目，今依例增補。下『長房真縮地』『末二句』同。

〔二六五〕斷取三千大千世界：維摩詰所説經不思議品：『又舍利佛！住不可思議解脱菩薩，斷取三千大千世界，如陶家輪著右掌中，擲過恒河沙世界之外，其中衆生不覺不知己之所往；又復還置本處，都不使人有往來想，而此世界本相如故。』

〔二六六〕荆公詩：見王安石純甫出釋惠崇畫要予作詩。

〔二六七〕費長房有縮地術：清王謨漢魏叢書神仙傳卷五壺公：『（費長）房有神術，能縮地脉，千里存在目前，宛然放之，復舒如舊也。』

〔二六八〕曹深州出其師陳蘭洲先生手札屬題：詩集題作『曹深州出其師陳蘭洲先生手札屬題札中多論吏治爲賦一律』。

〔二六九〕徐劍：底本缺目，今依例增補。下『蓋堂』同。

〔二七〇〕越人方：底本次本條於『徐劍』條前，今據詩句順序校移。

〔二七一〕日本金子彌平見示近作二首：詩集題作『日本金子彌平見示近作二詩索和次韵賦此即送其歸國』。

〔二七二〕題龔仲勉古印徵：詩集題作『題龔仲勉心釗瞻麓齋古印徵』。

〔二七三〕繆篆：底本缺目，今依例增補。下『禁臠』『侯鯖』『恭顯』『蕭生』同。

〔二七四〕五侯鯖：西京雜記卷二：『五侯不相能，賓客不得來往。婁護、豐辯傳食五侯間，各得其歡心，競致奇膳，護乃合以爲鯖，世稱五侯鯖，以爲奇味焉。』

〔二七五〕見本傳：見漢書蕭望之傳。

〔二七六〕新瀉縣視學官湯原元一投詩見贈：詩集題作『新瀉縣視學官湯原元一投詩見贈依韵奉答兼示牛莊領事田邊熊三郎』。

〔二七七〕諸將詩注：即前次韻和許涑文觀察擬諸將五首『白題』條注。

〔二七八〕賜竇融詔：見後漢書竇融傳。

〔二七九〕答文帝書：見漢書西南夷兩粤朝鮮傳之趙佗本傳。

〔二八〇〕首句：底本缺目，今依例增補。

〔二八一〕管子：誤。按『無忘在莒』，亦作『勿忘在莒』『不忘在莒』，典出吕氏春秋貴直論直諫，云：『齊桓公、管仲、鮑叔、寧戚相與飲酒酣，桓公謂鮑叔曰：「何不起爲壽？」鮑叔奉杯而進曰：「使公毋忘出奔在於莒也，使管仲毋忘束縛而在於魯也，使寧戚毋忘其飯牛而居於車下。」』

〔二八二〕前六句：底本缺目，今依例增補。下『兩驚心』同。

〔二八三〕赴大阪歡迎會會者七八十人：詩集題作『赴大阪歡迎會會者七八十人吾爲客客主各演説頌詞諸公多投詩相贈金子謂主人等欲令吾即席賦詩因賦廿八字』。

〔二八四〕末句：底本缺目，今依例增補。

〔二八五〕赴交詢會倉卒成二十字：詩集題作『赴交詢會社長大鳥圭介今爲樞密顧問官社員請留話及詩於留音機器倉卒成廿字』。

〔二八六〕土居香國昨日席上贈詩：詩集題作『土居香國昨日席上贈詩余以群主人來談者多不能奉和罷席歸補成一首寄呈』。

〔二八七〕直將句：底本缺目，今依例增補。

〔二八八〕關義臣字湘雲惠贈大詩依韵奉和：詩集題作『關義臣字湘雲嘗以唱義繫獄昨用三島東字韵惠贈大詩依韵奉和』。

〔二八九〕魏文帝……字季重：底本次於『末二句并收』之後，義不類，今據文意校移於本句下。

〔二九〇〕雲長關羽也：底本次於『字季重』之後，義不類，今據文意校移本句下。

〔二九一〕末二句：底本缺目，今依例增補。

〔二九二〕應日户招游江島：詩集題作『應日户招游江島是日爲主者三省堂主人龜井忠一率其夫人及二子與席二子皆能懸腕作字已而劍舞皆可觀夜宿最高樓上席上賦詩贈龜井』。

〔二九三〕三省堂有岡正一者游時賦二絶句：詩集題作『三省堂有岡正一者游時賦二絶句甚有詩才余次韵和之』。

〔二九四〕昨自江島歸得土居香國二詩：詩集題作『昨自江島歸得土居香國二詩渠已五叠前韵依韵再和匆匆未及寫寄其詩意欲約來訪不能不寄相聞附記於此』。

〔二九五〕精養軒……奉酬：詩集題作『精養軒之游所得序詩均未及答土屋弘昨補一詩貽書索和依韵奉酬』。

〔二九六〕赴大倉……和答：詩集題作『赴大倉之招大倉者東京富人也蔡公使毓將軍均在席席間長岡護美爲二詩分贈余及毓公毓即席和答余歸途乃成』。

〔二九七〕移居……答森槐南：詩集題作『移居永田町一丁目十九番地森有禮宅森槐南贈用田綸霞古歡堂移居詩韵依韵和答』。

〔二九八〕羨門高誓：底本次本條於『「芝英」句』條後，今據原詩次序校移。

〔二九九〕封禪書：封禪書有『羨門高』而無『高誓』，索引以『羨門高』爲『羨門之高』。『高誓』見秦始皇本紀，史記志疑：『求羨門高：附案封禪書「羨門子高」，此與郊祀志羨門高是一仙人名。魏張揖漢書司馬相如傳注云：「碣石山上仙人也。」集解、正義連下「誓」字爲句，分「羨門」與「高誓」爲二人，大誤。』

〔三〇〇〕山谷詩：見黄庭堅和謝公定征南謡。

〔三〇一〕後漢書：馬援討平徵側、徵貳事見馬援傳、劉隆傳、南蠻西南夷列傳。

〔三〇二〕雉鳴句：底本次本條於『「一女」句』條前，今據詩序校移。

〔三〇三〕殊鄰：底本將本條與下『雄邦』條次於『「年以」句』條後，今據詩序校移。

〔三〇四〕妙法聞瞿曇：底本缺目，今依例增補。下『迷七聖』『龍象句』同。

〔三〇五〕歐陽公范文正碑：誤。按歐陽修資政殿學士户部侍郎文正公范公神道碑銘無此語，『走敵完鄰』乃見王安石祭范潁州文。

〔三〇六〕野口多内……一帙：詩集題作『野口多内去年在吾國得古今儲貳金鑒一帙獻其東宮其師三島毅侍講東宮以七言絶句相謝余來東京野口已往福州未及相見其太翁持此卷屬題因用三島元韵敬題一絶』。

〔三〇七〕自君作故：底本缺目，今依例增補。

〔三〇八〕赴近衛公之招游御植物園：詩集題作『赴近衛公之招游御植物園長岡子爵贈詩即席和之用元韵』。

〔三〇九〕齊秦莫漫問雌雄：見前赴大阪歡迎會會者七八十人吾爲客客主各演説頌詞諸公多投詩相贈金子謂主人等欲令吾即席賦詩因賦廿八字詩。

〔三一〇〕昨森槐南偕永坂石埭來訪：詩集題作『昨森槐南偕永坂石埭周二來訪永阪贈梁星岩詩集并約今日同飲且用森君移居詩韵贈詩吾擬和答醉不及作晨起和之』。

〔三一一〕永阪詩：見桐城吴先生全書吴先生行狀等，題作『明治三十五年七月摯甫先生見過於玉池之祭詩龕得拜讀其移居用古歡堂唱和體高著欽佩之餘次韵賦此』。

〔三一二〕弟子二句：底本缺目，今依例增補。

〔三一三〕杜審言語：舊唐書杜審言傳：『（杜審言）嘗謂人曰：「吾之文章，合得屈、宋作衙官；吾之書迹，合得王羲之北面。」』

〔三一四〕赴巢鴨風病院爲賦一絶：詩集題作『赴巢鴨風病院院長吴秀三芳溪索詩爲賦一絶』。

〔三一五〕首句：底本缺目，今依例增補。

〔三一六〕山谷詩：見黄庭堅再次韵寄子由。

〔三一七〕末二句：底本缺目，今依例增補。

〔三一八〕杜詩：見杜甫江畔獨步尋花七絶句其六。

〔三一九〕前四句：底本缺目，今依例增補。

〔三二〇〕莊子：莊子雜篇外物：『儒以詩、禮發冢。』莊子雜篇讓王：『中山公子牟謂瞻子曰：「身在江海之上，心居乎魏闕之下，奈何？」』

〔三二一〕結城琢寄詩索和又寄日本刀：詩集題作『結城琢寄詩索和又寄日本刀次韵答謝將托中島代寄二首』。

〔三二二〕皇墳：底本缺目，今依例增補。下『螺師句』同。

〔三二三〕韓詩：見韓愈醉贈張秘書。

〔三二四〕釋典：法昌倚遇禪師法身頌：『螺師吞大象，石虎咬番馬。』

〔三二五〕與楊蓮府士驤書：尺牘卷四，題作『楊濂甫廉訪』。

〔三二六〕赴加藤正義郵船公司之招：詩集題作『赴加藤正義郵船公司之招飲於築地瓢室席間和毓將軍六言元韵』。

〔三二七〕赴長岡氏之招依韵和答：詩集題作『赴長岡氏之招長岡即席贈詩二絶依韵和答』。

〔三二八〕下章：指新岡旭宇前贈詩書扇并出一扇索書久不答今次韵和酬詩。

〔三二九〕新岡旭宇前贈詩書扇：詩集題作『新岡旭宇前贈詩書扇并出一扇索書久不答今次韵和酬』。

〔三三〇〕日户先生招游觀水上放火花：詩集題作『日户先生招游觀水上放火花日本人謂之曰川開槐南有詩依韵奉和』。

〔三三一〕下策攻非計：底本缺目，今依例增補。

〔三三二〕記里車：底本缺目，今依例增補。

〔三三三〕山海經：疑誤。按山海經海外東經有『帝命竪亥步，自東極至於西極，五億十選九千八百步。竪亥右手把算，左手指青丘北。一曰：禹令竪亥。一曰：五億十萬九千八百步。』郝懿行注：『劉昭注郡國志云：「山海經稱禹使大章步，自東極至於西垂，二億三萬三千三百里七於一步；又使竪亥步南極，北盡於北垂，二億三萬三千五百里七十五步。」今案淮南地形訓所説，大旨相同，以校此經，無「禹使大章」云云。』

〔三三四〕郢燕：底本缺目，今依例增補。

〔三三五〕赴江木冷灰等檀欒會之招：詩集題作『赴江木冷灰等檀欒會之招會中諸公月一會此第七會也是日得贈詩十九首吾與啓兒席間各和答三首』。

〔三三六〕衣霑不足惜：見陶淵明歸園田居其三。

〔三三七〕惹許愁：底本缺目，今依例增補。

〔三三八〕世說：誤。按『不知許事，且食蛤蜊』出自南史王融傳。

〔三三九〕又次江木一絶句：詩集題作『又次韵和江木一絶句』。

〔三四〇〕首二句：底本缺目，今依例增補。

〔三四一〕蘇詩：見蘇軾大風留金山兩日。

〔三四二〕高橋作衛屬題其尊人白山翁詩文集：詩集題作『高橋作衛屬題其尊人白山翁詩文集爲賦一律』。

〔三四三〕赴永井久一郎之招坐中賦一絶：詩集題作『赴永井久一郎之招坐中分韵得歌部賦一絶』。

〔三四四〕赴手島知德之招席上和答：詩集題作『赴手島知德之招手島作五律二首見贈席上和答』。

〔三四五〕福岡縣……依韵答之：詩集題作『福岡縣有二村嘯庵者好藏名人書畫貽詩索字依韵答之』。

〔三四六〕赴郵船公司近藤廉平之招依韵和答二首：詩集題作『赴郵船公司近藤廉平之招近藤園林最勝黄昏導游一周森槐南即席賦詩依韵和答二首』。

〔三四七〕赴上野精養軒應文部之招：詩集題作『赴上野精養軒應文部之招有馬祐政作絶句索和依韵和之』。

〔三四八〕田所美治索詩賦一絶句：詩集題作『田所美治文部秘書官有紙索詩賦一絶句』。

〔三四九〕關義臣前寄三絶句勉次其韵：詩集題作『關義臣前寄三絶句今索和勉次其韵(三首)』。

〔三五〇〕赴信夫粲之招次韵答信夫贈詩：詩集題作『赴信夫粲之招粲字文則號恕軒能漢文同坐者岡本正輔亦通漢學席上次韵答信夫贈詩』。

〔三五一〕世説：見世説新語任誕：『山季倫爲荆州，時出酣暢。人爲之歌曰：「山公時一醉，徑造高陽池。日暮倒載歸，茗艼無所知。復能乘駿馬，倒著白接羅。舉手問葛彊：何如并州兒？」高陽池在襄陽。彊是其愛將，并州人也。』

〔三五二〕赴本田種竹之招次韻和其七律：詩集題作『赴本田種竹之招種竹有七律二首又叠韻前詩先韻五律二首席間次韻和其七律（二首）』。

〔三五三〕携兒子往訪小野願年八十九矣：詩集題作『携兒子往訪小野願年八十九矣少時勤王維新後早棄官有漢學詩刻者已十卷聞吾至爲一絶句依韻和之』。

〔三五四〕安昌客：底本缺目，今依例增補。

〔三五五〕東坡詩：見蘇軾張子野年八十五尚聞買妾述古令作詩。

〔三五六〕菊池晋見……一律：詩集題作『菊池晋見招余適忘之電話催往比到已九點鐘盡歡而散歸寓已一點鐘然菊池自午後兩點鐘已到寓迎候直至此時始散席間謝菊池一律』。

〔三五七〕菊池倜字修軒作詩見贈依韻和之：詩集題作『菊池倜字修軒菊池晋之父也作詩見贈依韻和之』。

〔三五八〕赴江木衷檀欒曾之招次韻答江木一律：詩集題作『赴江木衷檀欒會之招席間次韻答江木一律』。

〔三五九〕到西京往拜福原周峰亮和答諸友三絶句：詩集題作『到西京往拜福原周峰亮福原與同社河井中島諸君招引於圓嶠樓席上依韻和答諸友三絶句』。

〔三六〇〕福原昨贈詩依韻答之：詩集題作『福原昨贈詩今聞索和依韻答之』。

〔三六一〕十洲：底本缺目，今依例增補。

〔三六二〕漢魏叢書：誤。應爲明何允中輯廣漢魏叢書。

〔三六三〕有備中玉島……依韻和之：詩集題作『有備中玉島人田邊爲三郎投五律一首據云在東京欲謁余聞余客多不肯往煩聒今幸同船以詩爲贄其詩有警句云浴硯鯨波涌登樓岳雪開余感其意依韻和之』。

〔三六四〕首聯：底本缺目，今依例增補。

〔三六五〕山谷詩：見黄庭堅秋思寄子由。

〔三六六〕安慶作：詩集題注：『以下安慶作。』

〔三六七〕第六句：底本缺目，今依例增補。下『二妙』同。

〔三六八〕肺附：史記武安傳作『肺腑』。參見王念孫讀書雜志漢書第八肺附。

〔三六九〕里中作：詩集題注：『縣城作。』

〔三七〇〕當幅横流：底本缺目，今依例增補。

〔三七一〕山谷詩：見黄庭堅次韵王炳之惠玉版紙。

〔三七二〕首聯：底本缺目，今依例增補。下『尾聯』同。

〔三七三〕姚慕庭墓銘：見文集卷三，題作『姚慕庭墓志銘』。

〔三七四〕七句：底本缺目，今依例增補。

〔三七五〕首句：底本缺目，今依例增補。

〔三七六〕首聯：底本缺目，今依例增補。

〔三七七〕末句：底本缺目，今依例增補。

著述表

案公生平劬學不倦，藏書萬卷，皆手自釐定，考證評騭，丹黄盈篋，然不以撰著自名。公殁後，子闓生鈔輯遺稿，陸續刊行。今分别『已刊』『未刊』，列目如左。

桐城吴先生全書三十六卷家刻本。

易説二卷

尚書故三卷

夏小正私箋一卷

文集四卷

詩集一卷

尺牘五卷補遺一卷諭兒書一卷

尺牘續編四卷民國後續刊。

日記十二卷單行本。

傳狀一卷

清史本傳一卷

深州風土記二十二卷深州官刻本。

東游叢録四卷日本排印本，又上海績印本。

寫定尚書〔一〕一卷天津石印本。

姚氏漢書平點一卷同上。

姚氏老子章義一卷金陵刻本。

曾文正公古文四象五卷保定刻本。

以上六種，公生前自校刊者。

群書點勘百有二種排印本。

周易　尚書　詩經　四書　左傳

穀梁李右周云公羊亦有點勘本，但今已佚。　三禮　國語　國策以上經部〔二〕。

老子　莊子　管子　墨子　荀子　韓非子

吕氏春秋　淮南子　説苑　新序　法言　太玄

晏子春秋　孔叢子　文子　靈樞　素問　抱朴子

以上子部。

史記　漢書　後漢書用賀松坡評本。

齊書　梁書　陳書　魏書　隋書　新唐書

新五代史　通鑑　明史稿　一統輿圖

以上史部。

楚辭　文選　古文苑　漢魏百三家集　全唐文　宋文鑒

古文約選　古文辭類纂　經史百家雜鈔　駢體文鈔　瀛奎律髓　唐詩鼓吹

王姚古今詩選　劉氏歷朝詩約選　十八家詩鈔

以上總集。

蔡中郎　陶淵明　徐孝穆　庾子山　李太白　杜子美

李元賓　韓退之　柳子厚　李習之　皇甫持正　孫可之

李長吉　李義山　杜牧之　韓致堯

唐諸家。

歐陽永叔　蘇明允　蘇子瞻　王介甫　曾子固　黄魯直

晁叔用

宋諸家。

元裕之　歸熙甫　方靈皋　姚姬傳　張皋文　梅伯言

曾滌生　張廉卿　黎蒓齋　薛庸庵

以上專集。

説文　隸釋　金石録　漢隸字原

以上金石小學。

史記點勘一百三十卷附諸家評語一卷初校本點識一卷邢刻本，又保定初印本，蕭縣徐氏續印本。

評選瀛奎律髓四十五卷　評選唐詩鼓吹十六卷

以上三種，南宫邢氏刻本。

古詩鈔二十七卷〔三〕附目四卷　李長吉詩注四卷外集一卷

韓翰林詩三卷香奩集一卷補遺一卷

以上三種，武强賀氏刻本。

諸家評點古文辭類纂七十四卷　漢魏百三家集選七十二卷

以上二種，蕭縣徐氏印本。

尚書讀本二卷課兒作。保定排印本。　古文讀本二卷課兒作。日本初印本，保定續印本。

桐城吴氏古文讀本類纂選本，有圈點、有評騭，門人常堉璋校印。

以上三種，選教初學者。

經書點勘八種易、書、詩、四書、左傳，附禮記、穀梁點勘。都門書局印。

子書點勘七種老、莊、管、墨、荀、韓、太玄。保定排印本。

呂氏春秋點勘

淮南子點勘

國語點勘

戰國策點勘

以上十九種，兼印原書者。

漢書點勘六卷〔四〕附後漢書評點〔五〕一卷海鹽徐氏刻本，又深澤王氏印本。

諸史點勘一卷深澤王氏印本。

楚辭點勘一卷

文選點勘五卷

古文苑點勘一卷

古文約選點勘一卷

古文辭類纂點勘四卷以上四種，奉天萃升書院刻本。

以上六種，點勘之單行者。

歸震川評點史記一百三十卷附方望溪平點四卷武昌張氏刻本。

劉海峰歷朝詩約選九十三卷上海刻本。

以上二種，公生前與友人合刊者。

李文忠公全集一百六十五卷李氏自刻本。

通商約章類纂三十五卷公創議編輯，由他人續纂刊行。

學古堂文集二卷蓮池課藝。

冀州公事章程一卷

以上四種官私典籍，公所創議纂訂者。

節本天演論〔六〕一卷修正嚴譯，北京初印本，上海續印本。　韵學一卷

以上二種，已并入日記中。

文選司馬長卿、司馬子長、王子淵、楊子雲、班孟堅、韓退之。　詩選全目在古詩鈔存目中。

太史公所録左氏義三卷

以上三種，寫定未刊者。

寫定春秋左氏傳十二卷

以上一種，公寄滬擬刊未果，遂并稿本失去。今稿本復出，惟前五卷已佚。

歷代都邑表　禹貢疆域表　導山表　導水表　虞十二州表　爾雅九州表

職方九州表　尚書地理表　詩十五國表　春秋列國地理表

以上十種，稿本佚而復得，未及刊行者。

〔一〕寫定尚書：參見光緒二十八年六月七日條『寫定尚書』校。

〔二〕經部：國語、國策不當列此。

〔三〕二十七卷：傳本爲『二十卷』。

〔四〕六卷：傳本爲『二卷』。

〔五〕後漢書評點：著述表無此名目。

〔六〕節本天演論：全稱作『吴京卿節本天演論』。

門弟子表

案公施教歷年，門徒不可勝記，今册籍均已無存，僅采輯其可考見者。

嚴修範孫天津［人］。翰林院編修，貴州學政學部侍郎。

賀濤松坡武强［人］。進士。刑部主事，信都書院山長，保定文學館長。

賀沅芷村武强［人］。翰林院庶吉士，福建上杭知縣。

閻志廉鶴泉安平［人］。翰林院檢討，蓮池校士館長。

孟慶榮薇臣永年［人］。翰林院侍讀，學部右丞。

劉若曾仲魯鹽山［人］。翰林院編修，大理院卿，直隸省長。

傅增濬學原江安［人］。進士。吏部主事。

傅增湘沅叔江安［人］。翰林院編修，直隸提學使，教育總長。

劉春堂治琴肅寧［人］。進士。甘肅、江蘇知縣。

劉春霖潤琴肅寧［人］。甲辰狀元。翰林院修撰，河北教育廳長。

王瑚鐵珊定州［人］。翰林院庶吉士，京兆尹，江蘇省長。

路士桓尚卿南宫［人］。翰林院編修，監察御史。

范桂鄂棣臣（臬）藁城［人］。翰林院檢討。

紹英越千滿洲［人］。度支部侍郎，清室内務府大臣。

周學熙緝之建德[人]。舉人。財政總長。

李剛已剛己南宮[人]。進士。山西知縣，代理大同府知府。

吳鎧凱臣武邑[人]。進士。

安文瀾翰卿定州[人]。進士。山西知縣。

張以南化臣滄州[人]。蓮池書院齋長。張繼之父。

劉乃晟蘋西衡水[人]。舉人。江西知縣。

谷鍾秀九峰定州[人]。國會議員，農商總長。

韓德銘虔谷高陽[人]。勛三位虔威將軍。

尚秉和節之行唐[人]。進士。内務部科長。

王延綸合之定州[人]。進士。山東知縣。

李景濂右周邯鄲[人]。進士。國會議員。

閻鳳閣瑞庭高陽[人]。進士。直隸咨議局議長。

籍忠寅亮儕任邱[人]。舉人。雲南財政廳長，國會議員。

常堉璋濟生饒陽[人]。兵部郎中，國會議員。

賈恩紱佩卿鹽山[人]。舉人。

王振垚古愚定州[人]。舉人。國會議員。

李廣濂芷洲深州[人]。山西知縣，國會議員。

鄧毓怡和甫大城[人]。國會議員。

劉培極宗堯任邱[人]。深縣知事。

梁建章式堂大城[人]。舉人。浙江道尹。河北實業廳長。

吳籛孫彭秋固始[人]。舉人。京師巡警廳丞。

吳笈孫士緗固始[人]。大總統府秘書長。

吳箕孫咏湘固始[人]。山東候補道。

何雲蔚豹丞定遠[人]。舉人。河南知府。

趙宗抃鐵卿深澤[人]。舉人。

賀嘉枏墨儕武強[人]。舉人。

劉登瀛際唐南宮[人]。舉人。

趙衡湘帆冀州[人]。舉人。

王篤恭琴南河間[人]。舉人。

武錫珏合之深州[人]。

宋朝楨弼臣南宮[人]。舉人。濰縣知縣，蓮池書院提調。
齊福丕懋軒南宮[人]。舉人。武定知府。
徐德源潤吾清苑[人]。濟寧縣知事。
王恩紱繹如清苑[人]。舉人。太康知縣。
馬鑒瀅曉珊定州[人]。舉人。廣東知縣。
黄錫齡春圃冀州[人]。舉人。
吴鼎昌鼐臣清苑[人]。舉人。
張坪榮坡獻縣[人]。舉人。
楊越月村鹽山[人]。舉人。
于鳳閣桐山冀州[人]。舉人。
步其誥芝村棗强[人]。舉人。
李景澔滙東邯鄲[人]。舉人。
崔謹子餘祁州[人]。舉人。
白鍾元長卿新城[人]。
李春暉□□高陽[人]。
紀鉅湘海帆獻縣[人]。
胡源清問渠永年[人]。

高步瀛閬仙霸縣[人]。舉人。教育部司長。
邢之襄詹亭南宮[人]。山東知縣，法部參事。
馬錫蕃用三定州[人]。鑒瀅父。
黄鳳翽來庭冀州[人]。舉人。錫齡父。
樊榕蔭孫清苑[人]。舉人。
張鎮午麓雲清苑[人]。舉人。
陳之焕星海滿城[人]。舉人。
李諧譈備六冀州[人]。舉人。
于鳳鳴賡桐冀州[人]。舉人。
馬鎮桐璽卿新河[人]。舉人。
李吉林薪珊深州[人]。舉人。
張殿士丹卿宣化[人]。舉人。
蔡如梁東軒文安[人]。
胡元留存叔延慶[人]。
劉汝賢竹坡獻縣[人]。
張志滄伯蒼豐潤[人]。

崔莊平子端任邱[人]。
梁建邦芝封大城[人]。
王儀型式文滄州[人]。
張步瀛鑾坡安州[人]。
崔棟上之無極[人]。
張國昌定侯滿城[人]。
崔炳炎蘭溪鹽山[人]。
蔣耀奎冶亭慶雲[人]。
段宗杜棣華蠡縣[人]。

以上河北。

冒廣生鶴亭如皋[人]。
言有章謇博常熟[人]。
柴維桐琴堂
丁維魯奎野日照[人]。
李嘉鈺玉度孝感[人]。
王賓基堇廬海鹽[人]。

以上各省。

籍郇恩雨南任邱[人]。
谷鍾琦右韓定州[人]。
杜之堂顯閣廣宗[人]。
王寶鈞□□安州[人]。
王孝銘西渠深澤[人]。
劉彤儒翊文鹽山[人]。
何之鎔冶園鹽山[人]。
張廷楨□□易州[人]。

廉泉惠卿金匱[人]。
陶炳午書常紹興[人]。
葉崇質文樵懷寧[人]。
丁汝彪孔彰日照[人]。
李嘉璧和度孝感[人]。

馬其昶通伯
姚永樸仲實
張誠篤生
房宗嶽秩五
吳汝澄守一
宋振鴻蘆初
李德膏光炯
唐爾熾雨梅
以上桐城。
冉楷式齋
姚壽昌丹坡
孫大鵬振汝
以上清苑。
張延楨溯周
王家範調元
康依仁靜山
律星垣

姚永楷閑伯
姚永概叔節
史推恩恕卿
姚孟振慎思
吳燕來夢雛
吳延佐士俊
嚴釗翊亭
鄭召臣肖伯

蘇毓琦鏡韓
崔琳潤齋

張廷棟蔭千
李著元九彰
魏斐成
劉仲楷

康思恒亨菴
郭增廓
以上深州。
賀錫珊鐵君
常熙廉讓卿
常熙庸俊卿
以上饒陽。
賀洀心銘
賀葆經
以上武强。
弓汝恒子貞均父。
弓均景崔
張毓英
以上安平。
張延湘楚航
李喆生鑒波
王孝逵用儀

郭增慶子餘
賀家杰
常熙敬冠卿
賀德深竹泉
弓汝勤子釗
弓汝昌
門以臺延閣
張增鱻雪香
劉步瀛旋吉
魏兆麟徵甫

胡庭麟子振　羨繼儒雅堂

王玉山含章　閣鳳華

馬維周　李愷義

司熙坊可亭　司熙袒煦彩

李書田子畬

以上冀州。

鄭有鳳　李慶年雲甫

孫毓芑稷生　劉祖培植亭

魏履礽用五　齊賡芑子周

齊賡芾甜南

以上南宮。

馬景麟仁趾　尚椿莪逢春

謝喬年遐齡　馬鍾魁炳文

劉玉山

以上衡水。

步其灝柟孫　步其澤惠泉

步以紳笏峰　步以墉崇之

步以崚
齊立震峙青
李琳昌崑圃
以上棗强。
國普恩
陳毓華蓉堪
章夢庚
以上武邑。
范松山嶺秀
邢瑞龍靈祉
韓殿琦雲翔
孟有麟君燕
以上新河。
劉壽山
吳汝舟少棠見日記品藻門。
劉焕章
楊潤芳
高彭齡
劉吟皋
趙顯曾
趙纘曾
王餘慶
趙炳麟
馬鍾杰
劉汝棨
李駿聲
李鴻林
邢襄
黎炳文

野口多内子厲

以上祭文中列名者，字籍待考。

中島裁之伯成

早川新次東美

以上日本。

案新城王樹枏晋卿，通州范當世肯堂，侯官嚴復幾道、林紓琴南，四人皆執贄請業，願居門下，而公謝不敢當。曾公所謂『不列弟子籍，同時服膺』者也。附記於此。

跋

家大人編輯桐城吴先生年譜既成，且印行，命崇元爲跋於後，以述其意，乃敬作而言曰：

嗟乎，經濟之學之不大行於世也久矣。吾國學術，向以尊經爲重，而數千年來，訓詁之儒多泥於章句箋疏之末，於古聖賢窮變通久之義，往往滯而不通；於經邦治國之道，有益蓋鮮。其爲諸子之學者，亦不能探幽發微，著爲篤實可行之論，俾有補於家國，而徒爲門户黨派之争。政治、學術幾劃爲兩塗，不相聞問。甚矣，學者之蔽也！前清中葉而後，外人紛入，而舉國士論，狃於故常，茫然不識彼此强弱之所在，徒敖然自大，尊己卑人，以致禍患紛乘，迄無寧日，其貽害於國家者如此。

夫治國之道，莫要於内審國情，外觀大勢。所以救弊而起衰者，宜悉本於理勢之當然，未有可以漫然應之者也。桐城吴先生，生當世運劇變之初，時外國之學説，尚未大行於中國，先生曠觀時事，已深不以斤斤於考據、義理者爲然，而獨專力於經世有用之學，於是遍察各國大勢，并取其政治、經濟、學術，以與吾國古經、諸子之説相印證，乃以爲不師人長，不足以救弊圖新，於是振聾發聵，力倡采用泰西之學。蓋以爲彼强而我弱者，必有彼得而我失之處，若不深求其得失，以截長補短，則彼强者必愈强，而弱者愈弱也，則將來之趨勢，亦惟有聽其侵削凌辱而已。此國家興亡關鍵之所在，非可以苟然已也。及庚子而後，世人熟於先生之論，又得目睹敗潰之恥，自德宗以下，全國輿論，亦莫不憂世變而亟圖救亡之策，乃始有一再變法革新之舉，而先生竟以赴日本考察學制，勞瘁以卒。嗚乎，有志未竟，此誠天下之所共痛惜者也！雖然，近四十年來，民智開發，科學昌明，亦寧非先生之遺教有以啓發之也耶？先生之學，博涉旁通，不拘於一家之説。晚年尤力崇西學，主張開化，且旁搜遠紹，以益其文，故先生之文，晚益博奥醇懿，雄奇閎肆，多有關於治道之大，非徒争勝於楮墨間。至其高見遠識，實能扼安危治亂之樞紐，爲百年以來未雨綢繆之計。惜世未克盡用其言，而先生殷殷憂世之心，其議論固未嘗虚發也，豈世所謂文章家之所能比擬哉？

先生逝世，於今四十年矣，世之人徒奉先生爲一代文學大家，而不知先生之犖犖大者。其生平事迹之詳，及議論之大端，亦多不加深察，此豈獨一家學術顯晦之得失歟？先生掌教保定蓮池書院最久，家君嘗私淑其學行，以爲先生之生平多有繫於當世，不可以不詳，於是乃有年譜之輯。崇元方從先生哲嗣北江夫子學，故間有疑義，輒命往爲詳詢，而稿本之編訂，崇元亦得從事其間。閲二載書成，即付剞劂，以公諸天下。斯編一出，庶幾先生之志，因是作而益彰，而其治學之始末，亦可因而得窺其全。豪傑之士，必有聞風興起者，國家之前途，庶幾爲猶有望，此家君編輯之微旨也。

校印將畢，爰命崇元粗述涯略。崇元後生末學，愧不能更贊一辭，以迫於嚴命，謹稍抒所見，以質諸當世景仰先生之學者。

甲申孟春，男崇元敬跋。

附録：吴汝綸生平傳記資料

先府君哀狀

吴闓生撰

府君體素弱，而善自攝養，從不輕有疾病。去歲奉旨派充京師大學堂總教習，請於筦學大臣至日本訪詢學制，勤劬將事，東報嘗稱其精力過絶數人，勞瘁至甚，不能將息；歸國後，請假歸里一視。沿途感觸海上風寒，因以致疾。延至正月初七日，病勢沉重，至省城延西醫到家診治，無效，至十二日卯刻，竟棄人世而長逝矣。嗚呼哀哉！

不孝方游學日本，相距萬里。十五日，得電信稱府君疾重。踉蹌奔還，至上海，已聞噩耗。當即變服，匍匐歸里，距府君之逝已十日矣。生不能養，死不能送，曾不得盡人子一日之職。嗚呼哀哉！

府君懿行碩學，爲天下所共聞見。獨東游之役，其盡瘁徇職以致殞身報國之迹，交游間或未得盡知，有不得不含痛縷述，以達公鑒者：

府君初膺張尚書知薦，雖再三辭讓，其後既被聖旨，乃毅然欲有以自任以酬恩遇，故自請爲出海之行，計其時前死纔數月耳。以六十垂白之年，行萬里絶海之域，溽暑炎蒸之際，勞瘁百端。初至，查視學校,每日輒十數區,自講堂、教室以至一椽一桷之微,自圖籍、儀器以至一名一物之細,凡構造之精,陳列之備,無不詳加察覽,曲與孯究。炎天赤日之下,步行數十里,各校講師更番應客,而府君曾無休時,從者皆意怠神疲,不能自振,府君亦憊甚,左右或言:『先生憊甚矣!』府君奮然曰:『吾爲國家至此,殫精考核,正在此時,不可不自敦率。』乃益振勵將事。在東京,日夕應客以百十數,皆一一親與筆談,日盡數百紙,無一語不及教育事者。所接亦多教育名家,反復詰難,曲盡其藴。客退,輒撮記精要,手録成册。每至過午不食,夜分不寢,以爲常。日本報館主筆屢用驚嘆,而府君精力實以此盡矣。

嘗獨携一譯人,往訪該國宫中顧問田中不二麿,田中嘗爲日本巡訪歐美各國學制,日本教育多其手定。相距甚遠,府君又不肯乘馬車,獨以人力車往。中塗路滑,車子傾跌,府君傷鼻,血流如注,昏不知人。譯人大驚,扶掖至近傍醫院,用冷水療洗。血止,即馳車至田中之宅,與談辨詳甚;又過教育家辻新次等數人,乃歸。歸後數日,傷處猶隱痛也。其勤事不顧身,大率如此。

在文部省聽講教育旨趣,親携紙筆,與二三學徒,每日冒暑往聽二三小時,曾不倦怠,片語隻字,躬自紀録。其動懇之狀、忱篤之衷,文部高等官相與私嘆,以爲所未嘗睹。具見東京日報。臨行,過西京大學,與其總教木下廣次深談,木下大服,退語人曰:『吴先生精思卓識,曠絶一世,日本維新之時斷無如此人才,大清教育之隆可翹企也。』其名流推服,大都如是。

蓋府君聲在日本既久,方其始至,名公貴人、學士大夫,下至女子厮養,無不踵門參謁,以一見中國大儒爲幸。既相接,無不傾倒至甚,所以增重國光者實非微淺。去後在舟中諭兒書云:『東游三月,未若舟中之閑適者。』其始終勤瘁,未嘗一息休暇,可見也。

歸國之時，日報頗傳口語，日本人多疑府君南歸無意復出者。不孝作家書時，亦言：『大人春秋高矣，從此優游湖山，未爲失計。』府君復書云：『吾此次東游日本，君臣上下，期望殷切如此，今若不出，使鄰國疑吾朝廷，於義不可。吾歸家小住，解凍即諯上報命。若不用而後歸，未晚也。』歸里以後，又爲本縣開辦小學堂事，盡慮籌畫，寢食胥廢。歸家百不暇問，即至會城。及十二月二十九日還家度歲，遂以積勞致疾，以至不起。嗚呼哀哉！

伏思府君平素神明純固，交游多謂宜登上壽，倉卒遘患，遂至夭閼天年，追原其故，實以委身王事，不自顧惜，精力疲竭，失於調養，年齒垂暮，遂不復救。揆之人臣致身之義，蓋無愧色。自授職大學以來，雖未嘗一日莅事，而其殫精以圖學事，殆莫有過者。日本一行，不獨爲國家光寵，其所訪查教育事宜及日記、筆談，皆已勒爲成書，凡歐美學校精理，大端畢具。東報嘗稱其編集精詳，雖彼邦自著，莫能逮。今天下方開學堂，其所陳足備采擇。艱難死事，不爲無功。獨蒙朝廷特知，未及以身任職，臨死猶引爲憾事。

綜其夙志遺謨，至可哀痛，尚望達官貴顯有生平之素者，將其在東勞績及積勞致殞之由，臚陳當軸，俾得上達天聰，則孤露餘生，感且不朽。苫塊昏迷，語無倫次，謹縷述概略，大率載在東報，爲彼都所熟稱，決不敢臆撰一語以自誣其死父，仁人君子幸矜憐而垂鑒焉。

棘人吴闓生泣述。

先府君事略

吴闓生撰

先君諱某字某，安徽桐城縣人。道光庚子年九月二十日生。以弟一人入學爲諸生，中同治甲子科第九名舉人，乙丑科第八名進士，生平於制科無再試者。家門世有陰德，先王父尤以道義高鄉里。

先君性至孝，於兄弟友愛無與比。幼苦貧，刻勵向學，得鷄卵一枚，不肯食，易松脂以照讀書。少長，以文章見知於湘鄉曾文正公，公奇其才，以爲漢之禰衡。舉進士，佐文正公幕府。十年〔一〕，文正移江南，先君留官直隸，因佐合肥李文忠公幕府。當是時，叛亂初定，外國駸駸内嚮，海宇洞開。風會既一變，驚奇譎幻之端，皆前古所未嘗有；而在廷官吏，多狃習常故，鮮宏通遠識之材能深察未然與時勢相推移，以矯制更俗、扶進國運者。中外大疑大計，壹決於曾、李兩相，李公尤特立以當外交之衝。先君左右其間，事無大小，無不盡慮，二公亦深相倚重，舉時務機要，悉以資之，故先君以一身關天下之大者垂三十年。今刊行曾、李奏議，大抵出先君之手。

先君既參贊當世大政，出其緒餘以爲官一州郡，所至卓著名績。歷任署天津府知府，補深州直隸州知州、冀州直隸州知州，在冀州尤久。冀故辟左下邑，先君振興文教，英彦蔚起，遂爲畿輔之望。地污下，田斥鹵不治，多水潦患。先君爲開渠六十餘里，導積水入滏，建閘以啓閉之。由是田始可耕，商旅鱗萃，民用饒給。其始不便，謗議紛集，效久而彌念之。先君在官，盡心民事，興學開渠其最著云。

好客，延進後輩惟恐不及，士爭歸向。通州范先生當世，才高能文，先君致之官所，傾宧橐待之，恣所爲不問，范先生以此取重名於天下。至於友朋危難，輒銳身救之，不顧計禍福利害也。又善御下。有劇盜，名聞遠近，前政不能制，歸命先君，嘗得其死力，以此捕治盜賊，無不效者。然性恬退，不樂仕宧，於衆所慕趨榮途，避去若浼。唯文正公最知先君，文正薨，先君益孤立無所恃。以故居官二十年，同位多躋顯要，或膺方面重寄，立名字於京朝，而先君不進一階，不加一秩，久之，卒謝病去。

李文忠嘗再三欲薦先君，先君不屑就也。罷冀州後，遂欲南歸，李公切辭留之曰：『我老，國家艱危至此，公何更忍棄我！我死，乃聽公歸耳。』先君憐其意，不復言去。顧以性坦直，不能阿世取榮，思欲就閑處以教育後進自任，乃留居保定，主講蓮池書院。自是迄終世，先君之志事，專在於教化矣。

罷官十餘年，深、冀之民始終仰之如慈父母，歲時過從相續。先君不營生計，有事，深、冀之人輒醵貲集數千金以待急需，如此者前後凡數四。先君雖不受，而諸人之行未之有改。

在保定十年，以新學倡導士子，風氣豁開，積習梳薙，士多以英偉識時務著聲。後來興事創業者，咸出其門。先後立英文、日本文學堂，延英、日名人以爲教授。於時，外國學爲衆所未聞，俗論多震駭之者，先君不爲動。

未幾，亂民禍起，日以仇殺外人爲事，學悉壞散。先君又建言大府，宜急捕治亂民，毋使熾。大府方薀亂，不能用。先君亦以此不容於衆，挈家出走，幾不得免。先君雖在難，倉皇顛沛，然意氣泰然，諷誦自若，無驚遽之色也。嘗避地深州，法軍略地至深，已及郊矣，州人大震，欲舉城夜遁。先君召集人吏，籌退敵之策，親巡街市以鎮撫之，卒以無事。後數月，李文忠來持和議，先君乃還京師。時文忠猶欲薦先君，密使所親示意，先君盛言其不可，勸者曰：『君自論病耳，今將勸君使下藥，當奈何？』先君答曰：『今代高醫無如相國，以相國所不能而謂下走能之乎？吾以太平時辭官，若以危亂時起復，何顛悖若是？相國愛我，使我處一講席，或南或北，當令諸生略識時務，萬一爲國家收用，不致愚謬誤國，是我所庶幾，出仕非所能也。』無何，和議成，文忠亦薨逝，於是先君決意歸，士人非弟子者魏鍾瀚等千二百人上書，卧轍攀留，徑置不顧。

壬寅春，天子懲往事之過，發憤圖强，參考中外良法，詔行省府州縣咸立學堂，首於京師創立大學堂爲之倡。筦學大臣吏部尚書張百熙，以爲學堂之立，首在主持之得人，親枉駕過先君客邸，堅請出相助，不可，則扶服以請，先君猶不應。張公不待許諾，直奏聞之於上，得俞旨賞加五品卿銜充大學堂總教習。先君聞命，猶爲書告張公力辭，殊無意應也。是時，中國初用西法立學，苦不得要領，獨日本變法已久，其全國皆設學堂，兼用中西教法，斟酌盡善。先君乃白張公，請往日本訪詢學制，歸復命以爲藉，張公喜諾。歲五月，約裝東渡。

先君喜結納外國人與歐美名士，上下議論，意氣勤勤懇懇，見者無不傾倒。英美人林樂知、李提摩太之屬，皆慕交先君。美教士路崇德嘗語人曰：『吾見中國人多矣，學識襟抱未有萬一及吴先生者，真東方第一人也。』日本同文之國，於先君尤親厚。門人中島裁之，絶海來從問學。日本人之在中國者，無道路遠近，必踵門求謁，丐書詩文通款洽爲榮。及東游計定，其舉國人士，無不驚喜相告，以爲兩邦幸。名卿貴人、官吏百執、學徒婦女、下至竈門厮養之徒，莫不争延頸踵懷，慕望相屬。至止之日，長崎、神户、大坂、東西京名流集會，將迎者數千人，皆設盛筵爲酬酢，傾一國士望以賓事先君。先君一以和恕接之，言論懇直無矯飾，見者無不意饜以去，咸推服欣誦不容口。先君官不過大夫，非盟聘專使，無覲見國君之例，日主明治特延見示敬。

在東京，每鷄鳴而起，宵旰不暇寢食。考核學事，文書山積。日夕應客以百十數，皆一一親與筆談，反復詰難詳盡。又於其間與舊學家商搉經史；詩人墨客，流連文酒之會；巡察諸學規制，縱覽園林名勝、山水佳麗之地，酣嬉極意，窮游讌之樂而公事畢舉。凡東游三月，門不絶屨，車無停軌，日本賢雋，望風辟易，驚嘆以爲天人也。及既辭歸，舉國人無不惝然若有大失者。

將歸，請於筦學大臣，便道一過故里，因携日本教師一人以南，爲鄉縣立小學堂。既歸，不暇問家事，即至會城，召父老謀立學，盡極勞瘁。議甫就，臘盡始還家門。中途冒大風雪，得寒疾。素不用中土醫藥，疾亟，自安慶召西醫到家診視，已不可治，光緒二十九年正月十二日晨朝遂卒，享年六十四歲。先君精神强固，老而不衰，健步强飯，如三四十歲人。倉卒遘患，遂致不起，蓋非盡其天年也。不孝羈游日本，聞先君卒乃歸，先君逝已十日，既棺斂矣。哀哉！

先君以孝友、文章聞天下。官深州時，迎事王父母，兄弟怡怡，色養無間。伯父病，先君服役左右，屏絶婢僕。及季父以羸疾養疴冀州，家亦少豐，於是盡財力所及調護之，噢咻撫視累十年，無一日怠忽，遠近嗟嘆。叔父官山東縣令，亦苦羸疾，冬春間尤劇。先君在蓮池，每歲晏輒跋涉千里省弟治所，舉公私事悉爲料理，終其任不變，叔父力疾從官，忘其身之勞也。

其爲學，於古今中外，無不通貫，尤以瀹民智自强、急時病爲宗。蓋自漢以來二千餘年，號稱儒者不可勝數，而真能與於學問之事者，無幾人也。晚近世變益亟，環海强國競富盛新術，吾徒竊守舊俗，尤不足與相抗。先君以爲：

自古求道者必有賴於文，而其效必有以利濟乎當世，不知文事，不足以明前人之意旨而通變以爲世用。自群經子史，下逮百家之書，一以文之醇疵高下裁之，千秋作者，莫逃其衡鑒。於西人新學、新理，尤兢兢。嘗欲取彼長技，化裁損挹，以大行於天下。既不獲見諸實事，乃一以發之乎其文章，欲存厥端緒，以下開夫千百年後聰明材達之倫，庶幾有能繼起而行吾志者。

故先君之文，蓋焉關一世之安危，非他家之所敢望。所著書、易『經説』，於千古疑滯，條理咸晰，而文體尤崇絶，門人邯鄲李景濂讀之，嘆曰：『古今惟司馬子長、韓退之吾不敢知，能此者無第三人矣！』侯官嚴先生復，以精通西學爲中國第一，所譯書皆謁先君審定，退而服曰：『某沈潛西籍數十年，於彼中玄奥，不能悉了也，先生往往一二語已洞其要，中外學術一貫，固如是乎？』門人安平弓汝恒盡棄他業，專心輿地之學三十年，著古今地理沿革表數十卷，自以貫串經傳，於古無兩，讀先君所論地理書，乃咋舌自失，謂盡生平所未知。其博涉旁通，皆此類。

嘗以謂學術之與事功，不可區分爲二。近百年來，唯曾文正公能用其所學樹偉績於當世，門下如郭、薛、張、黎，咸得其一體。然曾公享年不永，不能究極未來之事變。方今之世，新舊乘除、存亡絶續之交也，立乎新舊乘除、存亡絶續之交，以樞紐天下之安危，能隨機肆應，與列强上下相角逐，使知中國有人，斂手而不敢動者，唯李文忠一人。雖不必以學力與殊方機智之儔相争衡，其所獨得者，蓋出天性也。李公死，天下幾無人矣。近時士大夫熟睹禍至之無日，亦嘗相與痛憤、太息憂之，然而莫之效者，非必濟亂之材無其人，績學之功不足也。變既日亟，後之世必非不學無術、偏長淺涉小智之徒所能勉强支拄者，非舉中外學術融會於一冶，以陶鑄而裁成之，未足言人才矣。顧能操其柄而責之效者，固曠世所希覯耳。故先君晚年所營度汲汲若不及者，尤以興學造新人才當世變爲亟。壽不盡其年，時不副其志，朝廷大臣方虛懷相畀，士流多仰首以托命者，一旦不幸，遂至摧折以死，意者天之不可知邪？抑固命也？烏乎，其酷矣夫！

先君服御簡薄，生平於事物無所好，獨好聚書，雖貧匱，輒出重金購書。藏書數萬卷，皆手自釐定。居恒手一卷不釋。所著書已刻者，有寫定尚書〔二〕一卷，深州風土記二十卷〔三〕，東游叢録四卷。其餘經説、詩文、尺牘、日記若干卷，釐定群書若干種，多爲學經世之要。先君禁傳播文字，故交游間罕得見者。不孝將謀刊刻行世，以竢後聖君子。

二十九年二月，不孝男吴闓生謹述。

在官履歷：具官某，年若干歲，安徽桐城縣人。由附生中式同治甲子科第九名舉人，乙丑科會試中式第八名貢士，以内閣中書用。同治八年，前總督曾奏保，奉旨：『著以直隸州留於直隸補用。欽此。』九年補深州，十年六月到任。十二年三月十四日，丁父憂。光緒元年，接丁母憂。三年九月十四日，服闋，指捐原省。五年五月，赴部驗放到省。九月，奉委代理天津府。六年二月，卸事。七年三月，補冀州，閏七月初十日到任。須至履歷者。

——桐城吴先生全書

〔一〕十年：誤。據曾國藩年譜載，曾國藩於同治九年八月十二日奉旨回任兩江總督，十月二十日抵達金陵，二十二日接受關防印信。

〔二〕寫定尚書：見光緒二十八年六月七日條「寫定尚書」校。

〔三〕二十卷：誤。據傳本及著述表均爲「二十二卷」。

吴先生行狀〔一〕

清　賀濤撰

先生諱汝綸，字摯甫，姓吴氏，安徽桐城人。曾祖諱太和，候選府經歷。祖諱廷森。父諱元甲，以諸生舉孝廉方正，武昌張廉卿先生嘗銘其墓，所謂『吴徵君』者也。母氏馬，其卒也，張先生又有馬太淑人祔葬之志。自先生貴，封贈兩世如其官。

先生幼喜讀書，少長以文章見知於曾文正公，遂從曾公受學。同治甲子，舉於鄉。乙丑，成進士，文端公倭仁見其廷試策而奇之，拔置一甲。先是，今湖廣總督南皮張公以弟三人及第，其策不用當時體。先生所爲策，其體亦异，某公曰：『此有所效而爲之者。』抑置三甲，以中書用。曾公督兩江，奏調先生至金陵。移督直隸，又調先生北來，補深州直隸州知州。以父憂歸，又丁母憂。服除，署天津府知府，補冀州。先生之言曰：『不可於上，守吾法；不可於法，利吾民；不可於民，行吾志與學。』故其爲政，可博美名取上考而實無裨於民且擾之者，一不厝意；逆民之情，實則利之，則毅然而行，雖觸上官之怒，不顧也。

初治深，布政使錢敏肅公令復廢倉積穀，州縣趨爲之，先生爲言其弊，以爲擾民，獨置不復。州舊有義學二百四十餘區，其學田豪民攘有之，前知州多注意於此，屢變其法而弊不除。先生曰：『上務其名，民私其利，不責實之過也。』乃廢義學，没入其田千四百餘畝歸之書院。又爲書院追償二十年逋負五千金，厚給師生，廣置書籍，而書院以興。道光初，議均減徭〔二〕役，知州張杰以爲宜用攤丁法均之田畝，乃三分所轄村而更取之。同治十二年，謁東陵，吏以故事白，先生曰：『均徭於畝，張杰之議善矣。村户改變不常，而班分而更取仍以故籍爲率，猶之不均也。』於是統境内田畝，依徵糧册而一均之，而均徭之法遂簡易而無弊，垂爲永式焉。

其在冀，開冀、衡六十里之渠，洩積水於滏，變沮洳斥鹵之田爲膏腴者且十萬畝。時財用匱竭，官錢不易得，先生既上言大府以請，苟可出力以助吾謀者，無不通以書，情感勢劫，與相違復，牘牒書問日數十發，卒得白金十萬兩，而功以成。功之未成，先生與人書曰：『百計哀求，情同無賴。』既成，則又曰：『吾於事百無一能，至於籌款，可謂有作金之術矣。』其於書院，如在深州時，故二州人士，皆知務實學。先生在冀久，成材尤多，兩書院遂爲畿輔冠。冀之役法，合若干村爲一官村，官村歲出錢若干，官取之官村，官村村取之，村户取之，官不問也，已有不均之患。村之豐嗇，户之貧富，今昔不同，而官與官村之遞相科斂者不改其舊，而民之苦樂遂至夐絶。先生一以深州均徭之法均之，民以爲便。在深代游公智開，在冀代李公秉衡，皆世所稱廉能吏也，而今之稱道先生所爲者不容口，於二公之治顧忽焉若忘，以先生所施皆實政也。

先生既受學曾公，曾公國士目之，與聞大謀，輒爲草奏。李文忠公代曾公總督直隸，尤倚重焉。與外國互市通好之始，中國人不知外事，動輒召侮受欺，李公出而外交之道始明。其後交際事繁，有疑難必取決於李公，故外交之政，皆所建立；而仿效西法，歲有興改，其造端發難，惟先生是咨，而以章奏屬之。張靖達公、劉壯肅公亦皆虚懷接納，訪以救時所急。中國建築鐵路，劉公發其端，先生實勸之，其疏先生所屬藁也。先生數與諸公議天下事，既行其言矣，顧不樂仕進，在冀八年，引疾乞退。李公繫時安危，故先生竭誠贊畫，知無不言。數爲李公辯〔三〕謗，遭口語，而未嘗有所求。嘗一入幕府，已而辭不往。李公以先生天下才，説從計聽，其居官所請無不允，屢欲薦之，而先生辭，不强，故先生入仕二十年，未嘗遷官增秩，而品服如初。及乞退，李公問其故，先生曰：『無仕宦才。』李公笑曰：『才則有餘，性剛不能與俗諧耳。』先生笑不言。遂聽其去官，而留主蓮池書院，其倚辦於先生者如前。李公失勢，先生爲盡力有加於初，故祭李公文有曰：『不佞在門，或仕或止。迹疏意親，謂公知己。』嗚呼，賢者之相與固不易測度哉！

先生之學，無所不窮究，而以能濟時變爲歸宿。於古人書，率以文衡之，以謂：『文者，精神志趣寄焉。不得其精神志趣，則辭之輕重、緩急、離合失其宜而不能得其要領，或悖其旨而旁趨。』又嘗言：『古人著書，未有無所爲而漫〔四〕言道理者。』故治群經、子、史，必因文以求其意。於古今衆説，無所不采，亦無所不掃。文法司馬子長，旁逮諸家，以極其變。其論事之文，無高論膚説，不爲苟快意之詞，必使言之可行，行之可久。海外諸國，近百年中，日出其所得新理施之政事，遂致富强，挾其術東來，相逼日甚，中國相沿之政俗不足以當之，非講求其術，殆無以自立。

三十年前，先生固嘗以新學倡天下矣。近更旁搜廣取，窮險闢〔五〕幽，大暢厥旨，而文益博奧醇懿。侯官嚴幼陵先生，博學能古文，精通外國語言文字，所譯西書，自譯書以來蓋未有能及之者，而必就質於先生。先生每爲審正，輒退而服曰：『非所及也！』其教人，既以古學進之，又必語以當世之務，奪其舊習。故自外交事起，士大夫毁所不見，以無所挾之驕、不自量之憤爲進退失據之説，謂之正論，散布於朝野上下，間使當事者有所牽率，不敢恣所爲，民氣亦因之不靖，禍亂屢生；而從先生游者，則類能通知世變,不爲時論所淆,而以息囂龐、啓愚昧爲己任,於古學亦能破除庸陋,以所獨得發爲文章。先生於學者引掖獎薦,既出於至誠,故學者多樂從,而愛慕之意久而彌篤。在保定十餘年,深、冀之〔六〕人歲時往謁者〔七〕不絶於途。嘗有急需,二州人醵金以進,先生不能却也。

光緒二十六年,外釁開,諸國兵并至,京師不守,先生避地至深。李公受命與諸國議和,以書招先生,先生遂至京師。和議成,天子憂世變之靡有届也,大新庶政,與天下更始,而以作育人才爲先,詔天下用西國法立學,建大學堂〔八〕於京師以統攝之,而命吏部尚書長沙張公爲管學大臣。於是張公聘先生爲大學堂總教習,先生辭。固請,不可。直隸薦紳魏鍾瀚等千二百人上書先生,請就張公之聘,猶未應也。張公欲遂其事,遽聞於朝,天子許之,命以五品京堂充大學堂總教習。先生既受命,思報張公之知遇,而慮學校初立,其法未能盡善也;日本用西法久,學制尤明備,自請赴日本考求之。既至,自長崎、神户、大阪與東、西京所有之學校,無不往也。自大學下至村町之學,其學地、學舍與於學事之人、學所應具之器物,無不博稽而詳察也。自文部大臣以及教師、學徒與凡以教育名家者,無不晤語也。教授之法、論學之旨,則必深求其所以然之故。求而不得,思之至困。日行數十里,日接數十人,而文部聽講尤必日至不少間。舉所聞見之涉乎學制者,編以爲東游叢録,既備既精。在日本凡百日而歸,便道還桐城。至數日,又如安慶謀立桐城小學堂,議定乃還。還數日而病。病數日而卒,二十九年正月十二日也,春秋六十有四。

先生聲播中外,歐美名流皆喜與過從,推爲『東方一人』。日本人尤信慕。學者或航海西來,執弟子禮受業。其居中國者,無不造門請見,贈珍物,通殷勤,而乞詩文以夸示其國。及先生東渡,傾一國人無貴賤男女，皆以得一見爲幸，更進迭來，或伺候言動以登報紙，有譏其國人趨謁不時、使不得休息爲不愛客者。其國君亦延見致敬愛；而有識之徒則争出所有自效，曰：『吾國維新之初，號稱多才，無先生比者。』見所纂録，則又以爲：『吾國人自爲論次，不能如此精審。』先生之始至，其士大夫及中國人之居游是邦者，結會相迎，謂之『歡迎會』。及其卒，則又相與吊祭，爲『追悼會』云。

先生友于兄弟。伯兄病，屏去僕役，躬執煩辱。季弟病羸，服食藥餌，必具必精，苟可以娱其意，竭財力爲之，得閑則守視不去，積十餘年不怠。叔弟官山東，亦多病，先生時在保定，歲走千里往省之，爲經紀其公私所應爲者。兄弟没，孤寡皆依焉。

配汪氏，封淑人，女四人：長適直隸候補知縣薛翼運，次適舉人汪應張，次適翰林院編修湖南學政柯劭忞，次適直隸候補知縣王光鸞。側室歐氏，子闓生，年少有軼才，游學日本，學且成矣，聞先生疾〔九〕乃歸；女一。

所著書有：寫定尚書一卷、尚書故若干卷〔一〇〕、易説若干卷〔一一〕、深州風土記二十卷〔一二〕、詩文集若干卷〔一三〕、日記若干卷〔一四〕、東游叢録四卷。所讀書皆章乙句絶，其文辭之美者，以丹黄識别之，而評騭其醇疵高下，其考證校勘，亦雜識其中，書數萬卷，皆有手迹。

先生雖不樂久宦，未嘗以忘世爲高。李公事業，嘗以所學濟之。又將佐張公以新教法，雖未獲竟其志，聲光所被，已足增重國家，激厲士氣；而所采録，法明義闡，尤可據以措施，厥功偉矣！其吏治，於法不必書，而紀二州政績〔一五〕必詳且盡者，二州人皆以爲先生私我，輒欲私報之，故備書焉，以慰我二州人之私也。

門人賀濤謹撰。

——桐城吳先生全書

〔一〕吳先生行狀：本文收録於徐世昌、賀葆真編賀先生文集卷三。
〔二〕徭：賀先生文集作『繇』。按二字通。下同不注。
〔三〕辯：賀先生文集作『辨』。按二字通。下同不注。
〔四〕漫：賀先生文集作『謾』。按二字通。
〔五〕闢：賀先生文集作『闡』。
〔六〕之：底本脱，今據賀先生文集校補。
〔七〕者：底本脱，今據賀先生文集校補。
〔八〕堂：賀先生文集無此字。下同不注。
〔九〕疾：賀先生文集作『病』。
〔一〇〕若干卷：傳本或標作『三册』，或作『三卷』。
〔一一〕若干卷：傳本作『二卷』。
〔一二〕二十卷：誤。校見先府君事略。
〔一三〕若干卷：傳本文集四卷、詩集一卷附録一卷，凡六卷。
〔一四〕寫定尚書……日記若干卷：賀先生文集作『書説三卷、易説二卷、寫定尚書一卷、詩文集五卷、深州風土記二十卷、日記十二卷』。
按日記傳本爲『十六卷』。寫定尚書參見光緒二十八年六月七日條『寫定尚書』校。
〔一五〕績：賀先生文集作『迹』。

吴摯甫先生行狀〔一〕

清　姚永概撰

曾祖太和，候選府經歷。祖庭森，縣附生〔二〕。父元甲，縣附生，咸豐元年孝廉方正。

先生諱汝綸，字摯甫，世居桐城之南鄉。吴氏自元、明之交由徽州遷桐城，凡數派，各自爲宗，先生之宗，以所居名曰『高店』。高店之吴分二支，曰寶慶、曰榮華，先生之支曰榮華。寶慶多科甲仕官〔三〕。榮華則有生甫先生者，先生族祖也，以古文名於京師，與方侍郎苞同時，餘則不顯。父徵君居鄉里，孝友任恤，勇於作事，不顧藉利害，先生猶其風類也。

弱冠中同治甲子科舉人。乙丑，成進士，以内閣中書用。曾文正公見先生文於方先生宗誠所，大奇之，又聞徵君善教，遂延教其孫，而奏留先生於幕府十餘年。文正公薨，李文忠公繼之，復致禮焉。世傳曾、李奏議多出先生手。當文正公辦天津教案時，從容謂先生曰：『吾大臣任國事，不當計毁譽，子年少，名甫立，盍稍避乎？』先生笑不應。及李公用事，其所經畫，皆前古未嘗有；而當外交之衝，操縱應付尤驚駭世俗，非庸人所易知。先生佐佑其間，竭思慮自效，不肯諉謝，故二公深相倚重，大疑大計，悉取資之。

嘗補深州直隸州知州。丁父憂，繼丁母憂〔四〕。服闋，署天津府知府，復〔五〕補冀州直隸州知州。乾隆時，方恪敏公爲總督，下教建立義倉，世傳畿輔義倉圖〔六〕者是也。方公薨，倉儲浸壞，咸豐兵燹以後，乃盡耗矣。同治十年，錢敏肅公爲布政使，復修方公倉制，先生在深州，獨進曰：『不可復也。又且擾民。』錢公曰：『何謂也？』先生曰：『方公當國家全盛，上下交足，名器貴重，故給七品以次即争納粟。今富人亡慮皆四五品矣，安肯爲勸？其積也必箕斂，甚者威之。其儲也責之倉正，耗減取償焉。其散而復斂也，孰率之不還，若息不足，必勾攝而敲樸之，故曰「不可復也，又且擾民」。』錢公曰：『子之言，然。』深州獨止不復。其在冀也，開渠六十餘里，洩〔七〕積水於〔八〕滏，商旅既便，田得河流洩鹼氣，斥鹵變爲肥沃，又少水潦患，民大便之；而先生在二州，尤以興學育才爲汲汲。

深州故有賢牧張杰，括境内廢廟田得五千四百四十餘畝，增立義學至二百四十五區。然久之遂爲豪民私攘，而學廢。先生以爲學散在四境，官難遍知，又無良師長董之，名爲村村有學，實乃連數村無識字之民。於是言於上官，請檢視學廢者没入其田於書院，厚給師生，買經史圖籍〔九〕，恣高材者覽觀。生徒問業，四面而至。其於冀也亦然。又聘王樹楠、賀濤、范當世爲之師。三人者，文學皆天下選也。然先生去深，豪民攘田者間入京師，交通御史，劾奏先生破壞義學，下總督遣官按治，頗復給還；而兩州之士，自此彬彬嚮文學，其尤著者，南宫進士李剛己，武邑進士吴鐙、舉人趙衡，凡十餘人，爲畿輔冠云。

先生在冀數年，一旦謝病去，李公聘主蓮池書院。先生博極古今中外之學，於事物無所嗜，獨喜蓄書。日手一卷不輟，評論得失，一以文辭高下爲準。蓋先生浸淫於古者深，以爲：

文章者實吾國歷聖相禪之至寶也。苟具閎博精偉之識，其爲文未有不燦然可觀。獨古人之文，或其辭高，或拘束時忌，微言孤旨，往往匿於篇章之中，非好學深思者不能發也，然豈果空談不足周世用哉！深於文者識必通。方今海宇新學，日出不窮，吾苟能兼收并畜，皆足助我化裁損益之道，彼深拒固絶者、震駭以爲不可幾及者〔一〇〕，皆由識之不足，其於文事或未之深造也乎〔一一〕？

先生以是爲學，即以是爲教。所與游，皆一時豪傑。至於西國名士、日本儒者〔一二〕，每過保定，必謁吴先生。進有所叩，退無不欣然推服，以爲『東方一人』也。

庚子之亂，先生避地深州，深州〔一三〕人士日夜追隨不去。其後法兵卒至，先生爲籌應待之策，州卒無事。乃修補故所嘗纂深州風土記，於兵事一篇，三致意焉。居數月，李文忠公奉命修和議，先生入京師。文忠公薨，先生決策南旋。直隸搢紳魏鍾瀚等千二百人上書請留，不顧。會朝廷詔開學堂，命吏部尚書張公百熙爲筦學大臣。張公〔一四〕親過先生客邸請相助，不可，則扶服固請。仍不可，張公則徑入告，得俞旨：『賞加五品卿銜派充大學堂總教習。』先生不得已，於張公則請往日本考察學制，以報其意，遂以壬寅五月東渡。

日本故習先生名，長崎、神户、大阪、東西京，所至集會歡迎，一言一動，傳録報紙相詩尚，傾其賢豪。先生鷄鳴而起，夜中始休，親歷各學考詢，又之文部聽講，間則與彼教育家往還筆談。有餘隙則求詩字、商經史者麕至，先生〔一五〕隨宜應之，人人意滿。先生居日本三月，深知彼國教育，自幼稚園以至大學院，階級井然，教者易施，而受者易領悟也。

吾國欲興學堂，勢非由蒙養立其基不可。然獨苦於無師，勢非各行省府州縣遍立師範學堂不可。循此而計之，二十餘年乃有人才起供國家之用；而世變已極，豈可更曠日久遠，俟之二十年以後？然則爲今兹計，亟擇年力合格而中學已就之才，分入各科專門，三五年即視其所成〔一六〕而任以事，此又貴乎力破故例以求實用，不可但給以舉人、進士等虚榮已也。

既以是復於張公，又集録所得爲東游叢録，以歸餉國人。

初東游時，即請於張公一過故里。至是，携日本教師一人歸桐城，集父老創立縣學堂，欲實驗其説云。乃以光緒二十九年正月十二日卒於里第，春秋六十有四。

先生居官，俸禄所入，悉以給昆弟、朋友飲食，被御至簡薄，未嘗狐裘。平居早起，喜周行原野，至七八里，然後歸而治事。雖爲曾、李二公所知，不肯受薦舉。其官直隸州知州，乃中書所應得也。

子一人闓生〔一七〕，有文行，能世其家。先生所著，尚有寫定尚書〔一八〕尚書故、易説、詩、銘、碑、論、書〔一九〕、雜文、筆記、評論諸書，闓生偕門人方編次刊行。

先君子與先生爲故交，至葬，先生錫之銘，去卒僅三十許日。闓生少嘗奉先生命從余游，來請撰述。伏念先生歷官行事，道術文章，信於天下，見尊於外國，實爲國家光榮。謹就闓生所述，參以見聞，稍加撰次，以待名公卿上聞，付史館垂編録。

謹狀。

——桐城吴先生全書

〔一〕吴摯甫先生行狀：姚永概慎宜軒文卷五題作「吴先生行狀」。

〔二〕縣附生：底本脱，今據慎宜軒文校補。

〔三〕官：慎宜軒文作『宧』。
〔四〕繼丁母憂：慎宜軒文缺此四字。
〔五〕復：慎宜軒文無此字。
〔六〕畿輔義倉圖：一函六册，不分卷。清方觀承編，乾隆十八年（一七五三）刊行。
〔七〕洩：慎宜軒文作『導』。
〔八〕於：慎宜軒文作『入』。
〔九〕籍：慎宜軒文作『藉』。按二字通。
〔一〇〕者：底本脱，今據慎宜軒文校補。
〔一一〕乎：底本脱，今據慎宜軒文校補。
〔一二〕至於西國名士日本儒者：慎宜軒文作『外國名士』。
〔一三〕深州：慎宜軒文缺此二字。
〔一四〕張公：底本脱，今據慎宜軒文校補。
〔一五〕先生：慎宜軒文缺此二字。
〔一六〕成：慎宜軒文作『學』。
〔一七〕闓生：慎宜軒文作『啓孫』。下同不注。
〔一八〕寫定尚書：見光緒二十八年六月七日條『寫定尚書』校。
〔一九〕書：底本脱，今據慎宜軒文校補。

清史稿本傳

吴汝綸,字摯父,桐城人。少貧力學,嘗得鷄卵一,易松脂以照讀。好文出天性,早著文名。同治四年進士,用内閣中書。曾國藩奇其文,留佐幕府,久乃益奇之,嘗以漢禰衡相儗。旋調直隸,參李鴻章幕。時中外大政常決於國藩、鴻章二人,其奏疏多出汝綸手。

尋出補深州,丁外内艱。服除,補冀州。其治以教育爲先,不憚貴勢,籍深州諸村已廢學田爲豪民侵奪者千四百餘畝入書院,資膏火。聚一州三縣高材生親教課之,民忘其吏,推爲大師。會以憂去,豪民至交通御史以壞村學劾奏,還其田。及莅冀州,仍鋭意興學,深、冀二州文教斐然冠畿輔。又開冀、衡六十里之渠,洩積水於滏,以溉田畝,便商旅。時時求其士之賢有文者禮先之,得十許人。月一會書院,議所施爲興革於民便不便,率不依常格。稱疾乞休。

鴻章素重其人,延主蓮池講席。其爲教,一主乎文,以爲:

文者,天地之至精至粹,吾國所獨優。語其實用,則歐、美新學尚焉。博物、格致、機械之用,必取資於彼,得其長乃能共競。舊法完且好,吾猶將革新之,况其窳敗不可復用?

其勤勤導誘後生,常以是爲説。嘗樂與西士游,而日本之慕文章者,亦踔海來請業。會朝旨開大學堂於京師,管學大臣張百熙奏薦汝綸加五品卿銜總教務,辭不獲,則請赴日本考學制。既至其國,上自君、相及教育名家,婦孺學子,皆備禮接款,求請題咏,更番踵至。旋返國,先乞假省墓,興辦本邑小學堂。規制粗立，遽以疾卒，年六十四。

汝綸爲學，由訓詁以通文辭，無古今，無中外，唯是之求。自群經、子、史，周、秦故籍，以下逮近世方、姚諸文集，無不博求慎取，窮其原而竟其委。於經，則易、書、詩、禮、左氏、穀梁、四子書，旁及小學音韵，各有詮釋。於史，則史記、漢書、三國志、新五代史、資治通鑒、國語、國策皆有點校，尤邃於史記，盡發太史公立言微旨。於子，則老、莊、荀、韓、管、墨、吕覽、淮南、法言、太玄各有評騭，而最取其精者。於集，則楚辭、文選、漢魏以來各大家詩文皆有點勘之本。凡所啓發，皆能得其深微，整齊百代，别白高下，而一以貫之：盡取古人不傳之藴，昭然揭示，俾學者易於研求，且以識夫作文之軌範，雖萬變不窮，而千載如出一轍。

其論文，嘗謂：

千秋蓋世之勛業皆尋常耳，獨文章之事，緯地經天，代不數人，人不數篇，唯此爲難。

又謂：

中國之文，非徒習其字形而已。綴字爲文，而氣行乎其間，寄聲音神采於文外，雖古之聖賢豪傑去吾世邈矣，一涉其書，而其人之精神意氣若儼立乎吾目中。務欲因聲求氣，凡所爲抗墜、詘折、斷續、斂侈、緩急、長短、伸縮、抑揚、頓挫之節，一循乎機勢之自然，以漸於精微奥窔之域，乃有以化裁而致於用。

悉舉學問與事業合而爲一，而尤以瀹民智自强、亟時病爲兢兢云。著有易説二卷、寫定尚書〔一〕一卷、尚書故三卷、夏小正私箋一卷、文集四卷、詩集一卷、深州風土記二十二卷，及點勘諸書，皆行於世。

汝綸門下最著者爲賀濤，而同時有蕭穆，亦以通考據名。

——清史稿文苑三

〔一〕寫定尚書：見光緒二十八年六月七日條『寫定尚書』校。

清史本傳

清　李景濂撰

吴汝綸，字摯甫，安徽桐城人也。

其先蓋吴太伯之後。唐中宗朝，有右臺監察御史少微譜其族，自太伯以下，凡六十一世。漢長沙文王芮，太伯之三十一世孫。光武中，大司馬廣平忠侯漢，太伯之四十世孫也。漢五傳至文質，居饒州餘干之文采山。又八傳至晋散騎常侍猛，初仕爲豫章西安令，因家豫章。又九傳至良，仕歙令，因家歙之問政山。良者，少微之祖也。少微與武功富嘉謨友善，爲文原本經典，雄邁高麗，一變徐、庾宗派，天下號爲『富吴體』。解官後，退居新安休寧縣石舌山蓮華池。子鞏，仕至中書舍人，亦以文學知名。鞏有三子：長子宥，宋都統制玠、新安郡王璘者，宥之十五世孫也；次子密；少子競。競長子叔沆，始家婺源。桐城之吴，蓋本婺源而世不詳。或曰北宋時有居永興諱瑋者，嘗任金壇令，建清修亭以聽事，姚闢、王存皆作詩美之，遷江寧太守，居於蘇州之閶門，其後世宦游婺源，因占籍爲婺源人。明洪武初，吴氏自婺源一遷鄱陽，一遷桐城。遷桐城者，居峽山之高甸，有二子分其枝系，長曰榮華，次曰保慶。榮華四世有兄弟十人，長爲文富，生子長曰寅，始游邑庠，有四子曰：澄、清、海、漣，出居先塊。清能讀父書，至八世有星子縣丞桓，清之孫也。九世有惠州巡檢銓，澄之曾孫也。三爲文達，葬豸沖，生子四：宓、容、冥、守。宓治家嚴正，生三子：洪、滐、灤。是後枝葉蕃衍，居先塊者，以海之後爲盛；守豸沖者，以洪、滐、灤及守第三子涇之後爲盛。其大較也。

洪曾孫承恩，號平川，仕明爲河陰令，調新野令，晋潞安别駕，均有惠政，父老請祀名宦。瀋陽朱恬爍高其行，嘗贈以詩〔一〕，具載明詩綜。承恩從弟承家，幼穎异，以孝聞，仕爲兖州魯王府迪功郎。濮曾孫承顔，仕至夔州府經歷。有子長曰善謙，字伯亨，萬曆己酉舉人。初爲浙江台州府推官，却鹽政歲羡千金不受；亭决疑獄，一朝釋輕繫二百餘人。擢南直廣東道監察御史，抗疏劾魏璫黨羽，謇諤不稍避。比魏璫敗，臺省交章，善謙獨於擊奸之中不失爲熹廟地。嘗巡三吴，不阿總憲某意以骩法，爲所銜，去官，行橐蕭然，唯圖書數簏。孫時逢，淹貫經史。居南京，與搢紳耆舊往來唱和，結寰中社，有遺集十餘種。時逢孫直，字生甫，乾隆丙辰舉人。覃思讀書，廢寢與食，爲文希微要眇，感喟悲凉，爲縣人劉大櫆之師，而與方苞爲中表，苞嘗嘆服，以爲不可及。著有井遷文集，集中文皆有大櫆識語，而大櫆集不載。承家曾孫曰時隆，字爾昌。值明季流寇之難，危身以扞鄉里，爲七姓所祀。國初以學行徵，年已八十，辭不就。長子彦達。彦達長子大陞，著字辨、四書講義，選左、國以下文名曰善誘編；尤篤於禮制，與宗人直以文字往還。大陞次子苾。苾幼子泰和。泰和第三子廷森。

廷森子元甲，字育泉，咸豐元年以諸生徵舉孝廉方正。大學士曾國藩高其學行，嘗客而館之於家，以教其子。娶馬氏，克配成德。及卒，武昌張裕釗皆爲之志。生四子，汝綸其仲也，道光庚子九月二十日生。道高學博而有文章，尤以經世濟變爲亟。性至孝，於兄弟友愛無與比。少貧，得一鷄卵不肯食，以易松脂照讀。

弱冠成同治乙丑進士，官内閣中書。大學士曾國藩奇其文，留佐幕府，益大奇之，嘗以漢禰衡相儗。

從國藩自江南來直隸，國藩還江南，因留直隸佐大學士李鴻章幕府。是時中外大疑大計，一決於國藩、鴻章二人，其奏疏多出汝綸手。國藩既殂，鴻章孤立以當外交之衝，尤爲疑謗所叢。汝綸與爲終始，不避艱險，前後以其身關天下之重者垂三十年。然性剛直，不能與俗爲委蛇，惟國藩深與相知，鴻章雖賓禮之，顧不能用也。在鴻章幕府未久，即出爲深州直隸州知州。依徵糧册以均徭役，籍已廢義學田豪民所攘有者千四百餘畝以興書院，修復孔子廟樂舞。一年，以憂去。

居憂六年再起，攝天津府八月，又爲冀州。在冀州八年，興學如在深州時。招新城王樹楠、武强賀濤、通州范當世爲之師，且自教督之，一時得人號稱極盛，深州則賀濤，冀州則李剛己、趙衡，其尤也。又開渠六十里，洩冀、衡之積水以通滏滏。立保甲、聯莊、義倉諸法，皆手創教條，不因前故，而孚之以誠信，故民始謗而終勸趨之。

引疾乞休，鴻章留主講直隸蓮池書院，且以自助。在蓮池十年，專力以興教化，并中西爲一冶，日以精神相灌澼而鑄鎔之，風氣曠然大變，學者自遠方麕至。有自日本來學者，坐諸生下，帖帖唯謹。是時狃忕承平已久，士大夫聞見壅塞，徒務軟熟進取，不知中外大勢，而環海諸國，已駸駸内嚮，若決潮水，不可遏止，汝綸以爲：

欲救世變，必先講求西學，造成英偉奇崛之人才，使之深通中外之變，淬厲發揚，以備緩急一旦之用。

時既莫之聽，而中朝蒙蔽尤甚，卒肇庚子義和拳之變。

時汝綸方於保定創立東、西文學堂，延英教士貝格耨等爲師，選院中高才生使肄習之，皆故事所未有，群情固已駭怪。未幾變作。當亂之初作也，勢猶微甚，汝綸力言當道宜盡力捕治，而直隸總督裕禄、布政使廷雍等皆庸才，素不滿汝綸所爲，且陰袒亂民以阿附政府意旨，以此亂勢日熾。汝綸不得已，避地去。亂民既焚毁城南北諸教堂，且殲貝格耨全家，復合黨徒數千人，蜂擁入書院，挺矛露刃，嘩噪叫讙，遍搜汝綸不得，執其弟子二人以去。比汝綸輾轉至深州，國事益大壞，外國聯軍破天津，入京師，放兵四劫略地，垂至州矣，賴汝綸集人吏畫策爲防，州以無事。

鴻章北來主持和議，汝綸乃至京師。和議既成，鴻章旋殁。汝綸浩然思欲南歸，士人非弟子者魏鍾瀚等千二百人上書留之，不顧。會管學大臣吏部尚書張百熙疏薦，詔以五品卿銜充京師大學堂總教習。汝綸力辭，百熙匍匐跪請，未決。百熙雖筦學事，大學士榮禄實陰主之，其疏薦汝綸，亦出榮禄意。百熙諷汝綸往謁榮禄，汝綸不應，榮禄怫然；而大學初立，前無因襲，議論紛紜，莫衷一是。於是汝綸自請往日本訪詢學制，歸以報命，藉答百熙之意，至總教習之職則未允就也，百熙亦以爲然。

遂以五月踔海東渡，至則冒盛暑考覽日本各校，日輒十數區，自講堂、教室以至一椽一桷之微，自圖籍、儀器以至一名一物之細，靡不詳覽精竪。與其邦教育名家往復詰難，曲盡秘奥，手録成帙。日夕應客以百十數，鷄鳴而起，旰而食，夜分不寢，以爲常。嘗獨携一譯人訪宫中顧問田中不二麿，中塗所乘人力車傾跌，鼻傷，血流如注，昏不知人。掖至旁近醫院，用冷水療洗。血止，即馳車至田中宅，與談辨甚詳。又過教育家辻新次等數人，乃歸。其勤如此。在日本三月，傾一國士望，皆賓事之。婦孺走卒，争以一望見爲榮。日主明治，亦特延見示敬。又於其間與漢學家商榷經史，流連觴咏，酣嬉跌宕，窮游讌之樂。日本賢俊，辟易驚嘆，以爲天人也。是時，出使日本大臣蔡鈞諂事權貴，虐待留學生，至嗾日警於使館中捕逮吴敬恒等。汝綸以其辱國體，面與力争。蔡鈞大恚，電告政府誣汝綸率留學生謀革命。慶親王奕劻、大學士榮禄等既不慊汝綸，至欲藉端誅之以洩憤。百熙皇恐，急電召汝綸歸，汝綸恬如也。九月歸國，因先還皖。日本人多疑汝綸無意復出者，汝綸子闓生方留學日本，亦以書諫阻，汝綸答書曰：

吾此次東游日本，君臣上下，期望如此〔二〕，今若徑歸〔三〕不出，使鄰國輕〔四〕吾朝廷，於義不可。吾歸家小住，解凍北上〔五〕，若不用而後歸未晚也。

還皖後，攜日本教師一人，創立本縣學堂。復至安慶，與父老會商學事。除夕乃抵家，遽以積勞中寒疾卒，光緒癸卯正月十二日也。

桐城自姚郎中鼐推闡其鄉先生方苞、劉大櫆之遺緒，以爲古文辭名天下，天下翕然宗之，號爲『桐城派』，上元梅曾亮，其著也。國藩私淑姚氏，益恢而大之，運以漢賦之氣。其弟子裕釗，篤古至深，雖雄奇不逮，而恢詭足與相埒。汝綸亦師事國藩，而所詣尤爲精邃。

其學以潔身不爲利爲本，無古今，無中外，唯是之求。淵涵渟泓，渾無涯涘，上與元氣者侔，而下與萬彙相昭列。自六經、諸子百家、傳記，以逮國朝著述，與夫儒先遺聞緒論、斷簡零章，無不博求而慎取也。自譯行海外之奇書、新出之政聞與其人士之居於是或過而與相接者，無不廣覽而周咨也。自其少時爲文，已辨博英偉，氣逸發不可控御；而當同治初元，海内方争以守舊屏絶新知相高异，已怵然於變法圖强之不可緩，大聲疾呼，鮮與爲應，而爲之益力，雖重被謗譏不恤，其後徐乃大白。其創開風化之功，乃綜集中國數千年固有之學術，糅而化之，以與未來之新學相應和，於晚近數十年間，岸然卓立而無與并，其規模遠大，實姚、梅、曾、張諸家之所未有。既兼苞新舊，殫精冥會，豁達洞開，而匯於一，一以文之醇疵高下裁决千秋作者。用是著述閎富，而爲文益醇而肆，以爲：

歐美之學，號爲文明，明有餘而文則不足。吾國周、孔之教，獨以文勝，後世失治，由君相不文，不知往昔聖哲精神所寄，無由化裁通變以爲民用。得吾國聖哲之精神，驅使歐美富强之具，盡取彼長，以輔吾短，世運乃益大昌。歐美僅以富强自雄，而詬病吾國文學以爲無用，其治術所由未臻於美粹者亦以此。

嘗與其弟子李剛己輩宴，語曰：『天下何事最難？』剛己默然久之，尚未有以應，汝綸曰：『以吾度之，千秋蓋世之勛業，皆尋常耳。獨文章之事，緯地經天，代不數人，人不數篇，惟此爲難。』故其爲教也，一主乎文，以爲：

中國之文，非徒習其字形而已。綴字爲文，而氣行乎其間，寄聲音神采於文外，雖古之聖賢豪傑去吾世邈遠矣，一涉其書，而其人之精神意氣，若儼立在吾目中。務欲因聲求氣，凡所爲抗隊、詘折、斷續、斂侈、緩急、長短、申縮、抑揚、頓挫之節，一循乎機勢之自然，以漸達於精微奥窔之域，乃有以化裁而致於用。

悉舉學問與事功膠合爲一，而尤以瀹民智自强、亟時病爲兢兢云。

居恒手一卷不釋，購書數萬卷，皆手自釐定，自群經、子、史，周秦故籍，以下逮近世方、姚、曾、張諸文集，無不窮其原而竟其委。於經，則毛詩、三禮、左氏、穀梁、四子書，旁及小學音韵，各有詮釋點勘，而易、書二經，皆勒有成書。

其説書，用近世漢學家體制。考求訓詁，一以史記爲主，史記所無，亦不蹈襲段、孫一言半義。其訓詁精鑿，如『綏』之爲『告』、『迪』之爲『逃』、『惠』之爲『謂』、『自』之爲『於』、『丕』之爲『兹』，皆古人未言，亦無字書可證，獨以精心覃思，參合古書，考求文義得之。

易用宋元人説經體，亦以訓詁文字爲主，自漢至今，無所不采，亦無所不掃，以爲：

太史公、揚子雲皆謂伏羲作八卦，文王重爲六十四卦，而後儒妄謂伏羲已重爲六十四卦，或謂神農重卦，皆不足深辨。周禮言三易『經卦皆八，別〔六〕皆六十四』，證以淮南『伏羲爲〔七〕六十四變，周室增以六爻』，知『別』即『變』也。八卦既立，即可變爲六十四，然卦畫仍止三爻，至文王增爲六爻，則成爲六十四卦矣。『變』非卦也，卦之用也，猶六十四卦可變爲四千九十六卦。然周易雖具其體，而卦仍止六十四。卦辭、爻辭皆文王作，誤爻辭爲周公作者始於馬融、陸績，徒以『王享岐山』『箕子明夷』二事爲文王後事，不知『王』謂殷王，何不可『享岐山』之有？箕子不用於紂者久，不必至囚奴時始可言『明夷』也。自太史談受易楊何，而諄諄以『正易傳』爲言，蓋易傳之失正久矣。

揚子雲謂『孔子錯其象而彖其辭』，則『彖』『象』孔子之易名，非文王之易名。『知者觀其彖辭，則思過半』，謂觀孔子之彖辭，以此知繫辭之作於後儒。其以『爻』『彖』并言者，爻言其動，彖言其不動，乃易本有之彖。易本有象，故孔子爲之象辭。猶易本有象，而孔子爲之繫、象。孔子之彖，有爲後人附益者，其章解句釋，有同小象，异乎『君子引而不發』之旨。象釋諸卦

『元、亨、利、貞』之義，多與卦辭不合。『升』之名卦，以『陽升』爲詞，而彖謂『柔以時升』，非『柔危』『剛勝』之義。益彖謂『木道乃行』，而五行分配八卦，乃漢儒營於巫祝之謬説。

大象自爲一篇，不可附經，似决爲孔子所作。然論語載『君子思不出其位』爲曾子語，而艮之大象襲之，則亦未必果盡出於孔子也。

小象續彖而作，不欲與彖相亂，因附於彖篇之後，而後人名之爲『小象』。小象釋諸卦『貞』義，有訓『定』、訓『當』、訓『占』、訓『精誠』、訓『心』、訓『固』、訓『就』之不同，未如彖之專主『正』字爲訓，則彖文附益又在小象之後。

文言惟『乾元者，始而亨者也』以下乾、坤二卦爲一篇，爲孔子之文言。其前釋四德，歐陽公謂取之左氏，其説殆信。其引『子曰』云云，與再釋六爻牴牾重複，亦皆七十子後所增。文言不惟釋彖，其於小象、乾五之『大人聚』、坤初之『馴致其道』，皆疏通證明之，是其附益亦在小象之後。

據孔疏，知彖、象連經始於王弼；據魏志高貴鄉公之問博士淳于〔八〕俊，知鄭康成惟不別爲彖、象作注，而合其注於經，而經、傳固別行，與王弼本絶异。史記言孔子『序彖、繫、象、説卦、文言』，無篇數。漢志言『孔氏爲之彖、象、繫辭、文言、序卦之屬十篇』，史記所云『繫、象』爲今大象，所云『説卦』爲今繫辭中所引諸爻。然則易中孔子作者無幾，班氏雖云『十篇』，然但云『孔氏』，不云『孔子』，蓋十篇中不盡孔子之文，如繫辭、文言稱引『子曰』，是其明證。謂其出於『孔氏』則可，謂爲孔子所作則妄矣。鄭氏十篇之目未審，今别定爲大象、彖、小象、繫辭三篇，文言、説卦、序卦、雜卦，其繫辭三篇，上下繫各爲一篇，分出『大衍』至『所以斷也』別爲一篇，以釋大有『上九』續解『六三』之後，文義乃有要歸；而『天一』至『地十』，依漢志在『天數五』之上。大衍一篇專明揲蓍求卦之事，所云『象兩』『象三』『象四時』『象閏』『當期』『當萬物』，皆漢儒迂説。且謂卦由蓍生，與下繫所云『仰觀俯察，始作八卦』者不合，而『聖人則圖書』之説，久爲儒者所詬病，尤者至謂『崇高莫大乎富貴』，此鄙俗人之言也。

説卦以方位配八卦，亦漢世淫巫瞽史之謬術。邵子先天圖本自説卦，後儒知辨邵子，而於説卦不敢置喙，是耳食也。所稱諸卦爲某爲某，不見於經，則其意不爲經設，故歐公以爲『筮人之占書』。序卦略如他書之後序，宜退在雜卦之後，而子雲所謂『孔子錯其象』，或即指雜卦歟？漢人説經多怪妄，事苟不經，雖説出三代不足信，何關付受久近乎？卦變灼然見於經，彖則言卦變尤詳，荀、虞卦變，當有所授，但此乃觀象之學，諸儒用以解説文辭，遂至牽率支離，是其失也。孟京卦氣，以陰陽進退明易道之消息，不得謂非易之旨趣，故子雲準易作玄，全用卦氣。然亦觀象之學，於文辭無與，辭則各指所之，未可執象以求辭。所取之象，所謂假物以喻意者，亦與卦畫之象有辨，不得强合而混同之。

其爲説至奧賾，顧猶以爲『自度不能爲文，乃遁而説經』，文之難也如是！

於史，則史記、漢書、三國志、新五代史、資治通鑒、國語、國策皆有點勘，晉書以下至陳書皆嘗選集傳目；而尤邃於史記，盡發太史公立言微旨，所評騭校勘者數本，晚年欲整齊各本釐定成書，著録至孟嘗君傳而止，而大端固已盡具各本中，世所傳史記平點是也。又嘗彙録史記與左氏异同，以爲太史公變易左氏最可觀省，且證明劉向所校戰國策亡已久，今之國策反取太史公書充入之，非其舊也。

於子，則老、莊、荀、韓、管、墨、楚辭〔九〕、吕覽、淮南、法言、太玄各有點勘，而最取其精者。

於集，則文選、漢魏百三家、唐宋八家及李白、杜甫、李觀、李賀、李商隱、杜牧、李翱、皇甫湜、孫樵、許渾、韓偓、黄庭堅、晁冲之、陸游、金元好問、明歸有光，國朝方、姚、梅、曾、張諸集，全唐文、唐文粹、宋文鑒、唐詩鼓吹，王士禎古詩選，姚、曾所選詩文，皆有點勘之本。

初，國藩謂六經外有七書，曰史記、漢書、莊子、韓文、文選、説文、通鑒，汝綸益以姚選古文辭類纂、曾選十八家詩鈔二書，而尤以姚選古文二千年高文略具，爲學者必讀之書，當與六經并傳不朽，不習則中學絶矣。每深痛世人欲編造俚文以便初學爲廢棄中學之漸，又擇姚選之精者都二百七十九首，備朝夕諷誦。其於曾選，以爲創立『典志』『叙記』二門，非大手筆不能爲，顧尚不及姚選。至曾選四象古文，則謂：『二千年之作，一一稱量而審定之，以爲某篇屬太陽，某篇屬少陰，此則〔一〇〕前古無有，真天下瑰瑋〔一一〕大觀。』求其元書不可得，因依寫藏目次校定刊行。

論詩之書，嘗取方東樹昭昧詹言，以爲中多前輩論文精語，啓發人智『不在歸評史記下，或乃〔一二〕謂示人以陋，此大言欺人耳。陋不陋，在學問深淺。學淺，雖諏經考史，談道論性，未嘗不陋；學深，雖評騭文字，記注瑣語，亦自可貴』；而圈點開示始學，愈於評騭，故於詩文所録諸家，評點至多，而所自爲者尤精。後生從學者，皆迻録其圈點，矜爲秘寶。蓋前人評點，率不過偶於文事有所發明，以資識别，至歸、方加善矣，而不能遍及群書，且亦時有未盡精審者。汝綸則整齊百代所有，别白高下，而一以貫之：凡所啓發，皆密合著書本旨，盡取古人不傳之藴，而昭晰揭示之，以炳諸日星，俾學者易於研求，且以識夫作文之軌範，雖萬變不窮，而千載如出一轍，實曠世未有之盛業，非他家所敢望而及也。

其欲淪民智以自强也，以爲：

今日士大夫必以精孶西學爲第一義。欲通其學，必先習其文，而得師與經費二端爲難。且誠欲造就人才，以收實效，必使各行省府縣縣各有學，學校林立，乃望真才日出，而延歐美專家名師一人，歲費至金七千有奇，惟有仿國初利瑪竇、南懷仁、湯若望、熊三拔之例，用教士爲教師，授以西文、西語、算數、天文，不學邪蘇天主教法，不用禮拜贊美教例，與其使臣定議，明頒詔旨，宣示天下，則爲費廉，而學者魚鱗雜襲而起。由是而深求之，格致專門之師亦將漸出，或擇尤資送，使學於各國，必較今時爲深入。顧有師無款將如何？蓋非籌議畝捐不可。所惡於加賦者，爲其虐民也。今取民之財以〔一三〕培民之子弟，視其家塾延師，所省殆不啻百倍，名爲取之，其實與之，亦何憚而不爲〔一四〕？不行此策，則所謂興西學者，恐亦所謂『歲爲此語，以至於亡』者也。

其言絶痛，而當道不之采。

又以日本興學已著成效，西書精者皆有譯本，日文視西文爲易學，因欲由日本譯書以通西學。在保定時，創立東、西文學堂，皆以亂廢。亂定，仍力營東文學堂於京師。創設報館、譯書局。興學詔下，詒書〔一五〕順天學政陸寶忠，謂：

宜先立師範學堂，取成學之士，延外國教習，教以圖算、格致普通之學，期年旬月，可冀速成。成以散之鄉、縣，以次爲中、小學教師，庶冀推行漸廣，不以求師爲難。

既遍考日本學制，益謂宜先取吾國高才生教以西學，如日本明治初年各藩送貢進士入大學故事，以爲：

漢志所云『八歲入小學』、『十五入大學』，此以學年分大小，今西國所謂小學、大學者也。所云諸侯歲貢小學之賢者於天子〔一六〕，學於大學〔一七〕，此以學地分大小，今吾國所謂京師大學、州縣小學者也。二者不得合并爲一事，州縣雖小，百里之内，必多能入大學之人，美國大學數十區者以此。造育之道，京師、鄉縣一而已。

惟大學程度既高，一時無師，不能遍立。至中、小二學，縣中不能不并立。中學取向來年少才俊者教之，讀中、西已譯之書，俟衆知西學之有用，或并求能作西語，則可覓内地傳教之西人學之。

西國小學不過讀書、作字、算術、體操、唱歌數者而已，此宜一村一里便立一學。初立之時，可用向來秀才爲師，加以粗淺算學，尚不難覓。

日本仿西國公學，其中學校所列普通學凡十四科，頗病其門類太多，時刻太少，課程太淺。嘗以問文部大臣菊池大麓，菊池云：『方今各國學校均奉德國爲師，德之中學校尚無善法。中國初興學校，於各國未得善法之中學校可暫置後圖。』因以其言爲善，然欲立中學校之意，則未始暫忘。

中學校之外，用功最簡、收效最捷者，無如專門學校，若農、工、商業，皆國家富强之基，必不可緩。大學當分理、工、文、農、法五科，醫學宜專立一學，不必入大學分科。若初興大學，欲先立專科，則政治、法律之外，礦山、鐵道、税關、郵政數事爲最急，海陸軍法、炮工、船廠次之。其略見於言論者如此。所蓄不施，宏規無由盡睹。是後淺學之徒，乃争攘臂扼捥以言學務矣，此尤宜爲天下痛者也。

所著書：曰易説二卷，曰尚書故三卷，曰寫定尚書〔一八〕一卷，曰夏小正私箋一卷，曰太史公所録左氏義三卷，曰古文辭類纂校勘記二卷，曰深州風土記廿二卷，曰節本天演論〔一九〕一卷，曰李文忠公事略一卷。所編輯者：曰古文選〔二〇〕六卷，曰古今詩選〔二一〕四卷，曰韵學〔二二〕一卷，曰東游叢録四卷，曰冀州公事章程〔二三〕一卷，曰李文忠公全集〔二四〕一百六十五卷。其所著述，身後由闓生編輯成書者：曰文集四卷，曰詩集一卷，曰尺牘四卷〔二五〕、尺牘補遺一卷、諭兒書一卷，曰日記十四卷〔二六〕。其點勘群經、子史、漢魏以來各家詩文集總爲群書點勘，凡數百卷。兹録其記寫定尚書後二首、深州風土記叙録一首以存梗概，并附著與陸學使所列學堂書目，俾後之勤心學務者有以通其意而折衷焉。

記寫定尚書後〔二七〕曰：

古尚書百篇，今存者廿八篇，虞、夏、商、周之遺文可見者盡此矣。漢時書多十六篇，由時師莫能説，不傳，卒以亡。惜哉，惜哉！

古帝王之事與後世同，其所爲傳載萬世、薄九閡、彌厚土不敝壞者，非獨道勝，亦其文崇奥，有以久大之也。楊子雲最四代之書，以爲『渾渾爾』『噩噩』『灝灝爾』，彼有以通其故矣。由晋、宋以來，士汩於晚出之僞篇，莫復知子雲之所謂，獨韓退之氏稱虞、夏書亦曰『渾渾』，於商於周，獨取其『詰屈聱牙』者。詩曰：『惟其有之，是以似之。』信哉！其徒李漢敘論六藝，又〔二八〕曰『書、禮剔其僞書之僞』，蓋自此發。且必退之與其徒常所講説云爾，而漢誦述之，不然，漢之智殆不及此。聖人者，道與文故并至，下此則偏勝焉，少衰焉。要皆有孤詣獨到，非可放效而襲似之者，知言者可望而决耳。吾尤惜近儒者考辨僞篇，論稍稍定矣，至問所謂『渾渾』者、『噩噩』者、『灝灝』者、『詰屈』而『聱牙』者，其懵然而莫辨猶若也。於是寫其文，自典、謨訖秦繆，頗采文字异者著於篇，庶綴學之士，有以考求楊、韓氏之説而得其意焉。

嗟乎！自古求道者必有賴於文，而文章與時升降。春秋以還，丘明所記，管、晏、老氏所言，去尚書抑遠矣，秦繆區區起邠荒，賓諸夏，無可言者，獨其文崒然隮千載，上視三代，殆無愧色。吾又以知帝王之文之肸蠁於後人者，蓋終古不絶息也。

再記寫本尚書後曰：

自漢氏言尚書有今文、古文，其别由伏、孔二家。二家經皆出壁中，皆古文，而皆以今文讀之。歐陽、夏侯受伏氏讀，不見其壁中書。壁中書本古文，以傳朝錯入中秘，自是今文始盛行。吾疑安國與其徒亦故用今文教授，孔氏所由起其家用此。二家之异在篇卷多寡耳，不在文古、今也。

太史公書言尚書『滋多』自孔氏，而劉歆議立逸書，譏太常『以尚書爲備』。其時膠東庸生遺學，亦以多十六篇與中古文同。凡前漢人重孔氏學，稱古文逸書皆以此。及賈、馬、鄭之徒出，乃始斷斷於古文之廿八篇，而廢棄其逸十六篇，以無師説，絶不講。朝錯所受壁中書雖朽折，至哀帝時尚在，孔氏古文若廢棄逸十六篇不講，而止傳伏氏所有廿八篇，則與朝錯所受書何以异？且又何以大遠乎今文耶？今文自前漢時立學官，有禄利，學者習歐陽、夏侯經説之成市，而朝錯壁中書僅乃能傳讀而已。此同出伏氏一師之所傳，盛衰懸絶乃如此。其於古文逸書，以不誦絶之，誠無足怪。若賈、馬、鄭諸儒者，誚歐陽，詆夏侯不習博士經，不徇禄利，背時趨崇古學矣，乃亦不誦逸書何歟？帝王之文至難得也，遭秦焚不盡亡，伏氏少失焉，而復出於孔子之堂壁，可謂至幸。是後雖微弱，猶尚絲聯綴續，彌留四百年，而卒廢棄於諸儒崇古學者之手。自是以來，逸十六篇舍太史公所録湯誥外，無復遺存者矣，此可爲深惜者也！

深州風土記叙録曰：

昔韓退之不肯作史，區區用才於一州一縣，蒐討故實，窮年恒歲，則豪傑有志之士慮皆擯棄而不爲。深州自明以來，志乘少可因襲。州中故人曩以修志諈諉，既不獲讓，則爲之捃摭前載，網羅放失，庶幾辨章乎文獻，傳信乎一方。牽於官學人事之擾，婁作婁輟，迄於今兹，補葺於亂離之餘，乃克成書。凡卅九萬餘言，都廿二篇，篇大者析爲數卷。窮日力於此，良可惜已。顧吾文不足行遠，焉敢謬附於昔人？

周秦到今，地制不常，名號數更。域分不區，人文曷條？纂疆域弟一。

常山東迤，散爲鴻原，大河故瀆在焉。後沙唐滋，前阻漳濱，中有虖它，决徙爲患。纂河渠弟二。

河棄而去，民田其土。雜植果隋，强半潟〔二九〕鹵。取之有制，民用不擾。國朝定法，多襲明故。纂賦役弟三。

尊事素王，立學其傍。鬻被聖文，開我顓蒙。學失道散，以愚長亂。廟祀雖嚴，序塾雖殷，自同獠蠻，异學之不如，儒乎儒乎！纂學校弟四。

恒瀛東西，其地四戰。五胡暨唐，割裂畔换。有明家禍，陳夾虖它。後隸近郊，中竊之憂。大清隆平，偃革休兵。粤盗剽輕，殲我忠良。流冠再讙，墨守以完。維廿六載，畿甸亂起，乘輿蒙塵，顛覆四海。黔黎喁喁，司牧伊主，不慎召戎，慎退彊虜。纂兵事弟五。

前世分職，後多變革。考録官簿，人亦附著。纂歷代官制弟六。

明及昭代，官吏差備。譜其年月，不知蓋闕。纂明以來職官表弟七。

吏賢能者，祀名宦祠。未祀而有績，孰軒輊之？并列名宦，爲後之規。纂名宦弟八。

著作之才，代不多有。漢晋諸崔，蔚爲選首。洎乎隋唐，孫、魏、李、張，并轡連鑣，與崔抗行。明清作者，蓋不逮古。一卷之成，未忍割舍。有録無書，不可選數。先士精爽，儻式憑此。纂藝文弟九。

故城廢亭，津渡鎮堡。考古攸資，甄録示後。村墟宅墓，憑吊之處。魏齊寺觀，閱歲逾千。名勝遺留，有裨觀游。纂古迹弟十。

典籍散亡，證之碑刻。鄉曲時有，六朝舊迹。近代掌故，逾時而湮。佚在貞珉，或補方聞。

纂金石弟十一。

安平之崔，古之著姓。漢唐千載，係久愈盛。表其枝别，讀史者資焉。爰及庶氏，并逮時賢。開兹譜學，以餉州人。纂人譜弟十二。

州在前明，代有聞者。尚待卿貳，先後踵武。我朝浸微，幽潛弗耀〔三〇〕。百年顯宦，劉、張暨趙。坿〔三一〕著科弟，盛衰有考。纂薦紳表弟十三。

榮顯於時，出入有立。考覽遺績，光於篇笈。纂名臣弟十四。

士有文采，川澤爲輝。百樸一秀，孤英在枝。斂英入實，乃荷道德。皓首一經，亦云有得。西學東來，始明季晚。雜揉造化，算數焉本。士不一流，州盡有之。纂文學弟十五。

燕趙慷慨，高上節俠。明季義死，僵尸鱗接。我皇威遠，臣力師武，爪士濯征，歸榮牖下。咸同再駭，毒我閭里。纂武節弟十六。

賢人位高，於民曠遼。吏於郡邑，惠虐立效。出宦迹著，可祭於社。纂吏績弟十七。

孝爲天經，中庸鮮能。秉彝之好，鄉縣熟稱？推仁滂逮，任恤是宏。纂孝義弟十八。

詩畫一藝耳，成名則艱。寓公聲高，勝迹斯留。纂流寓弟十九。

門内治失，婦不染學。天挺清淑，乃鍾賢孝。緣夫及子，垂聲在史。貞信之節，皭若霜雪。身輕義重，激爲英烈。纂列女弟廿。

川原莽蒼，怪麗非寶。磅礴鬱結，泄爲殷阜。物土之宜，爰居爰有。纂物産弟廿一。

維深州既升爲直隸，三縣來屬，與州而四。自漢元到今，餘二千歲，遺聞故事，散在諸史傳記。文物富，聲明備，厥有佚墜，間見於金石。文字既綴輯而條次之矣，獨有書無圖，覽者病諸。异時天算宗工，海寧李公，薦其弟子，方柏氏熊。私聘不可，白之𤲅帥。移書同文，以使事來，爲州測繪。刻以再期，主人憒眊。三月而罷，後遂莫能圖。惜哉，惜哉！謹譜明以來州縣修志諸君姓名年世，考其終始。因論列今所纂目次，爲深州風土記叙録弟廿二。

學堂書目：

小學堂：七八歲入。○此學一鄉一家所必設，即諭旨所稱『蒙養學堂』，非一縣設立之小學堂。

經：論語、孟子　大學、中庸二書勿遽讀。

子史：韓非　難一難二難三難四。　國策小品　選每章百餘字，或數十字讀之。

詩：唐人五七言絶句，如『床前明月光』『松下問童子』『少小離鄉老大回』『獨在异鄉爲异客』之類。凡意深者勿讀。○漢魏樂府，如『日出東南隅』『孔雀東南飛』之類。難解者勿讀。○元、白歌行，張、王樂府，皆取其易上口者。

學寫字

西學：狄考文所撰心算法、筆算法、西算啓蒙問答、地理問答等類。

中學堂：十二三歲入。

經：左傳、公羊、穀梁傳、禮記　資性鈍者皆選讀。○左傳或即用曾文正經史百家雜鈔叙記門所選諸篇，左氏高文大篇，粗具於此。禮記選讀其全篇成文者，村塾删本不可用。大學、中庸入禮記中。

史：曾選通鑒諸篇　在叙記門附左傳後。

陳文恭公所編綱鑒正史約　此書簡而不陋，又有句讀。村塾袁了凡、王鳳洲綱鑒及綱鑒〔三二〕易知録等書，不可用。

日本人所編清國史略　亦簡明。

文：姚姬傳氏所選古文辭類纂　先讀論辯類中歐、曾、蘇、王諸論及奏議下編兩蘇諸策，後讀韓、柳〔三三〕諸論及漢人奏疏、對策。

詩：王阮亭古詩選。用聞人氏箋本。雖解釋未精當，要便初學。○五言先讀曹、陶〔三四〕，七言先讀杜、蘇〔三五〕。

姚氏今體詩選。五言先讀王、孟，七言先讀杜。○王、姚二選，金陵有合刻者，苦其難讀，教者應并閲方植之昭昧詹言，爲之講授。

學作詩文

西學：

天文圖説　地理全志　地學淺釋　省身指掌　動物學　植物學

百鳥圖説　百獸圖説　化學衛生論　孩童衛生論　居宅衛生論　萬國史記

泰西新史攬要　幾何前六卷　形學備旨　化學鑒原　運規約旨　萬國輿圖

西學啓蒙十六種　防海新論　臨陣管見　東方交涉記　大英國志　俄史輯譯

法國志略　米利堅志　日本國志　德國聯邦志略　萬國公法　公法便覽

公法會通　格物入門　儒門醫學　西醫舉隅

學繪圖　學一國語言文字

大學堂：十六七八歲入。

經：詩、書、易、周禮、儀禮　姿性鈍者，去儀禮；更鈍，去周易；更鈍，去周禮。

史：史記、漢書　姿性鈍者，選讀各數十篇，或十餘篇。

通鑒　姿性鈍者，閲通鑒輯覽，講授胡文忠公所輯讀史兵略。　大清通禮　簡本會典　蔣氏東華録

聖武記　湘軍志　淮軍平捻記　先正事略　中興將帥傳　朱仲武撰。

海國圖志　通商約章類纂　正續瀛寰志略

文：古文辭類纂　讀序、跋、書、説、贈序、雜記諸門。

詩：王姚詩選　五古讀阮公、二謝〔三六〕，七古讀李、韓、黄諸公〔三七〕，五律讀杜，七律讀小李杜及宋詩。

西學：

本年新譯萬國史要　西國哲學史　世界文明史　西國事物起原

海上權力史　歐洲外交史　世界國勢要覽　博物教科書　植物教科書

以上皆新譯日本書。

談天　幾何後四卷　重學　各國交涉公法論　法國律例

英律全書　西國律例便覽　西醫内科全書　西藥大成　天演論　佐治芻言

原富　南洋初付刻。

中國專門學　廿歲以後入。

經：

十三經注疏：

易　李鼎祚集解、歐陽公易童子問、程傳、漢上易傳。

書　吴文正公纂言、閻氏尚書疏證、孫氏今古文注疏。

詩　歐陽公詩本義、吕氏讀詩記、陳碩甫毛詩傳疏。

儀禮　朱子經傳通解、欽定義疏、胡竹邨儀禮正義。

周禮　王荆公周官新義、欽定義疏。

禮記　衛正叔集解、欽定義疏、夏氏訓纂。

左傳　顧氏杜解補正、顧氏春秋大事表、李氏賈服注輯述。

公羊　孔氏通義。　穀梁　鍾氏補注。

爾雅　郝氏義疏。　論語　古注集箋、朱子集注。　孟子　朱子集注、焦氏正義。

大戴禮　孔氏補注。　逸周書　盧氏校本。　説文　段氏注、朱氏通訓定聲。

廣雅　王氏疏證。　韵學　廣韵、集韵、吴才老韵補、顧氏唐韵正、佩文廣韵匯編。

群經　秦氏五禮通考、王氏經義述聞。

史：

後漢書　三國志　新唐書　新五代史　明史　通鑒紀事本末

李燾續通鑒長編　畢氏續通鑒　明紀　宋名臣言行録　貞觀政要　唐鑒

國朝開國方略　三朝實録　十朝東華録　國朝名人碑傳集　三通　大清會典

兩漢紀　唐六典　開元禮　唐律疏議　明律　大清律[例]

子：

老子　莊子　荀子　楚辭〔三八〕　韓非子　吕覽

管子　淮南子　法言　太玄　十八家詩鈔

集：文選　古文辭類纂　讀碑志、詞賦、哀祭。曾文正公經史百家雜鈔

王姚詩選　增杜、韓五言古，韓致堯、元遺山七律。韓集　柳集　李習之集

歐集　王集　曾集　三蘇集　歸太僕集

以上文。

曹子建集　陶集　杜集　李太白集　李義山集　杜牧之集

黄集　陸放翁集　元遺山集

以上詩。○韓、柳、歐、蘇等詩已具文集中。

陸宣公奏議　程、朱、陸、王集。

右所列諸書，一人已不能盡通，學者各執一門可也。此外，書雖多，不讀之不爲陋也。西國專門之學，則各有師授，雖有已譯各書，不能强列。

論曰：大哉！子思之言曰：『考諸三王而不謬，建諸天地而不悖，質諸鬼神而無疑，百世以俟聖人而不惑。』後之人苟有能與於是者，皆起孔子於一堂與相唯諾者也。三代而上，聖與聖比肩而立。孔子之功在六經，孟子固以爲集大成，時中之聖矣。至如伯夷、伊尹、柳下惠三人者，孟子所不願學，亦皆目之爲聖；而孔子言『十室之邑，必有忠信如丘不如丘之好學』，使其好學，則皆孔子矣。孟子亦曰『人皆可以爲堯舜』，荀子曰『塗之人可以爲禹』。天地至大，古今至遥，人處其中，其由明而誠，盡性以至於命，

而與天地相參者，固任有志者所自爲，造物者未嘗立一塗以限之。漢之司馬遷作史記以繼春秋，春秋是非二百四十二年之事，遷復推而廣之，上始五帝，下終漢武，貫穿數千載。自孔子没而微言絶，文義之不析，微言之不明，而遷書且爲謗書，豈其是非之本謬於孔子哉？甚矣夫人之不學也！班固撰漢書，獨取孟軻、荀况、董仲舒、司馬遷、劉向、揚雄數人繼孔子後。孔子不語怪神，仲舒、向、雄皆信五行後起之説，固亦著之爲志，斯達者之一蔽已。雄以法言擬論語、太玄擬易，諸儒或譏其非聖人而作經，其門人侯芭獨以太玄勝周易。雄作劇秦美新，示誅絶於莽，亦以仲尼春秋自况，後世知言如唐李翱，顧猶以爲『不至於理』，『不在於教勸』，則其識未足以知雄之至也。韓愈論漢朝文，獨推太史公、司馬相如、劉向、揚雄爲最，而不及仲舒，其識視固尤卓。其作進學解，悉取書、易、詩、春秋、左氏以自况。其文〔三九〕又嘗謂『世無孔子，不當在弟子之列』，所自信者至矣，而有宋諸賢顧目爲『先儒韓愈』，并『先賢』而不敢稱，一若自孔子後世遂不復有聖，自孔子弟子外世亦不復有賢者，夫豈孔子垂教萬世之本旨乎？是後學者溺於所聞，拘墟自守而不敢稍有逾越，有豪傑特立之世且相與聚而怪之。學術之隳，世風之下，有由然矣！

近世聖哲乃崛起於歐美，不惟前後相望不絶而已，後者且益蘄勝乎前，國運乃浡興不可遏，夫非學之驗歟？時至清季，外國之新學交灌并入，國學殆廢絶不講。汝綸遠紹旁搜，好學不倦，實總古今百代之學而集其大成，以下開夫後千百年聰明才達之倫，而上與古聖先賢精微相孚契。俾真理日出，新學、舊學得以轉相發明，引而益上，無幾微槎枒之不合，由是措之政治，施之教化，隨其才智之高下，皆能有益於人類，以臻世運郅隆之極軌，而人道乃屹然與天地并昭，其悲憫爲獨至！

所著易説、尚書故，自太史公、揚子雲外，蓋莫與并。其文章高視千載。詩則兼綜諸大家之長而一範之以文律。四言詩上追雅、頌，自韓退之外莫有逮者；而尤多經世閎旨，雖孟子所謂『聖人復起不易吾言』者何以尚兹？斯蓋千古學術廢興絶續之樞機，非獨一代人文之所繫已也。——桐城吴先生全書

〔一〕贈以詩：見清朱彝尊明詩綜卷八十三題作『送吴平川判府致政歸桐城』，又見日記制行。
〔二〕期望如此：吴闓生先府君哀狀作『期望殷切如此』。
〔三〕徑歸：先府君哀狀無此二字。
〔四〕輕：先府君哀狀作『疑』。
〔五〕北上：先府君哀狀作『即遄上報命』。
〔六〕别：周禮春官宗伯作『其别』。
〔七〕爲：淮南子要略作『爲之』。
〔八〕于：底本訛作『子』，今據三國志魏書三少帝紀等校改。
〔九〕楚辭：不當入子部。
〔一〇〕此則：底本脱，今據文集卷四記古文四象後校補。
〔一一〕瑋：記古文四象後作『偉』。
〔一二〕乃：底本脱，今據尺牘卷一答方存之校補。
〔一三〕財以：尺牘卷一答洪翰香作『錢而』。
〔一四〕爲：尺牘卷一答洪翰香作『爲哉』。

〔一五〕詒書：見尺牘卷三與陸伯奎學使。
〔一六〕諸侯歲貢小學之賢者於天子：漢書食貨志作『諸侯歲貢小學之異者於天子』。
〔一七〕學於大學：底本脱，今據尺牘卷四答范肯堂校補。
〔一八〕寫定尚書：見光緒二十八年六月七日條『寫定尚書』校。
〔一九〕節本天演論：全稱作『吴京卿節本天演論』。
〔二〇〕古文選：未見。疑即古文讀本二卷。
〔二一〕古今詩選：未見。疑即著述表之王姚古今詩選。
〔二二〕韵學：著述表云『已并入日記中』。
〔二三〕冀州公事章程：著述表云：『公所創議纂訂者。』
〔二四〕李文忠公全集：著述表云：『公所創議纂訂者。』
〔二五〕四卷：誤。傳本爲：尺牘五卷、補遺一卷、續編四卷、諭兒書一卷。
〔二六〕十四卷：誤。傳本爲十六卷。
〔二七〕記寫定尚書後：文集卷一題作『記寫本尚書後』。
〔二八〕又：底本脱，今據文集校補。
〔二九〕潟：底本訛作『瀉』，今據深州風土記叙録校改。
〔三〇〕耀：深州風土記叙録、文集均作『燿』。按二字通。
〔三一〕坿：文集作『附』。按二字通。
〔三二〕綱鑒：底本脱，今據日記教育校補。
〔三三〕韓柳：日記教育作『賈馬韓柳』。
〔三四〕曹陶：日記教育作『曹阮陶』。

〔三五〕杜蘇：日記教育作『李杜韓蘇』。

〔三六〕阮公二謝：日記教育作『二謝、陳、李』。

〔三七〕李韓黄諸公：日記教育作『黄陸以下諸公』。

〔三八〕楚辭：當歸集部。

〔三九〕其文：見韓愈答吕醫山人書。

吴摯父先生傳

民國　馬其昶撰

吴先生諱汝綸，字摯父。風儀高簡，峨然不群。自其幼少，已棄鄙俗學欲畢覽百家之書。不言性理。其事親、待兄弟，孝友天至也。

同治四年進士，用内閣中書。曾文正公奇其文，奏調改外，留幕府，學益宏肆。補直隸深州。比丁外内艱服除，署天津府，補冀州。

其治以教育爲先。不憚貴勢，籍深州諸村已廢學田爲豪民侵奪者千四百餘畝，入書院資膏火。聚一州三縣高材生，親教課之，民忘其吏，推爲大師。會以憂去，豪民至交通御史，以壞村學劾奏，還其田。及莅冀州，仍鋭意興學，深、冀二州文教斐然冠畿輔。又開冀、衡六十里之渠，洩積水於滏，以溉田，便商旅。時時求其士之賢有文者禮先之，得十許人，月一會書院，議所施爲興革於民便不便，率不依常格。人所矜寵與夫齷齪小謹，一不厝意，以是得簡伉聲。

先生亦不樂久宦。其所事大吏曾公、後爲李文忠公，皆期以國士，有要政，必與謀議草奏。

保定蓮池院長武昌張先生裕釗將返鄂，會先生以公事自冀州至，李公問：『誰可繼張院長者？』張故以文學與先生爲深友，兩家弟子相通流，漫應曰：『如某何如？』李公曰：『安所得師如二君者？』退即具牘，借鈐清苑印。稱疾乞休，李公覽牘大驚。明日，持名帖至總督署，稱『院長拜謁』矣。

先生刻苦厲學，其好文出天性。周秦古籍，太史公、揚、班、韓、柳以逮近世姚、曾諸家之書，丹黄不去手。其治經，由訓詁以求通文辭，以謂：

文者，天地之至精至粹，吾國所獨優。語其實用，則歐美新學尚焉。博物、格致、機械之用，必取資於彼。得其長，乃能共勍者比肩，横肱坐立，不俯屈也。舊法完且好，吾猶將革新之，况其窳敗不可復用！

故勤勤導誘後生，必以是爲説。

嘗樂與西士游，而日本之慕文章者，亦踔海來請業。會朝旨采西法，開大學堂於京師。管學大臣張公百熙奏薦先生加五品卿銜總教務，固辭不獲，則請赴日本考學制。

既至日本，上自其國君相及教育名家、婦孺學子，皆備禮接款，求請題咏，更番踵至。時吾國留學諸生與使臣交鬨，先生素以開通、育才自詭，諸生責望奢，顧國體所在，欲全濟則未宜徑遂，而使臣反疑先生有所左右。蜚語至都，先生益浩然求决去。

返國，先乞假省墓，興辦本邑小學堂，挾日本教師一人同至。規制粗立，將行，遽以疾卒，年六十四。後數年，縣中增設師範學堂，四鄉各立小學，改初立者爲中學。游學日本至七八十人，爲教員，他郡邑所在多有。桐城學風大啓，自先生也。

著易説二卷、寫定尚書〔一〕一卷、尚書故三卷、夏小正私箋一卷、文集四卷、詩集一卷、尺牘七卷〔二〕、深州風土記二十二卷、東游叢録四卷。

子闓生，能世其學。

——桐城耆舊傳卷十一，宣統三年刻本

〔一〕寫定尚書：見光緒二十八年六月七日條『寫定尚書』校。
〔二〕七卷：誤。按傳本爲：尺牘五卷、補遺一卷、續編四卷、諭兒書一卷，凡十一卷。

吴汝綸傳

民國　蔡冠洛撰

吴汝綸，字摯父，桐城人。少貧力學，嘗得鷄卵一，易松脂以照讀。好文出天性，早著文名。同治四年進士，用内閣中書。

曾國藩奇其文，留佐幕府。久乃益奇之，嘗以漢禰衡相儗。旋調直隸参李鴻章幕。時中外大政常決於國藩、鴻章二人，其奏疏多出汝綸手。尋出補深州。丁外内艱服除，補冀州。其治以教育爲先。不憚貴勢，籍深州諸村已廢學田爲豪民侵奪者千四百餘畝，入書院資膏火。聚一州三縣高材生，親教課之，民忘其吏，推爲大師。會以憂去，豪民至交通御史，以壞村學劾奏，還其田。及莅冀州，仍鋭意興學，深、冀二州文教斐然冠畿輔。又開冀、衡六十里之渠，洩積水於滏，以溉田畝，便商旅。時時求其士之賢有文者，禮先之，得十許人，月一會書院，議所施爲興革於民便不便，率不依常格。

稱疾乞休。鴻章素重其人，延主蓮池講席。其爲教一主乎文，以爲：

文者，天地之至精至粹，吾國所獨優。語其實用，則歐美新學尚焉。博物、格致、機械之用，必取資於彼，得其長，乃能共競。舊法完且好，吾猶將革新之，况其窳敗不可復用？

其勤勤導誘後生，常以是爲説。

嘗樂與西士游，而日本之慕文章者，亦踔海來請業。會朝旨開大學堂於京師，管學大臣張百熙奏薦汝綸加五品卿銜總教務，辭不獲，則請赴日本考學制。既至其國，上自君相及教育名家、婦孺學子，皆備禮接款，求請題咏，更番踵至。旋返國，先乞假省墓，興辦本邑小學堂。規制粗立，遽以疾卒，年六十四。

汝綸爲學，由訓詁以通文辭，無古今，無中外，唯是之求。自群經、子、史、周秦故籍，以下逮近世方、姚諸文集，無不博求慎取，窮其原而竟其委。於經，則易、書、詩、禮、左氏、穀梁、四子書，旁及小學音韻，各有詮釋。於史，則史記、漢書、三國志、新五代史、資治通鑒、國語、國策，皆有點校。尤邃於史記，盡發太史公立言微旨。於子，則老、莊、荀、韓、管、墨、吕覽、淮南、法言、太玄，各有評隲，而最取其精者。於集，則楚辭、文選、漢魏以來各大家詩文，皆有點勘之本。凡所啓發，皆能得其深微，整齊百代，别白高下而一以貫之：盡取古人不傳之藴，昭然揭示，俾學者易於研求，且以識夫作文之軌範雖萬變不窮而千載如出一轍。其論文，嘗謂：

千秋蓋世之勛業，皆尋常耳。獨文章之事，緯地經天，代不數人，人不數篇，唯此爲難。

又謂：

中國之文，非徒習其字形而已。綴字爲文，而氣行乎其間，寄聲音、神采於文外，雖古之聖賢豪傑，去吾世邈矣，一涉其書，而其人之精神意氣，若儼立乎吾目中。務欲因聲求氣，凡所爲抗隊、詘折、斷續、斂侈、緩急、長短、申縮、抑揚、頓挫之節，一循乎機勢之自然，以漸於精微奥窔之域，乃有以化裁而致於用。

悉舉學問與事業合而爲一，而尤以瀹民智自强、亟時病爲兢兢云。

著有易説二卷、寫定尚書〔一〕一卷、尚書故三卷、夏小正私箋一卷、文集四卷、詩集一卷、深州風土記二十二卷，及點勘諸書，皆行於世。

汝綸門下最著者爲賀濤，而同時有蕭穆，亦以通考據名。

——清代七百名人傳第五編文學

〔一〕寫定尚書：見光緒二十八年六月七日條『寫定尚書』校。

吴汝綸小傳

民國　費行簡撰

吴汝綸，字摯甫，桐城人。少承父學，摹其鄉方、姚文。曾國藩延其父授子弟書，召汝綸與偕讀，復時以文章義法授之。

以（舉人）進士爲内閣中書，改官直隸，入李鴻章幕，除冀州直隸州知州。後張百熙奏聘爲大學總教，堅請乃就，奉旨加五品卿銜。自以新學非所習，遂先至日本考察學校制度、教授程序。至之日，適學生攻擊使臣蔡鈞，而迓汝綸者衆且忤。方思調停，鈞遽誣其通革黨，密上諸榮禄。禄以讓百熙。知不可留，遂乞病罷，行卒。

其治書、左傳，與裕釗同。爲文晚益堅蒼。詩尤奥博深穩，上希子美。國藩門人之有張、吴，若孔門之有顔、閔矣。

汝綸和厚無城府，好賢重儒。從鴻章久，故頗稱誦其忠；袁世凱莅直，以耆宿禮之；而其官地方，行政猶俗吏，民未嘗受其賜也。

——近代名人小傳儒林

吴汝綸小傳

民國　徐世昌撰

吴汝綸，字摯甫，桐城人。少貧力學，早著文名。同治乙丑進士，授内閣中書。曾文正公督兩江，留佐幕府，從至直隸。李文忠公繼督直隸，仍留佐幕。時中外大政，常决於曾、李二公，其奏疏多出先生手。尋補深州直隸州。丁外内艱服除，署天津府知府，補冀州直隸州。先生爲政，尤留意教化。經畫書院，苟力所能至，不憚貴勢，籍深州已廢學田爲豪民侵奪者千四百餘畝，入書院資膏火。聚一州三縣高材生，親教課之。及莅冀州，仍鋭意興學，深、冀二州文教斐然冠畿輔。又開冀、衡六十里之渠，洩積水於滏，以溉田畝，便商旅。在冀八年，稱疾乞休。

文忠延主講蓮池書院，爲教一主乎文，以爲：

文者，天地之至精至粹，吾國所獨優。語其實用，則歐美新學尚焉。博物、格致、機械之用，必取資於彼，得其長，乃能共競。舊法完且好，吾猶將革新之，况其窳敗不可復用？

其勤勤導誘後生，常以是爲説。嘗樂與西士游，而日本之慕文章者，亦來請業。會京師開大學堂，管學大臣張公百熙奏薦之，加五品卿銜總教務。

請赴日本考察學制，居三月返國。先乞假省墓，興辦本邑小學堂，規制粗立，遽以疾卒，年六十四。

先生爲學，由訓詁以通文辭，無古今，無中外，惟是之求。自群經、子、史、周秦故籍，以下逮近世方、姚諸文集，無不博求慎取，窮其原而竟其委。其論文，謂：

中國之文，非徒習其字形而已。綴字爲文，而氣行乎其間，寄聲音、神采於文外，雖古之聖賢豪傑去吾世邈矣，一涉其書，而其人之精神意氣，若儼立乎吾目中。務欲因聲求氣，一循乎機勢之自然，以漸於精微奥窔之域，乃有以化裁而致於用。

悉舉學問與事業合而爲一，而尤以瀹民智自强、亟時病爲兢兢云。

著有易説二卷、寫定尚書〔一〕一卷、尚書故三卷、夏小正私箋一卷、古詩鈔二十卷、群書點勘若干卷、文集四卷、詩集一卷、日記十二卷、尺牘〔二〕五卷、補遺一卷、諭兒書一卷、深州風土記二十二卷、東游叢録四卷。

——清儒學案卷一百八十九

〔一〕寫定尚書：見光緒二十八年六月七日條『寫定尚書』校。

〔二〕尺牘：尚有尺牘續編四卷。

吴汝綸傳

民國　劉聲木撰

吴汝綸，字摯甫，桐城人。同治乙丑進士，官冀州直隸州知州。師事曾國藩受古文法，刻古勵學。其好文出天性，周秦古籍、太史公、揚、班、韓、柳，以逮近世姚、梅諸家之書，丹黄不去手。治經，由訓詁以求文辭。自群經、子、史及百家之書，皆章乙句絶，一以文法醇疵、高下裁之；其尤美者，以丹黄識别而評騭之，并謂：『文者，精神志趣寄焉。不得其精神志趣，則不能得其要領。』其爲文，深邈古懿，使人往復不厭。官深、冀二州，鋭意興學，親教課之。棄官主蓮池書院講席十餘年，教澤播遍於畿輔，爲歷來所未有。撰吴先生文集四卷、詩集一卷、尺牘七卷〔一〕、深州風土記二十二卷、雜著及評點各書尚有數十種。

〔補遺〕吴汝綸，爲學由訓詁以通文辭，自經史子集，無不博求慎取，窮其源而竟其委。其於古書，各有評騭點勘。凡所啓發，皆能得其深微，整齊百代，别白高下，而一以貫之；盡取古人不傳之藴，昭然揭示，俾學者易於研求，且以識夫作文之軌範雖萬變不窮而千載如出一轍。自曾國藩故後，汝綸與張裕釗以文章負重名，世稱『張吴』。教授弟子亦極盛，薛福成因謂從學爲標榜，其實張、吴不朽之業又何待他人標榜也？

——桐城文學淵源考卷十

〔一〕七卷：誤。按傳本爲：尺牘五卷、補遺一卷、續編四卷、諭兒書一卷，凡十一卷。

吴汝綸小傳

清　陶湘撰

吴汝綸，字摯甫，安徽桐城人。同治乙丑進士。官直隸冀州直隸州知州，賞五品卿銜充大學堂總教習。有全集。

馬其昶撰墓志：先生篤嗜古文詞，私淑同里姚姬傳。少長，受知曾文正公，文益宏肆高潔。與聞大謀，參章奏。曾公薨，李文忠督直隸，尤倚重焉。庚子和議成，朝廷喟然更庶政，用西國法立學，而建大學堂於京師。管學長沙張公奏薦先生學行高、兼綜中西，可以師多士，賞五品卿銜充大學堂總教習。

其始學，必本周、秦古籍，由訓故以求通其文詞，而要以能知當時之變備緩急。其於西國新法，冥心孤探，得其旨要。歐美名流，皆傾誠締結。日本學者，躡海請業。遠近以文字求是正者，四面而至焉。

——昭代名人尺牘續集小傳卷二十三

吴先生墓表

清　賀濤撰

海西諸國以新學强，其政制〔一〕、藝術皆出於學。吾國學不加修，仿行其法，久之不效，而見逼日甚。庚子亂後，天子鋭圖自强，興革庶政，而以學育才，詔用西國法，立大學於京師，府縣以次建設。命吏部尚書長沙張公爲管學大臣，張公爲大學求師，薦桐城吴先生於朝，命以五品京堂爲大學總教習。望治向學、識時務之士，皆謂新政之行必先立學，而立學莫急得師，聞先生教習大學，則相與鼓舞忭慰，如政已成。先生往日本考求學制，歸未及至大學而卒，則又相與堙鬱嘆悼，如學未立。

先生之學，不名一家，博采無我。自信則不知有人，穿討往籍，攻堅發幽，文從意顯，饜〔二〕乎人人之心。論世事，主變法之説。三十年前，吾國不知外事之時，固已究考西學，因事托意，發爲文章。西書日多，學益博奥精邃。尤屬意詞章，所著述不標體格，而必以太史氏、韓氏之法行之。於古書既因文以通其意，又謂西書體例近於漢人之纂著，惜吾國之譯書者弇鄙不文，不能傳載其意，故嘗以詞章之説教人。世運既變，學術隨遷，新舊乘除，就此遺彼，甚或兩傷弊，且中於國事。先生則糅而和之，破其拘攣，斂其浮誕，相得而不相奪。立學之始，得先生爲之師，學收其效，法乃可更，而先生遽卒，此固運會盛衰之所繫，而望治向學、識時務之士所同悲者也。

先生諱汝綸，字摯甫。初見知於曾文正公、李文忠公，嘗佐其幕。二公謀國偉略，皆與知之，爲草章奏，而與李公交最久。咸、同以來，西國東漸之勢日盛，事變紛起，情僞百出，古所未有；鄙儒疑怪，舞筆鼓舌。李公獨執國柄，中外叢責。先生左右其間，決疑發難，輒引其端而持其後，前後歷三十年，李公卒能忍尤肩巨，支拄困危〔三〕。

先生性剛，不能屈意於人，故不樂久宦。既釋褐，知深、冀二州，未幾棄去，而在二州所設施，皆有百年之利，世號爲良吏者所不肯爲。善待士，在冀得士尤多，每有興作，所得士竭智能、憊精力，日夜馳騖不倦。深人亦來受役與均，先生曰：『有事諸君勸趨，而吏此者反安坐享其成，吾甚愧之！』去冀，主講蓮池書院，二州人歲時請問不絕，有疑必咨焉。於先生事，則分任其勞。嘗〔四〕醵金以赴先生之急，先生力却之，不發視。冀人在保定者，即以其金應先生所需，事已乃白，先生無如何。與濤書，自言受之有愧，濤復書曰：『先生施德於二州，皆視爲固然，未嘗言報。今稍進〔五〕人事，而先生乃沾沾於辭受取與間，是外我二州人也。』先生亦不復言。

庚子之變〔六〕，避地至深。會法兵將釋憾於深，大府令州刺史急避。刺史去，代者未來，而法兵且至，人心驚惶〔七〕。先生日行街市以鎮安之；授吾民之從西教者以辭，使説法將，而法兵竟退。冀人亦數以禦患解紛之策來問，先生爲籌畫甚詳。二州既免於難，感愛先生益深。

先生在官，日以課士勸學爲事。退而教授，益思作養人才，效用於時。其教人，必使博知世變，易舊所守，故從游之士，言論志趣與世俗异；又爲延外國師，習外國語文。由是謗議四起，當路亦與齟齬。及亂民造讎外之説，遂將不利吾黨，先生夷然不顧。難作，幾不免，而從游者亦瀕於危。

先生既受張公之聘，以謂諸國學制，歲更月修，久而後定，仿其規範而不能得其精意，恐難見功，故有日本之行。日人素信慕先生，及見先生之來，喜吾國有意圖新，又感先生之勤於所事而虚己以求也，自文部大臣及以教育名家與凡有事於學之人，争思有以自效，其立學以來文牘，外人所不得見者，皆出之以備觀采。先生周咨博考，洪纖靡遺，不得於心，則往復質辨，期達厥旨。法難盡從，使度吾可行改以就我。疲神苦形，至輟餐寢。留百日，竟得其要領以歸。其歸以九月某日，便道旋里。明年正月十二日卒於家，光緒二十九年也，年六十有四。

著有寫定尚書〔八〕、尚書故若干卷，易説若干卷，深州風土記二十卷〔九〕，詩文集若干卷，日記若干卷〔一〇〕，東游叢録四卷。

曾祖諱太和，妣氏某〔一一〕。祖諱廷森，妣氏某〔一二〕。父諱元甲，以諸生舉孝廉方正，曾文正稱其文學，客而館之；妣氏馬。自先生貴，封贈兩世如其官。兄弟四人，先生其仲也，兄弟皆倚焉。財用恣所取不問；有疾，必自守視，服食藥餌不假人手，久而不怠；兄弟殁〔一三〕，其妻、子在先生所如前。配汪氏，女四人：長適直隸候補知縣薛翼運；次適舉人汪應張；次適翰林院編修湖南學政柯劭忞，績學工詩，先生稱之；次適直隸候補〔一四〕知縣王光鸞。側室歐氏，子闓生，年少〔一五〕有軼才，能文章，通世務，解外國語文，濤嘗謂『新學、舊學皆當屬之斯人』者也。女一。

闓生以書來，將以某日月〔一五〕葬先生於某所，乞爲表墓之文。先生志事無待表揚；闓生所爲事略，言學術甚精，亦濤所不逮；而不敢以不文辭者，輯纂言行，弟子職也。姑即所見及者述之，盡其職云爾。表揚之事，非所敢任也。

〔一〕制：徐世昌，賀葆真編賀先生文集卷三作『治』。
〔二〕饜：賀先生文集作『厭』。
〔三〕困危：賀先生文集作『危局』。
〔四〕嘗：賀先生文集作『常』。
〔五〕進：賀先生文集作『盡』。
〔六〕變：賀先生文集作『亂』。
〔七〕惶：賀先生文集作『皇』。按二字通。
〔八〕寫定尚書：見光緒二十八年六月七日條『寫定尚書』校。
〔九〕二十卷：誤。校見先府君事略。
〔一〇〕寫定尚書……若干卷：賀先生文集作『易説二卷、尚書故四卷、寫定尚書一卷、詩文集五卷、深州風土記二十卷、日記十二卷』。
〔一一〕氏某：賀先生文集作『氏左』。
〔一二〕氏某：賀先生文集作『氏左』。
〔一三〕殁：賀先生文集作『没』。
〔一四〕候補：底本字迹退落殆盡，今據賀先生文集校補。
〔一五〕年少：賀先生文集缺此二字。
〔一六〕日月：賀先生文集作『月日』。

吴先生墓志銘

清　張宗瑛撰

光緒二十八年，天子還自西安，懲毖往故，思興革庶政，用振勵我國家，詔采取西國成規，立學校於天下，於是桐城吴先生用管學大臣長沙張文達公百熙薦，以故直隸冀州直隸州知州加五品卿銜總理大學京師。當是時，先生名聲益震襮，既受詔則東游日本，考求學制，歷百餘日而歸。歸未至大學，明年正月十二日卒於家，年六十四。事聞，朝野恫悼，士大夫坐哭走吊，搤擘湮鬱，若疾痛在己身。海東西諸國聞之，皆變色，相與言曰：『中國自强之機阻矣！』

先生諱某，字某。曾祖考，諱某，候選府經歷；妣氏某。祖考諱某，妣氏某。考諱某，以縣學生舉孝廉方正，武昌張先生志其葬稱爲『吴徵君』；妣氏馬。先生既貴，贈祖考以下如先生官；祖妣以下皆淑人。

徵君故以文學鳴，先生胤烈毓光，聲流譽美，踵賢續祉，欝爲芬華。曾文正公奇其才，登之門牆，餽學與術。同治三年，舉於鄉。明年，成進士，授内閣中書。改官直隸，除深州直隸州知州。以憂去官。服除，攝天津府事，遂爲冀州。職事修舉，甿隸威懷。數年棄去，主講保定蓮池書院，在書院凡十年。

先生之學，精深淹毌，冶鎔巨細，不主一常，惟意之安，罔有彼己，不徇世論，大旨以濟時應變爲宗。擘索故藉，冥搜默討，縋幽窮渺，大著衆白。嘗謂：『聖賢之道寄於文，古無無所爲而漫言道者。』自群經、子、史，旁逮西人論議之書，一以文裁之，億狀殊形，莫逃衡鑒。爲文章，合司馬子長、揚子雲、韓退之而糅化之，慄魄讋魂，雲蒸熛怒，雷奮蟄起，僵仆昭蘇，原况、軻、非，遐方新語，奔赴駱驛，隸我指麾，驅使惟心，前無往古。晚更奄光閟響，遏博禦奇，强抑而發，精怪彌騁，觀者眩駭戰惑，莫測其淵涯；而先生則自言：『文非吾之至者。』

先生性剛，不諧於俗。既出曾文正公門，又依合肥李文忠公，直隸二公，經國大謀，皆先生贊助。與李公居最久，李公尤倚重先生；而終李公督直隸廿有三年，先生卒未榮一銜、進一秩。

先生藏書數萬卷，皆手勘而躬校之。考證評騭，丹黄燦列。所爲書：曰寫定尚書〔一〕、曰易説、曰尚書故、曰夏小正私箋、曰深州風土記、曰文集、曰詩集、曰尺牘、曰日記、曰東游叢録、曰文選、曰古詩選、曰韵學、曰古文詞類纂校勘記、曰太史公所録左氏義、曰群書點勘，凡十六種，若干卷。

卅年前，先生即以新學詔天下，學者蔽所未見，則極力詆訾所爲，衆難群疑，謗以日至。亂民釁起，嫉者至欲假手以禍先生。先生單進孤往，不爲摇撼。國論用定，士智以開，訖今日新説大行，後進小生則又以先生保守文學爲迂謬。

夫人汪氏，封淑人，生女子四人。側室歐氏，生子一人，女子一人。子曰闓生，有軼才。女之壻曰直隸候補知縣薛翼運、舉人汪應張、貴州提學使柯劭忞、直隸候補知縣王光鸞、姚某。

闓生將以某年月日葬先生某原，銘曰：

世弊運屯，文衰道窳。韓氏既徂，誰衷諸古？於先生作，如閟斯睹。挈我聖文，還歸鄒魯。周蕩原夸，讋不敢怒。下闞百家，群首爲頫。國立有本，譬室環堵。苟摧而崩，胡庇風雨？文章之長，我獨擅

——桐城吴先生全書

有。持視列邦，粲如繡組。衆昏罔知，乃肆擊掊。轔棄家珍，而甕瓿寶。不有先生，孰與枝柱？西人殘國，文是務去。文既滅絶，國隨而剖。如何我人，不知處所。抉藩延虎，委肉填俎。嗟嗟先生，未蕆功緒。曷起九京，用衛吾道？

〔一〕寫定尚書：見光緒二十八年六月七日條『寫定尚書』校。

吴先生墓志銘

民國　馬其昶撰

光緒二十六年,畿輔民肇亂搆外釁,八國連兵内犯,京師不守。既和議成,朝廷喟然圖所以自立,更庶政,詔郡縣改〔一〕書院,用西國法立學,而建大學堂於〔二〕京師,命吏部尚書長沙張公爲管學大臣。於是張公奏薦桐城吴先生學行高、兼綜中西,可以師多士。天子俞其請,命以五品卿銜〔三〕充大學堂〔四〕總教習。先生堅辭不得,則請赴日本考學制。既至日本,自其國君、相,下至教育名家、婦孺學子,皆備禮接款。海内外欽遲風采,而先生亦素以興學育才濟時變自詭,博蒐精咨,窮日夜不怠息,思彼族所以驟盛,而度吾力之所能及與時所宜,必得當以稱天子明詔,塞知遇。歸,未及返命而卒。嗚呼悲夫!

先生諱汝綸,字摯甫。祖庭森,縣學生。父元甲,以諸生舉咸豐元年孝廉方正;母馬太淑人。兩世皆以先生貴,贈如其官。徽君孝友博愛,養育宗親數十人,家日以貧。先生幼刻苦向學,嘗得一鷄卵不食,易松脂以照讀書。篤嗜古文詞〔五〕,私淑同里姚姬傳先生〔六〕。少長,受知曾文正公,文益宏肆高潔。

以同治甲子舉於鄉,明年成進士,用内閣中書。曾公督兩江,奏調至金陵。移督直隸,隨調至北,補深州直隸州知州。連丁外内艱。服除,署天津府知府,補冀州。所至有迹。先生既師事曾公,與聞大謀,參章奏。曾公薨,李文忠公繼督直隸,尤倚重焉。初在官,凡有請必得。任冀州八年,方叙遷,一旦投劾去，李公留之不可，則處以賓師，聘爲蓮池書院山長，機要疏牘，必就咨視草。自是十餘年不離直隸，遂與李公相終始。

先生爲政，於世所衿尚爲名高者一不屑，獨留意教化，經畫書院，苟力所能至，不憚貴勢。籍深州已廢學田爲豪民所攘奪者千四百餘畝，充書院經費。聚所屬之高材秀〔七〕生，求賢師而教之，深、冀二州書院遂爲畿輔冠。其在冀久，成材尤多。又時時求其士之賢有文者禮先之，凡得十許人，自謂：『每得一士，雖戰勝而得一國，不足喻其喜也。』此十許人，皆守高，不喜親官府，先生强起之，與此十許人者月一會書院，凡所施爲便不便興革於民，必與此十許人者共之。開冀、衡六十里之渠，洩積水於滏，以溉田，便商旅。費白金十萬兩，公私無一儲，百方斂輸，勢劫情化，功卒以成。民或初不便其所爲，既去而人思之。

先生爲人，簡易佚蕩，不矜持威儀爲曲謹。其宏獎好士出天性，始爲吏，繼爲師，一以文術誘進之，以謂：

文者，天地古今之至粹。苟入之不深，其精神意脉一有失，則所載道與事舉無幸焉。

其教，始學必本周、秦古籍，由訓故以求通其文詞，而要以能知當時之變，備緩急。其於西國新法，冥心孤探，得其旨要。歐美名流，皆傾誠締結；日本學者，踔海請業；遠近以文字求是正者，四面而至。又瘉益以其暇裨助李公謀略。李公操國柄久，其防海、交鄰、購器，皆前古所未有，拘學恣意妒毁，先生憤國勢弱，李公牽於异議不克盡其能，爲之剖析疑謗。李公嘗失勢，先生尤爲之盡其實。先生入仕二十年，李公國士目之，而顧未嘗有所遷官增秩。其於李公，無分毫私也。

先生既不樂仕宦，隨李公媾和至都，李公薨，益浩然思歸。不得已於張公之薦，殊亦無意教授，獨欲考究學制得失，釐爲定法誒能者。其歸自日本也，自乞先返籍省墓，因興辦桐城小學堂。數月學堂成，北行待發，卧疾遂不起，二十九年正月十二日也，春秋六十有四。嗟乎！處數千年遞積遞敝之俗，非大有以奪其故習，其勢不足以振起。世方懲任事鋭往之失，以先生之所挾而揆時之須，其遂能有合耶？則不幸中駕而税，使夫朝野上下以逮殊鄰絶域之區，歔欷鬱悼，謂其人若存，其所爲何遽若是？因以爲斯世之不幸，而其於先生猶未爲不幸也，此其尤可慨痛者已！

先生配汪氏，封淑人，前卒。側室歐氏，子闓生[八]，有軼才，能世其業。女五[九]人：長適直隸候補知縣[一〇]薛翼運，次適舉人汪應張，次適翰林院編修湖南學政柯劭忞，次適直隸候補知縣王光鸞，幼女許聘姚氏。所著書有易説、書説若干卷，深州風土記二十卷[一一]，詩文集若干卷，日記若干卷，東游叢録四卷[一二]。闓生將以某年月日營葬於某所，門人馬其昶爲銘，銘曰：

宋後儒賢，晥之亡如[一三]。何韜於道，而文土苴[一四]。嘲噱風發，其[一五]行則修。我昆我弟，萬古殊尤。苟恣其好，身命可漚[一六]。真性結牢，鬼愉神泣。惟極於中[一七]，乃匪能及。寤姬鍥孔，高蹠遠晞。亦圖於新，造漠追微。競存强力，救我民痱。凡此二行，世謂二反。饌德鑱辭，九幽是烜。

——桐城吴先生全書

[一]改：抱潤軒文集民國十二年癸卯（一九二三）刊本（以下簡稱『抱潤軒文集民國本』）作『罷』。
[二]於：抱潤軒文集民國本脱此字。

〔三〕衔：底本脱，今據抱潤軒文集宣統本及抱潤軒文集民國本校補。

〔四〕堂：抱潤軒文集民國本脱此字。

〔五〕詞：抱潤軒文集宣統本作『辭』。

〔六〕私淑同里姚姬傳先生：抱潤軒文集民國本脱此九字。

〔七〕秀：抱潤軒文集民國本脱此字。

〔八〕闓生：抱潤軒文集作『啓孫』。下同不注。

〔九〕五：底本訛作『四』，今據抱潤軒文集校改。

〔一〇〕知縣：抱潤軒文集作『知州』，誤。

〔一一〕二十卷：誤。校見先府君事略。

〔一二〕易説……四卷：抱潤軒文集民國本改作『易説、書説、深州風土記、詩文集、日記、東游叢録凡若干卷』。

〔一三〕如：抱潤軒文集作『有』。

〔一四〕何韜於道而文土苴：抱潤軒文集作『道吾不知文抑何朽』。

〔一五〕其：抱潤軒文集作『而』。

〔一六〕苟恣其好身命可漚：底本脱，今據抱潤軒文集校補。

〔一七〕惟極於中：抱潤軒文集作『惟其大偏』。

吴先生墓碑銘〔一〕

清　趙衡撰

清興二百數十年間〔二〕，有一名世者，紹斯文之傳〔三〕，曰吴先生，諱某，字摯甫。其學於吾國四千年學術流遷，既有以綰轂其終〔四〕因，益推究之以及世變，而思所以制時更俗之方。西學東漸，他〔五〕國已業以致富强，先生刺取其要領〔六〕，發蹤指示，欲轉而餉遺吾國。既嘿不得見諸行事，乃一發之文，傳諸其人，以竢來者興起而〔七〕膺艱巨之任。文者，承前嬗後、吾國古先帝王所以化成天下而歷代聖人相傳之大寶也。由姬公而前，君相傳之以立政；由姬公而後，師儒傳之以立教。蓋自君、師道分，天特鄭重於斯文之傳〔八〕，或數百年乃〔九〕生一人，或數百年并不得一人。終元汔〔一〇〕明，曠不賡續，至國朝〔一一〕乃篤生先生云。

先生始有知即穎异，喜讀書。稍長，篤耆古文辭，毅然有志於古之作者。既成進士，官内閣中書，曾文正公奇其文，奏調外任，佐曾、李〔一二〕二公幕府，三歷州郡〔一三〕，凡十餘年〔一四〕。去官都講書院講席，又十年〔一五〕。光緒二十八年，朝廷懲於外侮之日亟，發憤變法謀新，仿西制首建大學堂於京師，州縣以次設立。筦學大臣爲大學求師〔一六〕，薦先生文學第一，詔以五品卿充大學堂總教習〔一七〕。先生辭不獲已，則東赴日本考察學制。居百日，輯所聞見爲東游叢録四卷，將歸呈之筦學，度吾國所宜，斟酌而施行之。既至國，未及受事，明年正月十二〔一八〕日遽以疾卒，年六十四。

始佐曾文正公於兩江，曾公移督直隸，先生一隨移佐曾。李文忠公代曾公總督直隸，先生又留佐李公〔一九〕。李公入閣，復自兩廣移督直隸。先生或仕或止，一留直隸〔二〇〕與李公相終始。同、光以來，曾、李二公最負天下重望，其所推轂，或起家至秉節鉞，獨先生交相倚重，有大疑大計，唯先生是咨〔二一〕，校二公薦牘，竟三十年絶迹無先生名姓。

其在深州，收四村義學學田四〔二二〕千四百餘畝没入書院；又爲書院追償二十年逋負五千金，置書迎師，恣生徒問學；創設樂舞佾生八十八人，春秋歌舞祀孔子廟；均徭役，悉依田畝徵糧册。其所措注，類〔二三〕非守令循分盡職者所有事也〔二四〕。是時，曾公〔二五〕方整頓直隸吏治，允宜褒之以勵其餘。曾公於先生師，弟也〔二六〕，有連辟不舉。在冀州八年，其時督直隸者李公〔二七〕，李公於先生師、友之間。穿渠四十里，洩積潦，變斥鹵爲膏腴且十萬畝；於書院如在深州，在冀州久，故成材尤多。任滿當遷，先生乞退，都講蓮池書院，李公竟〔二八〕不爲叙。

古者著書垂空文以自見於來者，亡慮皆窮愁落魄不偶。先生知交師友，大者開府畺〔二九〕土千里，次亦不失古方伯之任，宙合恢恢，竟無所容。其同奏勛績，斬勢收聲，縛身於學，已於世若不兩〔三〇〕相屬。幾老矣，乃得一張公之薦，名氏達於天聽〔三一〕。然先生不於張公感知己，自數生平知己必曰『曾公』『李公』。曾公待先生薄，李公嘗言之矣。李公於曾公没後孑身負荷艱虞，當外交之衝，開新造大，古所未有，萬口叢〔三二〕責，幾難自明。先生數爲辨謗，至遭口語。李公再蹶再興，賓僚與勢來去，唯先生始終爲不失故。最後李公奉命入敵軍媾和，窘急萬耑，先生實左右之，衍利絶害，卒定大議。先生之於李公可謂厚矣，李公所謂『厚』者，果安在耶？即曰辭讓，李公不强，知不與立〔三三〕。昔者孔子以讖文仲，若李公亦何以自解耶[三四]？蓋斯文之傳，至是又變於古。孔子阨而不死，先生合而不遇，此天位置先生之奇。張公知有未及，故欲以一時之功易其百世不朽之業也[三五]。

凡先生所爲書，自校刊者，曰寫定尚書[三六]、深州風土記、東游叢録，都若干卷；子闓生校刊於先生没後者，曰易説、書説、文集、詩集、尺牘、日記，都若干卷。

闓生[三七]，先生側室歐夫人[三八]所生，有軼才，兼通新舊學，能纘父緒，勤勤致孝，歐夫人生一丈夫子闓生[三九]；一女子，許字姚姬傳先生之族孫曰永葆[四〇]，未嫁。配汪夫人生四女子，適直隸候補知縣薛翼運；舉人汪應張；翰林院編修湖南學政柯紹忞，先生稱其詩[四一]；直隸知縣王光鸞。昆弟四人，先生於次爲仲。祖廷森，縣學生。父元甲，以諸生舉孝廉方正；妣氏馬，其卒也，武昌張廉卿先生皆有文志葬[四二]。自先生貴，兩世封贈如其官。先生之葬，以其卒之次年，實光緒三十年某月某日，葬某所，武强賀松坡先生有文表墓，闓生又以狀來徵銘[四三]，銘曰：

假如先生，終事膠黌，庶有所樹。於戲艱哉！孔子以來，高文不遇。世運疾轉，有去亡反，新者乘故。文始羲皇，汔周降唐，宰世成務。往例已改，來者方起，其中有數。唯施不豐，道積厥躬，匪譴乃祚。篤於一人，而世則磷，亦瞑弗顧。吁嗟先生！其生不羸[四四]，乃富名譽。厥聞四馳，彌戎彌夷，面内卬慕。出其卓卓，踔海來學，稛[四五]載以去。吾道既東，世莫予宗，遠耀其庶。天心所存，果不喪文，是必有付。松柏丸丸，後有千年，先生之墓。

——桐城吴先生全書

〔一〕吴先生墓碑銘：本文亦收録於趙衡叙异齋文集卷三（民國二十一年〔一九三二〕刊本，以下簡稱『叙异齋文集』）。

〔二〕數十年間：叙异齋文集作『有餘年』。

〔三〕有一名世者紹斯文之傳：叙异齋文集作『有大儒』。

〔四〕終：叙异齋文集作『成』。

〔五〕他：叙异齋文集作『其』。

〔六〕領：叙异齋文集無此字。

〔七〕而：底本脱，今據叙异齋文集校補。

〔八〕文者……斯文之傳：叙异齋文集作『蓋文者，天地之精，吾國古先帝王所以闢草昧，日進光明。自世運鶩於戰伐，攻取有天下者，嬗伐不由文德，於是政制之文一變而爲空言，而空文之傳，天意尤珍重愛惜之不少寬假』。

〔九〕乃：叙异齋文集作『而』。

〔一〇〕汔：叙异齋文集作『訖』。

〔一一〕國朝：叙异齋文集作『國朝且二百年』。

〔一二〕曾李：叙异齋文集無此二字。

〔一三〕州郡：叙异齋文集作『郡守』。

〔一四〕十餘年：叙异齋文集作『二十年』。

〔一五〕十年：叙异齋文集作『十餘年』。按據年譜先生於光緒十五年（一八八九）二月就任蓮池書院，二十六年（一九〇〇）五月因避亂住深州，而蓮池書院經庚子之亂，破壞殆盡，『（聯軍）駐軍保定十餘月之久，蓮池臺榭，舉成灰燼矣。』（民國清遠縣志卷三）蓮池内的『亭臺林館，皆已夷爲平地，不留寸木片瓦』（璩鑫圭、唐良炎編中國近代教育史資料彙編學制演變）。十二月受李鴻章之招前往京城。二十七年（一九〇一），『是歲公在京師，亦時還保定。九月李相薨逝，公乃决意南歸』（年譜）。據此，先生實際在蓮池書院任職前後凡十二年。

〔一六〕筦學大臣爲大學求師：叙异齋文集作「時吏部尚書長沙張公百熙爲筦學大臣，爲國求師」。

〔一七〕詔以五品……教習：叙异齋文集作「有詔以五品卿京堂總教習大學堂」。

〔一八〕十二：叙异齋文集作「某」。

〔一九〕公：叙异齋文集無此字。

〔二〇〕直隸：叙异齋文集作「直隸不去」。

〔二一〕唯先生是咨：叙异齋文集作「咨而後行」。

〔二二〕四：衍文。按叙异齋文集無此字，檢年譜及其餘傳記資料亦均作「千四百餘畝」。

〔二三〕均徭役……類：叙异齋文集作「依徵糧册均徭役，最所措注，胥」。

〔二四〕也：叙异齋文集無此字。

〔二五〕曾公：叙异齋文集作「曾文正公」。

〔二六〕允宜褒……弟也：叙异齋文集作「黜陟必行，先生於曾公師弟子也」。

〔二七〕李公：叙异齋文集作「爲李文忠公」。

〔二八〕竟：叙异齋文集作「隱忍」。

〔二九〕疆：叙异齋文集作「彊」。按二字通。

〔三〇〕不兩：叙异齋文集作「兩不」。

〔三一〕名氏達於天聽：叙异齋文集作「師表天下」。

〔三二〕叢：底本作「藂」，今據叙异齋文集校改。下同不注。

〔三三〕果安在耶……知不與立：叙异齋文集作：「何居？即曰先生辭讓，非實有以見先生自足以信今示後、不仗事業傳者而忍聽其淪落以没，知不與立？」

〔三四〕亦何以自解耶：叙异齋文集作『顧無有以竊位譏之者何也』。
〔三五〕故欲以一時之功易其百世不朽之業也：叙异齋文集作『必欲舉没世不朽之業及身而試，則是於先生畢生所遭際未之達觀也』。
〔三六〕寫定尚書：見光緒二十八年六月七日條『寫定尚書』校。
〔三七〕闓生：底本脱，今據叙异齋文集校補。
〔三八〕夫人：叙异齋文集作『某人』。下同不注。
〔三九〕闓生：衍文。
〔四〇〕姚姬傳先生之族孫曰永葆：叙异齋文集作『姚氏曰某』。郭立志年譜序作『姚永保』，民國桐城高甸吴氏宗譜作『姚永棠』。
〔四一〕先生稱其詩：叙异齋文集無此五字。
〔四二〕其卒也……志葬：叙异齋文集無此十五字。
〔四三〕武强……徵銘：叙异齋文集作『闓生以狀來徵銘』。
〔四四〕嬴：叙异齋文集作『嬴』。按二字通。
〔四五〕稛：叙异齋文集作『捆』。按二字通。

吴先生墓志銘〔一〕

清　趙衡撰

光緒二十八年，京師始立大學堂，首以文學被詔爲總教習者，曰吴先生，諱汝綸，字摯甫。家世以篤學醇行爲桐城望族。王父廷森，縣學生，贈某官。父元甲，縣學生，舉〔二〕咸豐元年孝廉方正，曾文正稱其學行，客而館之，武昌張廉卿先生有文志其墓，題曰『吴徵君』者也，贈某官。妣氏馬，其卒也，張先生又有馬太淑人〔三〕祔葬之文，是生先生一兄二弟。先生詔爲大學堂總教習，東赴日本考察學制。既歸國，未及莅事，明年正月二十〔四〕日年六十四卒於家。又明年〔五〕爲光緒三十年〔六〕某月某日，葬某所，武强賀松坡先生爲文表墓。

先生自幼孳育家學，卓卓有立。稍長，厭孰其鄉先正方、姚諸先生之説，指度肘測，尺寸從心。既通籍，從曾文正公游，學益翔舞縱宕於閎大偉麗之境，鎔异爲同，涵揉藴蓄，充實有輝，蔽不聲章，卒大光於天下。先生之作，不範不削，若生之成。陽生陰育，萬有不震；旋圜折方，自我作聖；駭駭聽睹，雷閃霆迅，不有於往來者取信。方其瑰放，春雷鬱蟄，奮地驚出，僵起死生，昭蘇萬物，然而精粹要渺，與道大適，奇創之至，翻見平夷，如數米鹽，婦豎能解。於戲至矣，先生於斯文，其可謂造於斯極者矣！

始先生以同治乙丑聯捷進士，官内閣中書。曾文正總督兩江，奏調至金陵。移督直隸，又調之北來。補深州知州，丁徵君憂歸，又丁太淑人憂。入李文忠公幕府。服闋，署天津府，補冀州。先後從宦二十年，吏績多可紀述。尤盡心造士興學，身自督飭之，官民親與爲師弟子。及去官，都講保定府蓮池書院。益循循大暢師道，來學者乃有自日本航海西來受學，局局從諸生後，恐不竟卒業。

先生至日本，舉其國上下，奔走往來填門，争以得一見先生爲幸。其與於學事之人，争以其三十年來已試之效或不效、向不與外人道者，獨樂輸之先生，故先生名在海外，亦來學者有以揚之於先也。先生居東百日，則要領斯得〔七〕。已復編輯所聞見於日本者，爲東游叢録四卷，付其從使代呈管學大臣，而身自便道歸里省墓。事既已，北上待發，遽遘疾以卒。吾國朝野向學、識時變之士及日本嘗與通問者，同聲悼嗟，以爲吾國〔八〕前塗之不幸，而京師大學堂〔九〕亦自是竟不置總教習以人爲備。

先生之學，於吾國四千年學術之紛，皆收集其成，而鑿空闢道歐美新學。三十年前，吾國人初不知有外事，先生則嘗舉西書以示人，稱其體例有合吾易、春秋。及其後輸來日多，譯言者弇鄙不文，不能傳載其誼，先生則咨嗟嘆惜，以爲吾國文學之衰而時時教人從事於文。於吾國往籍，其是非、純駁、高下不同，悉以文辭等差之。嬴、劉以前，語有古今，亦從故訓，然不爲碎説枝辭。以文逆意，意得語順，説無不安。溝通漢、宋，冶鑄華彝，終富具美，儲其菁華，大發爲文，輝輝煌煌，照耀來祀。凡先生所著書，曰寫定尚書〔一〇〕、書説、易説、詩集、文集、深州風土記、東游叢録、尺牘、日記，都若干卷。

配汪夫人〔一一〕，生四女子，皆適官人；弟三〔一二〕甥柯劭忞〔一三〕最賢，先生稱其詩；季甥王光鸞，令直隸有聲〔一四〕。側室歐夫人，生一丈夫子闓生，有軼才，能纘先緒，益明習當世之務，通外國語言文學，賀先生表墓之文所謂『新學舊學皆當付之斯人』者也〔一五〕；一女子，許字姚氏〔一六〕。銘曰：

清興二百有餘〔一七〕年，大江之南有一名世者，紹斯文之傳，歸形此土。其精神則亘地際天〔一八〕，下肸蠁於後人，而上與夫古作者爲蟬嫣。狐兔遠辟，樵牧毋前！敢告日星：永昭護乎兹阡。

——桐城吳先生全書

〔一〕吳先生墓碑銘：本文亦收録於叙异齋文集。
〔二〕舉：底本脱，今據叙异齋文集校補。
〔三〕淑人：叙异齋文集作「夫人」。
〔四〕二十：叙异齋文集作「某」。
〔五〕明：底本作「幾」，今據叙异齋文集校改。
〔六〕年：底本作「幾年」，今據叙异齋文集校改。
〔七〕則要領斯得：叙异齋文集作：「則要領斯得。於是時爲書言救急治標之法，始代李文忠公條陳變法事宜，於學校條中曾略及之，兹又以詳復之管學先生。每論一事，始終不渝，蓋其素所蓄積然也。」
〔八〕國：叙异齋文集作「學堂」。
〔九〕堂：底本脱，今據叙异齋文集校補。
〔一〇〕寫定尚書：見光緒二十八年六月七日條「寫定尚書」校。
〔一一〕夫人：叙异齋文集作「某人」。下同不注。
〔一二〕弟三：叙异齋文集作「叔」。
〔一三〕劭忞：叙异齋文集作「紹忞」。
〔一四〕季甥王光鸞今直隸有聲：底本脱，今據叙异齋文集校補。
〔一五〕益明習……者也：底本脱此三十五字，今據叙异齋文集校補。

〔一六〕姚氏：叙异齋文集作『姚永葆』。按郭立志年譜序作『姚永保』。

〔一七〕有餘：叙异齋文集作『又五十』。

〔一八〕際天：叙异齋文集作『拄天』。